商业银行
供应链金融

法律要点与案例解析

戚诚伟　沈　伟 / 主编

法律出版社　LAW PRESS
北京

图书在版编目（CIP）数据

商业银行供应链金融法律要点与案例解析／戚诚伟，沈伟主编. -- 北京：法律出版社，2025. -- ISBN 978 -7-5197-9987-8

Ⅰ. D922.280.5

中国国家版本馆 CIP 数据核字第 2025Q9B709 号

商业银行供应链金融法律要点与案例解析　　　　　　　戚诚伟　沈　伟　主编
SHANGYE YINHANG GONGYINGLIAN JINRONG
FALÜ YAODIAN YU ANLI JIEXI

责任编辑　陶玉霞　张红蕊
装帧设计　鲍龙卉

出版发行	法律出版社	开本	710 毫米×1000 毫米　1/16
编辑统筹	法规出版分社	印张 28　字数 420 千	
责任校对	董　昱	版本	2025 年 3 月第 1 版
责任印制	耿润瑜	印次	2025 年 3 月第 1 次印刷
经　　销	新华书店	印刷	北京中科印刷有限公司

地址：北京市丰台区莲花池西里 7 号（100073）

网址：www.lawpress.com.cn　　　　　　　　销售电话：010-83938349

投稿邮箱：info@lawpress.com.cn　　　　　　客服电话：010-83938350

举报盗版邮箱：jbwq@lawpress.com.cn　　　　咨询电话：010-63939796

版权所有·侵权必究

书号：ISBN 978-7-5197-9987-8　　　　　　　定价：80.00 元

凡购买本社图书，如有印装错误，我社负责退换。电话：010-83938349

编委会

主编

戚诚伟　沈　伟

副主编

陆燕军　范文菁　朱　颖

编委

宋一楠	薛呈旸	王仡然	陈佳维	陆云婷
张逸涵	章依汇	张　楠	程全亮	蕾　娜
狄桢妮	陈彦文	钟汝江	蒋雨晨	凌可欣
陆弘毅	金毅成	唐宗星	张　恺	王是琦

校稿

韩雨诺　陈依尔　丁　妮

推荐序 / Preface

近年来，随着我国经济的快速发展和金融市场的不断创新，供应链金融作为一种重要的融资方式，逐渐成为商业银行服务实体经济特别是中小微企业的重要工具。供应链金融不仅能够有效缓解中小微企业融资难、融资贵的问题，还能通过优化供应链中的资金流、信息流和物流，提升整个供应链的效率和稳定性。然而，随着供应链金融业务的快速发展，相关的法律问题也日益凸显，法律纠纷频发，亟须系统的法律指导和案例解析。

《商业银行供应链金融法律要点与案例解析》一书正是在这一背景下应运而生。本书由上海段和段律师事务所戚诚伟律师和上海交通大学凯原法学院沈伟教授主编，他们借助坚实的理论功底，结合丰富的实务经验，系统地梳理了供应链金融中的法律问题，阐释最新的法律法规，并通过大量典型案例的解析，为读者提供了实用的法律指导。本书不仅涵盖了保理合同、应收账款质押、供应链票据、信用证纠纷等核心内容，还深入探讨了动产融资担保、供应链金融平台电子债权凭证等新兴领域的法律问题，具有很高的实务参考价值。

本书的亮点之一是理论与实践的结合。每一章节不仅详细介绍了相关法律条文和司法解释，还通过真实案例的分析，帮助读者更好地理解法律条文的适用场景和实际操作中的法律风险。如关于保理合同，本书不仅详细解释了保理合同的法律性质、效力认定及应收账款转让的法律问题，还通过多个典型案例，分析了保理合同无效的情形及其法律后果，为实务操作提供了宝贵的经验借鉴。

本书的亮点之二是追踪最新的法律法规和司法实践。特别是《民法典》及其相关司法解释，以及监管规则的陆续出台，对供应链金融的规范运行产生了深远影响。本书对这些新法新规进行了详细的解读，并结合实际案例，帮助读者更好地理解和准确应用这些新规定。如关于应收账款质押，本书详细介绍了《民法典》对应收账款质押的新规定，并通过案例分析了应收账款质押的登记、效力及实现方式，为业务实践提供了全面的法律指导。

总的来说，《商业银行供应链金融法律要点与案例解析》是一本兼具理论深度和实务价值的专业佳作。它不仅是从事供应链金融业务的商业银行、保理公司、融资租赁公司等金融机构法务人员的工具书，也是律师、法官、学者等法律专业人士的参考资料，对希望深入了解供应链金融及其法律的读者来说，本书也无疑是一本不可多得的普及读物。

在市场深化的环境下，供应链金融的发展前景广阔，但也会面临新的法律挑战。相信本书的出版，不仅可以为供应链金融的法律实践提供有力的支持，也可以为推动我国供应链金融的健康发展做出重要贡献。

吴　弘
华东政法大学教授、博士生导师
上海市法学会金融法研究会会长
2025 年 2 月 12 日

自序一 /Preface

选择商业银行供应链金融作为本书主题源自笔者从事商业银行法律服务实务工作过程中的一些启发和思考。十多年前，笔者刚开始接触和代理的一些商业银行对公不良贷款案件涉及的贷款类型大多是流动资金贷款。而且，这类流贷中的担保方式一般是另一家有资产的公司提供连带保证担保或者是借款企业以自有厂房、住宅等不动产提供抵押担保，而使用存货、机器设备、车辆等动产及应收账款这类担保物并不常见。出现这种现象的主要原因还是由于商业银行认为这类担保物的公允价值比较难以确定，且一旦未来出现贷款风险，在处置这类担保物时会存在较大困难。随着时间的推移，特别是近年来商业银行提供给企业的金融产品和服务内容开始有了不少变化，尤其是商业银行在对中小微企业贷款业务中，越来越多地开始接受企业提供各类动产抵质押、票据及对其他企业享有的应收账款作为有效信贷担保物。此外，商业银行与企业开展的业务及提供服务的类型更综合化，不仅有流贷、固贷等传统资产业务，而且还有意识地增加与企业进行基于真实贸易背景下的保理、票据承兑贴现、开立信用证、押汇和保函等中间业务，这些变化都或多或少与供应链金融密切相关。因此，笔者开始有意识地在处理涉及供应链金融信贷法律服务时关注和学习涉及供应链金融产品和服务的知识与问题，研究商业银行重视供应链金融背后的原因。

笔者认为，当前包括商业银行在内的金融机构重视开发和提供供应链金融产品和服务有以下几个重要原因：

第一，供应链金融是商业银行创新金融产品和服务的重要方向，符合我国高质量金融发展要求，有利于推动建设金融强国的重要目标。金融是国民经济的血脉，金融亦是国之重器。2023年10月底，中央金融工作会议明确提出将我国建设为金融强国的宏伟目标，强调了金融要为经济社会发展提供高质量服务，特别要求金融业发展应当为实体经济服务。因此，商业银行作为我国金融机构中最重要的主体更需要增加投入，大力发挥强大的金融机构作用。当前，我国正面临百年未有的巨大变局，国际局势变幻莫测、受地缘政治影响，区域冲突甚至局部战争不断、国内经济社会发展的不确定性大幅增加，我国经济也从多年以来的高速增长转为中低速增长。为面对各种挑战并持续对我国经济社会注入发展动力，实现中国式现代化的目标，确保金融稳定及不发生系统性风险，中国人民银行采取了降低商业银行存款准备金率、开展较低利率的中期借贷便利（MLF）、常备借贷便利（SLF）等货币便利的货币工具，持续释放流动性，从而使市场贷款利率大幅降低。2019年8月，我国首次公布的1年期贷款市场报价利率（LPR）为4.25%，2024年10月公布的1年期LRP已跌至3.1%，利率降幅超过20%。这也使存贷业务占比全部业务70%的我国在商业银行经营模式和经营状况中面临巨大挑战。2024年11月，国家金融监管总局公布第三季度我国商业银行净息差为1.53%，其中不少商业银行净息差已不足1.5%，早已跌破了金融监管部门之前设定净息差1.8%的合格线。在存贷利差不断收窄的背景下，商业银行对于中小微企业普惠贷款的利率优惠力度持续加大。然而，中小微企业资产状况普遍不佳且抵御市场风险能力较弱，相比其他一般贷款，不良贷款率较高，在疫情中无还本续贷、应展尽展等政策支持出台前，就有数据显示普惠型不良贷款率一度超过3%。截至2018年年末，全国金融机构对小微企业贷款不良率为3.16%，单户授信500万元以下的小微企业贷款不良率为5.5%，分别比大型企业高出1.83%和4.17%。2019年6月末，全国普惠型小微企业贷款不良率为3.75%；5月末，单户授信1000万元以下的小微企业贷款不良率为5.9%，较大型企业高4.5%，较中型企业高3.3%。实际上，笔者在代理小微企业不良贷款案件时也发现这类贷款在取得法院还本付息的判决后，即便通过法院强制执行方式，商业银行也很难执行到企业财产，最终往往拿到一纸法院出具的因没有查到可以执行的财产的终结执行裁定书。因此，商业银行在发展普惠金融时，对小微企业普惠贷款风险也需要予以关注，不能仅简单盲目追求"量增扩面降价"的指标"一贷了之"。商业银行创新金融产品和服务变得尤为重要，需要将宝贵的信贷资金投放给真正有需要的中小微企业，要做"真普惠"。有段时间内，由于普惠与房贷利率差，还出现借款人利用小微普惠贷款进行政策套利，将普惠经营贷用于投资和买房的乱象。为此，笔者认为，商业银行发展供应链金融信贷产品和服务是既能够应对利差业务萎缩的经营压力，又能够帮助具有真实融资需求的实体企业尤其是中小微企业获得融资的一条有效的解决路径。

第二，供应链金融经过国内外学者充分理论研究及实践证实能够有效降低整个供应链环节中参与主体的资金成本，并为解决中小微企业融资难问题提供切实方案。2002 年，Stemmler 在撰写《金融在供应链中的管理角色》(*The Role of Finance in Supply Chain Management*) 一文中首次提出了"供应链金融"（Supply Chain Finance，SCF）概念。该论文中指出传统的供应链管理侧重于物料流和信息流两个方面。然而，通过优化供应链中的资金流设计，也可以实现可观的成本降低。由于库存水平降低而节省的成本很容易被剩余库存的融资成本所抵销，库存持有成本不仅包括融资成本，还包括销售时承担的信用风险成本和购买保险的成本。因此，供应链管理的范围应涵盖三大流，即产品流、信息流和资金流。将金融服务融入供应链管理并不是要创造一种新的（金融）产品，而是要挖掘未被利用的成本降低机会。[1] 这一包含全新元素的供应链概念提出后极大地推动了商业银行等金融机构对于相关金融产品和服务的创新。此后十余年内，国外有关供应链金融的研究文献开始

---

[1] See Stemmler L., *The Role of Finance in Supply Chain Management*, Cost Management in Supply Chains, Physica – Verlag HD, 2002, p. 165 – 176.

不断增加，基于供应链金融更为明确角色定位。[1] 在此期间，我国学界开始关注并产生大量研究供应链金融的相关问题。有学者统计，仅在 2005 年至 2017 年期间国内发表在 CSSCI 期刊上多达 228 篇相关的文献，[2] 其中，在中国知网中以"供应链金融"作为关键词在主题分类中检索被引证最多的几篇文章放到今天来看仍具有学习价值。其中，2007 年，闫俊宏、许祥秦发表的《基于供应链金融的中小企业融资模式分析》一文，对供应链金融进行了较为完整的定义，认为"供应链金融是对一个产业供应链中的单个企业或上下游多个企业提供全面金融服务，以促进供应链核心企业及上下游配套企业产—供—销链条的稳固和流转畅顺，并通过金融资本与实业经济协作，构筑银行、企业和商品供应链互利共存、持续发展、良性互动的产业生态"。而且，该文非常有预见性地提及了"供应链金融对于中小企业融资存在优势，既有利于弱化银行对中小企业本身限制，又有利于缓解银行信息不对称的程度"。[3] 同年，何涛、翟丽在同类研究中表示，通过供应链金融可以解决中小企业融资难的"瓶颈"问题，并从该角度对供应链金融概念作了界定，即"供应链金融就是金融机构、第三方物流和供应链上下游企业等充分发挥各自优势，相互协作，从整个产业链角度考察中小企业的融资需求，为供应链中处于弱势地位的中小企业提供融资服务"。[4] 到 2009 年，胡跃飞、黄少卿又进一步从供应链金融具体产品视角出发来界定供应链金融，认为供应链金融是指对供应链金融资源的整合，它是由供应链中特定的金融组织者为供应链资金流管理提供的一整套解决方案，它主要是第三方金融机构提供的信贷类产品，包括存货质押贷款、应收账款质押、保理等对供应商的信贷产品，

---

[1] 参见夏蜀、刘志强：《中国情境下的产业链金融：理论框架与实践议程》，载《云南社会科学》2022 年第 6 期。

[2] 参见宋远方、黄千员：《国内供应链金融研究进展——基于 2005—2017 年 CSSCI 文献分析》，载《中国流通经济》2018 年第 1 期。

[3] 闫俊宏、许祥秦：《基于供应链金融的中小企业融资模式分析》，载《上海金融》2007 年第 2 期。该文章发表于 2007 年 2 月 28 日，截至 2024 年 10 月 9 日，共计被引用 1799 次，下载 23,867 次。

[4] 何涛、翟丽：《基于供应链的中小企业融资模式分析》，载《物流科技》2007 年第 5 期。

以及仓单融资、原材料质押融资等对采购商的信贷产品。而且，随着供应链金融的发展还会有新的产品被开发出来。[1] 2010 年，徐学锋、夏建新在研究了供应链金融发展中面临的问题的基础上，进一步将供应链金融阐释为"从整个供应链管理的角度出发，提供综合的财务金融服务，把供应链上的相关企业作为一个整体，根据交易中构成的链条关系和行业特点设定融资方案，将资金有效注入到供应链上的相关企业，提供灵活运用的金融产品和服务的一种融资创新解决方案"。同时，在分析供应链金融存在技术创新的问题上，其认为"供应链金融仅仅停留在银行和企业的层面上，供应链管理所依赖的网络信息技术在两个领域很难同步发展，网络信息技术的落后会造成信息不完整不准确、业务衔接不顺利不流畅，往往还会引致风险的发生，供应链金融信息技术基础的创新亟待得到解决"。[2] 不过在之后的很长时间内，不少供应链金融研究主要集中在融通仓、保兑仓及应收账款等供应链金融模式问题，供应链金融涉及相关大宗商品、汽车、农业等各类产品模式研究及供应链金融适用于房地产、汽车、农业等各种行业研究，相应供应链金融个案的研究、供应链金融风险管理及与解决中小企业融资难关系等问题研究，但关于结合新技术研究供应链金融的成果并不多。不过我国互联网的技术运用日渐成熟，并逐渐进入各个行业领域，有学者开始关注并研究互联网技术在供应链金融中的作用。2015 年，史金召、郭菊娥在研究中发现，随着互联网金融的兴起和发展，供应链金融线上化的步伐加快，并归纳了银行供应链金融 2.0 模式、电商供应链金融模式和基于电商平台的银行供应链金融模式三种利用互联网技术从事供应链金融的模式。[3] 此外，在一系列国内外供应链金融重要研究中发现，供应链金融作为连接企业、金融机构与供应链其他参与

---

[1] 参见胡跃飞、黄少卿：《供应链金融：背景、创新与概念界定》，载《金融研究》2009 年第 8 期。

[2] 徐学锋、夏建新：《关于我国供应链金融创新发展的若干问题》，载《上海金融》2010 年第 3 期。

[3] 参见史金召、郭菊娥：《互联网视角下的供应链金融模式发展与国内实践研究》，载《西安交通大学学报（社会科学版）》2015 年第 4 期。

者的桥梁，通过整合资金流、信息流与物流，有效降低了交易成本，提高了资金使用效率。这种整合不仅优化了资源配置，同时也加强了供应链的稳定性和响应能力。供应链金融也在支持中小企业发展方面发挥着关键的作用。中小企业在获取传统金融服务时常面临种种障碍，供应链金融为其提供了一种全新的资金来源。通过应收账款融资等方式，中小企业更容易获得运营所需资金，从而促进其成长和扩张。此外，供应链金融的发展也带动了相关金融产品和服务的创新，进一步丰富了市场的金融生态系统。[1]

  第三，供应链金融已经获得我国国家层面的支持，各级政府部门出台了一系列政策和举措鼓励和支持商业银行等金融机构开展供应链金融产品和服务的创新。2017年10月，国务院办公厅出台首个供应链规范性文件《关于积极推进供应链创新与应用的指导意见》（国办发〔2017〕84号），特别提到"供应链金融的规范发展，有利于拓宽中小微企业的融资渠道，确保资金流向实体经济"。2020年9月，中国人民银行、工业和信息化部、司法部、商务部、国资委、国家市场监管总局、中国银保监会、外汇局八部委发布的《关于规范发展供应链金融支持供应链产业链稳定循环和优化升级的意见》（银发〔2020〕226号）中，明确供应链金融是指"从供应链产业链整体出发，运用金融科技手段，整合物流、资金流、信息流等信息，在真实交易背景下，构建供应链中占主导地位的核心企业与上下游企业一体化的金融供给体系和风险评估体系，提供系统性的金融解决方案，以快速响应产业链上企业的结算、融资、财务管理等综合需求，降低企业成本，提升产业链各方价值"。2021年，供应链金融被写入《国民经济和社会发展第十四个五年规划和2035年远景目标纲要》，在"十四五"期间我国将继续推动供应链金融创新服务。2022年7月，中国银保监会发布《关于进一步推动金融服务制造业高质量发展的通知》（银保监办发〔2022〕70号）中关于"优化重点领域金融服务"和"创新金融产品和服务"中特别指出："积极稳妥发展供应链金

---

[1] 参见孟添、陆岷峰：《新质生产力推动下的供应链金融创新：数字人民币的实践与挑战》，载《社会科学家》2024年第6期。

融服务,依托制造业产业链核心企业,在有效控制风险的基础上,加强数据和信息共享,运用应收账款、存货与仓单质押融资等方式,为产业链上下游企业提供方便快捷的金融服务"以及"深入落实国家创新驱动发展战略,推广知识产权质押、动产质押、应收账款质押、股权质押等融资模式,促进制造业向高端化、数字化、智能化转型"。2024年8月,上海市第十六届人大常委会第十五次会议修订通过了《上海市推进国际金融中心建设条例》,其第四章"金融服务实体经济"中第36条第1款提及了"鼓励金融机构与链主企业合作,推进供应链金融产品研发,开发差异化的融资产品,完善服务体系。支持深化供应链票据产品服务功能,扩大供应链票据应用,便利票据贴现"。笔者相信,我国各级政府和主管部门今后还将继续出台促进和支持我国供应链金融发展的政策和举措。

此外,我国担保法律制度日渐完善,为供应链金融融资产品和服务的发展提供了重要保障。2006年,原深圳发展银行在广州、佛山、上海和大连多地分行试点存货融资业务经验成功的基础上,在全国首推"供应链金融"产品,被视为国内商业银行提供供应链金融产品的先行者[1]。在法律层面上,我国原《担保法》早在1995年10月1日起正式施行,在第四章中就详细规定了动产质押。2000年12月,最高人民法院又制定实施了《关于适用〈中华人民共和国担保法〉若干问题的解释》(法释〔2000〕44号,已失效),进一步完善了动产质押制度。因此,商业银行在创新供应链金融产品时,也与我国有关担保法律制度建立和发展密不可分。自2021年1月1日起,我国第一部以法典命名的法律即《民法典》正式施行,其中,《民法典》第二编第四分编担保物权中吸收和完善了原《物权法》和原《担保法》以及相关的多部司法解释中关于动产抵质押和权利质押的规定。另外,为正确适用《民法典》有关担保制度的规定,结合民事审判实践,最高人民法院还专门制定了《担保制度司法解释》,并于2021年1月1日正式施行。其中,涉及供应

---

[1] 参见陈雪:《深发展全国首推"供应链金融"》,载《中国证券报》2006年5月19日,第A18版。

链金融有关动产质押、抵押和应收账款质押内容的规定从第 53 条至第 67 条有多达 15 个条文。《民法典》和《担保制度司法解释》中有关担保的规定与商业银行信贷担保业务本身密切相关。为此，笔者与蔡晓霁、朱颖在 2022 年编著了一本由法律出版社出版的《银行金融信贷担保法律要点及案例解析》，有兴趣的朋友可以找来阅读。

正是由于供应链金融本身有利于实体经济发展且获得了法律和政策大力支持，我国供应链金融行业发展迅猛，其融资模式主要包括融通仓模式（生产阶段供应链融资模式）、保兑仓模式（采购阶段供应链融资模式）和应收账款模式（销售阶段供应链融资模式）。具体而言：第一类融通仓模式。顾名思义，就是"融"（金融）、"通"（物流）和"仓"（仓储）三者集成的创新服务。[1] 该模式属于生产阶段供应链融资模式，主要融资流程为：生产经营企业为获得银行贷款，以其采购的原材料或产成品作为质物存入银行指定的第三方物流企业仓库，第三方物流企业承担质物的保管、价值评估、去向监管、信用担保等责任，生产经营企业在质押产品销售后分阶段偿还贷款。[2] 第二类保兑仓模式。即指以银行信用为载体、以银行承兑汇票为结算工具、由银行控制货物、卖方（或者仓储方）受托保管货物并以承兑汇票与保证金之间的差额作为担保措施的融资担保方式。[3] 该模式属于采购阶段供应链融资模式，主要融资流程为：卖方、买方和银行签订三方合作协议。买方向银行缴存一定比例的承兑保证金，银行向买方签发以卖方为收款人的银行承兑汇票，一般来说，汇票金额是全部货物价款，买方将银行承兑汇票支付给卖方作为货款，银行根据买方缴纳的保证金的一定比例向卖方签发提货单，卖方根据提货单向买方发货，买方销售货物后，将货款再缴存为保证金。在买方违约的情况下，卖方将根据合作协议约定对保证金与承兑汇票之间的

---

[1] 参见陈祥锋等：《融通仓的由来、概念和发展》，载《物流技术与应用》2005 年第 11 期。

[2] 参见张凯：《基于融通仓的物流金融服务创新研究》，长安大学 2008 年博士学位论文，第 23 页。

[3] 参见刘平：《企业存货动态质押制度研究》，武汉大学 2020 年博士学位论文，第 15 页。

差额部分承担连带保证责任或/和货物调剂销售责任。[1] 第三类应收账款模式。该模式属于销售阶段供应链融资模式，适用买方"先货后款"支付的情况。该模式主要流程为：卖方将对买方未到期的应收账款转让或者质押给银行，以此作为担保向金融机构申请融资。这种模式使上游中小企业能够通过赊销原材料、产品或者服务给下游核心企业，将应收账款转让或者质押给银行等金融机构，从而获取融资。核心企业在这一模式中承担中小企业信贷融资增信的角色，一旦融资中小企业主体信用出现问题，核心企业作为应收账款债务人来支付银行等金融机构贷款，从而降低了银行等金融机构的风险。前两类（融通仓模式和保兑仓模式）涉及动产质押及票据法律问题，最后一类应收账款转让和质押涉及保理及权利质押法律问题。出于笔者本身从事律师职业的关系，在参与供应链金融法律服务的过程中，发现商业银行在开展供应链金融具体业务中存在各种风险问题，应当有意识地防范供应链金融法律风险及操作风险，以便积极发挥宝贵的信贷资源的有效性，切实落实金融服务实体经济的目标。

为此，本书就供应链金融有关的法律重点和难点问题进行梳理，共分为六个章节，分别是第一章保理合同、第二章应收账款质押担保融资问题、第三章供应链金融票据纠纷、第四章信用证纠纷、第五章动产融资担保、第六章供应链金融平台电子债权凭证纠纷，都是选取了商业银行在进行供应链金融服务中最为常见的法律问题，并通过案例解析来揭示其实际操作中的法律问题和解决方案。首先，本书将对供应链金融的基本理论、业务模式、风险管理等进行系统介绍，为读者提供基本的法律背景知识。其次，本书将深入探讨供应链金融涉及的主要法律问题，包括《民法典》《票据法》《公司法》等法律规定及相关司法解释的法律适用问题。最后，本书将通过多个典型案例的解析，展示供应链金融在实际操作中的法律问题和解决方案，为读者提供实用的法律指导。

---

[1] 参见最高人民法院民事审判第二庭编：《担保案件审判指导》，法律出版社2014年版，第33页。

在本书的编写过程中，我们力求做到内容全面、准确、实用。本书参考了大量的法律法规、司法解释、案例判决等权威资料，并结合了最新的金融科技发展趋势和市场实践。同时，我们得到了多位法律专家和金融机构从业者的指导和帮助，使本书的内容更加丰富和深入。相信本书的出版将为商业银行供应链金融的法律实践提供一点有益的参考和指导，为推动我国供应链金融法律问题的研究起到一定作用。当然，必须要承认的是由于参与本书编写人员水平有限，难免存在一些疏漏和错误，还请读者不吝赐教，以便在后续版本中加以完善。

戚诚伟

段和段律师事务所上海中心办公室

2025 年 2 月 1 日

自序二 /Preface

2018年中美贸易摩擦之后，美欧相继提出了"脱钩断链"和"去风险"的概念，并且具象化"供应链安全"的说辞，通过一系列供应链安全立法，对来自所谓敏感国家的供应商的供货进行尽职调查或者安全审查，以确保国家安全。供应链安全最早是20世纪七八十年代管理学中盛行的一个概念，主要指国际贸易和货物运输过程中由于海盗等因素而存在的安全风险。在大国博弈背景下，供应链安全"重出江湖"，成为美欧用来合理化对中国等国家采取遏制、制裁、出口管制等贸易限制措施的理据。

20世纪90年代后期和21世纪的前15年，我们见证了全球贸易的高速增长，贸易图景也发生变化，不仅贸易总量剧增，而且贸易方式也发生很多新的变化，还形成了全球供应链体系。进入数字经济时代，运输和联络成本的下降以及技术的发展使生产模块化和碎片化，生产成本的构成与之前也有所不同。贸易增长是诸多因素促成的结果，包括信息技术服务、人力管理服务、技术服务、存货管理服务、物流。这些都需要通过规则、机制和制度加以适当的协调。

金融服务是供应链上隐形的黏合剂。国际金融危机表明，金融服务的成本和可获得性会对贸易总量有所影响。缺少融资也会威胁已经建立起来的全球供应链的稳定性。比如，金融危机期间金融活动的约束是这一时期贸易量下降的原因。本书讨论的就是供应链上的金融活动，即供应链金融。

近年来，供应链融资作为贸易融资的一种形式而得到快速发展。但是，全球对供应链金融并没有形成统一的定义。一种理解是，供应链金融是对供应链进行融资，类似一种结构性的贸易融资，金融机构对贸易活动的不同阶段提供资金，如原材料采购、工厂生产、运输、仓储，通过提供不同的金融工具，化解各个阶段的风险，直至货物到达买方。这种结构性贸易融资是量身定做的，针对特定供应链或者在供应链上的特定交易，其实比供应链金融概念的出现要早。供应链金融对实体经济大有帮助，能够便利货物的跨境流动。还有一种理解是，供应链金融是一种特殊的融资工具，是便利化供应商的融资，主要依靠买方投资级别的评级。

一个很好的例子是钢铁公司。一方面钢铁公司要从原材料供应商进口铁矿石，另一方面要向买方提供钢铁，但是买方的货款可能是在钢铁公司提供钢铁后的三个月后付款。钢铁公司受到两方面的财务挤压。一方面，钢铁公司先要支付原材料的价格，投入生产成本和运输成本，把制成品运输到买方。另一方面，钢铁公司的货款要延后收到。金融机构在这个交易中可以向钢铁公司支付原材料的预支费用，钢铁公司可以把交货的保证（主要是信用证）和与供应商的供货合同转让给金融机构，作为现金流的担保。如此一来，供应链金融便利生产、贸易和货物运输，最终服务于实体经济的增长。

融资是中小企业商业发展的最大障碍。许多中小企业无法从银行融资借款，依靠营运资金融资。中小企业对包容性经济的发展至关重要。因此，供应链融资是许多政府优先关注的事项。供应链金融受到使用公开账户贸易融资的挤压，趋势是大宗买家会要求更长的付款期限。

金融机构在很多情况下不是发展机构，也不是政府的职能部门。它们是从提供金融服务过程中获利的机构。它们的考虑主要还是风险。供应链中包括履约风险、信用风险、储藏风险、运输风险等诸多风险。当然，政治风险、价格风险和其他宏观经济的风险也会影响供应链。每一类风险都有不同的风险克服机制，如担保、信用风险保险、交通险等。

传统的公司借贷主要依赖债务人的资产负债表，结构性贸易融资主要依赖以资产为基础的借贷，主要使用贸易货物或者船舶，甚至是应收账款作为抵押物。中小企业的资产负债表不佳，因此以资产为基础的融资比较有利，特别是如果它们的产品和增长潜力比较好的情况下，供应链融资就是比较有利的选择。在全球供应链中，如果中小企业有一个信用情况良好的买方，那么供应链融资就更加有利。

在贷款人端，金融机构的顾虑是信用风险、违约风险以及知道客户（Know Your Customer，KYC）的合规风险、金融犯罪风险和履约风险。在供应链金融中，这些风险可能是几倍增长，因为供应链上的主体是多元的、交易的复杂性是多重的，整个过程又涉及很多环节。履约风险是潜在诉讼的主要原因。此外，责任险、抵押物管理公司的仓储风险、抵押管理公司的不充分标准、仓储公司收据作为产权文件的不可信问题都是风险。法律对这些没有明确规定，也没有中央化的登记系统确立担保利益的优先序列。此外，宏观经济相关的风险，如利率、汇率波动的风险，制裁、出口管制等政治风险，也是供应链金融中的风险。

为了减少供应链融资的潜在风险，金融机构可以运用一些风险克服技术和工具。金融机构可以审查资产负债表和出口表现的历史记录，以确定信用风险，也可以评估产品质量，确定是否满足市场登记的要求，特别是使用外汇交易的商品。保险可以用来抵消一些风险的消极影响，担保或者其他的信用增强也是如此，既保护了金融机构放贷款项的安全，又能够在金融机构内部获得审批通过。金融机构的风险控制程序和要求经常导致对中小企业的金融排他，无从获得融资。当然，交易的风险越高，对借款方而言融资的成本也就越高。这就是为什么在经济体中金融工具越发达，融资成本就低，金融也就更加具有包容性。反之，金融基础设施越不发达，如缺少担保管理能力和机制或者没有充分的仓储设施，以资产为基础的借款就不能普及，因为金融大多数情况是基于资产负债表的金融强度以及可销售性的物品和发展潜力。

供应链融资也是一种支持买卖供应链的工具，卖方可以以大型公司买方的信誉获得更加便宜的融资。供应链融资高度依赖应收账款的作用，资金提供方需要订货单、供应合同、发票。供应链金融可以改善供需关系。买方可以最大化未支付费用的利用空间,如可以获得更长的支付时间。与其他基于自己资信情况的融资相比,供应链融资是成本更为经济的一种融资。贸易融资一般是短期融资,而且是具备自我流动性的。因此,金融机构主要关注偿还的资金从何而来,以及如何设立防火墙防止第三方债权人主张资金,主要的考虑就是如何通过担保、保险、对冲克服风险,特别是产权文件的获得和执行。托管账户的限制、抵押的设立不能、执行担保利益的不确定性、物品产权的不清晰都是融资障碍和成本的主要影响因素。与传统的公司融资主要看借款方的所有物不同,贸易融资更加关心借款方的资产负债表。

本书章节就是按照供应链金融的不同融资交易安排展开,包括保理、应收账款质押担保、票据、信用证、动产融资担保、平台电子债权凭证等。每一章交代供应链金融交易方式的特点、主要法律关系、所涉风险、主要风险克服方式等。

当然,本书限于篇幅还没有涵盖供应链金融的其他一些问题。例如,担保交易中借款人破产是重要的考虑因素。中国中小企业平均生命周期是2年多,企业破产的成本费用又是相对高的,大概是破产企业资产的22%,破产周期要1.7年,这对债权人而言是比较大的压力。

又如,供应链融资发展快速,其中有一些阻挠发展的规制问题。《巴塞尔协议Ⅲ》对银行借贷包括贸易融资的资本成本要求,限制了供应链金融的获得。各国执行巴塞尔协议的不同,造成监管套利。一些市场缺乏金融基础设施,便利融资也是一个障碍。严格的KYC和客户尽职调查规则是主要的合规要求。金融机构对不合规事项的罚款会导致银行和金融机构终止交易。供应链金融的发展特别依赖信息,跨境数据流动规则是新的非关税壁垒。

从金融商法的角度看,供应链金融涉及合同的有效性,法律关系的有效性,法律交易结构的安排和有效性等问题。但是,从金融监管的角度看,供应链金融还涉及金融基础设施。政府可以设立一个中央化的验证数据平台,这样KYC这样的尽职调查信息就可以方便获得,金融机构的合规成本和尽职调查成本就可以下降，这有利于包容性金融。这些都是供应链金融长期发展需要解决的问题。这些问题可以留待以后的研究展开。

是为序。

沈 伟

2025 年 2 月 10 日

缩略语表

简　　称	全　　称
《信托法》	《中华人民共和国信托法》
《民法典》	《中华人民共和国民法典》
《民法总则》	《中华人民共和国民法总则》
《刑法》	《中华人民共和国刑法》
《合同法》	《中华人民共和国合同法》
《物权法》	《中华人民共和国物权法》
《票据法》	《中华人民共和国票据法》
《公司法》	《中华人民共和国公司法》
《担保法》	《中华人民共和国担保法》
《海商法》	《中华人民共和国海商法》
《海关法》	《中华人民共和国海关法》
《中小企业促进法》	《中华人民共和国中小企业促进法》
《担保制度司法解释》	《最高人民法院关于适用〈中华人民共和国民法典〉有关担保制度的解释》
《民间借贷司法解释》	《最高人民法院关于审理民间借贷案件适用法律若干问题的规定》
《票据法司法解释》	《最高人民法院关于审理票据纠纷案件若干问题的规定》
《信用证纠纷司法解释》	《最高人民法院关于审理信用证纠纷案件若干问题的规定》

续表

简　　称	全　　称
《九民纪要》	《全国法院民商事审判工作会议纪要》
《天津高院保理纪要（一）》	《天津市高级人民法院关于审理保理合同纠纷案件若干问题的审判委员会纪要（一）》
《天津高院保理纪要（二）》	《天津市高级人民法院关于审理保理合同纠纷案件若干问题的审判委员会纪要（二）》
《深圳前海法院裁判指引》	《深圳前海合作区人民法院关于审理前海蛇口自贸区内保理合同纠纷案件的裁判指引（试行）》
《以旧换新行动方案》	《推动大规模设备更新和消费品以旧换新行动方案》
《关于规范发展供应链金融的意见》	《关于规范发展供应链金融支持供应链产业链稳定循环和优化升级的意见》
UCC	《美国统一商法典》
UCP600	跟单信用证统一惯例（国际商会第600号出版物）

目录 / Contents

第一章 保理合同　001

第一节　保理合同概述　002
　一、保理业务起源　002
　二、保理合同的概念　004
　三、保理合同的性质及效力　006

第二节　保理合同中应收账款的法律问题　019
　一、概述　019
　二、保理合同中应收账款为虚构的问题　020
　三、保理合同中未来应收账款问题　025
　四、保理合同与基础合同关系问题　031

第三节　保理合同的通知　039
　一、概述　039
　二、关于应收账款转让诉讼通知效力认定的案例　042
　三、关于应收账款转让通知必要凭证认定的案例　044
　四、关于应收账款转让通知先于保理合同签订效力的案例　047

第四节　应收账款多重保理清偿顺序问题　050
　一、概述　050
　二、应收账款多重保理的清偿顺序的案例　052

第五节　保理合同利息和违约金标准问题　054
一、概述　054
二、保理合同利息标准　055
三、保理合同违约金标准　056
四、保理合同利息和违约金标准的案例　058

第六节　保理合同无效问题　060
一、保理合同无效的情形　060
二、保理合同无效的法律后果　063
三、基础合同虚假不影响保理合同合法有效的案例　066

第七节　保理合同适用债权转让规定问题　072
一、有关基础合同禁止转让约定对保理人的效力　072
二、有关主权利转让从权利一并转让问题　073
三、保理合同适用有关债权转让时债务人的抵销权　074
四、有关主权利转让从权利一并转让的案例　075

第二章　应收账款质押担保融资问题　078

第一节　应收账款质押概述　079
一、应收账款的概念及特征　079
二、应收账款质押的概念及特征　080

第二节　应收账款质押的登记问题　082
一、概述　082
二、应收账款质押登记的实务问题　095
三、应收账款质押登记的内容问题　102

第三节　应收账款质押合同效力问题　109
一、概述　109
二、关于应收账款质押合同无效的案例　109

第四节　质押的应收账款相关问题　112
一、概述　112
二、质押的应收账款的真实性问题　113
三、应收账款质押范围是否包括已付的应收账款　118
四、关于应收账款是否具备融资条件的案例　122

第五节　应收账款质押中的通知义务　125
一、概述　125
二、关于应收账款通知义务的问题　126

第六节　应收账款质权实现方式　131
一、概述　131
二、应收账款质押实现方式问题　133

第七节　其他应收账款质押问题　141
一、应收账款质押与保理的关系　141
二、有关债权转让、应收账款质押以及保理存在于同一应收账款债权上的案例　143

第三章　供应链金融票据纠纷　148

第一节　供应链票据和票据法律制度概述　149
一、票据概述　149
二、票据业务市场与供应链票据发展　151
三、票据法律制度概述　154

第二节　票据法律关系及有关权利行使问题　155
一、票据关系与非票据关系概述　155
二、关于票据无因性的案例　157
三、关于票据债权与原因债权竞合的案例　160

第三节　票据行为及实践纠纷焦点问题　166
一、概述　166
二、票据贴现　167

	三、票据保证	172
	四、票据追索	176
	五、票据行为的代理	187

第四章 **信用证纠纷** **192**	第一节　信用证制度概述	193
	一、信用证业务简述	193
	二、信用证交易中的法律关系与当事人	196
	三、信用证的基本原则	197
	第二节　信用证欺诈纠纷	214
	一、信用证欺诈的概念和类型	214
	二、信用证欺诈的认定标准	219
	三、信用证欺诈例外之例外	225
	第三节　进出口押汇合同纠纷	230
	一、概述	230
	二、议付行对提单项下货物的权利	234
	三、议付行作为担保权人对货物的保管义务	238
	第四节　国内信用证	241
	一、概述	241
	二、关于国内信用证纠纷适用规则的案例	243

第五章 **动产融资担保** **247**	第一节　动产融资担保	248
	一、概述	248
	二、动产融资担保的方式	250
	第二节　存货融资	252
	一、概述	252
	二、存货融资的方式	253
	三、存货质押存在的主要法律风险问题	255

	第三节　机器设备融资	270
	一、概述	270
	二、机器设备融资法律风险	271
	第四节　仓单融资	279
	一、概述	279
	二、仓单质押的设立要件	280
	三、仓单质押存在的主要法律风险问题	283
第六章 **供应链金融平台** **电子债权凭证纠纷** **289**	第一节　供应链金融平台概述	290
	一、供应链金融平台发展概述	290
	二、电子债权凭证的主要功能	292
	第二节　电子债权凭证确权功能的问题	294
	一、电子债权凭证的法律性质	294
	二、电子债权凭证和电子商业汇票之差异	298
	第三节　电子债权凭证支付功能的问题	301
	一、交易双方合意的问题	302
	二、远期支付的问题	309
	三、费用分担的问题	314
	第四节　电子债权凭证融资功能的问题	327
	一、概述	327
	二、电子债权凭证与基础交易真实性	329
	第五节　涉供应链金融平台政策梳理	332
	一、涉供应链金融平台政策沿革	332
	二、涉供应链金融平台政策趋势	336

附录	中华人民共和国民法典(节录)(2020.5.28)	338
相关配套	最高人民法院关于适用《中华人民共和国民法典》有关担保制度的解释(2020.12.31)	350
法律法规		
338	中华人民共和国票据法(2004.8.28修正)	371
	最高人民法院关于审理票据纠纷案件若干问题的规定(2020.12.29修正)	386
	动产和权利担保统一登记办法(2021.12.28)	397
	全国法院民商事审判工作会议纪要(节录)(2019.11.8)	402

后 记 418

第一章　保理合同

◎ 本章索引

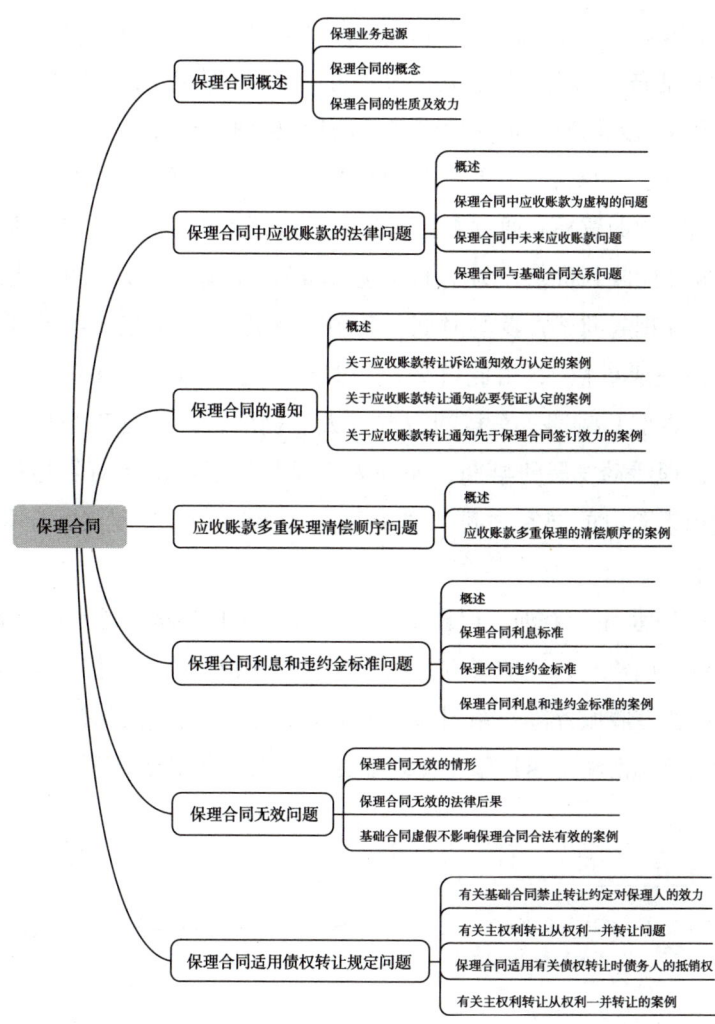

第一节　保理合同概述

一、保理业务起源

保理业务是从英文"factoring"翻译而来,作为专门从事应收账款业务的保理人(保理商)则是从英文"factor"翻译而来。保理业务通常被理解为以保理人买入卖方对买方享有的应收账款进行管理和催收,并承担买方无法支付货款风险的营业方式,其本质是为赊销贸易中卖方进行融资的经营活动。[1] 保理业务的历史起源和发展过程可以追溯到古巴比伦时期,当时美索不达米亚平原的人们通过贸易赊账产生的债权换取金银,这种活动和行为当时被视为进行了"保理"。另一种说法是,保理起源于欧洲中世纪时期的国际贸易,当时欧洲贸易商通过委托代理人进行商品买卖,并在交付货物后等待较长时间才能收到货款,为了解决这个问题,保理商应运而生。还有一种观点认为,保理起源于古罗马时期,其中"保理"一词来源于拉丁语,意为"促成或完成事情",由此可见,当时保理业务与现代保理业务的定义大相径庭。古罗马时期,富裕的古罗马人雇佣保理人来管理与处置自己的财产。在保理活动发展的早期,保理人主要是处于经济相对发达的国家与处于原始积累阶段的国家之间的"中间人",其主体往往是受托经营他人商品的商人。

在15—16世纪的欧洲,保理商的主要职责并非仓储与通常的货物销售,而是提供流动性资金、评估买方信用状况、管理销售账户、提供信用风险担保、提供账款催收服务等一系列综合金融服务方式。随着当时英格兰、法国和西班牙的殖民活动迅速扩张,保理业务的首要目的在于保证资本主义国家

---

[1] 参见最高人民法院民法典贯彻实施工作领导小组主编:《中华人民共和国民法典合同编理解与适用(三)》,人民出版社2020年版,第1759页。

贸易商的利益最大化。[1] 在 18 世纪的英国，纺织工业迅猛发展，向海外销售纺织品成为资本主义初期实现经济扩张的必由之路。此时，英国的纺织行业在美国的代理商逐渐积累了资金和广泛的人脉，因而他们愿意作为保理商，为交易中的应收账款提供融资。19 世纪，美国近代商务活动中代理商为买卖合同提供融资活动，形成了现代意义上的保理合同。20 世纪 50 年代，保理业务在美国和西欧国家发展成型，成为新型的贸易融资方式，并在近 20 年来得到广泛应用。[2]

我国在 20 世纪 90 年代前后开始引进保理业务，最初是由商业银行开展的，之后又加入了商业保理公司从事保理业务。1987 年 10 月，中国银行与德国贴现和贷款公司签署了国际保理总协议，标志着国际保理业务在我国正式登陆。[3] 1991 年 4 月底，应国际保理商联合会（Factors Chain International，FCI）的邀请，中国对外经济贸易部计算中心（现商务部国际贸易经济合作研究院）和中国银行组织联合考察组，赴荷兰、德国和英国考察国际保理业务。[4] 经考察组集体研究决定，正式向 FCI 发函确认将 Factoring 一词的中文译名确定为"保理"，从此中文"保理"一词在我国国际和国内该等业务中统一使用。[5] 1993 年，中国银行正式加入 FCI，成为国内第一家 FCI 会员，并率先在国内同业中开办了国际保理业务。[6] 此外，1995 年 5 月 1 日，国际统一私法协会（The International Institute for the Unification of Private Laws）

---

[1] See Carroll G. Moore, *Factoring—A Unique and Important Form of Financing and Service*, The Business Lawyer, Vol. 14, p. 704 - 705（1959）.

[2] 参见李阿侠：《保理合同原理与裁判精要》，人民法院出版社 2020 年版，第 4 页。

[3] 参见宋向今、黄海：《浅析〈民法典〉视角下之保理合同相关法律问题》，载《中国审判》2021 年第 11 期。

[4] 参见白莲、李秀梅：《保理人视角下〈民法典〉新确立的保理合同初探》，载《国际融资》2020 年第 10 期。

[5] 参见白莲、李秀梅：《保理人视角下〈民法典〉新确立的保理合同初探》，载《国际融资》2020 年第 10 期。

[6] 参见李敏杰：《委员说法 | 保理及其保理合同》，载人民政协网 2020 年 12 月 27 日，https://www.rmzxb.com.cn/c/2020 - 12 - 27/2747291.shtml。

制定的《国际保理公约》生效,我国已于同年签字加入。[1]

2012年6月27日,商务部向天津市、上海市商务委发送了《关于商业保理试点有关工作的通知》(商资函〔2012〕419号)。该通知中明确,根据相关文件精神,为积极探索优化利用外资的新方式,促进信用销售,发展信用服务业,同意在天津滨海新区、上海浦东新区开展商业保理试点,探索商业保理发展途径,更好地发挥商业保理在扩大出口、促进流通等方面的积极作用,支持中小商贸企业的发展。其中,第1条试点内容中明确了设立的"商业保理公司"的经营范围是为企业提供贸易融资、销售分户账管理、客户资信调查与评估、应收账款管理与催收、信用风险担保等服务。第2条第3款也强调:"开展商业保理原则上应设立独立的公司,不混业经营,不得从事吸收存款、发放贷款等金融活动,禁止专门从事或受托开展催收业务,禁止从事讨债业务。"

该通知正式启动了我国商业保理的运营。之后实践中还出现了不少保理公司"假借保理之名"而"行放贷之实"的乱象。近年来,监管部门和司法机构通过立法和司法进一步规范保理公司名副其实开展业务。当然,笔者认为,就我国出现商业保理公司至今也不过十余年,从无到有、从野蛮生长到规范经营都是符合事物发展规律的。

二、保理合同的概念

(一)保理合同成为有名合同

从典型保理业务来看,保理业务涉及两个合同关系和三方当事人,即债权转让关系及融资服务合同关系,当事人包括保理人、应收账款债权人和应收账款债务人。保理合同是一种特殊的合同形式,主要涉及应收账款的债权人、债务人以及保理人之间的关系。在《民法典》公布之前,我国法律体系

---

[1] 参见贾若飞:《国际商会发布〈关于起草国际商会供应链金融规则的立场书〉》,载中国国际商会网2021年2月9日,http://www.ccoic.cn/cms/content/27316。

中并没有明确的保理合同概念。随着保理行业的发展和营商环境的优化，《民法典》专门增加"保理合同"这一章，并对其概念、内容和形式进行了详细规定。这标志着保理合同从无名合同进入了有名合同的行列，成为正式的法律概念。

《民法典》第761条对保理合同进行了定义，即"保理合同是应收账款债权人将现有的或者将有的应收账款转让给保理人，保理人提供资金融通、应收账款管理或者催收、应收账款债务人付款担保等服务的合同"。保理是指应收账款的债权人将应收账款转让给保理人，保理人提供资金支持以及对应收账款进行管理和催收等。从中我们不难看出，保理人不同于传统金融机构，其本质是应收账款综合服务机构，其基本功能包括融资功能和应收账款管理、催收、债务人付款担保等非融资性功能。

此外，《民法典》第762条对保理合同内容进一步规定："保理合同的内容一般包括业务类型、服务范围、服务期限、基础交易合同情况、应收账款信息、保理融资款或者服务报酬及其支付方式等条款。保理合同应当采用书面形式。"据此，保理合同中不仅可以约定包括应收账款的转让，还可以涵盖应收账款管理、催收等服务，体现了其综合性的特点。此外，保理合同依法应当采用书面形式，并且其内容一般包括业务类型、服务范围、服务期限、基础交易合同情况、应收账款信息、保理融资款或者服务报酬及其支付方式等条款。笔者认为，保理合同已经成为供应链金融中的一种重要的融资服务工具，其概念和历史发展反映了现代商业活动中对资金流动性和风险管理需求的不断适应和创新，也满足了供应链中贸易商和服务商的融资需求。

（二）保理的分类

2014年4月3日，中国银行业监督管理委员会发布《商业银行保理业务管理暂行办法》，其第10条规定中根据不同的标准，把保理分成三类：一是按照基础交易的性质和债权人、债务人所在地，分为国内保理和国际保理。二是按照商业银行在债务人破产、无理拖欠或无法偿付应收账款时，是否可以向债权人反转让应收账款、要求债权人回购应收账款或归还融资，分为有追索权保理和无追索权保理。三是按照参与保理服务的保理机构个数，分为单保理和双保理。实践中，除上述分类外，按照是否将保理情况告知应收账款债务人，可以分为明保理和暗保理，又称公开型保理和隐蔽型保理；按照发起保理业务的主体是应收账款债权人还是债务人，可以分为正向保理和反向保理。

实践中对保理人权利义务影响最大的分类就是有无追索权的分类，《民法典》第766条和第767条分别规定了有追索权保理中的保理人行使请求权和无追索权保理中的权利人的权利范围。具体而言，《民法典》第766条规定："当事人约定有追索权保理的，保理人可以向应收账款债权人主张返还保理融资款本息或者回购应收账款债权，也可以向应收账款债务人主张应收账款债权。保理人向应收账款债务人主张应收账款债权，在扣除保理融资款本息和相关费用后有剩余的，剩余部分应当返还给应收账款债权人。"从上述规定来看，保理人实质提供的是融资服务，这类有追索权的保理也被称为融资性保理。《民法典》第767条规定："当事人约定无追索权保理的，保理人应当向应收账款债务人主张应收账款债权，保理人取得超过保理融资款本息和相关费用的部分，无需向应收账款债权人返还。"从上述规定来看，保理人在无追索权保理中属于出资买断了应收账款产生的债权，不能再向应收账款债权人主张回购义务，实质属于债权转让性质，故这类保理业务也被称为买断型保理。

三、保理合同的性质及效力

保理合同性质的认定关系到当事人责任的厘清，是后续探讨其法律适用的前提。根据《民法典》对保理合同所作的分类，保理合同被分为有追索权保理和无追索权保理。无追索权保理被认定为债权转让几乎无争议，而针对有追索权保理，学界主要形成了四种学说，分别是委托代理说、间接给付说、债权转让说和让与担保说。

其中，委托代理说作为早期的代表性学说，认为保理以委托代理为基础，保理合同当事人构成代理关系。但随着保理发展，该说受到学界公开质疑。第二种学说为间接给付说，主要体现在司法实践中，认为有追索权保理是债权人担保债务人清偿债务的间接给付契约，分别把保理人和基础合同债权人、债务人的融资关系、清偿关系理解为旧债与新债。第三种则是债权转让说，似为当代通说，孙超认为有追索权保理的本质就是"债权转让＋追索权"。最后一种学说为让与担保说，是新近学说，贺小荣认为有追索权保理本质上是"金融借贷＋债权让与担保"，债权转让涵盖在让与担保内。金融借贷与让与担保分别系主法律关系与从法律关系。[1] 不同学说下，保理合同的效力是不一样的，各地法院也存在不同观点。其中，债权转让说与让与担保说两种观点为主流观点。债权转让说的主要观点是合同本质上仍然是一种债权转让合同，通过债权转让发挥资金的融通功能。[2] 有学者认为，应将有追索权的保理认定为有特别约定的债权转让，附加的追索权本身是当事人的自由约定，不为法律所禁止。[3] 让与担保说的主要观点为有追索权的保理与担保常态相适应，在本质上应定性为让与担保。[4] 有追索权的保理是让与担保的特殊形式，追索权是保理合同双方对于应收账款债权人承担债务人履行能力保证义务的特别约定。[5] 如保理合同约定了有追索权，当债务人到期难以偿还应收账款，保理人享有相应的追索权，向债权人追偿，以确保其债权能够实现。

对上述有追索权保理合同的性质争议，笔者认为，保理合同兼具债权转让与担保的功能。保理合同具有债权转让的功能，其本质上确实是特殊的债权转让。同时保理又具有担保功能，债权转让的定位无法全然囊括保理的非典型担保功能。因此，《担保制度司法解释》第1条规定："因抵押、质押、

---

[1] 参见任立文：《我国保理合同适用研究》，山西财经大学2023年硕士学位论文，第5页。
[2] 参见谢鸿飞、朱广新主编：《民法典评注：合同编 典型合同与准合同2》，中国法制出版社2020年版，第533页。
[3] 参见方新军：《现代社会中的新合同研究》，中国人民大学出版社2005年版，第214-215页。
[4] 参见黄和新：《保理合同：混合合同的首个立法样本》，载《清华法学》2020年第3期。
[5] 参见陈学辉：《国内保理合同性质认定及司法效果考证》，载《西北民族大学学报（哲学社会科学版）》2019年第2期。

留置、保证等担保发生的纠纷，适用本解释。所有权保留买卖、融资租赁、保理等涉及担保功能发生的纠纷，适用本解释的有关规定。"上述司法解释规定将有追索权保理仅定位为非典型的担保方式，但难以涵盖保理本身与债权转让规则的密切联系，也无法与《民法典》第769条关于"本章没有规定的，适用本编第六章债权转让的有关规定"的规定相衔接。综上，无论是债权转让说还是让与担保说，都只总结了保理合同的某些特征，因此王利明认为，将保理合同在性质上定位为兼具担保功能与债权转让功能的混合合同更能体现保理合同的法律性质。[1]

诚如有学者曾指出的，保理作为《民法典》新增有名合同中的全新类型，是实践需要推动的入典，存在不少争议事项。诸如保理合同是否适用保理人以外主体所谓之债权转让？有追索权保理中保理人如何向应收账款转让人及债务人行使权利？应收账款转让登记是否具有一般性的对抗第三人效力？凡此种种争议在《民法典》规定保理合同之后并没有解决。[2] 事实上，对于上述问题司法实践中从起初存在较大争议到逐步达成共识，下面笔者就会围绕这些争议问题结合司法实践案例进行分析和解读。

（一）名为保理合同实为借贷合同的案例

案例 1-1 上海皋兰国际货运代理有限公司等与上海晨鸣融资租赁有限公司保理合同纠纷案

[案号：山东省高级人民法院（2021）鲁民终2289号]

案件事实

上海皋兰国际货运代理有限公司（以下简称皋兰公司）与邮政上海分公司签订有《邮政国际业务代办服务合同》。2019年3月25日，上海晨鸣融资租赁有限公司（以下简称晨鸣公司）与皋兰公司签订了《国内商业保理合

---

[1] 参见王利明：《合同法分则》，北京大学出版社2023年版，第358页。
[2] 参见李宇：《保理法的再体系化》，载《法学研究》2022年第6期。

同》，约定保理业务为公开保理和间接回款保理，保理首付款额度为2000万元，保理融资期限自2019年3月25日至2019年9月25日，保理首付款使用费率为年化利率5.688%，逾期使用费率为年化利率24%，保理手续费81.5万元期初一次性支付。

其中，《国内商业保理合同》附件6还款明细表约定还款方式为按月付息到期还本的方式，即2019年4月25日至7月25日每月支付使用费94,800元，8月25日支付保理首付款1000万元和使用费94,800元、9月25日支付保理首付款1000万元和使用费47,400元。《国内商业保理合同》第12条约定，无论何等原因，在该应收账款到期日或宽限届满日，晨鸣公司未足额收回保理首付款的，晨鸣公司有权向皋兰公司发送应收账款反转让通知书，将未受偿的已受让应收账款再次转让给皋兰公司。《国内商业保理合同》第14.2条约定，如皋兰公司构成根本违约时，晨鸣公司有权要求皋兰公司按保理商实际发放的保理首付款的年化利率24%计算违约金。同时，晨鸣公司与7个保证人分别签订了相关保证合同及股权质押合同。

《国内商业保理合同》签订后，晨鸣公司于2019年3月25日向皋兰公司支付保理款1918.5万元（扣除手续费81.5万元），在保理合同履行期间，皋兰公司如期支付使用费用。2019年9月25日《国内商业保理合同》到期后，因晨鸣公司未足额收回保理款，晨鸣公司多次要求皋兰公司回购应收账款债权，皋兰公司未进行回购。截至2021年3月25日，皋兰公司尚欠晨鸣公司保理款本金18,457,604.56元及逾期使用费5,333,948.04元。据此，晨鸣公司提起诉讼，请求法院判令皋兰公司支付本金、逾期利息损失、违约金及实现债权费用，并要求其他保证人承担相应担保责任。

皋兰公司与7个保证人共同答辩，主张本案法律关系实为借款合同而非保理合同，认为保理合同无效且隐藏的借款合同也无效，进而主张保证合同及股权质押合同同样无效。

本案的基本事实关系见图1：

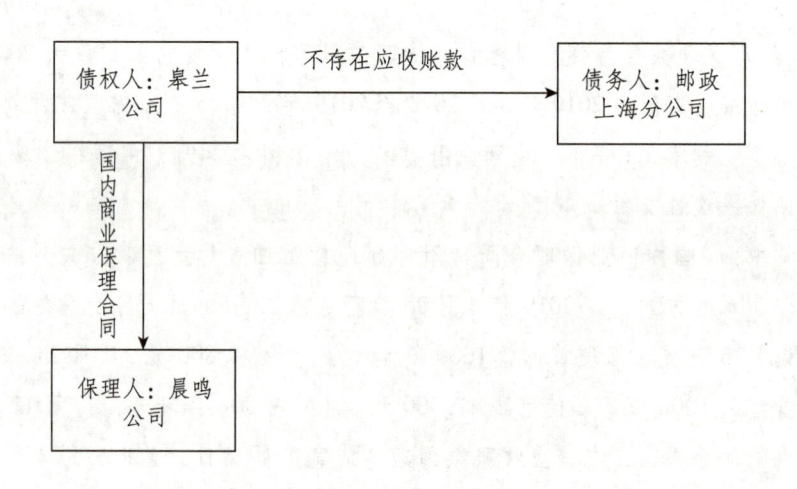

```
债权人：皋兰          不存在应收账款          债务人：邮政
    公司        ──────────────→         上海分公司
      │
      │ 国内商业保理合同
      ↓
   保理人：晨鸣
       公司
```

图 1　案例 1-1 的基本事实关系

争议焦点

本案中，主要争议焦点是涉案《国内商业保理合同》的法律性质及效力认定。

裁判结果

法院经审理认为，关于《国内商业保理合同》的法律性质，根据《民法典》第 761 条的规定，保理合同的法律性质是以债权转让为核心的综合金融服务合同，保理商开展的融资性业务也应当与应收账款相关联。本案中，《国内商业保理合同》的约定内容与履行均与基础债权债务的履行，即本案所涉应收账款不具有关联性，晨鸣公司也未合理履行作为保理商的审慎义务，故双方之间的法律关系不具有保理法律关系的特征，实为借贷法律关系。

首先，关于合同约定内容与履行问题。第一，《国内商业保理合同》明确约定，涉案保理业务为间接回款保理，晨鸣公司不负有向案外人邮政上海分公司催收应收账款、处理各项单据等义务，且该合同没有关于晨鸣公司应对涉案应收账款管理等提供其他服务的约定，故晨鸣公司仅负有向皋兰公司按时发放保理款的合同义务。第二，根据涉案《国内商业保理合同》中载明的信息，本案所涉应收账款的具体信息仅包括债务人基本情况、皋兰公司保证应收账款真实等内容，并无应收账款具体额度、基础交易信息、还款形式、应收账款到期日等内容,故该合同中关于融资的数额、还款期间等约定并非基于应收账款,二者不具有关联性。晨鸣公司虽然在二审期间提交《邮政国际业务代办服务合同》,但该证据仅能证明皋兰公司与邮政上海分公司存在合同交易行为,且晨鸣公司未提交其他证据证明该合同所涉应收账款的具体数额、到期日等事实,故不能证明涉案保理合同与该合同具有关联性。第三,《国内商业保理合同》约定,无论何等原因,晨鸣公司在应收账款到期日或宽限日届满时未足额回收保理首付款即可将涉案债权反转让给皋兰公司,但该合同中并没有载明应收账款到期日,晨鸣公司也未提交其他证据证明涉案应收账款存在确定的到期日,故结合晨鸣公司在本案中的诉讼请求,该约定中的应收账款到期日实为"应收账款融资额度届满日",与应收账款实际到期日并无关联性。第四,《国内商业保理合同》附件6载明,皋兰公司在收到涉案融资款后,即应按照约定向晨鸣公司按月支付本金及利息,皋兰公司也在融资期内依约偿还了相应债务,故皋兰公司实际上是依照固定融资期限而非依照应收账款的实际履行情况偿还融资款本息。综上,《国内商业保理合同》约定的内容与涉案应收账款不存在关联性,晨鸣公司与皋兰公司的履约行为也不具有保理法律关系的基本特征。

其次,关于晨鸣公司审核义务问题。根据晨鸣公司在本案审理过程中的陈述及在案证据,其在办理涉案保理业务时审核应收账款的凭证为《邮政国际业务代办服务合同》、皋兰公司出具的应收代办费明细表和晨鸣公司作出的尽职调查报告,但晨鸣公司并未审核《邮政国际业务代办服务合同》的实际履行情况,也未向邮政上海分公司确认应收账款的真实性、具体数额、还款日期等内容。且晨鸣公司在一审期间提交的尽职调查报告载明皋兰公司财务报表中应收账款数额与其主张的应收账款数额差距巨大,但该报告未对产生该差额的单据等具体依据进行审核或收录其他证据佐证应收账款的真实数额。晨鸣公司在本案审理过程中亦未提交其他证据证明其在办理涉案保理业务时对与基础交易关系相关的单据、账目等材料进行审核。因此,晨鸣公司并未履行保理商应尽的审查义务。

综上，涉案《国内商业保理合同》并非以应收账款转让为核心，其约定的融资期间、融资款偿还方式等内容及双方实际履行合同的行为并非以基础交易中的应收账款为基础，不符合保理法律关系的基本特征。因此，法院判决，皋兰公司返还晨鸣公司借款本金及利息，相关担保人承担借款合同性质下的保证责任。

案例解读

本案例的核心问题为"名为保理实为借贷"之司法审查标准，法院在审查保理合同纠纷时首先认定保理商与应收账款债权人之间是否构成保理法律关系，应当严格依据《民法典》第761条规定的要件进行分析，将合同约定内容及履行情况是否以应收账款转让为核心作为审查标准，并需同时对保理商是否合理履行了审慎义务进行审查。总体而言，保理人在办理保理业务时应当从形式和内容上对应收账款进行审查。在形式上，保理人应当要求债务人以书面的、不易产生印章或签字真实性争议的方式来确认应收账款；在内容上，保理人不但要对应收账款数额、还款期限进行确认，还应尽可能通过审核交易单据或银行认可的电子贸易信息等方式，确认相关交易行为真实合理存在。保理人在订立保理合同前也应就债权人和债务人的资信、经营及财务状况进行审核，并对基础交易等相关情况进行有效的尽职调查，重点对交易对手、交易商品及贸易习惯等内容进行审核。总之，对基础交易的审查不能局限于基础交易合同这一书面文件，应结合履行单据以及实地考察对交易的履行状况进行调查。从而避免债权人、债务人通过虚开发票或伪造交易合同、伪造签收单、虚报交易金额、虚构物流和回款单据等手段恶意骗取融资。尤其当合同是以"不可见"的电子签章方式签署的，在签署主体的确认、签署环节的把控等各个方面比传统的线下签署方式应更为谨慎。

本案中，表面上以皋兰公司与邮政上海分公司签订的《邮政国际业务代办服务合同》所产生的应收账款为标的而成立的保理合同，但实际上皋兰公司向晨鸣公司提供的《邮政国际业务代办服务合同》并未实际履行，且皋兰公司与邮政上海分公司无业务往来。应收代办费并不是皋兰公司与邮政上海分公司的对账单,而是皋兰公司历史上承接的代办费,且已履行完毕。皋兰公司与晨鸣公司签订合同时,皋兰公司与邮政上海分公司并不存在债权债务关系,基础合同《邮政国际业务代办服务合同》下并没有产生实际的应收账款。

(二) 合同权利义务与保理法律关系不符的案例

民事合同的性质应根据合同条款所反映的当事人的真实意思,并结合其签订合同的真实目的以及合同的实际履行情况等因素进行综合判断,而不是只根据其名称进行判断。如果合同约定的权利义务以及实际履行情况与保理法律关系不一致,应以实际形成的法律关系确定当事人的权利与义务。

案例 1-2 黄某某与西安国汇天辰商业保理有限公司保理合同纠纷案

[案号:四川省成都市中级人民法院(2021)川 01 民终 17665 号]

案件事实

2019 年 12 月 24 日,成都碧优缇公司、倾心医美公司、黄某某、西安国汇天辰商业保理有限公司(以下简称国汇天辰公司)共同签订《医美保理合同》约定:(1)黄某某根据自身医疗美容及分期付款的需求,通过成都碧优缇公司美芽平台向倾心医美公司提出服务要求,经国汇天辰公司对黄某某进行分期付款的资格审查且国汇天辰公司同意受让分期付款债权后,由倾心医美公司和黄某某最终确定医疗美容服务项目和分期付款金额,在倾心医美公司向黄某某提供医疗美容服务后,倾心医美公司将对黄某某享有的应收医疗美容费债权转让给国汇天辰公司,由国汇天辰公司向黄某某分期收取医疗美容费。(2)倾心医美公司向黄某某提供全身抽脂项目的医疗美容服务,服务费用为 70,000 元,由黄某某以分期付款方式支付,共分 24 期,每期付款金额为 2916.67 元,第一期付款日为 2020 年 1 月 24 日,以后每期付款日为下一月的对应日,如无对应日,则延至下一月最后一日。(3)倾心医美公司向黄某某提供医疗美容服务项目后,将对黄某某享有的分期付款债权转让给国汇天辰公司，倾心医美公司向黄某某出具应收账款转让通知书，由黄某某和国汇天辰公司分别签字盖章确认后，视为债权转让完成，黄某某同意按本合同约定向国汇天辰公司清偿债务。(4) 黄某某应通过成都碧优缇公司经营的美芽平台A某某或微信公众号支付每期付款金额及服务费，也可向国汇天辰公司指定银行账户直接支付。(5) 如黄某某未按约定及时足额付款，国汇天辰公司有权要求其一次性结清剩余全部款项，并从逾期之日起按照剩余应付款总额每日万分之五计算违约金。(6) 任何一方违约均应当承担相应违约责任，并赔偿由此给守约方造成的所有损失，由此导致守约方为实现债权而产生的费用（包括但不限于公告费、催收费、差旅费、律师费、诉讼费等全部费用）亦全部由违约方承担。

同日，黄某某与国汇天辰公司签订《保理服务协议》主要内容与《医美保理合同》一致，此外，还约定：(1) 黄某某签收应收账款转让通知书即认同国汇天辰公司有权向其主张还款，黄某某无异议。(2) 黄某某按月向国汇天辰公司支付服务费210元，共支付24期。同日，国汇天辰公司和倾心医美公司共同向黄某某发出应收账款转让通知书，通知黄某某将其欠付倾心医美公司的70,000元分期账款债权全部转让给国汇天辰公司，由黄某某按照合同约定向国汇天辰公司分期付款。黄某某在该应收账款转让通知书上签字确认。

同日，黄某某与重庆碧优缇科技有限公司（以下简称重庆碧优缇公司）签订《医美分期居间服务协议》，主要内容：因重庆碧优缇公司为黄某某获取医疗美容服务和分期服务提供了商业及信息咨询、居间服务，故黄某某应向重庆碧优缇公司每月支付居间服务费930元，共计24期，付款时间与支付医疗美容服务费的时间一致，黄某某应通过美芽平台A某某或微信公众号支付每期居间服务费，也可向重庆碧优缇公司指定银行账户直接支付。

另外，国汇天辰公司和倾心医美公司于2019年12月24日签订《合作协议》一份，主要内容：(1) 国汇天辰公司是一家合法成立并有效存续的商业保理公司，倾心医美公司是一家合法成立并具备相关资质的医疗美容机构，国汇天辰公司同意根据该协议约定受让倾心医美公司已经或将不时与客户提供服务形成的应收账款,并向倾心医美公司提供保理融资服务。(2)该协议项下,在满足所有应收账款转让的先决条件和单笔拟转让应收账款之先决条件后,倾心医美公司将应收账款债权及相关权利转让给国汇天辰公司,国汇天辰公司审查确认后,按照该协议项下所对应应收账款对应的金额之和固定40%给予倾心医美公司提供保理融资,单笔封顶20,000元。客户还款后,从第一期开始国汇天辰公司按客户还款本金的60%比例回收融资款后,剩余40%的本金支付给倾心医美公司。(3)在出现协议约定的回购情形时,国汇天辰公司可向倾心医美公司行使回购权。

2019年12月25日,黄某某在《自体脂肪填充手术知情同意书》《脂肪抽吸术术前告知暨知情同意书》《麻醉知情同意书》上签字确认,倾心医美公司为黄某某实施了大腿环形吸脂术,膝盖内侧、小腿、上臂环吸,自体脂肪隆下颏的美容手术。

2020年4月30日,黄某某在《脂肪抽吸术术前告知暨知情同意书》签字确认,倾心医美公司为黄某某实施了腰腹环形吸脂、髂腰吸脂术的美容手术。

黄某某签订前述合同并接受美容手术后,未向国汇天辰公司支付任何款项。

本案的基本事实关系见图2:

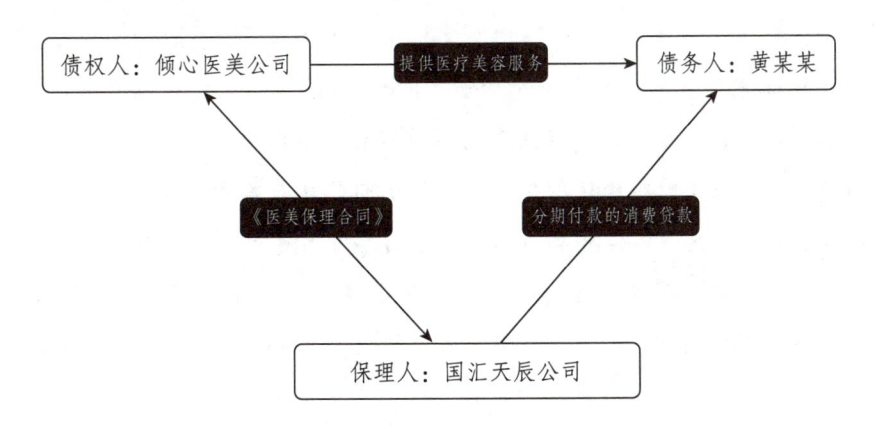

图2 案例1-2的基本事实关系

争议焦点

本案中，主要争议焦点是案涉法律关系性质和效力及国汇天辰公司能否向黄某某主张返还消费款项。

裁判结果

法院经审理认为，成都碧优缇公司、倾心医美公司、黄某某、国汇天辰公司于 2019 年 12 月 24 日共同签订了案涉《医美保理合同》，并在当天基于该合同，由成都碧优缇公司与黄某某签订《医美分期居间服务协议》对《医美保理合同》中关于平台服务费等内容进行了细化，由国汇天辰公司与黄某某签订了《保理服务协议》对《医美保理合同》中明确的 70,000 元消费款的分期支付方式、保理费等进行了细化明确，同时，国汇天辰公司和倾心医美公司还基于《医美保理合同》向黄某某发出了应收账款转让通知书。上述情况反映，该系列合同的核心是《医美保理合同》，明确案涉法律关系性质的关键在于明确《医美保理合同》的性质。

案涉《医美保理合同》签订于《民法典》施行前，当时的法律、司法解释对保理合同没有规定而《民法典》有规定，判断案涉《医美保理合同》性质是否属于保理合同，应适用《民法典》第三编第十六章的规定。本案中，黄某某、成都碧优缇公司、倾心医美公司、国汇天辰公司共同签订的《医美保理合同》第 1 条第 3 款约定："医美机构在保理商同意受让分期账款前提下，同意接受消费者的医疗美容及分期付款申请"，即是指保理商审核消费者借款资质后，同意为消费者的个人超前消费提供保理融资，并实际向医美机构支付其与医美机构约定的款项后，医美机构才与消费者建立医美服务合同关系。法院认为，本案中各方当事人签订案涉《医美保理合同》的真实目的系保理公司为消费者的医美消费需求提供零首付的分期付款的消费贷款；保理商自行审核消费者资质，并自主决定是否提供分期付款融资的交易模式，完全符合消费贷款中，消费者向贷款方提出贷款申请，贷款方对消费者的申请进行审核后，决定是否发放贷款的基本模式。综上，案涉《医美保理合同》不属于《民法典》规定的保理合同，消费者与保理商之间发生的真实法律关系为借贷法律关系,本案应当按照借贷法律关系进行审理。鉴于合同订立时的法律即原《合同法》对借贷合同有规定,故对合同效力判断及实体处理仍应适用该法规定。

关于案涉《医美保理合同》的效力,《银行业监督管理法》第19条规定:"未经国务院银行业监督管理机构批准,任何单位或者个人不得设立银行业金融机构或者从事银行业金融机构的业务活动。"由监管机构监管的金融机构及准金融机构从事发放贷款业务,属于特许经营的范围,须取得相应的资质。同时,《商务部关于商业保理试点有关工作的通知》《中国银保监会办公厅关于加强商业保理企业监督管理的通知》均明确规定,商业保理公司不得从事吸收存款、发放贷款等金融活动。商业保理公司虽然具备准金融机构的特征,但其应在监管机构允许的经营范围内从事业务。国汇天辰公司作为一家商业保理公司,其经营范围不包括发放贷款,其超越经营范围发放贷款,违反法律特许经营规定。故案涉《医美保理合同》属于原《合同法》第52条第5项规定的违反法律强制性规定的情形,应为无效。国汇天辰公司要求黄某某按约偿还消费金额70,000元及支付相应违约金,不应得到支持。法院最终判决驳回国汇天辰公司的全部诉讼请求。

案例解读

法院认定民事合同的性质,应根据合同条款所反映的当事人的真实意思,并结合其签订合同的真实目的以及合同的实际履行情况等因素,进行综合判断。保理是以债权人转让其应收账款为前提,集应收账款催收、管理、坏账担保及融资于一体的综合性金融服务。保理不创设信用,应收账款的真实存在(包括现有和将有的)是保理成立的基本条件。本案中先有保理商承诺提供分期保理融资,为消费者创设超前消费信用后,才形成超前消费应收账款模式,并不符合保理融资之时,应收账款需真实存在的基本要求。

在案涉交易模式中,保理公司不仅参与到应收账款的形成中,甚至对该应收账款能否产生具有决定影响,即由其审核消费者的资质后,决定是否提供分期付款服务,而该决定将直接影响后续医美消费能否产生。该种合同目的与保理系拓展企业融资渠道，盘活企业应收账款，解决资金困难或生产急需的根本要义完全不一致。首先，保理不创设信用，应收账款的真实存在是保理成立的基本条件。本案中，保理商在提供融资款项时，并不存在真实应收账款，相反，叙做保理合同的基础应收账款是由保理商创设后才出现。且保理商在"受让"其个人消费应收账款债权时，并未也难以做到对多如牛毛的零散个体债务人进行周详的细致评估与审查。因此可以认为，保理人采用此种模式提供的"融资"本质上是假借消费金融公司实现向消费者间接放贷，以"诱导"消费者分期消费。其次，商业保理公司虽然具备准金融机构的特征，但其经营范围不包括发放贷款，其超越经营范围发放贷款，违反法律特许经营规定。因此，从比较法的规定和金融稳定发展的角度看，应对可叙做保理合同的应收账款范围做出一定程度的缩小，以个人消费所形成的应收账款不宜被叙做保理。[1]

本案中，法院经过充分的事实认定，很好地使用了穿透式审判的思路，即所谓黄某某对医疗机构的应付款并不是自然产生的，而是通过保理公司事先核定确定之后向医疗机构支付，实质上就是消费贷款，这种模式形式上似乎不符合一般消费贷款情形，但实质上二者并无区别，即放贷机构审核贷款额度，然后通过类似受托支付的方式向借款人的交易对象支付，然后借款人分期还本付息。只不过名义上所谓进行了医疗机构的应收账款的保理业务而已，目的是规避商业保理公司不得发放贷款的监管规定。

---

[1] 参见饶雨薇：《应收账款类型对保理合同效力的影响研究》，云南财经大学2023年硕士学位论文，第19页。

第二节　保理合同中应收账款的法律问题

一、概述

司法实践中，保理合同应收账款存在两个方面的问题。

其一，保理合同应收账款转让的性质认定。学术界和实务界目前存在四种观点：债权质押说、债权让与担保说、间接给付说、债权让与说。其中，债权让与说更符合保理法律关系的特点。在该理论下，学者认为不论保理合同中是否约定了追索权，其中涉及的应收账款均是保理合同关系中的主要合同标的。该理论能够较为直观地解释保理人为何可以直接向应收账款债务人主张债权。[1]

其二，保理合同应收账款的可转让性，主要聚焦于未来应收账款和虚假应收账款可转让性的认定。通说认为有基础法律关系的未来债权一般依附于既有的基础合同关系，并且此法律关系现实存在，虽然债权实现需要达到一定的条件，但此种债权的转让与一般债权转让并无本质上的区别。对于无基础法律关系的未来债权，有学者认为其转让性须满足"特定化"以及"确定性"和"可期待性"标准，即只有实际发生的未来应收账款才可以被特定化为保理合同的标的，且当未来应收账款发生时，须能够确定且具有一定期待可能性。[2] 关于虚假应收账款，《民法典》将虚假应收账款的效力设置为保理合同的特殊规则，规定虚假应收账款对于善意保理人具有可转让性。

---

[1] 参见李清华：《保理合同应收账款转让法律问题研究》，山西大学 2023 年硕士学位论文，第 6 页。

[2] 参见李清华：《保理合同应收账款转让法律问题研究》，山西大学 2023 年硕士学位论文，第 6 页。

二、保理合同中应收账款为虚构的问题

基础合同与保理合同是相互独立的两个合同，虚构应收账款不必然导致保理合同无效，但是不同类型虚构应收账款对保理合同效力的影响不同。虚构应收账款情形下，保理合同有效的情形包括：第一，债权人虚构应收账款被债务人错误确认；第二，债权人与债务人通谋虚构应收账款叙做保理，但是保理人主观状态为"非明知"。

《民法典》第763条规定："应收账款债权人与债务人虚构应收账款作为转让标的，与保理人订立保理合同的，应收账款债务人不得以应收账款不存在为由对抗保理人，但是保理人明知虚构的除外。"因此，债务人以虚构应收账款为由进行抗辩时，需以保理人"明知"为主观要件，才能抗辩成功，这意味着保理人的主观状态对债务人行使抗辩权产生影响。应当将"明知"进一步扩大解释为"知道或应当知道"。与此同时，对债务人行使抗辩权进行适当保护，债务人确认应收账款的转让也不应当认为是对抗辩权的放弃。不应当限制保理人追索权与求偿权的行使，二者在顺序上也无先后之分。[1]

正如最高人民法院刘贵祥法官所述，在保理中可能存在应收账款债权人与债务人虚构应收账款的现象。对此。按照《民法典》第763条的规定，区分无追索权保理（应收账款买断业务）和有追索权保理（应收账款非买断业务）的情形区分处理。如果保理人对应收账款的虚构不构成明知，第一种，在无追索权保理中，保理人有权向应收账款债务人主张应收账款债权；第二种，在有追索权保理中，保理人还有权向应收账款债权人主张解除合同，并要求其还款并承担违约责任。[2]

---

[1] 参见张霖霖：《保理合同中虚构应收账款法律问题研究》，大连海事大学2023年硕士学位论文，第28页。

[2] 参见刘贵祥：《关于金融民商事审判工作中的理念、机制和法律适用问题》，载《法律适用》2023年第1期。

案例 1-3　江铜国际商业保理有限责任公司与上海顿展实业有限公司等保理合同纠纷案

[案号：上海市高级人民法院（2021）沪民终 236 号]

案件事实

2016 年 8 月 8 日，江铜国际商业保理有限责任公司（以下简称江铜保理公司）与上海顿展实业有限公司（以下简称顿展公司）签订《保理协议》及《保证金协议》，约定顿展公司将对长展公司的应收账款转让给江铜保理公司以申请有追索权的国内保理业务，同时支付保证金，并向长展公司发出应收账款转让通知书。同日，双方在《保理协议》中进一步明确基础商务合同内容、应收账款金额、预计到期日、保理款数额以及在应收账款无法按时足额收回时，江铜保理公司有权要求顿展公司回购并支付逾期违约金等条款。2016 年 8 月 17 日，江铜保理公司向顿展公司发放扣除履约保证金 2,790,332.58 元后的融资款 2.5 亿元。

2018 年 2 月 2 日，江铜保理公司向顿展公司发送应收账款反转让通知书，载明："因发生约定的违约事项，根据相关约定，现通知相关应收账款反转让程序即时启动，请立即支付应收账款回购款（具体为应付未付的全部应收账款 2.7 亿元，加未结清的逾期违约金从该未收回应收账款到期日起算为每日万分之七）。"由于顿展公司未履行回购义务，江铜保理公司遂提起本案诉讼，要求顿展公司支付回购款、长展公司在应收账款及其逾期违约金范围内承担连带清偿责任。

经审理查明，江铜保理公司在明知应收账款可能不存在的情况下，主导制作了符合保理业务要求的基础贸易文件。顿展公司和长展公司均辩称保理法律关系无效，且不应承担还款或支付责任。

上海市公安局浦东分局经侦支队曾经对江铜保理公司分管风控的副总经理郑某、资金经理张某进行询问。郑某陈述，由于顿展公司与长展公司之间贸易合同约定的是带款提货，已经钱货两清，没有应收账款了，照理是不符合申请保理的条件的，所以需要由法务来做一份有收款账期的贸易合同来让顿展公司和长展公司重新签订，这样保理业务材料才符合形式要件。张某陈述，顿展公司于 2016 年 8 月在江铜保理公司的 2.5 亿元保理业务由其经办，在接到这个任务时就知道顿展公司提供的用来做保理的贸易合同是没有账期的，是不能做保理融资的，所以领导才安排帮顿展公司重新草拟一份有账期的顿展公司与长展公司的贸易合同，具体的业务数据就根据顿展公司提供的发票和提货单金额、数量来填写。

本案的基本事实关系见图 3：

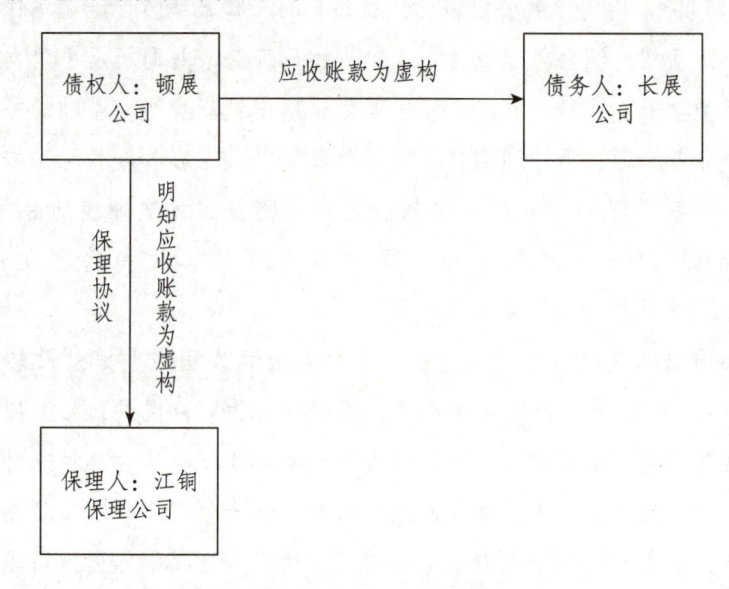

```
┌──────────┐  应收账款为虚构  ┌──────────┐
│债权人：顿展│ ───────────→  │债务人：长展│
│   公司    │                │   公司    │
└──────────┘                └──────────┘
     │
保理  │ 明知应收账款为虚构
协议  │
     ↓
┌──────────┐
│保理人：江铜│
│  保理公司  │
└──────────┘
```

图 3　案例 1-3 的基本事实关系

争议焦点

本案中，主要争议焦点是保理人明知应收账款系虚构的，保理人与应收账款债权人之间成立何种法律关系。

裁判结果

法院认为，真实、合法、有效的应收账款转让是开展保理业务的前提。本案江铜保理公司相关经办员工于庭审中的陈述与公安机关询问笔录中的陈述基本一致，两证人的证言相互印证，足以证明案涉保理业务的购销合同系由江铜保理公司在顿展公司与长展公司已履行完毕的购销合同基础上制作而成,案涉保理业务并不存在真实有效的应收账款,且江铜保理公司与顿展公司、长展公司均明知案涉应收账款系虚构。本案的法律关系应认定为江铜保理公司与顿展公司之间的借款关系。由于借款行为系真实意思表示,且不存在法定无效情形,亦无证据显示江铜保理公司以发放贷款为主要业务或主要利润来源,该借款法律关系应作有效处理。

江铜保理公司向顿展公司支付了涉案融资款,顿展公司应当按约承担还本付息的责任。由于本案不构成保理法律关系,江铜保理公司向顿展公司收取、抵扣保证金亦缺乏法律依据,应以江铜保理公司向顿展公司实际发放的款项250,000,000元作为本案借款本金。双方协议中约定,江铜保理公司据此主张的保理回购款中除去本金的部分以及自2017年8月9日起的违约金,性质上相当于借款合同项下的利息及逾期利息。

最终,法院判决,顿展公司向江铜保理公司偿还借款本金及利息2.7亿元,以及自2017年8月9日起至实际清偿之日止,以借款本金2.5亿元为基数,按年利率24%计付的逾期利息。

案例解读

本案的核心问题为保理人明知应收账款系虚构的,系争法律关系性质与效力的认定以及各方应当承担的责任。

《民法典》第146条规定:"行为人与相对人以虚假的意思表示实施的民事法律行为无效。以虚假的意思表示隐藏的民事法律行为的效力,依照有关法律规定处理。"这是立法关于通谋虚伪意思表示的原则性规定。就通谋虚伪意思表示在保理合同中的运用,《民法典》第763条规定:"应收账款债权人与债务人虚构应收账款作为转让标的,与保理人订立保理合同的,应收账款债务人不得以应收账款不存在为由对抗保理人,但是保理人明知虚构的除外。"据此,债权人与债务人虚构应收账款且保理人明知的,保理合同无效。

不过司法实际中,法院认定保理人"明知"应收账款系虚构较为困难,故在现实交易中应收账款债权人、债务人抗辩保理人明知应收账款系虚构,甚至参与、主导应收账款虚构的情形,并不罕见,但囿于相关事实举证的困难，最终为法院所认定的情形则较为鲜见。本案因公安机关介入，通过对保理人经办人员的询问，以及这些人员于庭审中出庭作证的证言等相互印证，故法院有足够证据认定案涉保理业务的基础合同系由江铜保理公司在顿展公司与长展公司已履行完毕的购销合同基础上制作而成，三方均明知案涉保理业务并不存在真实有效的应收账款。

对于虚伪意思表示行为背后隐藏的民事法律行为应当如何定性及效力评价，一般原则为其体现了当事人的真实意思表示，仍应当按照其实际构成的法律关系定性并进行效力评价。对名为融资租赁合同、保理合同，但实际不构成融资租赁法律关系、保理法律关系的，通常观点为应当按照其实际构成的法律关系处理。该实际构成的法律关系若不存在法定无效情形，则应当认定为有效。对于保理合同纠纷，债权人与债务人虚构应收账款且保理人明知的，应定性为借款法律关系，并按照借款合同的相关规定认定其效力。

保理人明知应收账款系虚构情形下，通常认为责任承担在于应收账款债权人。保理人明知应收账款虚构而认定为借款法律关系的，无论借款法律关系是否认定为有效，对于保理人向应收账款债权人发放的融资本金，应收账款债权人均负有返还责任，而且保理人以首付款、手续费等形式收取的款项，不构成法定金钱质押的，应当在借款本金中扣除。争议集中在融资利息如何计付，实践中存在以下三种裁判标准：第一种是认定借款法律关系有效，按照合同约定的标准，只要不超过法定保护上限即予以支持；第二种是认定借款法律关系无效，由于保理人和应收账款债权人对无效均有过错，判令应收账款债权人仅赔偿保理人的资金占用成本；第三种是认定借款法律关系有效，但考虑到保理人作为专业金融机构具有明显过错，将合同约定的融资利率予以一定下调。上述第三种裁判标准在逻辑上存在明显矛盾，即在认定借款合同有效的情况下，却未按合同约定的利率标准支持保理人的请求，有欠妥当，通常不采用。第一种、第二种裁判标准与借款法律关系的效力认定一脉相承，本案中，在效力认定上法官采用了有效说，关于融资利率的认定采第一种意见。

三、保理合同中未来应收账款问题

根据《民法典》规定,可以进行保理的应收账款包括现有或者将有的应收账款,故将有的应收账款亦是保理合同的标的,但作为转让标的的未来应收账款,应当具有期待利益和可确定性。

在《民法典》颁布之前,我国法律并未规定将来债权,更未对其是否具备可让与性进行规定,但是从原《物权法》第 228 条对应收账款质押的规定隐约可见将来债权之身影。从立法资料上看,我国原《物权法》规定的应收账款质押很大程度上是受英美法系的影响。[1] 在 UCC 中,应收账款是包含将来合同债权的。[2] 原《物权法》的这条规定为将来债权进行保理利用开了一道口子。此后,2017 年 10 月 25 日,中国人民银行发布了修订后的《应收账款质押登记办法》(中国人民银行令〔2017〕第 3 号),其第 2 条中对应收账款的内涵进行了解释,同时肯定了应收账款既包含"现有的和未来的金钱债权",并通过列举的方式肯定了某些将来的应收账款可以成为权利质押的标的。2021 年 12 月,中国人民银行发布《动产和权利担保统一登记办法》,在废止《应收账款质押登记办法》的同时,在第 3 条中延续了其规定:"本办法所称应收账款是指应收账款债权人因提供一定的货物、服务或设施而获得的要求应收账款债务人付款的权利以及依法享有的其他付款请求权,包括现有的以及将有的金钱债权,但不包括因票据或其他有价证券而产生的付款请求权,以及法律、行政法规禁止转让的付款请求权。本办法所称的应收账款包括下列权利:(一)销售、出租产生的债权,包括销售货物,供应水、电、气、暖,知识产权的许可使用,出租动产或不动产等;(二)提供医疗、教育、旅游等服务或劳务产生的债权;(三)能源、交通运输、水利、环境

---

[1] 参见全国人民代表大会常务委员会法制工作委员会民法室编著:《物权法立法背景与观点全集》,法律出版社 2007 年版,第 623 页。
[2] 参见美国法学会、美国统一州法委员会:《美国〈统一商法典〉及其正式评述》(第 3 卷),高圣平译,中国人民大学出版社 2006 年版,第 68 页。

保护、市政工程等基础设施和公用事业项目收益权；（四）提供贷款或其他信用活动产生的债权；（五）其他以合同为基础的具有金钱给付内容的债权。"

在确定未来应收账款可以作为保理合同的标的之后，需要注意的是，这并不意味着《民法典》第761条鼓励和支持保理人或债务人虚构未来应收账款作为转让标的。作为转让标的的未来应收账款，应当具有期待利益和可确定性。国际统一私法协会1988年制定的《国际保理公约》第5条[1]和联合国国际贸易法委员会2001年起草并审议通过的《联合国国际贸易应收款转让公约》第8条第1项[2]都认可未来应收账款叙做保理，但同时要求该应收账款是可确定的。从理论上分析，可确定性指的是"该未来应收账款产生时，其可被直接确定为属于保理合同所转让的债权范围"，而可期待性则指的是"虽然保理合同订立时该未来应收账款尚未产生，但于保理合同确定的未来时点其将会产生，保理人对该应收账款有合理期待"。因此，对于认定是否属于《民法典》第761条所规定的"将有的应收账款"，应当从交易对象、交易标的、合同性质、交易习惯等多方面多要素进行综合考量判断。

---

[1]《国际保理公约》第5条规定："在保理合同双方当事人之间：（1）保理合同关于转让已经产生或将要产生的应收账款的规定，不应由于该合同没有详细列明这些应收账款的事实而失去其效力，如果在该合同订立时或这些应收账款产生时上述应收账款可以被确定在该合同项下的话。（2）保理合同中关于转让将来所产生应收账款的规定可以使这些应收账款在其发生时转让给保理商，而不需要任何新的转让行为。"

[2]《联合国国际贸易应收款转让公约》第8条转让的效力规定："1. 应收款符合下列条件之一的，其转让对于转让人与受让人之间、对于债务人或对于竞合求偿人而言并非无效，而且也不得以这是一项以上应收款、未来应收款或应收款组成部分或其未分割权益的转让为由而否定一个受让人权利的优先权：（a）应收款被单独列明作为与该转让相关的应收款；（b）应收款由任何其他方式列明，但条件是在转让时，或就未来应收款而言在原始合同订立时，可被认明是与该转让相关的应收款。"

第一章 保理合同 027

案例 1-4 卡得万利商业保理（上海）有限公司与福建省佳兴农业有限公司、陈某某借款合同纠纷案

[案号：上海市高级人民法院（2016）沪民申 2374 号]
案件事实

2014 年 11 月 12 日，卡得万利商业保理（上海）有限公司（以下简称卡得万利保理公司）与福建省佳兴农业有限公司（以下简称佳兴公司）签订了《商业保理申请及协议书》及《商业保理确认书》。上述合同约定，佳兴公司向卡得万利保理公司转让其在协议期限内使用 POS 机收款工具销售商品或提供服务所形成的全部 POS 机刷卡额，卡得万利保理公司据此向佳兴公司提供融资对价款人民币（以下币种同）538,000 元，并由原告每日从 POS 机收单机构按双方约定方式收回融资对价款。

2015 年 1 月 14 日，卡得万利保理公司向中国人民银行征信中心申请办理了应收账款转让业务登记，并载明出让人为佳兴公司，受让人为卡得万利保理公司，转让财产价值为 2,293,292 元，转让财产描述为佳兴公司从 2014 年 12 月 8 日起至 2015 年 3 月 7 日止经营期间内通过银联商务有限公司的 POS 机产生的所有应收刷卡交易额。2014 年 12 月 8 日，卡得万利保理公司依约在扣除保理手续费后支付了融资对价款 505,620 元；截至 2015 年 5 月 12 日，佳兴公司共偿还了卡得万利保理公司 91,839.25 元。因佳兴公司未能继续完成偿付，遂涉讼。

二审审理过程中，卡得万利保理公司称其系依据佳兴公司订立合同前三个月的营业额预估承购的应收账款，系争《商业保理申请及协议书》载明佳兴公司 2014 年 11 月前三个月的平均营业额为 3,678,150 元，刷卡额为 1,519,870 元；卡得万利保理公司确认，其发放融资对价款时对上述上诉人实际营业额及刷卡额并未进行核实，佳兴公司则称上述金额实际并未发生。

再审审理过程中，卡得万利保理公司称二审法院关于《商业保理申请及协议书》约定之未来应收账款不具有合理可期待性及确定性，故不具有可转让性，不能成立商业保理法律关系的判定，缺乏法律依据。该未来应收账款

具有合理可期待性及确定性。本案 POS 机上形成的是未来应收账款的保理，为国际商业实践通行。

本案的基本事实关系见图 4：

```
债权人：佳兴公司  ──未来POS机应收账款──→  债务人：不确定的交易对手
         ↑                                          ↑
         │《商业保理确认书》                         │
         │                                          │
         └────── 保理人：卡得万利保理公司 ───────────┘
```

未核实佳兴公司的实际经营状况；
就应收账款在中国人民银行征信中心进行登记

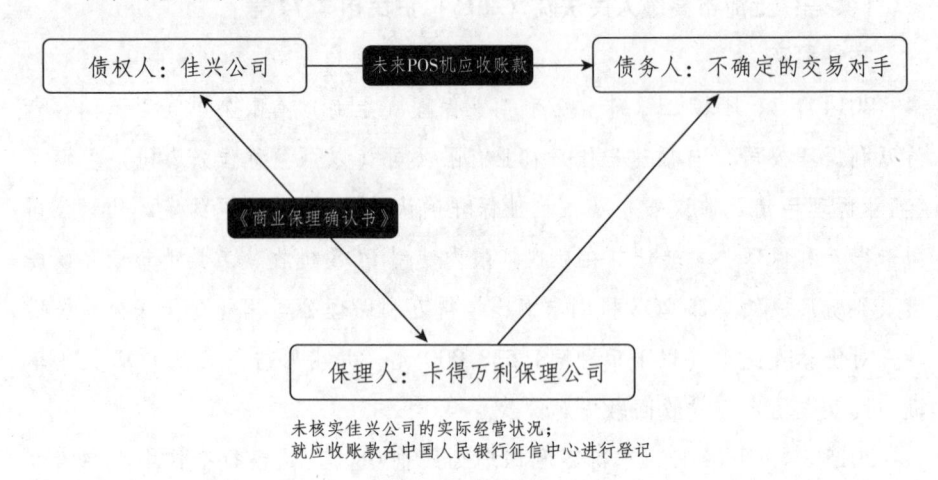

图 4　案例 1-4 的基本事实关系

争议焦点

本案中，主要争议焦点是可转让的未来债权是否能成为商业保理法律关系的标的，视其是否具有合理可期待性与确定性。

裁判结果

二审法院认为，就本案而言，佳兴公司转让的应收账款及其权利应系一种将来发生的债权。首先，应以佳兴公司此前经营状况为依据。但佳兴公司已自认前述记载的经营状况并非真实，卡得万利保理公司亦未对此予以必要的核查，故双方当事人仅据此种虚假记载并不足以对本案所涉将来债权产生合理期待，亦不具备将诉争将来债权转让他人之基础。同时，系争保理协议及其附件除前述经营状况外，仅就所涉将来债权作了期间上的界定，对于交易对手、交易标的及所生债权性质等债之要素均未提及，亦无其他可对该将来债权予以确定的约定，故在现有证据条件下，难以认定本案所涉将来债权已相对确定，据此亦无法认为，本案所涉将来债权具备合理期待利益，可对外转让。综上，系争《商业保理申请及协议书》约定之未来应收账款不具有合理可期待性及确定性，故其不具有可转让性。佳兴公司向卡得万利保理公司返还借款本金人民币 413,780.75 元并赔偿上述钱款自 2015 年 3 月 11 日起至实际清偿之日止的利息损失（按中国人民银行同期银行贷款利率计算）。

再审法院认为，二审法院结合民法基本原理及商业惯例等因素，综合认定系争《商业保理申请及协议书》约定之未来应收账款不具有合理可期待性及确定性，故其不具有可转让性，佳兴公司与卡得万利保理公司之间不能成立商业保理法律关系，并无不当，故再审法院亦予确认，驳回再审申请。

案例解读

首先，一般认为未来应收账款可以转让。本案中，根据原告、被告双方在《商业保理申请及协议书》中的约定，被告佳兴公司要向原告转让其在协议期限内的全部 POS 机应收账款。由此可知，该应收账款在签订合同时尚未发生，所以案涉应收账款应当属于未来应收账款。对于未来应收账款的可让与性，在《民法典》颁布之前，我国法律没有明文规定，仅有原中国银行业监督管理委员会 2014 年颁布的《商业银行保理业务管理暂行办法》，其第 13 条第 1 款规定："商业银行不得基于……未来应收账款……开展保理融资业务。"但是根据该部门规章的"法律责任"一章中的第 33 条"商业银行违反本办法规定经营保理业务的，由银监会及其派出机构责令其限期改正"可知，该规定并不具有强制性。所以，通常认为未来应收账款是可以转让的，保理公司可以据此开展融资业务。各地法院也多对此持宽容的态度，如天津市高级人民法院出台《天津高院保理纪要（一）》，允许债权人将现在的或将来的应收账款转让给保理商，《深圳前海法院裁判指引》第 2 条也作了类似规定。

另外，《民法典》第 761 条规定："保理合同是应收账款债权人将现有的或者将有的应收账款转让给保理人，保理人提供资金融通、应收账款管理或者催收、应收账款债务人付款担保等服务的合同。"由此可知，《民法典》颁布之后，相较之前的法律，其明文承认了未来应收账款的可让与性，也为涉及未来应收账款让与的保理纠纷提供了明确的法律依据。

其次，本案的未来应收账款因不具有合理期待性而不可转让。当前司法实践多认为，未来应收账款虽然可以转让，但其转让还应同时满足合理的可期待性和确定性。其中合理的可期待性是指未来应收账款是于将来可能产生的债权，这种债权本质上属于一种期待权，只有在未来债权具有合理可期待性的前提下，期待利益转化为完整债权具有相当的可能性，才可以作为期待权进行转让。确定性是指未来应收账款实际产生时，其可直接被确定为保理合同所转让的应收账款范畴。但对于本案来说，案涉未来应收账款并不具有合理的可期待利益。二审审理过程中，佳兴公司自认其所提供的营业状况不真实，而原告提供融资的基础正是基于佳兴公司此前的营业状况，原告在确认发放融资款时也未进行核实，所以对于基于虚假记载的营业额确定的未来应收账款，通常不认为其具有合理的可期待性。综上，案涉未来应收账款不具有可转让性，本案原告与被告之间的保理关系不成立。

最后，本案原告与被告之间构成借贷关系。本案基础合同不成立，原告与被告不构成保理法律关系。根据案涉《商业保理申请及协议书》约定佳兴公司将一定期限的POS机刷卡额转让给原告后，原告发放融资款，被告佳兴公司需要定期定额承担融资款的还款义务，其实质上属于借贷法律关系。虽然本案二审法院也认为原告与被告双方之间构成借贷关系，但是其同时认为原告开展此种名为保理实为借贷之业务已违反《中国（上海）自由贸易试验区商业保理业务管理暂行办法》（已失效）第6条的强制性规定，即"从事商业保理业务的企业不得从事下列活动：……发放贷款或受托发放贷款"，据此应认定本案双方当事人间借款关系无效。但对此，不同观点认为，原告与被告双方即使构成企业间的借贷，也理应根据《民间借贷司法解释》（法释〔2015〕18号，已于2020年修正）第14条规定认定合同效力。因为原告作为保理公司并非长期向不特定主体发放贷款，其主要还是以营利为目的而向其他企业提供融资服务，所以不应因为其事实上与其他企业之间构成借贷关系，而认定原告与被告之间的借款关系无效。

笔者认为，如本章第一节保理合同概述中所述，2012年商务部开始在天津和上海试点商业保理公司时就已经明确了禁止商业保理公司进行放贷行为。商业保理公司的设立审批部门并不是金融监管部门而是商务部，因此没有取得金融许可证，并不能从事贷款发放业务。然而，正如本案中的原告作为一家商业保理公司以所谓 POS 机的未来应收账款为幌子开展保理业务实质就是放贷业务，三级法院认定事实清楚，适用法律正确，应当在司法层面对此行为作出否定性评价，否则将扰乱金融市场正常秩序。上述案件中的原告所在母公司卡得万利商业保理有限公司也于 2022 年经破产程序终结彻底退出市场，可以说是金融司法与金融监管有效协同的范例。

四、保理合同与基础合同关系问题

（一）概述

保理合同与基础合同是两个相互独立的合同，它们在权利义务上具有一定的牵连，但并不构成主从关系。《民法典》第 761 条规定："保理合同是应收账款债权人将现有的或者将有的应收账款转让给保理人，保理人提供资金融通、应收账款管理或者催收、应收账款债务人付款担保等服务的合同。"第 762 条第 1 款规定："保理合同的内容一般包括业务类型、服务范围、服务期限、基础交易合同情况、应收账款信息、保理融资款或者服务报酬及其支付方式等条款。"该条定义体现了保理合同和基础交易合同的牵连性。《最高人民法院关于当前商事审判工作中的若干具体问题》第 7 条也进一步指出："基础合同的存在是保理合同缔约的前提。但是，二者并非主从合同关系，而是相对独立的两个合同。应当看到，二者有关权利义务关系的约定存有牵连。"由此可见，基础合同是产生应收账款的来源，也是保理合同的基础。保理合同涉及的主体包括保理商、基础合同的卖方、基础合同的买方和担保人，而基础合同仅涉及原始债权人和原始债务人。这表明两者在参与主体上有明显的区别。没有基础合同，就没有应收账款以及应收账款转让之说。这意味着保理合同的效力和基础合同的效力没有必然联系，应当分别独立评价。但基础合同的存在是保理合同缔结的前提条件。也就是说，保理合同的签订必须基于一个有效的基础合同,但基础合同的变更或终止不会对保理合同产生直接影响,除非这种变更或终止对保理人产生了不利影响。[1] 有鉴于此,《民法典》第765条针对让与通知到达后基础合同协商变更或终止,设以"有正当理由"与"未对保理人产生不利影响"两项限制事由,满足其一即可对保理人发生效力。

(二)保理合同与基础合同的案例

案例1-5 中国普天信息产业股份有限公司与中国华融资产管理股份有限公司湖北省分公司等保理合同纠纷案

[案号:最高人民法院(2022)最高法民终284号]

案件事实

2013年9月26日,湖北宏鑫实业有限公司(以下简称宏鑫实业公司)与中国普天信息产业股份有限公司(以下简称普天信息公司)签订《20万吨钢材供应链项目采购框架合同》(以下简称926合同),载明:买方普天信息公司向卖方宏鑫实业公司采购20万吨钢材,钢材的种类、名称、规格、数量、单价和总价、交货日期、交货方式等具体条件由买方订单确定;货款于货物交付且买方出具正式收货确认书后180日内支付;该合同从签订之日起有效期为2013年10月1日至2014年9月30日。

2013年10月12日,宏鑫实业公司与普天信息公司签订《20万吨钢材供应链项目采购框架合同》(以下简称1012合同),合同约定的内容与上述926合同内容一致,但在第11条有"未经另一方事先书面同意,合同任何一方无权转让本合同或其中任何权利"的约定。

2013年10月12日,普天信息公司(甲方)、宏鑫实业公司(乙方)、武汉君盛经贸有限公司(以下简称君盛公司)(丙方)签订《三方协议》,约定:(1)20万吨钢材的项目产品质量、技术标准、包装、运输等问题由乙方

---

[1] 参见李阿侠:《保理合同原理与裁判精要》,人民法院出版社2020年版,第177页。

负责解决，丙方可以与乙方协商解决；（2）与20万吨钢材的项目相关的资金往来，如丙方未按照合同约定时间向甲方支付货款，则甲方无须支付乙方货款，由乙方同丙方协商解决付款问题；（3）该合同中丙方指定的供货商为乙方，因货物质量产生的问题由乙方直接对丙方负责，甲方不承担任何责任；（4）20万吨钢材项目的具体执行由甲方与乙方、甲方与丙方分别签署框架合同，并以订单的方式执行。

2014年5月14日，宏鑫实业公司与建行钢城支行签订《有追索权国内保理合同》约定：（1）建行钢城支行为宏鑫实业公司提供最高额20,510万元有追索权公开型国内保理授信额度；（2）额度有效期自2013年10月1日起至2015年4月17日止；（3）《有追索权国内保理合同》项下未到期债项及相关所有业务按该合同条款执行；（4）保理预付款的利息按日计算，按照每笔保理预付款发放当日中国人民银行公布的同期限同档次贷款基准利率基础上上浮5%。

2013年11月5日至2014年5月21日，建行钢城支行按照宏鑫实业公司出具的保理预付款支用单、1012合同项下订单、收货确认书、应收账款转让申请书等，分9次受让宏鑫实业公司对普天信息公司的应收账款债权累计28,829.221552万元。

2014年7月16日，宏鑫实业公司（甲方）、普天信息公司（乙方）、君盛公司（丙方）签订716《终止协议》约定：由于外部市场环境发生重大变化，丙方有部分货款不能如期付清；且甲方将其对乙方的应收货款债权进行与合同约定不一致的处理，致使项目合同未能得到完全严格的履行。经充分协商，各方一致同意终止项目合同，并就此达成如下协议：（1）甲乙双方确认，项目合同项下甲方已完成向乙方客户（丙方）交货但尚未付清货款的订单9份，截至该协议签署日，乙方应向甲方支付的未付货款金额共计28,207万元。（2）乙丙双方确认，项目合同项下丙方完成收受货物但尚未付清货款的订单9份，截至该协议签署日，丙方尚欠乙方货款本金总额共计28,349万元。（3）三方同意：该协议签署之日，项目合同终止，项目合同项下所有未交货订单撤销，不再交货；该协议签署后，根据三方合同约定，由丙方直接向甲方支付货款 28,207 万元，丙方向乙方支付货款差价。乙方不再向甲方支付任何货款。(4) 该协议签署后，乙方对甲方的应付款债务与对丙方的应收款债权相互等额抵销，甲、乙双方及乙、丙双方的债权债务全部结清，除按该协议第 3 条规定丙方应支付的款项外，各方之间均不再存在项目合同项下未了结的债权债务，相互之间放弃追究项目合同项下的违约责任的权利。

2014 年 7 月 23 日，受建行钢城支行委托，湖北江浩律师事务所向普天信息公司寄送律师函，其中有普天信息公司与宏鑫实业公司私下签订三方合同，故意隐瞒交易过程中的重大关联关系，通过虚开、对开增值税发票，伪造虚假的货物验收单等方式套取银行信贷资金等内容，并要求普天信息公司向建行钢城支行履行付款义务。

2014 年 8 月 6 日，普天信息公司向建行钢城支行复函，认为其与宏鑫实业公司之间的应收账款为不可转让的债权，否认存在对宏鑫实业公司的到期未付债务。

因建行钢城支行将案涉债权转让给中国华融资产管理股份有限公司（以下简称华融湖北分公司），据此，华融湖北分公司向一审法院起诉：要求普天信息公司偿还华融湖北分公司应收账款债权本金 28,829.221552 万元及至实际给付日的相应利息（按同期银行贷款利率），并承担逾期违约责任；宏鑫实业公司在本金 20,350 万元及利息（保理预付款发放之日起按保理合同约定的利率计算至实际给付日）范围内对上述债务承担回购责任；并主张普天信息公司对于华融湖北分公司的债权不能收回的部分承担赔偿责任。

本案的基本事实关系见图 5：

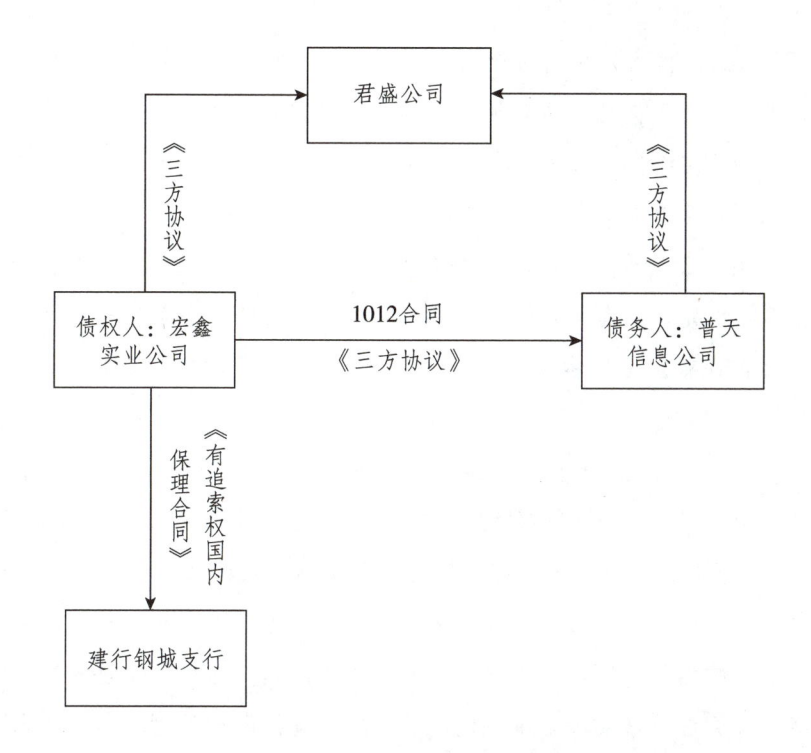

图 5　案例 1-5 的基本事实关系

争议焦点

本案中,主要争议焦点是宏鑫实业公司与建行钢城支行签订的《有追索权国内保理合同》是否有效及基于 926 合同订立的 716《终止协议》是否对保理人产生影响。

(1) 关于案涉两份基础交易合同的真实性问题。1012 合同系原件,普天信息公司与宏鑫实业公司作为缔约双方对该合同真实性均无异议,法院予以认定。华融湖北分公司主张 1012 合同及《三方协议》系恶意串通签订,但并未提供证据予以证明,法院不予支持。926 合同仅有复印件,没有原件可以核实,真实与否无法查证。如 926 合同为虚假,自然不应作为裁判依据;即便 926 合同为真,因其后的 1012 合同已对 926 合同进行了变更,增加了限制债权转让条款,亦不应再以 926 合同作为本案的裁判依据。因此,无论 926 合同真伪均不影响本案裁判结果。

(2)《三方协议》中对付款主体和付款条件的变更是否对保理人发生效力，以及关于普天信息公司应否承担赔偿责任问题。1012合同第2条约定，普天信息公司在合同签订7个工作日内，向宏鑫实业公司发出首批订单，货款在货物交付且普天信息公司出具正式收货确认书后180日内支付。《三方协议》第1条第2款约定，与20万吨钢材的项目相关的资金往来，如君盛公司未按照合同约定时间向普天信息公司支付货款，则普天信息公司无须支付宏鑫实业公司货款，由宏鑫实业公司同君盛公司协商解决付款问题。据此，《三方协议》事实上变更了1012合同中普天信息公司和宏鑫实业公司关于付款主体和付款条件的约定。在君盛公司未向普天信息公司付款的情况下，普天信息公司可以根据《三方协议》向宏鑫实业公司主张不承担付款责任。《民法典》第765条规定，应收账款债务人接到应收账款转让通知后，应收账款债权人与债务人无正当理由协商变更或者终止基础交易合同，对保理人产生不利影响的，对保理人不发生效力。据此，若基础交易合同的变更时间在债务人接到应收账款转让通知之前，应对保理人发生效力。华融湖北分公司主张曾前往普天信息公司进行尽职调查并告知保理事项，未提供充分证据予以证明；备注有债权转让事宜的第一笔增值税发票开票日期为2013年10月31日，华融湖北分公司主张普天信息公司收到第一笔债权转让通知的时间是2013年11月7日，其向普天信息公司邮寄备注有应收账款转让的发票及应收账款债权转让通知书并予以公证的日期最早为2014年1月14日，故普天信息公司接到应收账款转让通知的时间应晚于2013年10月31日。鉴于1012合同及《三方协议》签订于2013年10月12日，早于普天信息公司接到债权转让通知的时间，故《三方协议》中对付款主体和付款条件的变更对保理人发生效力。《民法典》第548条规定："债务人接到债权转让通知后，债务人对让与人的抗辩，可以向受让人主张。"因此，依据《三方协议》，在君盛公司未向普天信息公司付款的情况下，普天信息公司无须向宏鑫实业公司付款，亦有权据此向债权受让人华融湖北分公司抗辩。

华融湖北分公司起诉请求的第1项为"普天信息公司偿还原告应收账款

债权本金 28,829.221552 万元及至实际给付日的相应利息（按同期银行贷款利率），并承担逾期违约责任"；第 2 项为"宏鑫实业公司在本金 20,350 万元及利息（保理预付款发放之日起按保理合同约定的利率计算至实际给付日）范围内对上述债务承担回购责任"，均是基于保理合同提出，并未主张普天信息公司承担损失赔偿责任。一审法院在判决宏鑫实业公司偿还保理预付款本金 20,350 万元及利息、普天信息公司不承担债务偿还责任的同时，判决普天信息公司对华融湖北分公司债权不能收回的部分承担 30% 的损失赔偿责任，超出了当事人的诉讼请求。在合同有效的情况下，应按约定认定各方当事人应承担的合同义务和责任，而非适用缔约过错责任。对保理合同所依据的基础合同及应收账款的审核是防范保理风险的手段，应为建行钢城支行的责任。普天信息公司不是保理合同当事人，不具有主动告知建行钢城支行基础合同变更的合同及法律义务。一审法院以普天信息公司未及时告知建行钢城支行基础合同变更的事实，违反了诚信原则，酌定其在宏鑫实业公司及各担保人承担责任后，对华融湖北分公司仍不能收回的损失承担 30% 的赔偿责任不当，二审法院予以纠正。

裁判结果

二审法院认为，即使 1012 合同及载有付款条件的《三方协议》与 926 合同不符，亦应认定为对 926 合同的变更，因其变更在普天信息公司接到债权转让通知之前，故对保理人发生效力，普天信息公司可以以此抗辩付款条件未成就，华融湖北分公司无权基于案涉保理合同及受让应收账款请求普天信息公司付款。最终法院判决，宏鑫实业公司向华融湖北分公司偿还保理预付款本金 20,350 万元及利息，改判对于华融湖北分公司的债权不能收回的部分，普天信息公司无须承担赔偿责任。

案例解读

首先，保理同时具备融资、担保、应收账款催收管理等服务要素，是以合同形式表现的应收账款转让与综合性金融服务的叠加，具有混合合同的属性。保理合同内容不违反法律、行政法规的禁止性规定，在无其他无效情形的情况下，应认定为合法有效。关于基础交易是否真实，是否影响保理合同效力的问题。《民法典》第763条规定："应收账款债权人与债务人虚构应收账款作为转让标的，与保理人订立保理合同的，应收账款债务人不得以应收账款不存在为由对抗保理人，但是保理人明知虚构的除外。"本案中，保理人建行钢城支行叙做保理业务时，审核了宏鑫实业公司与普天信息公司之间的基础合同，发放保理预付款前审核了订单、增值税发票、收货确认书等单据，并进行了应收账款转让登记。结合宏鑫实业公司此前也以其与普天信息公司的应收账款向建行钢城支行叙做保理业务，此前也与君盛公司、宏鑫实业公司有贸易往来的事实，故应认定无确凿证据证明建行钢城支行在叙做案涉保理业务时存在"明知"本案基础交易虚假的情况，且普天信息公司和宏鑫实业公司均未以基础交易虚假进行抗辩。依据《民法典》第763条的规定，基础交易虚假只有在保理人明知的情况下，才会影响保理合同的效力，故即使本案基础交易虚假，因不能证明建行钢城支行对此明知且被告也未提出该方向的抗辩，认定基础交易是否客观真实不影响案涉保理合同的效力。

其次，就基础交易合同的变更是否对保理人发生效力之事宜，视债权转让通知到达应收账款债务人的时间节点而定，如基础交易合同的变更时间发生于债务人接到应收账款转让通知之前，债务人针对基础合同项下对债权人的抗辩，可以据此向保理人主张；如债务人接到应收账款转让通知后，无正当理由协商变更或者终止基础交易合同，对保理人产生不利影响的，对保理人不发生效力。

保理合同生效后，保理人取得应收账款，但因让与通知尚未送达应收账款债务人，即便让与人与债务人协商变更或者终止基础交易合同导致保理人利益受损，但该行为发生效力，保理人所取得的应收账款权利内容相应发生变动。

第三节 保理合同的通知

一、概述

保理合同的通知，即在债权人与保理人签订保理合同后向债务人发送的该保理合同项下应收账款转让的通知。我国对于保理合同应收账款转让通知的法律规定较为模糊，仅见于《民法典》第 546 条、第 764 条和第 765 条。《民法典》第 546 条第 1 款规定："债权人转让债权，未通知债务人的，该转让对债务人不发生效力。"第 764 条规定："保理人向应收账款债务人发出应收账款转让通知的，应当表明保理人身份并附有必要凭证。"第 765 条规定："应收账款债务人接到应收账款转让通知后，应收账款债权人与债务人无正当理由协商变更或者终止基础交易合同，对保理人产生不利影响的，对保理人不发生效力。"其中，第 546 条作为合同的变更和转让一般性规定，规定了应收账款债权转让的通知义务；第 764 条规定了保理人作为应收账款转让通知发出主体时的通知效力要件，即"保理人身份"与"必要凭证"；第 765 条规定了通知到达债务人后，债务人清偿对象转移，债务人对原保理人享有抗辩权。

应收账款转让通知的性质通常参考债权转让通知的法律性质。[1] 学界对于债权转让通知的法律性质主要存在三种观点：准法律行为说、事实行为说和单方法律行为说，绝大多数学者持准法律行为说。[2] 该说认为，债权让与通知的性质为观念通知，[3] 可类推适用民法关于意思表示的规定，即应收账款转让通知效力的发生适用"到达主义"，无论债务人是否"知悉"通知的

---

[1] 参见李棋玉：《保理应收账款转让通知规则研究》，广西民族大学 2023 年硕士学位论文，第 2 页。
[2] 参见徐涤宇：《〈合同法〉第 80 条（债权让与通知）评注》，载《法学家》2019 年第 1 期。
[3] 参见梁慧星：《民法总论》（第 3 版），法律出版社 2007 年版，第 63 页。

内容。[1] 与学界理论不同，保理交易实践中，为了确保商事交易的顺利，债务人往往需要在"应收账款转让通知回执"上签章，以确认其收到，即"知悉"转让通知。[2]

应收账款转让通知的功能与目的在于维护债权人、债务人、保理人三方利益在商事交易中的平衡，[3] 以此消除应收账款债权转让对三方主体的信息不对称和利益失衡等不利影响，[4] 这与债权让与通知制度仅保护债务人的单一立法目的[5]不同。

我国法律对应收账款转让通知要件的规定中，对通知形式、通知时间、通知内容、未来应收账款通知以及批量保理通知的规定较不明确。

第一，通知主体要件在我国法律中有明确规定。《民法典》第 546 条和第 764 条规定了债权人和保理人都可以进行通知。

第二，在通知形式上，我国法律并未作出明确规定。学术界与实务界认可的通知形式有基于传统民法理论通知原则的不要式书面形式以及司法实践中出现的数据电文、电子签名等形式。[6] 目前，诉讼通知、公告通知和登记通知在司法实践中存在争议。有法院认为债务人签收应诉文书并出庭应诉不能视为已实际收到债权转让通知；[7] 相反地，有法院认为诉讼通知属于通知的一种形式，债务人签收了保理人的起诉状、应诉通知书等诉讼材料的行为，可视为有效通知。[8] 有地方司法意见也承认了诉讼通知作为应收账款转让通知形式的有效性。2007 年《北京市高级人民法院审理民商事案件若干问题的

---

[1] 参见韩世远：《合同法总论》（第 4 版），法律出版社 2018 年版，第 612 页。
[2] 参见汪颖：《保理应收账款转让通知研究》，中南财经政法大学 2022 年硕士学位论文，第 30 页。
[3] 参见吴京辉、汪颖：《普惠金融视角下保理基础债权转让通知制度的规则观省》，载《学习与实践》2021 年第 9 期。
[4] 参见吴京辉、汪颖：《普惠金融视角下保理基础债权转让通知制度的规则观省》，载《学习与实践》2021 年第 9 期。
[5] 参见李宇：《保理合同立法论》，载《法学》2019 年第 12 期。
[6] 参见刘平：《企业存货动态质押制度研究》，武汉大学 2020 年博士学位论文，第 1 页。
[7] 参见河南省郑州市中级人民法院民事判决书，（2021）豫 01 民终 5198 号。
[8] 参见河南省许昌市中级人民法院民事判决书，（2021）豫 10 民终 2671 号。

解答之五（试行）》第 20 条规定，债权转让没有通知债务人，受让债权人直接起诉债务人的，视为"通知"。

第三，对于通知时间，我国法律同样没有作出明确规定。对于通知时间的争议主要存在于最早通知时间与最晚通知时间。对于最早通知时间，通说认为不能早于保理合同签订时。司法实践中也有案例认定保理人在保理合同签订前通知债务人不能视为有效通知。[1] 关于最晚通知时间，学界主要存在两种观点：其一认为应在债务履行期届满之前，其二认为最晚时间应以债务人是否履行为标准。[2] 另有学者认为应当依据应收账款转让流程划分为三个阶段：应收账款转让之前；应收账款转让后至应收账款履行期限届至（包括正在转让的时间节点）；应收账款转让履行期限届满之后。[3]

第四，对于通知内容，我国法律也没有完善的规定，仅在《民法典》第 764 条中规定了保理人发出应收账款转让通知的，须在内容中"表明保理人身份"以及附"必要凭证"，但却未作出进一步定义。商业保理专业委员会发布的《国内商业保理合同（示范文本）》所附的应收账款转让通知书（样式）载明了应收账款转让通知应当载明的内容，但其属于行业推荐性规范，对商业保理合同当事人没有法律约束力。对于"必要凭证"的认定，全国人大常委会法制工作委员会对《民法典》第 764 条的"必要凭证"作出的解释为："包括经过公证的债权转让合同、保理合同或者转让通知文件等。"有法院也对"必要凭证"进行过规定："债权人在所转让应收账款的对应发票上对应收账款转让主体与内容等相关事项予以明确标记"，该发票可作为必要凭证。[4] 有法院认为应当具备通知主体、债权转让内容以及债务人收悉情况方可认定为符合法定要求的必要凭证。[5] 有法院认为必要凭证"原则上以经

---

[1] 参见甘肃省兰州市中级人民法院民事判决书，（2021）甘 01 民终 2172 号。
[2] 参见任立文：《我国保理合同适用研究》，山西财经大学 2023 年硕士学位论文，第 5 页。
[3] 参见陈学辉：《国内保理合同性质认定及司法效果考证》，载《西北民族大学学报（哲学社会科学版）》2019 年第 2 期。
[4] 参见《深圳前海法院裁判指引》第 21 条。
[5] 参见方乐坤：《保理交易中债权转让通知规则解释论》，载《北方法学》2024 年第 3 期。

过公证的转让通知或者转让合同为宜"[1]。有学者提出通知应该满足"特定化"以及"真实性"标准。[2]

关于应收账款转让通知对保理合同的效力，比较法学角度有严格限制主义、通知主义和知悉主义三种立法模式，我国《民法典》并未将通知作为保理合同生效要件，未通知债务人的保理合同依然有效。[3] 通知对债权人、债务人与保理人的效力则可参照意思表示原理。通知到达债务人后，债务人对保理人负有履行义务。如果债务人收到通知后，仍然向原债权人履行债务，自身债务不会免除，保理人依然可要求债务人对其应收账款清偿。此外，《民法典》第546条采取了纯粹客观的规则模式，[4] 应收账款债务人只有在收到通知后，方可对保理人行使抗辩权。债务人在通知到达前知悉保理合同的，不可向保理人行使抗辩权，只能向原债权人主张抗辩。

二、关于应收账款转让诉讼通知效力认定的案例

案例1-6　许昌恒瑞建材股份有限公司、张某香等债权转让合同纠纷案

[案号：河南省许昌市中级人民法院（2021）豫10民终2671号]
案件事实

2019年6月1日，蒋某举与许昌恒瑞建材股份有限公司签订碎石采购协议一份，由蒋某举向许昌恒瑞建材股份有限公司供应石子。

2020年7月21日，许昌恒瑞建材股份有限公司作为甲方，蒋某举作为乙方共同签订《还款协议》，约定自2019年5月至2019年12月31日止，乙方按甲方要求的质量和规格供应甲方石子和山机制砂。

许昌恒瑞建材股份有限公司截至2019年12月31日尚欠蒋某举石子货款

---

[1] 安徽省芜湖市鸠江区人民法院民事判决书，(2022) 皖0207民初1197号。
[2] 参见任立文：《我国保理合同适用研究》，山西财经大学2023年硕士学位论文，第26页。
[3] 参见任立文：《我国保理合同适用研究》，山西财经大学2023年硕士学位论文，第26页。
[4] 参见陈学辉：《国内保理合同性质认定及司法效果考证》，载《西北民族大学学报（哲学社会科学版）》2019年第2期。

15,083,700元，并于2020年7月21日与蒋某举签订了《还款协议》，蒋某举将享有对许昌恒瑞建材股份有限公司15,083,700元及违约金的债权转让给张某香。后张某香以债权转让为由向河南省禹州市人民法院提起诉讼，禹州市人民法院于2021年4月12日将起诉状及相关应诉材料送达许昌恒瑞建材股份有限公司。

本案的基本事实关系见图6：

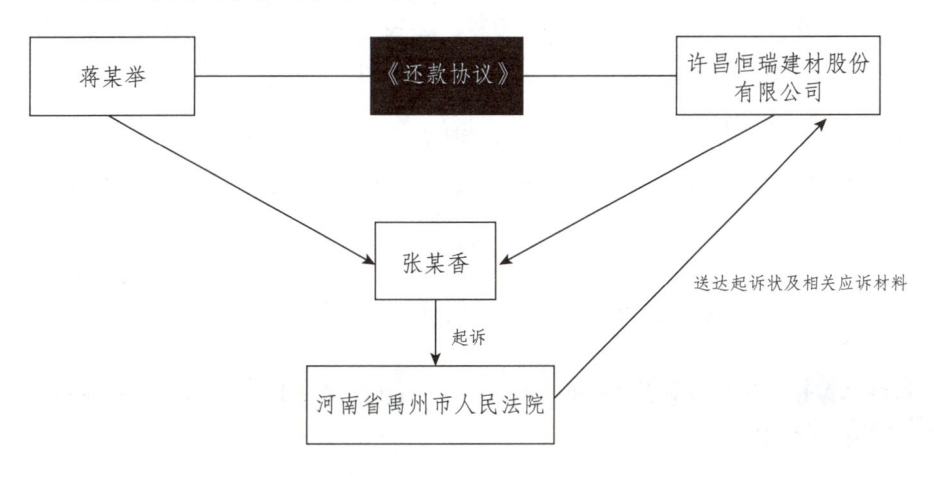

图6 案例1-6的基本事实关系

争议焦点

本案中，主要争议焦点为涉案债权转让是否因许昌恒瑞建材股份有限公司没有收到债权转让通知书而对许昌恒瑞建材股份有限公司不生效。

裁判结果

如果债权在性质上适于转让，则只要转让人与受让人之间的转让合同发生效力，在当事人之间就发生债权转移的效果。在该债权转让合同中，债务人并非债权转让合同关系的当事人，只不过因债务人履行债务的给付对象将会因债权转让而发生变化，为避免其因债权转让遭受损失才需通知债务人，故只要债务人知晓债权转让的事实，债权让与即应对债务人发生效力，而不应将通知的主体限定于转让人，亦不应限定通知的形式，本案中受让人以提起诉讼的形式将债权转让的事实告知债务人同样属于通知的一种形式。《民法典》第 764 条"保理人向应收账款债务人发出应收账款转让通知的……"的规定,即为债权转让通知义务既可以由转让人履行也可以由受让人履行的规范立场的表明。据此,对于上诉人许昌恒瑞建材股份有限公司关于通知方式绝不应该包含起诉方式的上诉主张,法院不予支持。

案例解读

本案的核心在于诉讼通知能否作为应收账款转让通知的形式。我国法律对应收账款转让通知形式未作明确规定,故对诉讼通知效力的认定往往取决于不同法院的意见。实践中,多数法院已经承认诉讼通知有效,债务人在收到应诉通知书、起诉状等材料后视为知悉应收账款转让事实。本案中,法院认为通知的核心在于债务人"知晓"债权转让的事实,而不论通知的形式,故本案债务人已知晓债权转让事实,法院的判决并无不妥。

三、关于应收账款转让通知必要凭证认定的案例

案例 1-7 福州金万利投资咨询有限公司、石狮市调星日用品店等融资租赁合同纠纷案

[案号:安徽省芜湖市鸠江区人民法院(2022)皖 0207 民初 1197 号]

案件事实

2017 年 7 月 10 日,甲方皖江金融租赁公司与乙方福州金万利投资咨询有限公司(以下简称金万利投资公司)签订《合作协议》,约定乙方作为甲方的授权代理商,在甲方授权的区域内,开展车辆融资租赁业务。

2018 年 1 月 18 日,承租人调星日用品店与出租人皖江金融租赁公司签订《融资租赁合同》(合同编号:AHSF2018010058),约定出租人同意根据承租人要求,以售后回租租赁方式,购买该合同附件所列资产然后出租给承租人。承租人同意向出租人承租、使用该资产,并按该合同约定向出租人支付租金及其他有关款项。合同期内租赁物的所有权归出租人所有。杨某金为调星日用品店法定代表人及该合同保证人。

同日,抵押权人皖江金融租赁公司与抵押人调星日用品店签订《车辆抵

押合同》（合同编号：AHSF2018010058）。

2020年11月17日，皖江金融租赁公司向金万利投资公司出具2份《权益转让书》，其中载明："截至2020年10月26日，贵公司已根据《合作协议》和《融资租赁合同》约定代承租人向我公司支付租金和其他应付款合计129,626.13元，贵公司已履行了《合作协议》项下对承租人的部分担保义务，我公司确认，将贵公司已代偿的融资租赁债权转让至贵公司，贵公司可就已代偿的债权直接以贵公司名义向承租人追偿，我公司将提供必要的协助和支持。"后金万利投资公司以直接提出诉讼的方式向调星日用品店、杨某金通知债权转让和解除合同的事实。

本案的基本事实关系见图7：

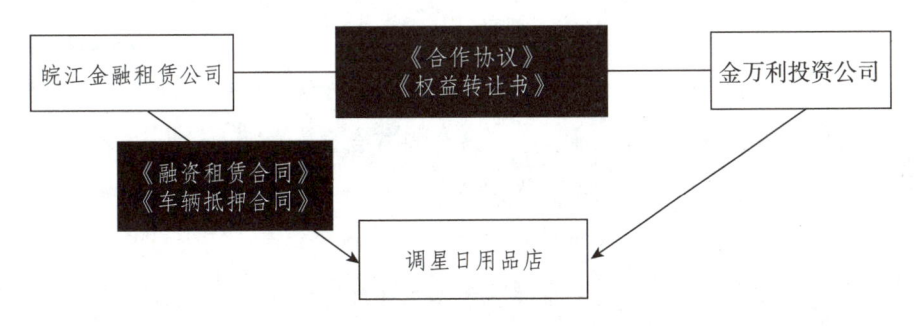

图7 案例1-7的基本事实关系

争议焦点

本案中，主要争议焦点为皖江金融租赁公司向金万利投资公司的债权转让是否对被告调星日用品店、杨某金产生效力。

裁判结果

法院认为，《民法典》第764条规定，保理人向应收账款债务人发出应收账款转让通知的，应当表明保理人身份并附有必要凭证。必要凭证的认定应当非常严格，原则上以经过公证的转让通知或者转让合同为宜。可解释为最终是让与人发出通知，非一般意义上承认保理人作为受让人可以发出转让通知，可视为债权转让的一般规则，而非仅适用于保理合同的规则。

原则上仅允许让与人发出转让通知。但从促进交易便捷开展角度，可以允许债权受让人成为通知主体。受让人作为通知主体属于例外情形。在受让人能够提供充足的证据证明债权转让的事实的情况下，也可以允许其对债务人作出通知。此通知与让与人发出的转让通知具有同等效力。

对于受让人金万利投资公司提供短信通知，证明其将债权转让通知了调星日用品店、杨某金的主张，法院认为，该短信截图无法确定发送短信的主体，也不能确定调星日用品店、杨某金已收到该短信通知，且短信通知中，皖江金融租赁公司已将上述合同权利转让给金万利公司的内容，所指权利不明确，该证据非必要凭证。据此，短信通知的证明目的不能成立；受让人金万利投资公司主张将债权转让通知了调星日用品店、杨某金，法院不予采信。故，起诉前，调星日用品店、杨某金未收到债权转让通知。

对于金万利投资公司主张认为其通过起诉方式将债权转让、解除合同通知了调星日用品店、杨某金，并经法院确认，起诉状副本送达调星日用品店、杨某金时，视为债权转让已通知、《融资租赁合同》已解除。让与人没有向债务人发出转让通知，受让人直接起诉，并提交了债权转让的必要凭证，法院经审理确定受让人已经取得债权，可以判决债务人向受让人履行，即对债务人进行了转让通知，能够发生转让通知的效力。金万利投资公司未向法院主张确认皖江金融租赁公司转让债权对调星日用品店、杨某金已发生效力，故法院不宜确认金万利投资公司已经取得债权，并判决调星日用品店、杨某金向金万利投资公司履行。

债权转让通知与解除合同通知具有时间上的承继性，债权转让通知债务人后，产生债务人向债权人（原债权受让人）履行义务的法律后果，若债务人未按期履行义务，具有《民法典》第563条规定的情形，则债权人可以通知债务人解除合同。本案原告以提起诉讼方式既通知调星日用品店、杨某金债权转让，又向调星日用品店主张解除合同。两者具有同时性，但债权转让通知，系产生债务人履行义务的前提，即法院确认其主张时，转让债权对债务人发生效力，此时产生债务人向原债权受让人履行义务的法律后果。上文已述金万利投资公司未主张债权转让已对调星日用品店、杨某金发生效力，因此不能判决其履行义务；若法院同时确认其债权转让、解除合同已通知调星日用品店、杨某金，与逻辑不合。因此，起诉时不可能出现解除《融资租赁合同》的法定情形。

综上，金万利投资公司主张解除《融资租赁合同》，缺乏事实依据，法院不予支持。

案例解读

本案中，法院认为首先受让人向应收账款债务人发出的短信通知中所指权利不明确，不能作为《民法典》第764条所规定的"必要凭证"；其次，主张以提起诉讼方式作为债权转让通知，并以此为依据主张解除合同违背了债权转让通知与解除合同通知在时间上的承继性。故法院认为债务人未收到债权转让通知，债权受让人金万利投资公司无权主张解除《融资租赁合同》，并无不妥。

四、关于应收账款转让通知先于保理合同签订效力的案例

案例1-8 公航旅商业保理（深圳）有限公司与中铁十八局集团有限公司、中铁十八局集团有限公司平凉（华亭）至天水高速公路项目PT2标项目经理部等合同纠纷案

[案号：甘肃省兰州市中级人民法院（2021）甘01民终2172号]

案件事实

2018年3月15日，甲方（采购方）平凉（华亭）至天水高速公路项目PT2标项目经理部与乙方（供货方）平凉煜鑫公司就中铁十八局集团平凉（华亭）至天水高速公路项目PT2标项目经理部碎石物资采购事宜签订碎石买卖合同一份，双方对物资名称、规格型号、价格、交货方式、结算及货款支付等事项进行约定。

2018年8月14日，公航旅商业保理（深圳）有限公司（以下简称公航旅保理公司）向中铁十八局项目部出具应收账款确认函一份，载明："我司与平凉煜鑫公司签订商业保理合同，平凉煜鑫公司拟将与贵公司签订的采购

合同项下的应收账款转让至我司，据平凉煜鑫公司称，贵公司与其签订的采购合同按约定履行，截至 2018 年 8 月 14 日，合同项下尚未支付的结算款共计人民币 5,600,000 元。我方拟向卖方融资人民币 4,000,000 元……"同日，中铁十八局项目部与平凉煜鑫公司回函公航旅保理公司，称上述应收账款转让事宜该司已知悉，金额、账户信息及附件 1 中所涉及内容真实无误。

2018 年 8 月 16 日，甲方公航旅保理公司与乙方平凉煜鑫公司签订商业保理合同一份。同日，凡某、樊某、王某与公航旅保理公司签订个人无限连带责任保证书，承诺自愿以其个人所有财产及夫妻共同财产以无限连带责任的方式为平凉煜鑫公司的上述债务提供无限连带责任保证；承担无限连带保证责任的期间为自该保证书签订之日起，直至债务人对该公司债务履行期限届满之日起两年。

2019 年 2 月 14 日，上述融资款到期。公航旅保理公司向平凉煜鑫公司发出保理融资款到期通知书。

后因平凉煜鑫公司未履行商业保理合同中约定的回购及按时缴纳利息义务，公航旅保理公司给其送达保理本息逾期催收通知函。

2019 年 5 月 15 日，平凉煜鑫公司向甘肃省华亭市人民法院提起诉讼。

本案的基本事实关系见图 8：

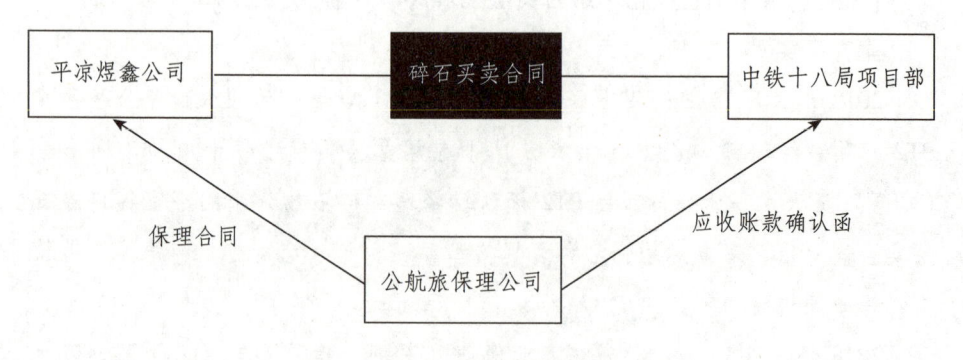

图 8　案例 1-8 的基本事实关系

争议焦点

本案中,主要争议焦点为公航旅保理公司与平凉煜鑫公司签订的商业保理合同对中铁十八局项目部是否产生法律效力。

裁判结果

中铁十八局项目部虽在 2018 年 8 月 14 日给公航旅保理公司的回函中称"上述应收账款转让事宜我司已知悉",但应收账款确认函中载明的内容为:"我司与平凉煜鑫公司签订商业保理合同,平凉煜鑫公司拟将与贵公司签订的采购合同项下的应收账款转让至我司。"从以上内容可以看出,该确认函不能作为中铁十八局项目部确认债权转让的依据。该确认函的存在只能说明在当时中铁十八局项目部负有债务,中铁十八局项目部知悉公航旅保理公司在与平凉煜鑫公司商谈债权转让事宜。但公航旅保理公司在与平凉煜鑫公司签订商业保理合同后,双方均未向债务人中铁十八局项目部通知转让事宜、送达商业保理合同。融资款到期后双方又签订了展期协议,也未通知中铁十八局项目部。且公航旅保理公司也未向中铁十八局项目部催收过债务,公航旅保理公司未提供证据证明其向中铁十八局项目部履行了通知义务,公航旅保理公司与平凉煜鑫公司签订的商业保理合同对中铁十八局项目部不产生法律效力,且中铁十八局项目部已付清未结货款,故对公航旅保理公司要求中铁十八局及中铁十八局项目部支付应收账款 3,190,000 元的诉讼请求,法院不予支持。

案例解读

本案的核心在于应收账款转让确认函送达在保理合同签订之前的,该确认函能否视为履行通知义务。本案中,尽管债务人知悉保理合同签订,但是由于确认函通知送达在保理合同签订前,不能视为对该保理合同应收账款转让的通知,故法院不认可债权人通知义务的履行。法院的判决符合《民法典》对纯粹客观的规则模式的适用,即使债务人主观知悉该保理合同的订立,但由于程序上在保理合同签订之后债权人并未发送应收账款转让确认函,故在债务人知悉的情况下仍然不认为债权人履行了通知义务。

第四节 应收账款多重保理清偿顺序问题

一、概述

原《物权法》对应收账款质押的规定，使登记具有对抗第三人的法定效力，但是应收账款转让登记却迟迟没有法律规定。实践中，各参与方主要依据中国人民银行2014年发布的《中国人民银行征信中心中征动产融资统一登记平台操作规则》的规定，办理应收账款转让登记。但该操作规则仅是部门规范性文件。因此，在发生多重保理的情况下，登记在先的保理商是否对应收账款拥有法定优先权，存在争议。司法实践中，法院出于"据法裁判"的考虑，不敢轻易认定经过债权转让登记的债权具有优先性。例如，在中国某银行股份有限公司上海市青浦支行诉上海某纺织品有限公司等其他合同纠纷案〔（2012）青民二（商）初字第330号〕中，上海市青浦区人民法院在判决说理中实际上认为应收账款转让登记不构成对债务人的有效债权转让通知，遑论具有公示公信和对抗第三人的效力了。

有鉴于此，《民法典》第768条规定，当应收账款债权人就同一应收账款订立多个保理合同，导致多个保理人主张权利时，清偿顺序如下：已经登记的保理人先于未登记的保理人取得应收账款；如果所有保理人都已经登记，则按照登记时间的先后顺序取得应收账款；如果所有保理人都未进行债权转让登记，则由最先到达应收账款债务人的转让通知中载明的保理人取得应收账款。该条文以法律的形式正式认可应收账款转让登记的法律效力，从而改变了立法缺失的现状。在上述《民法典》规定的基础上，2021年，中国人民银行发布的《动产和权利担保统一登记办法》（中国人民银行令〔2021〕第7号）第1条明确规定："为规范动产和权利担保统一登记，保护担保当事人和利害关系人的合法权益，根据《中华人民共和国民法典》、《优化营商环境条例》、《国务院关于实施动产和权利担保统一登记的决定》（国发〔2020〕

18号)等相关法律法规规定,制定本办法。"同时,第2条规定:"纳入动产和权利担保统一登记范围的担保类型包括:(一)生产设备、原材料、半成品、产品抵押;(二)应收账款质押;(三)存款单、仓单、提单质押;(四)融资租赁;(五)保理;(六)所有权保留;(七)其他可以登记的动产和权利担保,但机动车抵押、船舶抵押、航空器抵押、债券质押、基金份额质押、股权质押、知识产权中的财产权质押除外。"据此,保理和应收账款一并作为权利担保已经正式纳入统一登记范围,上述登记办法为市场主体提供了清晰的登记指引,这不仅有助于减少市场主体的登记成本,提高登记效率,还能够有效避免因为登记范围不明确而引发的法律纠纷。

目前,最高人民法院"对于应收账款的多重保理与多重质押"问题已经有了明确的认识,按照《民法典》第768条的规定,在多重保理的情况下,已经登记的优先于未登记的。在实际中,登记在先的权利人(保理人)未必通知债务人在先,应收账款债务人按照债权转让通知向保理人履行义务后,登记在先的权利人能否向债务人主张权利?正如最高人民法院刘贵祥指出的:这里实际上是两个层面的问题。一是债务人履行效力问题。债务人按最先到达的有效通知中指定的保理人履行债务,发生债务消灭的效果,对其他保理人享有拒绝履行的抗辩权,即债务无须重复履行。二是其他保理人的权利保障,即权利顺序问题,应当依据《民法典》第768条规定以登记顺序来确定优先权。在上述情况下,优先登记的保理人可以向后序取得应收账款债务人履行的保理人主张返回相应款项。[1] 笔者认为,之所以如此安排,主要有两个目的:一是鉴于保理作为一项非典型担保方式取得的优先权属于对世权,在登记系统完善的情况下应当避免隐形担保。二是保理或者债权转让主要是发生在债权人和保理人之间或者是债权转让人和受让人之间,尽可能地避免对债务人施加过多的义务,债务人不应负有审查登记顺序的义务,也无须因此承担相关责任。

---

[1] 参见刘贵祥:《关于金融民商事审判工作中的理念、机制和法律适用问题》,载《法律适用》2023年第1期。

二、应收账款多重保理的清偿顺序的案例

案例 1-9　甲公司、乙公司、丙公司、丁公司之间债权转让合同纠纷案

[河南省高级人民法院典型案例]

案件事实

2017年11月14日,甲公司与乙公司签订股权转让协议,约定乙公司将其持有的目标公司100%股权转让给甲公司,转让对价为1000万元,并约定由甲公司偿还目标公司的借款600万元,共计1600万元。之后甲公司向乙公司支付款项1325万元。另外,甲公司、乙公司之间还有代垫资金关系,经结算,甲公司尚欠乙公司代垫的流动资金100万元。2018年9月27日,乙公司与丙公司签订《债权转让协议》,将乙公司对甲公司的股权转让款275万元和代垫流动资金100万元,共计375万元转让给丙公司。乙公司于2018年10月12日将债权转让通知寄送给甲公司。2018年10月14日,甲公司签收了该邮件。2018年9月30日,乙公司又与丁公司签订了一份《债权转让协议》,约定将甲公司所欠股权转让款375万元转让给丁公司。同日,丁公司向甲公司送达债权通知,当日,甲公司签收。其后,丙公司起诉甲公司履行《债权转让协议》,丁公司提出异议,请求作为第三人参加诉讼,引发本案。

本案的基本事实关系见图9:

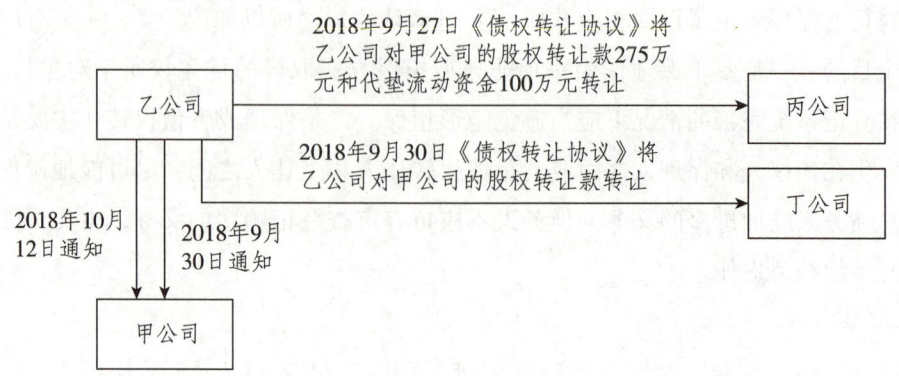

图9　案例1-9的基本事实关系

争议焦点

本案中，主要争议焦点是不同受让主体的受偿顺序如何确定。

丁公司作为乙公司与甲公司债权债务关系之外的第三人，已尽到必要的注意义务，确定了乙公司与甲公司存在债权关系及债权的金额，且作为债务人的甲公司未对债权转让通知的内容及金额提出异议，故丙公司关于债权转让通知内容不真实，应系无效的答辩意见不能成立。"通知"是债权转让合同对债务人发生效力的条件，债权让与人就同一债权向两个或两个以上的受让人作出转让时，受让人按照债权转让通知到达债务人的先后顺序受偿。丁公司为受让人的债权转让通知先送达债务人甲公司，具有优先受偿地位。

裁判结果

甲公司于判决 10 日内支付丙公司股权转让款 275 万元及滞纳金；甲公司于判决 10 日内支付丙公司垫付的流动资金 100 万元及滞纳金。

案例解读

本案所涉及的 375 万元债权被乙公司转让给了不同主体，且两份转让协议对所涉债权的具体类目表述不一致，由此引发纠纷。本案涉及的争议焦点主要为不同受让主体的受偿顺序如何确定。

首先，债权人向多个主体处分同一债权并非当然无效。我国《民法典》第 545 条第 1 款规定："债权人可以将债权的全部或者部分转让给第三人，但是有下列情形之一的除外：（一）根据债权性质不得转让；（二）按照当事人约定不得转让；（三）依照法律规定不得转让。"由此可见，债权转让的基本前提是存在合法有效的债权，基本条件是所涉债权具有可转让性，对具备可转让性的合法债权，债权人可以在不违反法律和公序良俗的基础上自由处分。本案中，乙公司对甲公司享有合法有效的债权，其有权对该债权进行处分，乙公司虽然就该债权分别对丁公司和丙公司进行了转让，但均属与受让人形成的合意，亦不存在法定无效情形，两份债权转让协议均属合法有效。

其次,《民法典》第 546 条第 1 款规定:"债权人转让债权,未通知债务人的,该转让对债务人不发生效力。"我国法律对债权转让的生效要件采用的是通知主义原则。通知要件的确立,一方面尊重了债权人对其权利的行使,另一方面也可以防止债权人滥用权利损害债务人的利益,避免债务人重复履行、错误履行债务或加重履行债务的负担。从立法本意上看,设立通知要件是为了确保债务人及时知晓债权转让的事实,通知必须以有效的方式作出并有效到达债务人。本案对此采取的是先通知债务人债权转让事实的受让人可优先于后通知的受让人从债务人处获得清偿,参照适用了《民法典》第 768 条关于应收账款多重让与情形下保理人权利顺位的规定。该条规定:"应收账款债权人就同一应收账款订立多个保理合同,致使多个保理人主张权利的……均未登记的,由最先到达应收账款债务人的转让通知中载明的保理人取得应收账款……"这种判断标准也符合《最高人民法院关于审理民事案件适用诉讼时效制度若干问题的规定》第 17 条第 1 款 "债权转让的,应当认定诉讼时效从债权转让通知到达债务人之日起中断"规定的精神。本案中,丙公司受让债权虽早于丁公司,但丙公司的债权转让通知到达甲公司的时间晚于丁公司通知到达的时间,因此,丁公司应当优先于丙公司从甲公司受偿。在后顺位的丙公司可要求乙公司承担违约责任。

第五节　保理合同利息和违约金标准问题

一、概述

《民法典》第 766 条和第 767 条规定:"当事人约定有追索权保理的,保理人可以向应收账款债权人主张返还保理融资款本息或者回购应收账款债权,也可以向应收账款债务人主张应收账款债权。保理人向应收账款债务人主张应收账款债权,在扣除保理融资款本息和相关费用后有剩余的,剩余部分应当返还给应收账款债权人","当事人约定无追索权保理的,保理人应当向应收账款债务人主张应收账款债权，保理人取得超过保理融资款本息和相关费用的部分，无需向应收账款债权人返还。"另外，《担保制度司法解释》第66条第2款和第3款规定："在有追索权的保理中，保理人以应收账款债权人或者应收账款债务人为被告提起诉讼，人民法院应予受理；保理人一并起诉应收账款债权人和应收账款债务人的，人民法院可以受理。应收账款债权人向保理人返还保理融资款本息或者回购应收账款债权后，请求应收账款债务人向其履行应收账款债务的，人民法院应予支持。"

上述《民法典》和司法解释规定了，保理人在有追索权保理中可以同时向应收账款债权人和债务人主张应收账款债权；保理人在无追索权保理中可以向应收账款债务人主张应收账款债权。自《民法典》施行之后，各方对于保理合同纠纷中的诉讼主体达成共识，不再有争议，实践中主要争议事项在于保理合同中的利息和违约金标准问题，是根据双方协商和合同约定来确定，还是判断是否超过法定上限以及是否应当调整的问题。

二、保理合同利息标准

保理合同利息标准的确定遵循以下基本原则。保理公司的盈利主要来自利差，对于应收账款融资，利率通常按照贷款市场报价利率（LPR）进行计算。通常，保理融资的年化利率在10%—15%波动，而较高的利率可能达到17%—18%，较低的利率则可能在8%—9%。具体的保理融资利率会根据保理业务实际预支金额的大小，并参照当时市场利率水平来确定，并在双方的保理服务合同中进行约定。

实际中，应收账款的债权人和债务人往往会主张根据《民间借贷司法解释》第28条第1款和第29条规定，[1] 主张调整与保理人之间约定的利率。

---

[1]《民间借贷司法解释》第28条第1款规定："借贷双方对逾期利率有约定，从其约定，但是以不超过合同成立时一年期贷款市场报价利率四倍为限"；第29条规定："出借人与借款人既约定了逾期利率，又约定了违约金或者其他费用，出借人可以选择主张逾期利息、违约金或者其他费用，也可以一并主张，但是总计超过合同成立时一年期贷款市场报价利率四倍的部分，人民法院不予支持。"

然而，上述司法解释第 1 条规定了其适用范围："本规定所称的民间借贷，是指自然人、法人和非法人组织之间进行资金融通的行为。经金融监管部门批准设立的从事贷款业务的金融机构及其分支机构，因发放贷款等相关金融业务引发的纠纷，不适用本规定。"在保理商是商业银行属于金融监管部门批准设立的从事贷款业务的金融机构时，争议不大比较清晰，但商业保理公司作为保理商时是否可以参考适用金融机构的利率上限一开始并没有明确规定，一时间在司法实践中产生不少争议。为此，2020 年 12 月 29 日，最高人民法院发布的《关于新民间借贷司法解释适用范围问题的批复》（法释〔2020〕27 号）第 1 条明确了《民间借贷司法解释》的适用范围问题，即"经征求金融监管部门意见，由地方金融监管部门监管的小额贷款公司、融资担保公司、区域性股权市场、典当行、融资租赁公司、商业保理公司、地方资产管理公司等七类地方金融组织，属于经金融监管部门批准设立的金融机构，其因从事相关金融业务引发的纠纷，不适用新民间借贷司法解释"。据此，商业保理公司也不适用《民间借贷司法解释》中不超过一年期贷款市场报价利率（LPR）四倍上限，而是按照金融机构年利率 24% 上限标准，具体依据是《关于进一步加强金融审判工作的若干意见》第 2 条规定，"金融借款合同的借款人以贷款人同时主张的利息、复利、罚息、违约金和其他费用过高，显著背离实际损失为由，请求对总计超过年利率 24% 的部分予以调减的，应予支持"。

三、保理合同违约金标准

关于保理服务费用（保理费、手续费、管理费等）及违约金等的司法保护上限的问题，存在不同观点。关于回购价款中的利息及违约金是否受利率的司法保护上限的限制，笔者倾向认为，保理具有融资属性，回购价款中的利息及违约金属于应收账款债权人的融资成本，综合考虑不应超过利率的司法保护上限。

若相关费用虽有合同约定，但保理人并未提供相应服务，或者相较提供服务的内容，所收取的费用明显过高，应将融资方需负担的费用合并入其融资成本后进一步审查是否超过利率的司法保护上限。

关于如何认定"利率的司法保护上限"，存在较大争议。对于该争议问题，根据《最高人民法院关于新民间借贷司法解释适用范围问题的批复》，保理合同纠纷不能直接适用民间借贷中的利率司法保护上限标准，而是应当适用金融机构目前利率上限即年利率24%。民间借贷中的利率司法保护上限标准不适用于金融机构贷款利率上限的原因有多个方面。首先，我国对于民间借贷利率和金融机构贷款利率的监管主体不同，前者主要由以最高人民法院为代表的司法机关进行规范，后者主要由以中国人民银行为代表的行政机关进行规范。其次，金融机构贷款合同中对利率、逾期利息、违约金、期限和限制性条款等约定不尽相同，不适用"一刀切"的监管方法。但是，无论是从保护金融消费者权益，维护金融市场规范稳定运行，还是从防范系统性金融风险的角度出发，金融机构收取的利息等融资收益上限也需要受到规制，这种规制既包括金融监管，也包括司法调整。实务中，有观点认为应当将上述参照民间借贷利率上限的1.3倍作为金融借款利率上限以及不能超过年利率36%，根据"就低不就高"及公平原则，选择利率较低的一个进行适用。[1] 最高人民法院在《全国法院金融审判工作会议纪要（征求意见稿）》中也明确，"其主张的利息和费用合计不超过全国银行间同业拆借中心公布的一年期贷款市场报价利率两倍的，人民法院应当予以支持"。

---

[1] 参见杨光明、陈谊:《金融机构借款利率上限司法认定标准探究》,载北京德和衡律师事务所网 2021年11月3日,https://www.deheheng.com/yjy/lssd/29638.html。

四、保理合同利息和违约金标准的案例

案例 1-10　丹阳中南房地产开发有限公司与上海爱建商业保理有限公司等保理合同纠纷案

[案号：上海金融法院（2023）沪 74 民终 31 号]

案件事实

2021 年 7 月 13 日，上海爱建商业保理有限公司（以下简称爱建保理公司）与丹阳中南房地产开发有限公司（以下简称丹阳 A 公司）签订了《国内保理合同》，约定保理商向受核准卖方提供的保理为公开型无追索权的保理；爱建保理公司为保理商，丹阳 A 公司为买方（债务人），保理商授予买方的应收账款融资额度为 40,000,000 元，该合同项下的卖方（债权人）限定为常州 B 公司；如买方未按照应收账款转让通知书规定的金额、日期和条件清偿受核准应收账款，保理商有权利要求违约方以应付未付款项为基数按照每逾期一日万分之五的标准向保理商支付滞纳金，并将该合同第 10 条的《施工总承包合同》项下享有的开票日期为 2021 年 5 月 26 日、到期日为 2022 年 7 月 19 日的 10,000,000 元应收账款转让给爱建保理公司，向爱建保理公司申请保理融资。同日，爱建保理公司向常州 B 公司支付保理预付款 10,000,000 元。丹阳 A 公司向爱建保理公司支付保理预付款利息 1,061,666.67 元。

2021 年 7 月 13 日，常州 B 公司与爱建保理公司签署了《参加协议》，约定常州 B 公司自愿接受《国内保理合同》的全部条款和条件并作为《国内保理合同》项下的三方当事人之一，即受核准卖方，享有和承担《国内保理合同》项下受核准卖方的权利和义务。同日，爱建保理公司作为保理商，常州 B 公司作为通知人共同向丹阳 A 公司出具了《应收账款转让通知书》。同日，丹阳 A 公司对《应收账款转让通知书》出具回执。2022 年 7 月 19 日，涉案应收账款到期后，丹阳 A 公司未按约向爱建保理公司支付应收账款。爱建保理公司追偿未果提起本案诉讼，并为此实际支付律师费 80,000 元、诉讼保全保险费 8096 元。

诉讼过程中，丹阳 A 公司请求法院参考爱建保理公司的实际损失，按照《民间借贷司法解释》的规定，将逾期付款的违约金标准调整为按 4 倍同期全国银行间同业拆借中心公布的一年期贷款市场报价利率计算。

本案的基本事实关系见图 10：

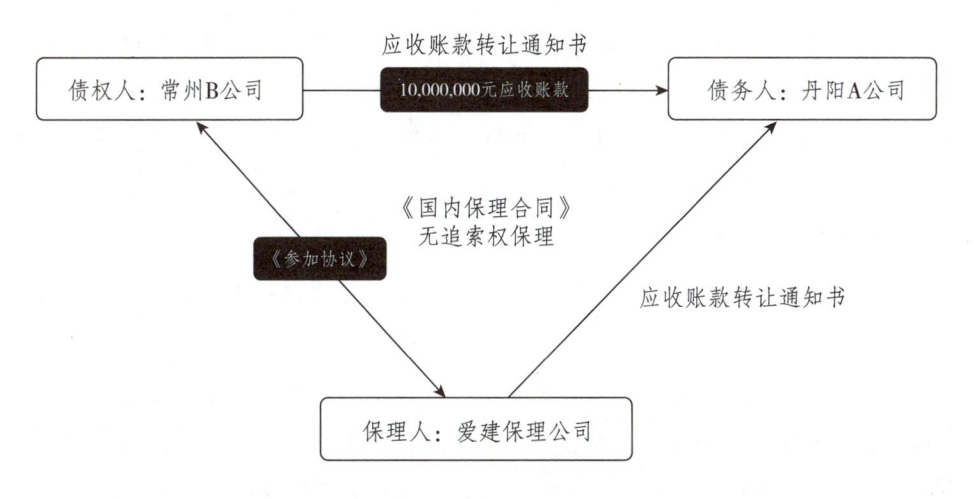

图 10　案例 1-10 的基本事实关系

争议焦点

本案中，主要争议焦点是丹阳 A 公司应承担的违约责任范围及违约金标准是否合理。

法院认为，爱建保理公司主张的滞纳金，其实质为丹阳 A 公司未按约向爱建保理公司支付应收账款应承担的赔偿损失的违约责任，系逾期支付应收账款产生的违约金。涉案《国内保理合同》第 13.3 条第 4 项约定，出现违约情形时，保理商有权要求违约方以应付未付款项为基数按照每逾期一日万分之五的标准向保理商支付滞纳金。爱建保理公司主张的该项违约金的计算方式具有明确的合同依据，且不违反法律和行政法规的强制性规定，亦未超过丹阳 A 公司订立合同时应当预见到的因违约可能造成的损失，故予以支持。

爱建保理公司作为保理人，其因从事相关金融业务引发的纠纷，不适用

《民间借贷司法解释》的规定，各方约定的违约金利率亦不违反法律法规的禁止性规定，一审法院根据各方当事人合同约定判决上诉人丹阳A公司以应付未付款项为基数按每日万分之五的标准支付违约金并无不当。

裁判结果

丹阳A公司应于判决生效之日起10日内支付爱建保理公司应收账款10,000,000元及自2022年7月20日起至实际清偿之日止的逾期付款违约金（以未付应收账款10,000,000元为基数按每日万分之五计算），并支付爱建保理公司律师费损失80,000元、诉讼保全保险费损失8096元。

案例解读

本案的核心在于对保理合同性质和违约责任的认定。根据保理合同约定及法律规定，违约方需支付应收账款及逾期付款违约金。本案中，法院认为爱建保理公司作为保理人，其因从事相关金融业务引发的纠纷，不适用《民间借贷司法解释》的规定，各方约定的违约金利率亦不违反法律法规的禁止性规定，一审法院根据各方当事人合同约定判决上诉人丹阳A公司以应付未付款项为基数按每日万分之五的标准支付违约金并无不当。该观点与2020年12月29日发布的《最高人民法院关于新民间借贷司法解释适用范围问题的批复》第1条的规定相一致：商业保理公司等金融组织，属于经金融监管部门批准设立的金融机构，其因从事相关金融业务引发的纠纷，不适用《民间借贷司法解释》。

第六节 保理合同无效问题

一、保理合同无效的情形

（一）保理人明知基础合同虚假导致保理合同无效

《民法典》第763条规定："应收账款债权人与债务人虚构应收账款作为

转让标的,与保理人订立保理合同的,应收账款债务人不得以应收账款不存在为由对抗保理人,但是保理人明知虚构的除外。"此条是《民法典》第7条诚信原则在保理合同中的体现。这意味着在债务人与债权人通谋虚伪的情况下,只要保理人不知道该虚假的存在,则保理人可以继续要求债务人按照原基础合同约定履行债务,也就是"假"的也按照"真"的来处理,即虚假应收账款的债务人仍应当向保理人履行应收账款债务。

具体而言,双方当事人通谋所为的虚伪意思表示,在当事人之间发生绝对无效的法律后果。但在虚伪表示的当事人与第三人之间,则应视该第三人是否知道或应当知道该虚伪意思表示而发生不同的法律后果:第一种情形,即当第三人知道该当事人之间的虚伪意思表示时,虚伪表示的无效可以对抗该第三人;第二种情形,当第三人不知道当事人之间的虚伪意思表示时,该虚伪意思表示的无效不得对抗善意第三人。

如果保理人明知基础合同虚假,还开展保理业务,则保理人无权要求债务人履行债务。2015年《最高人民法院关于当前商事审判工作中的若干具体问题》第7条关于保理合同纠纷案件的审理问题中规定:"应注意的是,实务中确实有部分保理商与交易相对人虚构基础合同,以保理之名行借贷之实。对此,应查明事实,从是否存在基础合同、保理商是否明知虚构基础合同、双方当事人之间实际的权利义务关系等方面审查和确定合同性质。如果确实是名为保理、实为借贷的,仍应当按照借款合同确定案由并据此确定当事人之间的权利义务。"也就是说,如果保理人明知基础合同虚假,则保理人对债权人的融资行为将被定性为"借贷",保理人只能要求债权人还本付息,而无权向债务人主张权利。

(二) 当事人未取得保理资质导致保理合同无效

《民法典》第761条并未规定保理人的准入资格,但是实务中保理人从事保理业务的主体准入限制(保理业务经营资质)对保理合同效力是否存在影响却存在较大争议。有观点认为,保理人必须是依照国家规定、经过有关主管部门批准可以开展保理业务的金融机构和商业保理公司。其主要依据为：2018年5月8日商务部办公厅发布的《关于融资租赁公司、商业保理公司和典当行管理职责调整有关事宜的通知》（商办流通函〔2018〕165号）规定了有关职责由银保监会履行；中国银保监会办公厅2019年10月发布的《关于加强商业保理企业监督管理的通知》（银保监办发〔2019〕205号）在第19条中明确提出"新设审批"这一监管措施。另有观点认为，在《民法典》并未明确规定从事保理业务须特别审批，必须是"保理商"的情况下，所有合法主体均可作为保理人，保理人经营资质不影响保理合同的效力。

司法实践对于保理人资质亦有不同的观点。一是部分法院在保理人不具备保理资质的情况下，直接认定保理合同无效或不认定保理合同关系。例如，在（2019）沪民终468号案件中，上海市高级人民法院以铜冠公司不具有该案系争的保理融资交易的经营资质而否定案件的保理合同关系；在（2019）最高法民终1132号案件中，最高人民法院亦明确指出："保理商必须是依照国家规定、经过有关主管部门批准可以开展保理业务的金融机构和商业保理公司。因此，本案法律关系与保理合同关系并不相同，本案系包含了债权转让以及债权回购的无名合同。"二是部分法院认为现行法律、法规并未限制保理人的资质，如无其他影响合同的因素，保理合同关系合法成立并生效，也即保理人资质并不影响合同效力。如上海金融法院在（2021）沪74民终1330号案件中认为："从保理合同的特点来看，目前并无法律和行政法规规定保理业务属于金融行业的特许经营范围，平安租赁公司经营保理业务亦未违反法律和行政法规的禁止性规定。"

目前，实务中关于保理人资质问题逐渐达成了共识。2022年12月，最高人民法院召开了全国法院金融审判工作会议，在后续发布的《全国法院金融审判工作会议纪要（征求意见稿）》亦明确，"银行业、保险业、证券业等金融业务是法律、行政法规明确规定应当持牌经营的，未经批准当事人签订从事或变相从事银行业、保险业、证券业等金融业务的合同，人民法院应当认定合同无效。法律、行政法规没有明确规定，但国务院金融管理部门或者国务院授权的部门通过规范性文件明确应当持牌经营的，当事人未按照国务院金融管理部门或省级人民政府授权部门的规定取得业务牌照或完成登记备案，签订从事或者变相从事融资租赁、商业保理、融资担保等地方金融业务的合同，人民法院应当依照民法典第一百五十三条第二款认定合同无效"。由此可知，法院基本确定了持牌经营的基本方向，确定了新的监管规则，即保理合同的主体必须坚持持牌经营的原则，保理人必须具备相应的资质。

因此，对于保理人的资质要注重特别审查，审查营业执照上载明的经营范围，判断其是否具有经营保理业务的资质，特别注意融资租赁公司开展保理业务时"营业执照载明可兼营与主营业务相关的商业保理业务"的情况。注意"兼营与主营业务相关的商业保理业务"是指该等业务必须与租赁物及租赁客户有关，若融资租赁公司开展了与其主营业务无关的保理业务，则会被视为超出其经营范围。

二、保理合同无效的法律后果

《民法典》第157条规定："民事法律行为无效、被撤销或者确定不发生效力后，行为人因该行为取得的财产，应当予以返还；不能返还或者没有必要返还的，应当折价补偿。有过错的一方应当赔偿对方由此所受到的损失；各方都有过错的，应当各自承担相应的责任。法律另有规定的，依照其规定。"据此，如法院认定保理合同无效，因保理合同取得的财产应当予以返还，对于因此所造成的损失则应当由有过错的当事人承担。

案例1-11 永某坚铝业有限公司、中垠某某供应链管理（深圳）有限公司等合同纠纷案

［案号：广东省佛山市禅城区人民法院（2023）粤0604民初1495号］
案件事实

2020年7月27日，成都某某商贸有限责任公司因供货合同关系采用电

子商业承兑汇票方式向原告支付货款 480,964.79 元。电子商业承兑汇票记载事项如下：票据号码 2103××××4862，出票人、承兑人均系成都某某商贸有限责任公司，收款人永某坚铝业有限公司，保证人系四川某某发展股份有限公司，票据金额 480,964.79 元，出票日期 2020 年 7 月 27 日，到期日 2021 年 7 月 27 日，票据性质为可再转让。承兑信息备注为"出票人承诺：本汇票请予以承兑，到期无条件付款；承兑人承诺：本汇票已经承兑，到期无条件付款"。该汇票经多手背书后，最后背书持有人为重庆两江新区科易小额贷款有限公司。

2020 年 8 月 19 日，原告永某坚铝业有限公司与被告中垠某某供应链管理（深圳）有限公司（以下简称中垠某某公司）签订《蓝光——电子商业承兑汇票贴现保理合同》。该合同约定：原告为票据转让方，被告中垠某某公司为票据受让方，被告佛山某某公司为票据贴现人；汇票金额为 480,964.79 元，票据类型为 1 年期电子商业承兑汇票。贴现利率为年利率 14%，被告中垠某某公司按票面金额扣除年化利率 14% 计算贴现利息后，50% 现金支付，剩余款项 2 个月支付；被告佛山某某公司不能在商票开具日将贴现资金打款至原告属被告中垠某某公司违约；发生纠纷协商不成，可向原告、被告所在地人民法院提起诉讼，合同还就其他事项进行了约定。原告与被告中垠某某公司均盖章确认。原告于 2020 年 8 月 19 日将电子汇票背书转让给被告佛山某某公司，被告佛山某某公司于 2020 年 8 月 20 日向原告转账支付贴现款 206,815 元，余款未付。

2021 年 8 月 9 日，重庆两江新区科易小额贷款有限公司以汇票余额不足无法承兑为由向原告追索。经调解，重庆市大渡口区人民法院作出（2021）渝 0104 民初 5××8 号民事调解书，原告向重庆两江新区科易小额贷款有限公司支付票据金额及逾期利息共计 486,044.24 元。重庆两江新区科易小额贷款有限公司于 2021 年 12 月 13 日向原告出具清偿确认书，确认前述款项已清偿，涉案汇票票据权利由原告依法享有和行使。

本案的基本事实关系见图 11：

```
票据转让方（原告）：           《蓝光——电子商业承兑           票据受让方（被告）：
永某坚铝业有限公司              汇票贴现保理合同》             中垠某某公司
                    ↘                              ↙
                        票据贴现人（被告）：
                          佛山某某公司
```

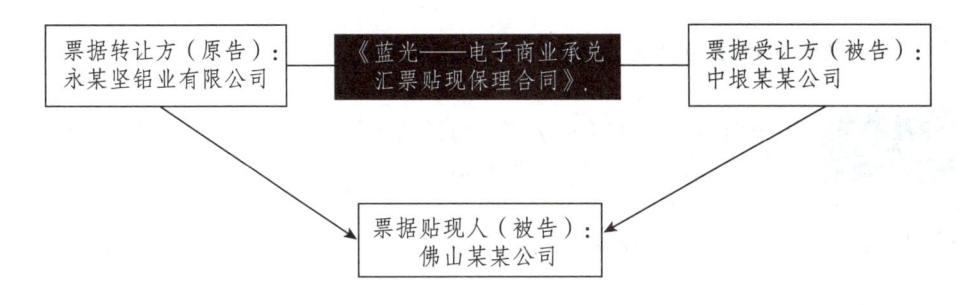

图 11　案例 1-11 的基本事实关系

争议焦点

本案中，主要争议焦点是案涉《蓝光——电子商业承兑汇票贴现保理合同》的效力如何。

裁判结果

法院认为，本案属合同纠纷。原告与被告中垠某某公司签订《蓝光——电子商业承兑汇票贴现保理合同》，但从背书记载中可以看出，被告中垠某某公司并未通过背书取得票据权利，而被告佛山某某公司作为合同约定的贴现方，其公司经营范围亦不包括贴现业务，票据贴现作为国家特许经营业务，持票人向不具有法定贴现资质的当事人进行"贴现"的，该行为无效，故该合同属于无效合同，相关的贴现款和票据应当相互返还。

案例解读

本案的核心在于票据贴现业务的合法性认定。根据我国《票据法》和相关金融法律规定，票据贴现属于金融机构的特许业务，非金融机构无权从事。合同的有效性取决于当事人是否具有法律规定的从事相关业务的资质。若合同当事人不具有法定资质，则合同无效。本案中，由于被告公司经营范围不包括票据贴现业务，不具备该特许经营资质，故其与原告签订的案涉保理合同无效，法院认定并无不妥。

三、基础合同虚假不影响保理合同合法有效的案例

案例 1-12 中国建设银行股份有限公司上海杨浦支行、中国江苏国际经济技术合作集团有限公司其他合同纠纷案

[案号：上海市高级人民法院（2017）沪民终 362 号]

案件事实

2014 年 4 月 30 日，中国建设银行股份有限公司上海杨浦支行（以下简称建行杨浦支行）与邦丰实业签订《保理合同》，约定甲方（邦丰实业）采用赊销方式销售货物，并向乙方（建行杨浦支行）申请获得有追索权的保理业务服务。邦丰实业在向建行杨浦支行申请支用每笔保理预付款时，均向建行杨浦支行提交了应收账款转让通知书（部分）、应收账款转让申请书、保理预付款支用单。中国江苏国际经济技术合作集团有限公司（以下简称中江集团）亦每次出具付款承诺书及回执。付款承诺书载明：中江集团（付款人）与邦丰实业（收款人）签订了《购销合同》，中江集团知悉收款人已在建行杨浦支行申请上述合同项下的应收账款保理业务，建行杨浦支行成为上述合同项下应收账款债权（货款）的合法持有人。付款承诺书及回执落款处均盖有中江集团（12）号章及第三人杨某荣签名。

后查明，邦丰实业 2014 年以来所有的增值税专用发票开票明细除发票号码相同外，所记载内容与本案所涉增值税专用发票上的内容均不一致。邦丰实业在庭审中明确表示《购销合同》实际并未履行；杨某荣也称出具付款承诺书及回执系为促成建行杨浦支行与邦丰实业之间保理业务而碍于情面配合盖章，付款承诺书上记载的《购销合同》并未实际履行；且据一审法院调查，相关增值税专用发票亦不真实。

本案的基本事实关系见图 12：

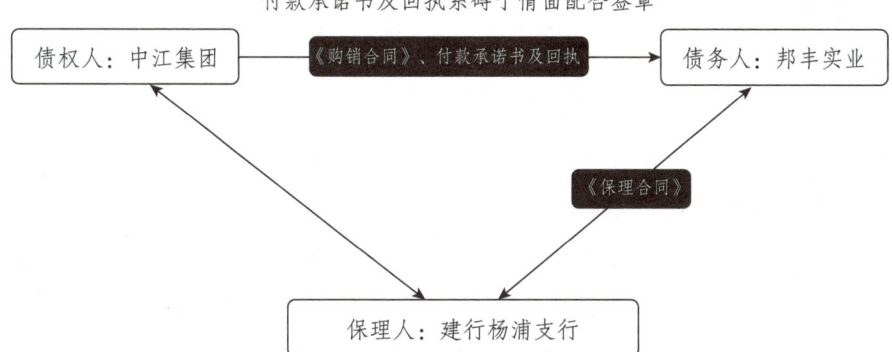

```
                    实际《购销合同》未履行，
                付款承诺书及回执系碍于情面配合签章
   ┌─────────┐  《购销合同》、付款承诺书及回执  ┌─────────┐
   │债权人：中江│ ─────────────────────────→ │债务人：邦丰实业│
   │  集团    │ ←───────────────────────── │          │
   └─────────┘                              └─────────┘
         ↘                                    ↙
           ↘              《保理合同》        ↙
             ↘                              ↙
               ↘     ┌──────────────┐    ↙
                 →   │保理人：建行杨浦支行│  ←
                     └──────────────┘
```

图 12　案例 1–12 的基本事实关系

争议焦点

本案中，主要争议焦点是涉案《保理合同》的效力如何认定。

裁判结果

法院认为，保理业务是一种以应收账款转让为核心，包含应收账款催收、管理、融资等在内的综合性金融服务业务。尽管应收账款所对应的基础合同与保理合同之间存在关联性，但两者仍系相互独立的合同关系，故该基础合同不成立或无效并不必然导致保理合同无效。从在案证据看，建行杨浦支行在开展本案保理业务的过程中，已审核了应收账款转让通知书（部分）、付款承诺书及回执、《购销合同》、发票等材料。对于并非基础合同当事人的建行杨浦支行而言，上述材料足以使其对基础合同真实存在产生合理信赖。尽管建行杨浦支行在开展本案保理业务过程中，存在未严格依照监管要求履行审核义务，尤其是对基础合同项下增值税发票真实性审核不当的问题，但仅依据该工作瑕疵尚不足以证明建行杨浦支行明知基础合同虚假的事实。据此，邦丰实业和中江集团之间的基础合同虽系虚假，但双方不得以此对抗作为善意相对方的建行杨浦支行。中江集团关于涉案保理合同系以合法形式掩盖非法目的而无效的主张，缺乏事实依据，法院不予采信。在建行杨浦支行不行使撤销权的情况下，一审法院认定系争《保理合同》合法有效，合同当事人均应依约履行,并无不当。

案例解读

虚构应收账款是否对保理合同效力产生影响,在《民法典》颁布前实务界存在"有效说"和"无效说"两种截然不同的观点:支持"无效说"的裁判观点认为,基础合同项下的应收账款应当真实、合法、有效,不合法的基础合同产生的债权以及虚构的应收账款不产生保理法律效力。随着《民法典》第763条的出台,只要保理人没有通谋意思表示,即使虚构应收账款,也不应以此认定保理合同无效,"有效说"系司法实践坚持的主流观点。本案中,建行杨浦支行在开展本案保理业务的过程中,已审核了应收账款转让通知书(部分)、付款承诺书及回执、《购销合同》、发票等材料,足以使其对基础合同真实存在产生合理信赖,虽存在对基础合同项下增值税发票真实性审核不当的工作瑕疵,但尚不足以证明建行杨浦支行明知基础合同虚假的事实。据此,邦丰实业和中江集团之间的基础合同虽系虚假,但双方不得以此对抗作为善意相对方的建行杨浦支行,故法院认定系争《保理合同》合法有效,合同当事人均应依约履行,并无不当。

案例1-13 王某某与中汇(深圳)商业保理有限公司、茂隆实业公司贸易发展总公司合同纠纷案

[案号:深圳前海合作区人民法院(2019)粤0391民初1417号]

案件事实

2018年6月11日,广东华侨金融资产交易中心股份有限公司(以下简称侨金所)向中汇(深圳)商业保理有限公司(以下简称中汇保理公司)出具侨金备字[2018]收益权第4号接受备案通知书,载明此次备案发行规模总金额3500万元,产品期限不超过12个月,预期年化收益率以认购协议中的约定为准。备案额度自该通知书发出之日起6个月内有效,由嘉禾财富(北京)资产管理有限公司(以下简称嘉禾财富)提供综合服务。如中汇保理公司发生可能对偿债能力产生重大影响的事件,应严格按照投资人保护机制的要求,落实相关承诺。

2018年6月13日，中汇保理公司与上海瑞铉贸易有限公司（以下简称瑞铉公司）签订了编号为 ZH－RX－010 的《保理合同》，中汇保理公司以3500万元受让瑞铉公司对茂隆实业公司贸易发展总公司（以下简称茂隆实业公司）合同项下的应收账款 50,184,565 元。

2018年6月19日，中汇保理公司作为发行方与作为投资者的原告王某某签订《认购协议》，主要条款为：（1）产品名称为中汇瑞铉资产收益权，发行总规模及本期发行规模均不超过3500万元。（2）发行人资金用途为受让瑞铉公司对茂隆实业公司的应收账款；被告茂隆实业公司对本期产品的投资本金及约定收益提供全额的无条件的不可撤销连带责任担保（茂隆实业公司于2018年5月21日亦出具担保函）。（3）王某某此次认购金额为60万元，认购期限为6个月。（4）关于兑付安排。在本产品到期兑付日前3个交易日，发行人将应兑付本金及收益足额划转至兑付专用的银行专户，确保将上述款项向投资人进行到期偿付。如发行人未按期还款，将由本产品的增信机构代为偿付，在到期兑付日的前1个交易日内将应兑付的本金及收益足额划转至侨金所指定的账户，用来偿付投资者的本金及利息。（5）相关方未按本协议第5条规定按期足额划款，违约方应按违约金额每日万分之五的比例向对方支付违约金。

2018年6月19日，王某某通过其建设银行尾号1518的账户向被告中汇保理公司的账户转账60万元。同日，嘉禾财富向原告王某某出具产品认购确认函，确认王某某认购其承销的中汇瑞铉资产收益权产品。产品成立于2018年6月19日，存续期6个月，同年12月19日到期，业绩比较基准为8%/年，收益分配方式为产品到期后5个工作日内支付本金及收益。

上述产品到期后，中汇保理公司未还本付息，故王某某诉至一审法院，请求判令：（1）被告中汇保理公司履行兑付义务，支付投资款60万元及自2018年12月30日以60万元为基数按日万分之五支付违约金直至付清为止；（2）被告茂隆实业公司对被告中汇保理公司上述两项义务承担连带清偿责任。

本案的基本事实关系见图13：

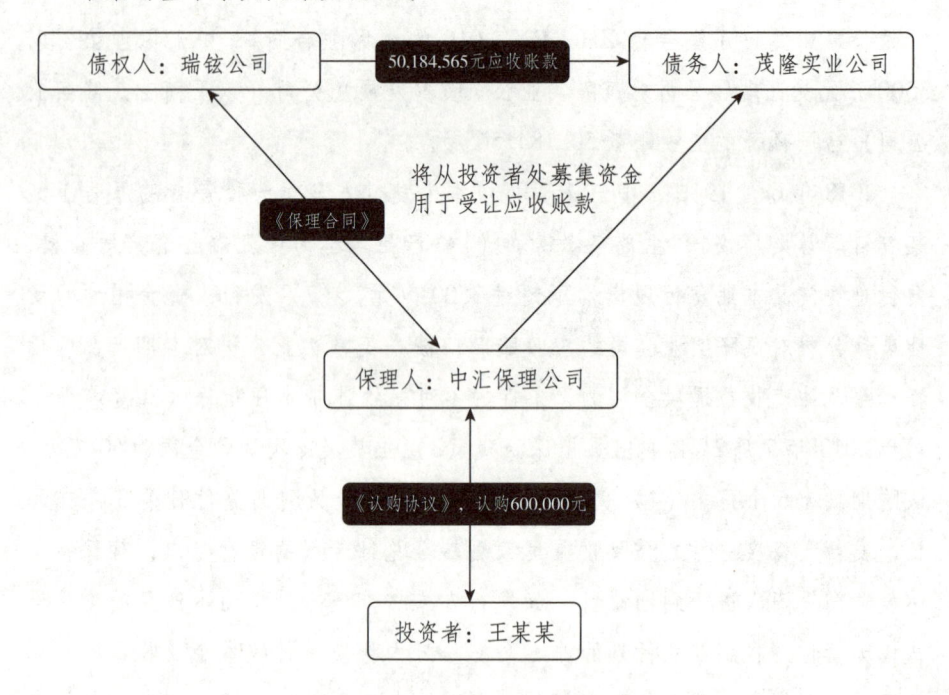

图中内容：
- 债权人：瑞铉公司 —— 50,184,565元应收账款 —— 债务人：茂隆实业公司
- 《保理合同》
- 将从投资者处募集资金用于受让应收账款
- 保理人：中汇保理公司
- 《认购协议》，认购600,000元
- 投资者：王某某

图13　案例1-13的基本事实关系

争议焦点

本案中，主要争议焦点是应收账款作为理财产品发行的合同是否存在无效情形及法律后果。

裁判结果

被告中汇保理公司经侨金所备案发行资产收益权产品，以较高的预期年化收益率吸引自然人认购，并将募集的资金用于受让瑞铉公司对茂隆实业公司的应收账款。这违反了《中国银保监会办公厅关于加强商业保理企业监督管理的通知》第1条第4款的规定，破坏国家金融管理秩序，损害社会公共利益，违反了原《合同法》第52条第4项的规定，该行为应属无效。

故被告中汇保理公司应返还因无效行为取得的财产，对原告王某某诉请被告中汇保理公司返还投资款60万元的请求，法院予以支持。原告王某某主张违约金，本质上是对于因卖方机构在缔结合同过程中的过错致使合同无效要求信赖利益损失，应当依据诚实信用原则及公平原则，综合考量销售者的过错程度、投资者履约情况，参考产品认购确认函中约定的业绩比较基准，按照无效合同参照约定的思路，酌定按照8%/年的标准计算损害赔偿金额。

关于被告茂隆实业公司的担保责任，主合同无效导致担保合同无效，担保人茂隆实业公司存在过错，应承担中汇保理公司不能清偿部分债务三分之一的责任。法院遂判决：被告中汇保理公司向原告王某某返还投资款60万元并以此为基数按8%/年的标准支付自2018年12月30日起计至付清之日止的损失，被告茂隆实业公司承担被告中汇保理公司上述两项义务不能清偿部分三分之一的债务并驳回原告王某某的其他诉讼请求。

最终法院判决：（1）被告中汇保理公司自本判决生效之日起10日内向原告王某某支付投资款600,000元；（2）被告中汇保理公司自本判决生效之日起10日内向原告支付损害赔偿金（以600,000元为基数，按8%/年的标准自2018年12月30日起计至付清之日止）；（3）被告茂隆实业公司承担被告中汇保理公司上述两项义务不能清偿部分三分之一的债务，被告茂隆实业公司履行义务后，有权向被告中汇保理公司追偿。

案例解读

深圳前海合作区人民法院以被告违反了《中国银保监会办公厅关于加强商业保理企业监督管理的通知》第1条第4款第2项"通过网络借贷信息中介机构、地方各类交易场所、资产管理机构以及私募投资基金等机构融入资金"之规定为由，认定该行为破坏国家金融管理秩序，损害社会公共利益，违反了《民法典》第153条"违反法律、行政法规的强制性规定的民事法律行为无效。但是，该强制性规定不导致该民事法律行为无效的除外。违背公序良俗的民事法律行为无效"的规定（判决原文表述为违反《合同法》第52条第4项规定），该行为应属无效。鉴于《中国银保监会办公厅关于加强商业保理企业监督管理的通知》从立法层级上并不属于法律或行政法规，因此笔者认为，人民法院认定案涉合同无效是因其违反公序良俗所作的判定。判决原文"这违反了《中国银保监会办公厅关于加强商业保理企业监督管理的通知》第 1 条第（4）项的规定，破坏国家金融管理秩序，损害社会公共利益，违反了《合同法》第 52 条第（4）项的规定，该行为应属无效"也可以印证笔者的看法。人民法院认为本案中民事法律行为无效是因为其违反了原中国银保监会的监管规定而造成破坏国家金融管理秩序，损害了社会公共利益的结果，属于《民法典》第 153 条第 2 款规定的违背公序良俗的民事法律行为。

第七节　保理合同适用债权转让规定问题

《民法典》第 769 条规定："本章没有规定的，适用本编第六章债权转让的有关规定。"债权转让，是保理业务的基础，故《民法典》规定"保理合同"章未作规定的，适用债权转让之规定。《民法典》有关债权债务转让的规定共 14 条，与原《合同法》相比，关乎保理人切身利益的新增内容有三个方面，分别如下。

一、有关基础合同禁止转让约定对保理人的效力

2015 年《天津高院保理纪要（二）》第 4 条曾就"基础合同中债权禁止转让的约定对保理商的影响"作出规定："债权人与债务人约定债权不得转让的，债权人不得将应收账款全部或者部分转让给保理商，但保理商善意取得应收账款债权的除外。债权人违反基础合同约定转让不得转让的应收账款，如果因此给保理商造成损失，保理商向其主张承担赔偿责任的，应予支持，但保理商在签订保理合同时知道或者应当知道基础合同禁止转让约定的除外。"简单而言，以上规定是保护善意保理人，不保护明知基础合同禁止转让的保理人。

但《民法典》改变了仅保护善意保理人的做法。《民法典》第 545 条规定："债权人可以将债权的全部或者部分转让给第三人，但是有下列情形之

一的除外：（一）根据债权性质不得转让；（二）按照当事人约定不得转让；（三）依照法律规定不得转让。当事人约定非金钱债权不得转让的，不得对抗善意第三人。当事人约定金钱债权不得转让的，不得对抗第三人。"由此可知，对于非金钱债权，法律仅保护善意第三人；对于金钱债权，法律无条件地保护第三人。这意味着无论债权人与债务人是否约定禁止转让，也无论保理人是否知悉该禁止转让的约定，如果债权人将债权转让给保理人，保理人仍然可以受让该债权，债务人只能向债权人要求承担违约责任。

二、有关主权利转让从权利一并转让问题

《民法典》第547条规定："债权人转让债权的，受让人取得与债权有关的从权利，但是该从权利专属于债权人自身的除外。受让人取得从权利不因该从权利未办理转移登记手续或者未转移占有而受到影响。"

从权利是指附随于主权利的权利。担保物权中的保证、抵押权、质权，都属于主权利的从权利。根据上述规定，在主债权转让时，作为从权利的保证、抵押权、质权等应当随主债权转让而一同转让。

抵押权可分为经登记才能设立（如土地使用权）和合同生效时即设立（如机器设备）两种情形。对于经登记才能生效的抵押权，在《九民纪要》颁布前，主债权发生转让但抵押未办理变更登记的情况下，主债权受让人是否可以就抵押物优先受偿存有争议。《九民纪要》第62条解决了上述争议，其规定："抵押权是从属于主合同的从权利，根据'从随主'规则，债权转让的，除法律另有规定或者当事人另有约定外，担保该债权的抵押权一并转让。受让人向抵押人主张行使抵押权，抵押人以受让人不是抵押合同的当事人、未办理变更登记等为由提出抗辩的，人民法院不予支持。"根据《民法典》第547条的规定，在从权利非专属于债权人自身的情况下，无论抵质押物是否办理转移登记、质押物是否转移占有，只要主债权转让，抵质押权即一并转让。上述规定有利于保理人在受让主债权后顺利取得担保权利，对保理人是有利的。

三、保理合同适用有关债权转让时债务人的抵销权

《民法典》第 549 条规定:"有下列情形之一的,债务人可以向受让人主张抵销:(一)债务人接到债权转让通知时,债务人对让与人享有债权,且债务人的债权先于转让的债权到期或者同时到期;(二)债务人的债权与转让的债权是基于同一合同产生。"据此,保理人通过保理合同获得其债权人的债权时,若债权人对该保理人享有债权时,则可以适用上述条款向保理人主张抵销权。

一方面,所谓"抵销",系指两人互负债务时,各以其债权充当债务之清偿,而使其债务与相对人的债务在对等额内相互消灭。根据《民法典》第 568 条、第 569 条的规定,抵销可分为法定抵销和合意抵销。法定抵销由法律规定其构成要件,包括:第一,双方当事人互负债务、互享债权;第二,双方互负债务的标的物的种类、品质必须相同;第三,主动债权已届清偿期;第四,非不得抵销的债务。合意抵销,即为按照当事人双方的合意所为的抵销,重视当事人的意思自由,可不受法律规定的构成要件的限制。抵销的效力是消灭当事人之间同等数额债务之间的合同关系。

另一方面,保理合同的本质在于转让应收账款债权。在实践中购销双方相互进行交易而产生互享债权、互负债务的情况屡见不鲜,此时便容易产生购销双方私自合意进行债权抵销的法律风险,从而影响保理商的债权实现。为了防范上述法律风险,在开展保理业务时,其可要求债务人向保理人作出书面承诺,承诺其不存在与债权人互负债务的情形,即使将来存在互负债务的情形,亦放弃向债权人及债权受让人主张抵销的权利。

需要注意的是,针对保证担保,主债权转移,保证人继续向受让人承担保证责任需要满足一定条件。《民法典》第 696 条规定:"债权人转让全部或者部分债权,未通知保证人的,该转让对保证人不发生效力。保证人与债权人约定禁止债权转让,债权人未经保证人书面同意转让债权的,保证人对受让人不再承担保证责任。"根据上述规定,保证人在原保证范围继续承担保

证责任的构成要件包括：（1）转让通知到达保证人；（2）不存在禁止转让的情形，或禁止转让得到保证人的书面豁免。

四、有关主权利转让从权利一并转让的案例

案例 1-14 国投商业保理（广州）有限公司、广州文豆网络科技有限公司等合同纠纷案

[案号：广东自由贸易区南沙片区人民法院（2022）粤 0191 民初 9074 号]

案件事实

2020 年 7 月 24 日至 8 月 12 日，广州文豆网络科技有限公司（以下简称文豆网络科技公司）、广东金豆子数字科技有限公司（以下简称金豆子数字科技公司）分别与梁某炬等 8 人签订《爱花呗服务协议》。协议首部均载明：本协议是指符合相应条件并可以使用赊购服务的金豆子注册会员（以下简称用户）与提供赊购服务的金豆子注册商户（以下简称商户）及"小爱商城"平台运营方金豆子数字科技公司（以下简称金豆子）三方之间就用户通过"小爱商城"平台购买注册商户所提供的商品或服务，并就该商品或服务进行分期或延期付款相关事宜所订立的契约。

上述《爱花呗服务协议》签订同日原告国投商业保理（广州）有限公司（以下简称国投商业保理公司）与被告文豆网络科技公司签订多份《应收账款转让协议》，约定被告文豆网络科技公司将其与小爱商城的用户签订的《小爱商城服务协议》项下应收账款按照协议附件应收账款转让清单的标准转让给原告国投商业保理公司。双方还就被告文豆网络科技公司违约情形及救济措施等进行约定。原告国投商业保理公司依约向被告文豆网络科技公司支付转让款。被告文豆网络科技公司依约向用户送达应收账款转让通知书。各用户在应收账款转让同意书签名确认知悉转让事宜并同意于应付款日将款项支付给原告国投商业保理公司。2021 年 7 月 7 日，原告国投商业保理公司与被告文豆网络科技公司签订《补充协议》，约定变更《应收账款转让协议》

第2.2.2条"回购条款"。2021年9月1日,被告文豆网络科技公司与原告国投商业保理公司经协商一致,约定变更"回购总额"的计算方式为"应回购总额=债务人未还本金+资金占用费"以及确认"资金占用费"的计算方式。同日,被告文豆网络科技公司向原告国投商业保理公司支付以该计算方式计得的回购金额。该变更约定双方已实际履行。截至2022年3月1日,被告文豆网络科技公司转让给原告国投商业保理公司的应收账款存在逾期60日的情形,被告文豆网络科技公司未按约回购逾期债权,已构成违约。原告国投商业保理公司故诉至法院,要求被告文豆网络科技公司支付应回购的未还本金、资金占用费、逾期回购罚金、律师费损失、财产保全担保费损失等各项费用。被告文豆网络科技公司答辩认为,文豆网络科技公司不清楚应收账款本金的具体数额。原告国投商业保理公司未明确应收账款本金的具体构成,其无权将应收账款本金以外的其他费用纳入本金范围。按照《应收账款转让协议》及附件的约定,应收账款转让范围仅限于小爱商城的用户的应收账款本金,未包括如服务费、违约金及罚金等费用。且用户还款信息由原告国投商业保理公司掌握,其有义务明确未还本金构成及保证数额真实准确。

2022年9月6日,金豆子数字科技公司出具《确认函》,同意国投商业保理公司代为收取债务人在《爱花呗服务协议》项下的应付款项。

本案的基本事实关系见图14:

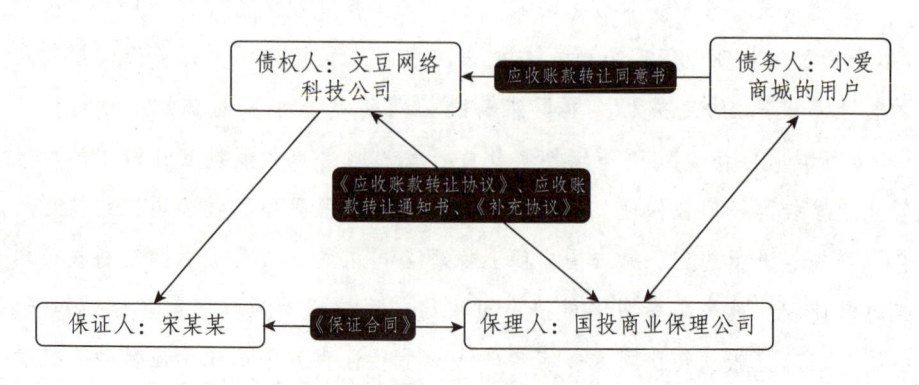

图14 案例1-14的基本事实关系

争议焦点

本案中,主要争议焦点为国投商业保理公司可追索的应收账款范围如何认定。

裁判结果

被告文豆网络科技公司向原告国投商业保理公司支付应收账款本金、资金占用费、逾期付款违约金、律师费损失、财产保全担保费损失。

法院认为,《应收账款转让协议》约定应收账款转让范围以应收账款转让清单为准。该清单记载的梁某炬等8人应收账款转让账面金额与其就《爱花呗服务协议》订单交易本金金额一致。文豆网络科技公司认为由此可证实案涉转让的应收账款仅限于交易本金。国投商业保理公司则认为还应当包括服务费及其他从权利。《爱花呗服务协议》约定文豆网络科技公司有权计收分期服务费、逾期付款违约金及含律师费在内的实现债权费用。国投商业保理公司与文豆网络科技公司未在《应收账款转让协议》约定排除该部分从权利的移转。主债权让与时,这些从属的权利亦应当随同移转于国投商业保理公司。此外,金豆子数字科技公司亦已出具确认函同意国投商业保理公司代为收取债务人在《爱花呗服务协议》项下应付款项。综上,国投商业保理公司可追索的应收账款范围包括交易本金、服务费及其他从权利等。

案例解读

《民法典》第769条规定,"本章没有规定的,适用本编第六章债权转让的有关规定。"第547条第1款规定,"债权人转让债权的,受让人取得与债权有关的从权利,但是该从权利专属于债权人自身的除外。"该规定是为了保障受让人转让债权利益的实现。受让人在受让债权后一并受让债权人的从权利具有法定性。此处的"与债权有关的从权利"应当包括转让后因债务人违约产生的法定及约定损害赔偿请求权,除非当事人另有约定,否则应推定随同债权一并转让给受让人。如基础交易合同中已约定了债权人有权计收分期服务费、逾期付款违约金及律师费等各种实现债权的费用,而保理合同中亦未约定排除该部分从权利的移转,主债权让与时,这些从属的权利亦应当随同移转于保理人。保理人可享有基础交易合同中债权人享有的各项权利。

第二章　应收账款质押担保融资问题

◎ 本章索引

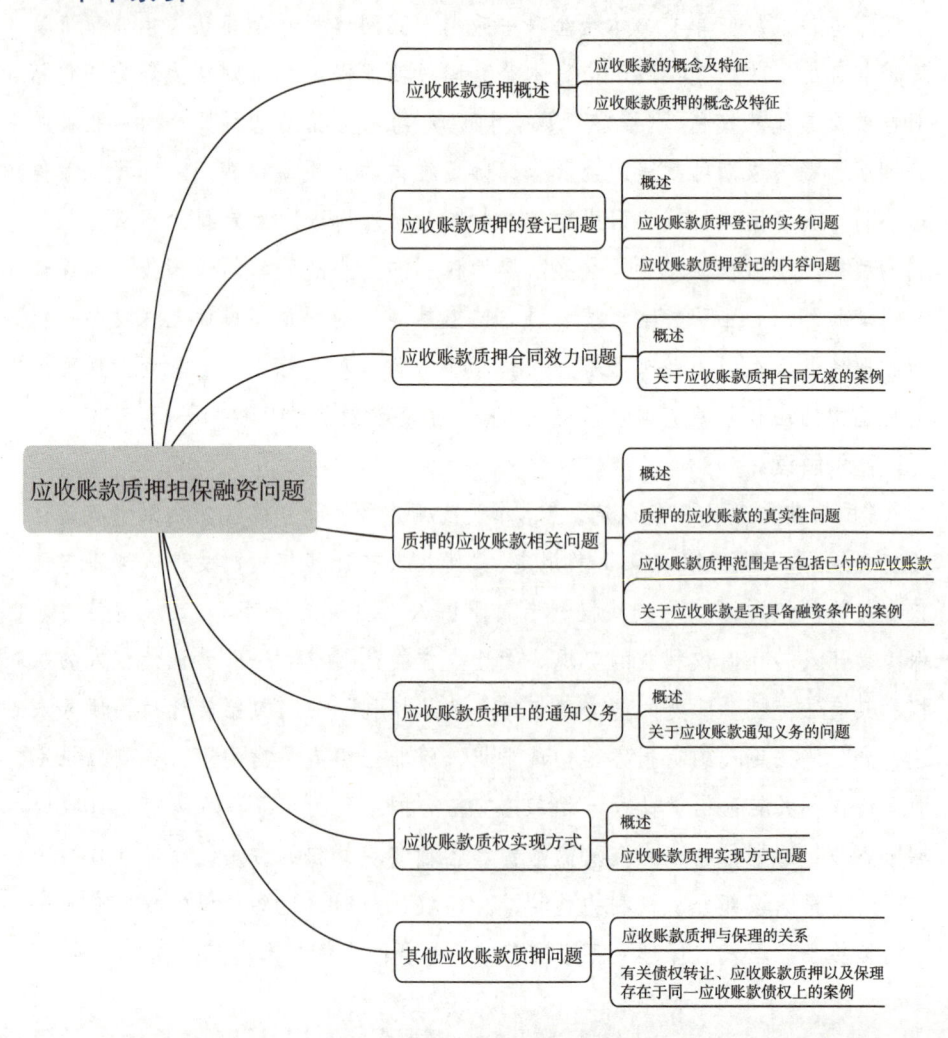

应收账款质押担保融资问题
- 应收账款质押概述
  - 应收账款的概念及特征
  - 应收账款质押的概念及特征
- 应收账款质押的登记问题
  - 概述
  - 应收账款质押登记的实务问题
  - 应收账款质押登记的内容问题
- 应收账款质押合同效力问题
  - 概述
  - 关于应收账款质押合同无效的案例
- 质押的应收账款相关问题
  - 概述
  - 质押的应收账款的真实性问题
  - 应收账款质押范围是否包括已付的应收账款
  - 关于应收账款是否具备融资条件的案例
- 应收账款质押中的通知义务
  - 概述
  - 关于应收账款通知义务的问题
- 应收账款质权实现方式
  - 概述
  - 应收账款质押实现方式问题
- 其他应收账款质押问题
  - 应收账款质押与保理的关系
  - 有关债权转让、应收账款质押以及保理存在于同一应收账款债权上的案例

第一节　应收账款质押概述

一、应收账款的概念及特征

应收账款在会计领域适用频率远高于法律领域，是一个典型会计学术语，实践中体现在会计报表的相关科目，在会计准则中归入货币性资产范畴。[1]《小企业会计准则》第9条第1款规定："应收及预付款项，是指小企业在日常生产经营活动中发生的各项债权。包括：应收票据、应收账款、应收股利、应收利息、其他应收款等应收款项和预付账款。"由此可见，会计领域中应收账款属于企业经营活动中发生的各种债权。在法律上，UCC较为全面地阐述了应收账款的概念，包括已获取或尚未获取的权益，但涉及以动产、契约等为载体产生的权益除外。2021年，《动产和权利担保统一登记办法》（中国人民银行令〔2021〕第7号）第3条对应收账款进行了定义，即"指应收账款债权人因提供一定的货物、服务或设施而获得的要求应收账款债务人付款的权利以及依法享有的其他付款请求权，包括现有的以及将有的金钱债权"。通俗地讲，应收账款就是债务人向债权人提供的付款承诺，可比作一张权利"欠条"，很显然这类可以请求应收账款债务人付款的"欠条"是可以计算对应货币金额的，具有财产价值。

最高人民法院认为，准确理解应收账款的概念，要注意把握三个应收账款的特征："第一，应收账款属于金钱之债。既包括因直接提供贷款产生的金钱之债，也包括因出售、出租财产而获得的对价，还包括提供服务或劳务而产生的报酬。第二，应收账款是基于合同产生的金钱之债。虽然侵权、不当得利、无因管理以及法律规定的其他法定之债也属于金钱之债，但不属于

---

[1]《小企业会计准则》第77条中规定：货币性资产包括库存现金、银行存款、应收账款、其他应收款等；货币性负债包括短期借款、应付账款、其他应付款、长期借款、长期应付款等。

应收账款中合同之债的范畴。第三，应收账款是普通的金钱之债，不包括票据、债券等证券化了的债权。"[1]

二、应收账款质押的概念及特征

（一）应收账款质押的概念

应收账款质押是债务人将其有权处分的应收账款出质给其债权人，在债务人不履行到期债务或发生当事人约定的实现质权的情形时，债权人对应收账款及其收益享有优先受偿的权利。对缺乏足够抵押物的中小微企业而言，融资难、融资成本高是制约其发展的重要因素之一，应收账款质押则有助于其获得融资途径、改善现金流状况，以支持日常运营和扩张计划。2007年原《物权法》首次将应收账款列入了可用于担保的财产范围，这一规定拓展了融资渠道，有效缓解了企业融资难的问题。应收账款质押制度确立后，经过长时间社会经济的发展，也进行了与时俱进的修改。《民法典》第440条规定："债务人或者第三人有权处分的下列权利可以出质：……（六）现有的以及将有的应收账款。"该条确认了应收账款作为权利质权客体的适格性问题，较原《物权法》的规定，其在权利质权客体中加入了将有的应收账款。《民法典》第445条规定："以应收账款出质的，质权自办理出质登记时设立。应收账款出质后，不得转让，但是出质人与质权人协商同意的除外。出质人转让应收账款所得的价款，应当向质权人提前清偿债务或者提存。"该条明确了应收账款质权的设立和转让规则，上述规定共同搭建起当前应收账款质押制度的基本框架。

（二）应收账款质押的特征

1. 设质的应收账款须为特定的财产权。应收账款质权的核心是以其标的

---

[1] 最高人民法院民事审判第二庭：《最高人民法院民法典担保制度司法解释理解与适用》，人民法院出版社2021年版。

物的交换价值来担保债权得以履行，因此设质的应收账款须为可交换的财产权，且大多数情况下为金钱债权。若设质的应收账款不具有财产性，则质权最终无法实现，从而有悖于应收账款质权设立的初衷。同时，设质的应收账款须为特定的或者可以特定化的债权，这既是实现质权人直接支配质押标的的要求，同样也是质权公示的必须。实践中，若设质的应收账款属于非特定的应收账款，则在诉讼中，质权人会因为难以指明应收账款的具体内容，而面临败诉的风险。

2. 设质的应收账款须具备可让与性。质权的效力在于变现其质物，质权人可就其变现的价金优先受偿，故不具让与性的财产不得成为质权的标的。例如，《德国民法典》第1274条第2款规定，若某项权利不具可转让性，则不得对其设立质权；《瑞士民法典》第899条规定，可对可让与的债权与其他权利设立质权。

3. 设质的应收账款须非属不适于设质的债权。设质的应收账款除符合财产性、特定性及可让与性三个积极要件外，还得须非属不适于设质的债权。具体而言，设质应收账款的消极要件包括以下三类：一是须非为法律所禁止转让或强制执行的债权。法律禁止转让的应收账款因其设立行为的违法性不具备法律效力，更谈不上质权的成立与生效。若应收账款为法律禁止强制执行的债权，则质权人难以对质物进行折价、拍卖或变卖并就其价金优先受偿，故也不得设质。二是须非为有违公序良俗而不得设质的债权，有违公序良俗的债权如抚养请求权、抚恤金请求权等均不得以之设质。三是须非为第三人约定不得转让的债权。对此，理论界存在较大的分歧，有学者认为基于意思自治原则与诚信原则，第三人约定不得转让的债权，不得以之设质。但亦有学者认为，只要该等约定不违反效力性强制规定及公序良俗，对善意不知情的第三人，质权的设立仍然有效。[1]

---

[1] 参见杨德群、袁仕益：《应收账款质押的标的及设立研究》，载《衡阳师范学院学报》2016年第1期。

（三）应收账款质押的实现

《民法典》第 436 条第 2 款规定："债务人不履行到期债务或者发生当事人约定的实现质权的情形，质权人可以与出质人协议以质押财产折价，也可以就拍卖、变卖质押财产所得的价款优先受偿。"该条关于动产质权行使的规定，能否依据《民法典》第 446 条"权利质权除适用本节规定外，适用本章第一节的有关规定"需要加以理论澄清，目前主流的几种实现方式如下：

第一，质权人对应收账款的直接收取。应收账款质权的标的为应收账款的金钱债权的，该债权系请求基础交易债务人给付金钱以清偿债务，因此，该权利原则上并无再行折价、拍卖、变卖的基础，也无折价、拍卖、变卖的必要。

第二，应收账款质权的非诉讼方式行使。为实现直接请求给付的目的，质权人有权对基础交易债务人提出催告，申请保全冻结该应收账款；质权人也可以与基础交易债务人协商，约定以代物清偿的方式清偿该应收账款。

第三，应收账款的诉讼方式行使。基础交易债务人拒绝给付时，质权人可以提起诉讼请求给付，并于取得执行名义后，申请强制执行。通过诉讼，质权人自然可以请求第三人在应收账款质权所担保的债权范围内承担直接给付的责任，而无须就该应收账款折价、拍卖、变卖价款优先受偿。[1]

第二节　应收账款质押的登记问题

一、概述

《民法典》第 427 条第 1 款规定："设立质权，当事人应当采用书面形式订立质押合同。"第 445 条第 1 款规定："以应收账款出质的，质权自办理出

---

[1] 参见樊丽婷：《我国应收账款质权实现的法律探析》，载《时代金融》2020 年第 28 期。

质登记时设立。"从这两条法律规定来看，应收账款质权作为一种标的特殊的质权，具备订立有效书面质押合同和办理质押登记这两个要件才能合法设立。

（一）原《物权法》下应收账款质押登记制度的发展

2007年10月1日起施行的原《物权法》首次以法律形式规定了应收账款质押。原《物权法》第223条第6项规定债务人或者第三人有权将应收账款作为财产权利出质用于担保；原《物权法》第228条第1款进一步规定："以应收账款出质的，当事人应当订立书面合同。质权自信贷征信机构办理出质登记时设立。"就此确立了应收账款质押的设立条件除签订书面合同之外，必须办理质押登记，即"书面合同+登记"的质押生效模式。

为了落实上述应收账款质押登记生效模式，2007年9月30日中国人民银行发布了《应收账款质押登记办法》（中国人民银行令〔2007〕第4号）并与原《物权法》同日实施。该登记办法第1条立法目的明确了"为规范应收账款质押登记，保护质押当事人和利害关系人的合法权益"，即该登记办法是专门为了应收账款质押制定。第2条规定了应收账款的登记机构和登记公示系统分别是中国人民银行征信中心和该征信中心建立的应收账款质押登记公示系统。该登记办法第4条对应收账款进行了定义并列举了可以进行质押登记的权利类型，即该办法所称的应收账款是指权利人因提供一定的货物、服务或设施而获得的要求义务人付款的权利，包括现有的和未来的金钱债权及其产生的收益，但不包括因票据或其他有价证券而产生的付款请求权。该办法所称的应收账款包括下列权利：(1)销售产生的债权，包括销售货物，供应水、电、气、暖，知识产权的许可使用等；(2)出租产生的债权，包括出租动产或不动产；(3)提供服务产生的债权；(4)公路、桥梁、隧道、渡口等不动产收费权；(5)提供贷款或其他信用产生的债权。该登记办法实施之后，中国人民银行先后于2017年和2019年对其进行了两次修订。

2017年10月25日，中国人民银行发布〔2017〕第3号令，相隔10年第一次修订《应收账款质押登记办法》。这次修订主要为适应动产融资业务发展的新形势和新要求，对 2007 年《应收账款质押登记办法》在适用范围、登记协议、登记期限、责任义务等方面作出修订，主要涉及三个方面内容，即扩大了可以用于应收账款质押的权利范围、将应收账款转让即保理业务纳入登记范围及删除登记期限届满失效等规定。具体而言：

第一，修改完善了应收账款定义，明确项目收益权可以质押。2017 年《应收账款质押登记办法》第 2 条规定了该办法所称应收账款是指权利人因提供一定的货物、服务或设施而获得的要求义务人付款的权利以及依法享有的其他付款请求权，包括现有的和未来的金钱债权，但不包括因票据或其他有价证券而产生的付款请求权，以及法律、行政法规禁止转让的付款请求权。该办法所称的应收账款包括下列权利：（1）销售、出租产生的债权，包括销售货物，供应水、电、气、暖，知识产权的许可使用，出租动产或不动产等；（2）提供医疗、教育、旅游等服务或劳务产生的债权；（3）能源、交通运输、水利、环境保护、市政工程等基础设施和公用事业项目收益权；（4）提供贷款或其他信用活动产生的债权；（5）其他以合同为基础的具有金钱给付内容的债权。

第二，增加应收账款转让规定，具体参照质押登记办理。2017 年《应收账款质押登记办法》附则中增加第 33 条规定："权利人在登记公示系统办理以融资为目的的应收账款转让登记，参照本办法的规定。"这意味着保理业务可以在应收账款质押平台上予以登记。

第三，调整应收账款登记期限。2017 年修订将登记期限由"1—5 年"调整为"0.5—30 年"，并删除登记期限届满登记失效的规定。2017 年《应收账款质押登记办法》第 12 条规定："质权人应根据主债权履行期限合理确定登记期限。登记期限最短 6 个月，超过 6 个月的，按年计算，最长不超过 30 年。"第 13 条规定："在登记期限届满前 90 日内，质权人可以申请展期。质权人可以多次展期，展期期限按年计算，每次不得超过 30 年。"

2019 年 11 月 22 日，中国人民银行发布〔2019〕第 4 号令，相隔不足 2

年第二次修订《应收账款质押登记办法》。这次修订主要是为适应动产融资业务发展的新形势和新要求，对标现代动产担保制度的国际最佳实践，在适用范围、登记协议、登记期限、责任义务等方面作出修订，着力满足市场主体对于建立高效便捷统一的动产担保制度、提升企业融资可获得性的需求。[1] 这次修订主要涉及三个方面内容，即增加其他动产和权利担保交易登记的参照条款，满足市场主体自发开展动产担保交易登记的需求，加强对各类登记行为的正面引导、将初始登记期限、展期期限下调为最短 1 个月，使登记期限的选择更加灵活便利以及增加融资各方法律纠纷责任义务条款，明确由登记方承担保证信息真实性的责任等内容。具体而言：

第一，在《应收账款质押登记办法》附则中增加其他动产和权利担保交易登记的参照条款。为满足市场主体自发开展动产担保交易登记的需求，切合部分自发登记的效力已获得司法认可的情况，加强对上述各类登记行为的正面引导，有必要在《应收账款质押登记办法》附则中新增其他动产担保交易登记的参照条款。2019 年《应收账款质押登记办法》第 35 条规定："权利人在登记公示系统办理其他动产和权利担保登记的，参照本办法的规定执行。本办法所称动产和权利担保包括当事人通过约定在动产和权利上设定的、为偿付债务或以其他方式履行债务提供的、具有担保性质的各类交易形式，包括但不限于融资租赁、保证金质押、存货和仓单质押等，法律法规另有规定的除外。"

第二，取消登记协议上传要求。法律对于动产担保登记行为达成合意的形式未作强制要求。取消登记协议上传既符合当时登记系统的实际做法，也符合现代动产担保制度要求。因此此次修订删除 2017 年《应收账款质押登记办法》第 8 条、第 10 条、第 16 条关于当事人签署登记协议的规定，同时取消了将登记协议作为登记附件提交登记系统的要求。

第三，下调应收账款登记期限。为了更好地适应实际市场发展需要，满

---

[1] 参见《中国人民银行发布修订后的〈应收账款质押登记办法〉》，载中国人民银行网 2019 年 11 月 29 日，http://www.pbc.gov.cn/goutongjiaoliu/113456/113469/3930408/index.html。

足账期较短的普通贸易类应收账款融资，此次修订将2017年《应收账款质押登记办法》第12条初始登记期限最短6个月调整为最短1个月，以便市场主体根据业务开展情况，选择适合的登记期限。同时将2017年《应收账款质押登记办法》第13条展期期限按年计，调整为最短1个月，与登记期限设置保持一致。

从上述《应收账款质押登记办法》出台及修订可以看出，我国动产和权利担保制度从单一的应收账款质押到保理，再发展到融资租赁、保证金质押、存货和仓单等都纳入登记公示系统，这无疑说明通过短短十多年的研究和实践，从原《物权法》两个条文下出发初步形成了较为完善的动产和权利担保登记制度。

（二）《民法典》下应收账款质押登记制度的发展

2021年1月1日《民法典》正式施行，如原《物权法》和2007年《应收账款质押登记办法》同日施行一样。2020年12月22日，为贯彻落实党中央、国务院决策部署，进一步提高动产和权利担保融资效率，优化营商环境，促进金融更好服务实体经济，国务院正式发布《关于实施动产和权利担保统一登记的决定》（国发〔2020〕18号）并规定："一、自2021年1月1日起，在全国范围内实施动产和权利担保统一登记。二、纳入动产和权利担保统一登记范围的担保类型包括：（一）生产设备、原材料、半成品、产品抵押；（二）应收账款质押；（三）存款单、仓单、提单质押；（四）融资租赁；（五）保理；（六）所有权保留；（七）其他可以登记的动产和权利担保，但机动车抵押、船舶抵押、航空器抵押、债券质押、基金份额质押、股权质押、知识产权中的财产权质押除外。三、纳入统一登记范围的动产和权利担保，由当事人通过中国人民银行征信中心（以下简称征信中心）动产融资统一登记公示系统自主办理登记，并对登记内容的真实性、完整性和合法性负责。

登记机构不对登记内容进行实质审查。"[1]

2021年12月28日,中国人民银行发布《动产和权利担保统一登记办法》(中国人民银行令〔2021〕第7号)并于2022年2月1日起施行,2019年《应收账款质押登记办法》(中国人民银行令〔2019〕第4号)同时废止,正式完成了历史使命。中国人民银行有关部门负责人就《动产和权利担保统一登记办法》答记者问中表示,《动产和权利担保统一登记办法》对2019年《应收账款质押登记办法》有四个方面的修订重点:一是拓展了统一登记系统的登记范围。《动产和权利担保统一登记办法》将企业融资常用的典型的动产和权利担保业务,都纳入统一登记系统的登记范围。二是突出了登记公示理念。《动产和权利担保统一登记办法》明确当事人通过统一登记系统自主办理登记,对担保财产进行概括性描述的应当能够合理识别担保财产,并对登记内容的真实性、完整性和合法性负责,中国人民银行征信中心不对登记内容进行实质审查。三是进一步明确了登记机构职责。《动产和权利担保统一登记办法》明确了中国人民银行征信中心具体承担服务性登记工作,不开展事前审批性登记,不对登记内容进行实质审查。四是完善了统一登记系统操作规范。《动产和权利担保统一登记办法》进一步增加了当事人登记的提示性条款,优化了展期登记操作流程,从而促进当事人规范登记操作,提高登记公示效率。《动产和权利担保统一登记办法》对2019年《应收账款质押登记办法》修订的主要内容涉及以下八个方面:一是修改法律依据,将《民法典》《优化营商环境条例》《关于实施动产和权利担保统一登记的决定》作为《动产和权利担保统一登记办法》的制定依据。二是明确登记范围,根据《关于实施动产和权利担保统一登记的决定》有关工作要求,以列举加兜底的方式明确统一登记的范围,同时删除2019年《应收账款质押登记办法》中关于应收账款转让登记参照条款、其他动产和权利担保登记参照条款。三是明确登记机构职责,明确中国人民银行征信中心承担服务性登记工

---

[1] 《国务院关于实施动产和权利担保统一登记的决定》,载中央人民政府网2020年12月22日,https://www.gov.cn/gongbao/content/2021/content_5578529.htm。

作，不开展事前审批性登记，不对登记内容进行实质审查。四是删除优先顺位条款，鉴于《民法典》《担保制度司法解释》已经有明确规定，因此对优先顺位条款进行删除。五是增加当事人登记的提示条款，增加对担保财产进行概括性描述应达到合理识别担保财产的要求，增加因担保人名称填写错误，担保财产描述不能够合理识别担保财产等情形导致不能正确公示担保权利的，其法律后果由当事人自行承担等。六是修改担保人或担保权人为单位的登记编码信息，并取消展期登记只能在登记到期前90日内办理的限制。七是对登记内容进行完善，约定登记内容增加"担保范围"及"禁止或限制转让的担保财产"，并明确最高额担保中应将最高债权额作为必要登记事项。八是细化中国人民银行征信中心的职责，明确中国人民银行征信中心应当建立登记信息内部控制制度要求。[1]

鉴于中国人民银行在2021年制定的《动产和权利担保统一登记办法》主要是对2019年《应收账款质押登记办法》内容修订形成的，因而为更好地理解《动产和权利担保统一登记办法》，有必要将两个办法作对比了解，具体见表1。

表1 新旧登记办法逐条对比

《应收账款质押登记办法》 （中国人民银行令〔2019〕第4号）	《动产和权利担保统一登记办法》 （中国人民银行令〔2021〕第7号）
第一条 为规范**应收账款质押登记**，保护质押当事人和利害关系人的合法权益，根据《**中华人民共和国物权法**》等相关法律规定，制定本办法。	第一条 为规范**动产和权利担保统一登记**，保护担保当事人和利害关系人的合法权益，根据《**中华人民共和国民法典**》《优化营商环境条例》《国务院关于实施动产和权利担保统一登记的决定》（国发〔2020〕18号）等相关法律法规规定，制定本办法。

---

[1] 参见《中国人民银行有关部门负责人就〈动产和权利担保统一登记办法〉答记者问》，载中国人民银行网2021年12月29日，http://www.pbc.gov.cn/goutongjiaoliu/113456/113469/4435535/index.html。

续表

《应收账款质押登记办法》 （中国人民银行令〔2019〕第 4 号）	《动产和权利担保统一登记办法》 （中国人民银行令〔2021〕第 7 号）
	第二条　纳入动产和权利担保统一登记范围的担保类型包括： （一）生产设备、原材料、半成品、产品抵押； （二）**应收账款质押**； （三）存款单、仓单、提单质押； （四）融资租赁； （五）保理； （六）所有权保留； （七）其他可以登记的动产和权利担保，但机动车抵押、船舶抵押、航空器抵押、债券质押、基金份额质押、股权质押、知识产权中的财产权质押除外。
第二条　本办法所称应收账款是指**权利人**因提供一定的货物、服务或设施而获得的要求**义务人**付款的权利以及依法享有的其他付款请求权，包括现有的**和未来的**金钱债权，但不包括因票据或其他有价证券而产生的付款请求权，以及法律、行政法规禁止转让的付款请求权。 本办法所称的应收账款包括下列权利： （一）销售、出租产生的债权，包括销售货物，供应水、电、气、暖，知识产权的许可使用，出租动产或不动产等； （二）提供医疗、教育、旅游等服务或劳务产生的债权； （三）能源、交通运输、水利、环境保护、市政工程等基础设施和公用事业项目收益权； （四）提供贷款或其他信用活动产生的债权； （五）其他以合同为基础的具有金钱给付内容的债权。	第三条　本办法所称应收账款是指**应收账款债权人**因提供一定的货物、服务或设施而获得的要求**应收账款债务人**付款的权利以及依法享有的其他付款请求权，包括现有的以**及将有的**金钱债权，但不包括因票据或其他有价证券而产生的付款请求权，以及法律、行政法规禁止转让的付款请求权。 本办法所称的应收账款包括下列权利： （一）销售、出租产生的债权，包括销售货物，供应水、电、气、暖，知识产权的许可使用，出租动产或不动产等； （二）提供医疗、教育、旅游等服务或劳务产生的债权； （三）能源、交通运输、水利、环境保护、市政工程等基础设施和公用事业项目收益权； （四）提供贷款或其他信用活动产生的债权； （五）其他以合同为基础的具有金钱给付内容的债权。

续表

《应收账款质押登记办法》 （中国人民银行令〔2019〕第 4 号）	《动产和权利担保统一登记办法》 （中国人民银行令〔2021〕第 7 号）
第三条　本办法所称应收账款质押是指《中华人民共和国物权法》第二百二十三条规定的应收账款出质，具体是指为担保债务的履行，债务人或者第三人将其合法拥有的应收账款出质给债权人，债务人不履行到期债务或者发生当事人约定的实现质权的情形，债权人有权就该应收账款及其收益优先受偿。 　　前款规定的债务人或者第三人为出质人，债权人为质权人。	
第四条　中国人民银行征信中心（以下简称征信中心）是应收账款质押的登记机构。 　　征信中心建立基于互联网的登记公示系统（以下简称登记公示系统），办理应收账款质押登记，并为社会公众提供查询服务。	第四条　中国人民银行征信中心（以下简称征信中心）是动产和权利担保的登记机构，具体承担服务性登记工作，不开展事前审批性登记，不对登记内容进行实质审查。 　　征信中心建立基于互联网的动产融资统一登记公示系统（以下简称统一登记系统）为社会公众提供动产和权利担保登记和查询服务。
第五条　中国人民银行对征信中心办理应收账款质押登记有关活动进行管理。	第五条　中国人民银行对征信中心登记和查询服务有关活动进行督促指导。
第六条　在同一应收账款上设立多个权利的，质权人按照登记的先后顺序行使质权。	
第七条　应收账款质押登记通过登记公示系统办理。	第六条　纳入统一登记范围的动产和权利担保登记通过统一登记系统办理。
第八条　应收账款质押登记由质权人办理。质权人办理质押登记的，应当与出质人就登记内容达成一致。 　　质权人也可以委托他人办理登记。委托他人办理登记的，适用本办法关于质权人办理登记的规定。	第七条　担保权人办理登记。担保权人办理登记前，应当与担保人就登记内容达成一致。 　　担保权人也可以委托他人办理登记。委托他人办理登记的，适用本办法关于担保权人办理登记的规定。

续表

《应收账款质押登记办法》 （中国人民银行令〔2019〕第4号）	《动产和权利担保统一登记办法》 （中国人民银行令〔2021〕第7号）
第九条　**质权人**办理**应收账款质押**登记时，应当注册为**登记公示系统**的用户。	第八条　**担保权人**办理登记时，应当注册为**统一登记系统**的用户。
第十条　登记内容包括**质权人和出质人**的基本信息、**应收账款**的描述、登记期限。 **出质人或质权人**为**单位**的，应当填写**单位**的法定注册名称、住所、法定代表人或负责人姓名、**组织机构代码**或金融机构编码、**工商注册号、法人和其他组织统一社会信用代码、全球法人机构识别编码**等机构代码或编码。 **出质人或质权人**为**个人**的，应当填写有效身份证件号码、有效身份证件载明的地址等信息。 **质权人可以与出质人**约定将主债权金额等项目作为登记内容。	第九条　登记内容包括**担保权人和担保人**的基本信息、**担保财产**的描述、登记期限。 **担保权人或担保人**为**法人、非法人组织**的，应当填写**法人、非法人组织**的法定注册名称、住所、法定代表人或负责人姓名、金融机构编码、**统一社会信用代码、全球法人识别编码**等机构代码或编码以及**其他相关信息**。 **担保权人或担保人**为**自然人**的，应当填写有效身份证件号码、有效身份证件载明的地址等信息。 **担保权人可以与担保人**约定将主债权金额、**担保范围、禁止或限制转让的担保财产**等项目作为登记内容。对担保财产进行概括性描述的，应当能够合理识别担保财产。 最高额担保应登记最高债权额。
第十一条　**质权人**应当将填写完毕的登记内容提交**登记公示系统**。登记公示系统记录提交时间并分配登记编号，生成**应收账款质押登记**初始登记证明和修改码提供给**质权人**。	第十条　**担保权人**应当将填写完毕的登记内容提交**统一登记系统**。统一登记系统记录提交时间并分配登记编号，生成初始登记证明和修改码提供给**担保权人**。
第十二条　**质权人**应当根据主债权履行期限合理确定登记期限。登记期限最短1个月，最长不超过30年。	第十一条　**担保权人**应当根据主债权履行期限合理确定登记期限。登记期限最短1个月，最长不超过30年。
第十三条　在登记期限届满前**90日**内，**质权人**可以申请展期。**质权人**可以多次展期，展期期限最短1个月，**每次**不得超过30年。	第十二条　在登记期限届满前，**担保权人**可以申请展期。**担保权人**可以多次展期，**每次**展期期限最短1个月，**最长**不超过30年。

续表

《应收账款质押登记办法》 （中国人民银行令〔2019〕第 4 号）	《动产和权利担保统一登记办法》 （中国人民银行令〔2021〕第 7 号）
第十四条 登记内容存在遗漏、错误等情形或登记内容发生变化的，<u>质权人</u>应当办理变更登记。 <u>质权人</u>在原质押登记中增加新的<u>应收账款出质</u>的，新增加的部分视为新的<u>质押</u>登记。	第十三条 登记内容存在遗漏、错误等情形或登记内容发生变化的，<u>担保权人</u>应当办理变更登记。 <u>担保权人</u>在原登记中增加新的<u>担保财产</u>的，新增加的部分视为新的登记。
第十五条 <u>质权人</u>办理登记时所填写的<u>出质人</u>法定注册名称或有效身份证件号码变更的，<u>质权人</u>应当<u>在</u>变更之日起 4 个月内办理变更登记。	第十四条 <u>担保权人</u>办理登记时所填写的<u>担保人</u>法定注册名称或有效身份证件号码变更的，<u>担保权人</u>应当<u>自</u>变更之日起 4 个月内办理变更登记。
第十六条 <u>质权人</u>办理展期、变更登记的，应当与<u>出质人</u>就展期、变更事项达成一致。	第十五条 <u>担保权人</u>办理展期、变更登记的，应当与<u>担保人</u>就展期、变更事项达成一致。
第十七条 有下列情形之一的，<u>质权人</u>应当自该情形<u>产生</u>之日起 10 个工作日内办理注销登记： （一）主债权消灭； （二）<u>质权</u>实现； （三）<u>质权人</u>放弃登记载明的<u>应收账款</u>之上的全部<u>质权</u>； （四）其他导致所登记权利消灭的情形。 <u>质权人</u>迟延办理注销登记，给他人造成损害的，应当承担相应的法律责任。	第十六条 有下列情形之一的，<u>担保权人</u>应当自该情形<u>发生</u>之日起 10 个工作日内办理注销登记： （一）主债权消灭； （二）<u>担保权利</u>实现； （三）<u>担保权人</u>放弃登记载明的<u>担保财产</u>之上的全部<u>担保权</u>； （四）其他导致所登记权利消灭的情形。 <u>担保权人</u>迟延办理注销登记，给他人造成损害的，应当承担相应的法律责任。
第十八条 <u>质权人</u>凭修改码办理展期、变更登记、注销登记。	第十七条 <u>担保权人</u>凭修改码办理展期、变更登记、注销登记。
第十九条 <u>出质人</u>或其他利害关系人认为登记内容错误的，可以要求<u>质权人</u>变更登记或注销登记。<u>质权人</u>不同意变更或注销的，<u>出质人</u>或其他利害关系人可以办理异议登记。 办理异议登记的<u>出质人</u>或其他利害关系人可以自行注销异议登记。	第十八条 <u>担保人</u>或其他利害关系人认为登记内容错误的，可以要求<u>担保权人</u>办理变更登记或注销登记。<u>担保权人</u>不同意变更或注销的，<u>担保人</u>可以办理异议登记。 办理异议登记的<u>担保人</u>或其他利害关系人可以自行注销异议登记。

续表

《应收账款质押登记办法》 （中国人民银行令〔2019〕第4号）	《动产和权利担保统一登记办法》 （中国人民银行令〔2021〕第7号）
第二十条　**出质人**或其他利害关系人应当**在**异议登记办理完毕之日起7日内通知**质权人**。	第十九条　**担保人**或其他利害关系人应当**自**异议登记办理完毕之日起7日内通知**担保权人**。
第二十一条　**出质人**或其他利害关系人自异议登记之日起30日内，未**将**争议起诉或提请仲裁并在**登记公示系统**提交案件受理通知的，征信中心撤销异议登记。	第二十条　**担保人**或其他利害关系人自异议登记之日起30日内，未**就**争议起诉或提请仲裁并在**统一登记系统**提交案件受理通知的，征信中心撤销异议登记。
第二十二条　应**出质人**或其他利害关系人、**质权人**的申请，征信中心根据对**出质人**或其他利害关系人、**质权人**生效的法院判决、裁定或仲裁机构裁决撤销**应收账款质押登记或异议登记**。	第二十一条　应**担保人**或其他利害关系人、**担保权人**的申请，征信中心根据对**担保人**或其他利害关系人、**担保权人**生效的**人民**法院判决、裁定或仲裁机构裁决**等法律文书**撤销**相关登记**。
第二十三条　**质权人**办理变更登记和注销登记、**出质人**或其他利害关系人办理异议登记后，**登记公示系统**记录登记时间、分配登记编号，并生成变更登记、注销登记或异议登记证明。	第二十二条　**担保权人**办理变更登记和注销登记、**担保人**或其他利害关系人办理异议登记后，**统一登记系统**记录登记时间、分配登记编号，并生成变更登记、注销登记或异议登记证明。
第二十四条　**质权人**开展**应收账款质押**融资业务时，应当严格审核确认**应收账款**的真实性，并在**登记公示系统**中查询**应收账款**的权利负担状况。	第二十三条　**担保权人**开展**动产和权利担保**融资业务时，应当严格审核确认**担保财产**的真实性，并在**统一登记系统**中查询**担保财产**的权利负担状况。
第二十五条　**质权人**、**出质人**和其他利害关系人应当按照**登记公示系统**提示项目如实登记，并对登记内容的真实性、完整性和合法性负责。办理登记时，存在提供虚假材料等行为给他人造成损害的，应当承担相应的法律责任。	第二十四条　**担保权人**、**担保人**和其他利害关系人应当按照**统一登记系统**提示项目如实登记，并对登记内容的真实性、完整性和合法性负责。**因担保权人或担保人名称填写错误，担保财产描述不能够合理识别担保财产等情形导致不能正确公示担保权利的，其法律后果由当事人自行承担**。办理登记时，存在提供虚假材料等行为给他人造成损害的，应当承担相应的法律责任。

续表

《应收账款质押登记办法》 （中国人民银行令〔2019〕第4号）	《动产和权利担保统一登记办法》 （中国人民银行令〔2021〕第7号）
第二十六条　任何<u>单位</u>和<u>个人</u>均可以在注册为<u>登记公示系统</u>的用户后，查询<u>应收账款质押</u>登记信息。	第二十五条　任何<u>法人、非法人组织和自然人</u>均可以在注册为<u>统一登记系统</u>的用户后，查询<u>动产和权利担保</u>登记信息。
第二十七条　<u>出质人</u>为<u>单位</u>的，查询人以<u>出质人</u>的法定注册名称进行查询。<u>出质人</u>为<u>个人</u>的，查询人以<u>出质人</u>的身份证件号码进行查询。	第二十六条　<u>担保人</u>为<u>法人、非法人组织</u>的，查询人以<u>担保人</u>的法定注册名称进行查询。<u>担保人</u>为<u>自然人</u>的，查询人以<u>担保人</u>的身份证件号码进行查询。
第二十八条　征信中心根据查询人的申请，提供查询证明。	第二十七条　征信中心根据查询人的申请，提供查询证明。
第二十九条　<u>质权人</u>、<u>出质人</u>或其他利害关系人、查询人可以通过证明编号在<u>登记公示系统</u>对登记证明和查询证明进行验证。	第二十八条　<u>担保权人</u>、<u>担保人</u>或其他利害关系人、查询人可以通过证明编号在<u>统一登记系统</u>对登记证明和查询证明进行验证。
第三十条　征信中心应当采取技术措施和其他必要措施，维护<u>登记公示系统</u>安全、<u>正常</u>运行，防止登记信息泄露、丢失。	第二十九条　征信中心应当<u>建立登记信息内部控制制度</u>，采取技术措施和其他必要措施，<u>做好统一登记系统建设和维护工作</u>，<u>保障系统</u>安全、稳定运行，<u>建立高效运转的服务体系，不断提高服务效率和质量</u>，防止登记信息泄露、丢失，<u>保护当事人合法权益</u>。
第三十一条　征信中心应当制定登记操作规则和内部管理制度，并报中国人民银行备案。	第三十条　征信中心应当制定登记操作规则和内部管理制度，并报中国人民银行备案。
第三十二条　登记注销或登记期限届满后，征信中心应当对登记记录进行电子化离线保存，保存期限为15年。	第三十一条　登记注销、登记期限届满或<u>登记撤销</u>后，征信中心应当对登记记录进行电子化离线保存，保存期限为15年。
第三十三条　征信中心按照国务院价格主管部门批准的收费标准收取<u>应收账款</u>登记服务费用。	第三十二条　征信中心按照国务院价格主管部门批准的收费标准收取登记服务费用。

续表

《应收账款质押登记办法》 （中国人民银行令〔2019〕第 4 号）	《动产和权利担保统一登记办法》 （中国人民银行令〔2021〕第 7 号）
第三十四条　权利人在登记公示系统办理以融资为目的的应收账款转让登记，参照本办法的规定。	
第三十五条　权利人在登记公示系统办理其他动产和权利担保登记的，参照本办法的规定执行。 本办法所称动产和权利担保包括当事人通过约定在动产和权利上设定的、为偿付债务或以其他方式履行债务提供的、具有担保性质的各类交易形式，包括但不限于融资租赁、保证金质押、存货和仓单质押等，法律法规另有规定的除外。	
第三十六条　本办法由中国人民银行负责解释。	第三十三条　本办法由中国人民银行负责解释。
第三十七条　本办法自 2020 年 1 月 1 日起施行。《应收账款质押登记办法》（中国人民银行令〔2017〕第 3 号发布）同时废止。	第三十四条　本办法自 2022 年 2 月 1 日起施行。《应收账款质押登记办法》（中国人民银行令〔2019〕第 4 号发布）同时废止。

二、应收账款质押登记的实务问题

如前文所述，应收账款质权作为一种标的特殊的质权，质押登记的重要性不言而喻，其在实践中扮演着至关重要的角色。然而，由于操作上存在一定的复杂性，以及对登记程序理解的不同，往往会导致质权无法顺利设立，通过以下几则经典案例，我们可以更深刻理解这一点。

（一）关于未登记应收账款质押效力的案例

案例 2-1 内蒙古阿尔山农村商业银行股份有限公司与阿尔山市金源供热有限责任公司等金融借款合同纠纷案

[案号：内蒙古自治区阿尔山市人民法院（2022）内 2202 民初 916 号]

案件事实

2019 年 8 月 13 日，原告内蒙古阿尔山农村商业银行股份有限公司（以下简称阿尔山农商行）与被告阿尔山市金源供热有限责任公司（以下简称金源公司）签订了编号为阿农商 2019 年流借字 32003 第 001 号的《流动资金借款合同》，约定被告金源公司向原告阿尔山农商行借款 5,000,000 元。被告王某 1、岳某、王某 2、陈某、李某与原告签订保证合同约定为上述借款提供连带责任保证；被告王某 2、陈某与原告签订抵押合同约定以商业房产为上述借款提供抵押担保；被告金源公司与原告签订质押合同约定以被告金源公司的热费收取权作为质押物并办理了质押登记。

上述合同签订后，原告阿尔山农商行依约发放了贷款，借款期限届满后，被告金源公司归还了借款本金及部分利息，但仍欠付部分利息。2021 年 9 月 1 日，上述质押登记期限届满且未办理展期。

2021 年 11 月 1 日，原告阿尔山农商行与被告金源公司签订了编号为阿农商 2021 年流借字 32003 第 001 号的《流动资金借款合同》，约定被告金源公司向原告阿尔山农商行借款 4,920,000 元。被告王某 1、岳某、王某 2、陈某、李某与原告签订保证合同约定为上述借款提供连带责任保证；被告王某 2、陈某与原告签订抵押合同约定以商业房产为上述借款提供抵押担保；被告金源公司与原告签订质押合同约定以被告金源公司的热费收取权作为质押物，但未办理质押登记。上述合同签订后，原告阿尔山农商行依约发放了贷款，借款期限届满后，被告金源公司未依约归还借款本金及利息。

本案的基本事实关系见图 15：

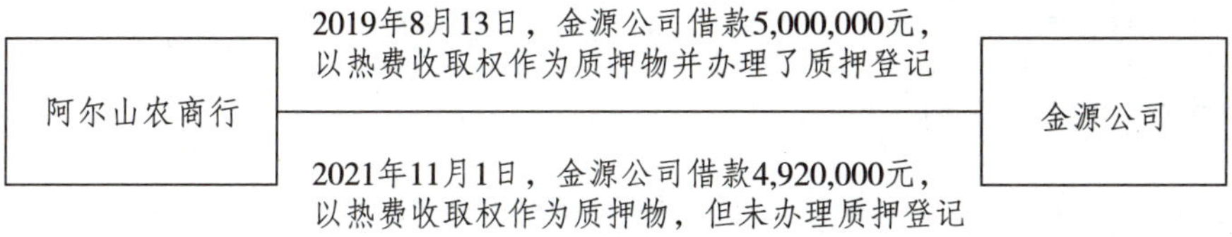

```
阿尔山农商行 ── 2019年8月13日，金源公司借款5,000,000元，以热费收取权作为质押物并办理了质押登记
              2021年11月1日，金源公司借款4,920,000元，以热费收取权作为质押物，但未办理质押登记 ── 金源公司
```

图 15　案例 2-1 的基本事实关系

争议焦点

本案中，主要争议焦点为原告阿尔山农商行就被告金源公司的应收账款质权是否依法设立。

裁判结果

法院认为，对于第二笔贷款的质押担保，原告阿尔山农商行与被告金源公司虽签订有质押合同，但并未办理热费收取权出质登记，且没有载明应收账款的债务人、数量、产生应收账款的基础合同、基础合同的履行情况、金额、期限、到期日、凭证种类、账号等，导致质权的范围不明确，质权未能依法设立，故原告阿尔山农商行无法取得相应应收账款的质权。

案例解读

《民法典》第445条第1款规定："以应收账款出质的，质权自办理出质登记时设立。"该规定已明确应收账款质权的设立须以办理登记为前提，办理质押登记是质权设立的必备要件。本案中，原告阿尔山农商行未就被告金源公司第二笔贷款项下提供的应收账款质押物办理登记，显然不符合《民法典》规定的对应收账款质权设立的条件，故其质权未能设立，无法行使优先受偿权。需要注意的是，法院在判决中将质押合同没有载明应收账款的债务人、数量、基础合同的履行情况、金额、期限、到期日、凭证种类、账号等信息导致质权的范围不明确，作为质权未能设立的原因之一与未办理质押登记并列，笔者提示质押合同中即使就上述信息进行明确记载，其未办理登记的行为亦不能使质权有效设立。

《动产和权利担保统一登记办法》第12条规定："在登记期限届满前，担保权人可以申请展期。担保权人可以多次展期，每次展期期限最短1个月，最长不超过30年。"就应收账款质押登记期限届满后,质权是否消灭的问题,笔者将在后文中进行详述。

(二)关于应收账款质押登记期限届满的案例

在部分案例中,法院认为如果未在期限届满前办理展期登记手续,则质权将失效。这种观点主要源于2007年《应收账款质押登记办法》第12条"登记期限届满,质押登记失效"的规定。然而需要注意的是,《应收账款质押登记办法》已废止,现行的《动产和权利担保统一登记办法》中并未提及此类规定。同时,笔者认为,登记期限与质权担保期限并非同一概念,质权的存续和消灭取决于主债权的存续情况,故质押登记期限到期时,债权人未及时办理展期登记,并不会直接导致质押权的失效,简言之,质押登记期限失效不意味着质权失效。我们从以下方面就该等问题进行阐述。

案例2-2 辽宁五峰农业科技股份有限公司、兴业银行股份有限公司沈阳分行金融借款合同纠纷案

[案号:最高人民法院(2017)最高法民申5014号]

案件事实

兴业银行于2014年8月5日与五峰公司签订了《流动资金借款合同》,借款金额2700万元。同年12月24日,兴业银行与五峰公司再次签订《流动资金借款合同》,借款金额5987.05万元,上述《流动资金借款合同》均对借款利率、罚息复利计收等进行了约定。2014年3月7日,兴业银行与五峰公司签订《应收账款最高额质押合同》用以担保以上借款,合同约定出质人为五峰公司,质权人为兴业银行。质押最高本金限额为1.4亿元,质押额度有效期自2014年3月7日起至2015年3月6日止,债务人为辽宁省电力公司,质权为发电设备电费收费权。该应收账款在中国人民银行征信中心办理了登记,质押额度有效期自2014年3月7日起至2015年3月6日止。但该有效期届满后,兴业银行未申请展期。

2016年2月5日,辽宁省北镇市人民法院裁定受理韩某凤对五峰公司的

破产申请。截至起诉之日，五峰公司尚欠兴业银行借款本金 86,867,452.17 元及利息。兴业银行向沈阳市中级人民法院起诉，要求确认债权并对质押的应收账款享有优先受偿权。

沈阳市中级人民法院一审判决：确认五峰公司欠付兴业银行本金及利息，确认兴业银行对五峰公司与辽宁省电力公司发电设备电费收费权产生的应收账款享有优先受偿权。五峰公司不服，以应收账款质权登记于 2015 年 3 月 6 日届满后未申请展期为由，主张应收账款质权已消灭。辽宁省高级人民法院判决驳回上诉，维持原判。

五峰公司仍不服，主张根据《最高人民法院关于适用〈中华人民共和国担保法〉若干问题的解释》第 12 条的规定不能否定《物权法》第 228 条第 1 款及《应收账款质押登记办法》(2007 年) 第 12 条的规定，案涉质押登记于 2015 年 3 月 6 日到期后未进行展期登记视为没有出质登记，应收账款质押因未登记而不产生质权效力，且即使登记在有效期内，也因《应收账款最高额质押合同》约定的专用账户中没有约定质押物即特定化的应收账款而不具有现实履行性，亦不产生质权效力，并向最高人民法院申请再审。

本案的基本事实关系见图 16：

```
                兴业银行与五峰公司签订《应收账款最高
                额质押合同》用以担保相关借款，并在中
                国人民银行征信中心办理了登记
   ┌────────┐ ─────────────────────────────── ┌────────┐
   │ 兴业银行 │                                  │ 五峰公司 │
   └────────┘ ─────────────────────────────── └────────┘
                质押额度有效期届满后，兴业银行未申请展期
```

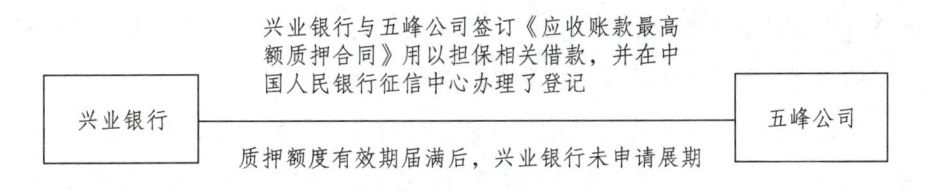

图 16　案例 2-2 的基本事实关系

争议焦点

本案中，主要争议焦点是应收账款质押登记期限届满未展期是否影响质押效力。

裁判结果

法院认为，本案五峰公司将其对辽宁省电力公司的应收账款出质给兴业银行，应收账款的性质为债权，而非动产，依据《物权法》第 17 章第 2 节

权利质权第 223 条第 6 项关于债务人或者第三人可以将有权处分的应收账款出质的规定，五峰公司的出质应为权利质押。案涉《应收账款最高额质押合同》的签订系兴业银行与五峰公司的真实意思表示，不违反法律、行政法规的强制性规定，合法有效。

该质押合同在中国人民银行征信中心办理了应收账款质押登记，依据《物权法》第 228 条第 1 款关于"以应收账款出质的，当事人应当订立书面合同。质权自信贷征信机构办理出质登记时设立"的规定，兴业银行的应收账款质权依法设立。五峰公司申请再审主张该质权为准动产质权、因电费未打入指定账户质押物未交付故质权未设立，与法律规定不符。

《应收账款质押登记办法》（2007 年）第 12 条虽规定："质权人自行确定登记期限，登记期限以年计算，最长不得超过 5 年。登记期限届满，质押登记失效"，但依照物权法定原则，《应收账款质押登记办法》（2007 年）作为部门规章不能规定应收账款质权的消灭期限，不具有消灭应收账款质权的效力。而且，根据《最高人民法院关于适用〈中华人民共和国担保法〉若干问题的解释》第 12 条第 1 款关于"当事人约定的或者登记部门要求登记的担保期间，对担保物权的存续不具有法律约束力"的规定，案涉应收账款的质押登记效力不受信贷征信机构有关登记期限的约束，兴业银行未办理质押登记的展期，不影响依法设立的质权的效力。

据此，五峰公司申请再审主张质押登记逾期即丧失质权，与法律规定不符，法院不予支持。《应收账款最高额质押合同》约定的质押为最高额质押，最高本金限额为 1.4 亿元，质押额度有效期自 2014 年 3 月 7 日起至 2015 年 3 月 6 日止，质押登记中记载的质押合同号和质押财产价值与案涉《应收账款最高额质押合同》均一致。依照该合同约定，合同项下质押担保的债务发生日只要在质押额度有效期内，不必再逐笔办理出质登记手续，五峰公司就要以合同项下的质押物对质押最高本金限额项下所有债权承担担保责任。案涉两笔借款债务的发生日和金额均在《应收账款最高额质押合同》约定的质押额度有效期内，五峰公司应依合同约定以质押的应收账款对上述债务承担担保责任。

案例解读

《应收账款质押登记办法》（2007年）所规定的登记时间仅是登记机关的一种行政管理行为，参考《最高人民法院关于适用〈中华人民共和国担保法〉若干问题的解释》第12条第1款的规定："当事人约定的或者登记部门要求登记的担保期间，对担保物权的存续不具有法律约束力。"案涉应收账款的质押登记效力不受登记机关登记期限的约束，兴业银行虽然未办理质押登记的展期，登记期限届满并不当然导致应收账款质权的消灭。

本案涉及不同法律的适用问题，应收账款质权属于《物权法》范畴内的权利质权，为法定的物权类型之一。就本案而言，兴业银行所享有的应收账款质权应按照《物权法》等相关法律的规定进行处理。《应收账款质押登记办法》（2007年）属于部门规章，不能规定作为物权的应收账款质权的消灭时间，故其关于应收账款质权消灭期限的规定不具有物权法上的效力，不能依据该办法判定应收账款质权是否消灭。

本案背后可关注的法律问题在于，首先，《民法典》关于应收账款质权对内对外效力缺乏规范。对内部效力规范的缺失表现在对出质人或第三债务人侵害出质权利的行为没有约束，对应收账款质权的实现方式未规范。在质权人不知情的情况下，发生第三债务人向出质人提前清偿或一旦第三债务人被认定可以行使抵销权的情形，应收账款质权也将失去标的，直接导致质权消灭。外部效力规范缺失表现在《民法典》明确将登记公示作为质押的生效要件，以质权人和出质人合意为成立要件，未要求通知、协商或取得第三债务人同意。但根据《担保制度司法解释》第61条的规定可知，应收账款出质后未通知第三债务人的，对第三债务人不发生效力。综上，将第三债务人清偿环节纳入控制范围，通知第三债务人是确保质权实现的必要手段。

其次，登记机构无实质审查职责，登记生效主义与登记实践现状相冲突，登记公信力减弱。《应收账款质押登记办法》明确登记机关不进行实质审查，也不对登记信息错误承担赔偿责任，由质权人自行负责。若登记资料要素不齐全或描述内容不特定，在质权人不能举证证实其所享有的应收账款具体权利内容的情形下，法院不支持其享有优先受偿权。且《民法典》第440条、第445条将登记公示作为应收账款质押的生效要件，表明登记后质权已设立生效，登记信息可供查询，但登记公信力、登记内容的可信赖度还存在不确定性。目前登记系统记载的信息对查询人仅起到警示作用，造成登记实践与《民法典》登记生效主义发生冲突，登记信息公信力减弱。

最后，《应收账款质押登记办法》未明确登记期限届满对担保公示效力可能产生的影响。登记期限届满后质权人未办理展期，其质权是否具有对抗其他债务人的优先性问题仍存有争议。基于物权法定原则，笔者认为，系统内登记期限届至不应对质权效力产生实质影响。但《应收账款质押登记办法》仅在第31条要求中国人民银行征信中心在登记期限届满后对登记记录进行保存，相关当事人若未及时办理续期，系统内公示的担保登记信息显示状态尚不明确，第三人可能推断相应出质物上并无担保负担，存在重复担保风险。[1]

三、应收账款质押登记的内容问题

《担保制度司法解释》第53条规定："当事人在动产和权利担保合同中对担保财产进行概括描述，该描述能够合理识别担保财产的，人民法院应当认定担保成立。"此外，基于相关司法案例研究，部分法院不予支持应收账款质押质权人优先受偿权的原因包括合同约定和质押登记的应收账款没有特定化/实现合理识别。

---

[1] 参见陈晓：《担保新规对应收账款质押登记的影响》，载《农业发展与金融》2024年第6期。

关于应收账款登记内容不明确影响效力的案例

案例 2-3 上海浦东发展银行股份有限公司临沂分行、中国银行股份有限公司沂水支行等第三人撤销之诉纠纷案

[案号：最高人民法院（2020）最高法民申 6319 号]

案件事实

2014 年 3 月 7 日，一审被告山东伟峰矿业有限公司（以下简称伟峰公司）与一审原告中国银行股份有限公司沂水支行（以下简称中国银行沂水支行）签订了编号为 2014 年沂水中银借字第 011 号的《流动资金借款合同》，约定中国银行沂水支行向伟峰公司发放流动资金借款 1600 万美元，伟峰公司出现违约事件时，中国银行沂水支行可宣布该款全部立即到期。当日，伟峰公司向中国银行沂水支行提交提款申请书一份，中国银行沂水支行将该 1600 万美元发放给伟峰公司。

2014 年 11 月 5 日，伟峰公司与中国银行沂水支行签订了编号为 2014 年沂水中银额度第 68 号的《授信额度协议》。该协议签订后，2014 年 11 月 12 日、2014 年 11 月 14 日、2015 年 1 月 6 日、2015 年 1 月 27 日，被告伟峰公司向中国银行沂水支行提交了多份信用证开立申请书并获中国银行沂水支行开具。嗣后，中国银行沂水支行承兑了相关信用证，均以进口垫款通知书通知了伟峰公司。

2014 年 11 月 13 日，一审被告上海浦东发展银行股份有限公司临沂分行（以下简称浦发银行临沂分行）与伟峰公司签订编号为 ZZ1301201400000036 的《应收账款最高额质押合同》，约定伟峰公司以其在 2014 年 11 月 13 日至 2017 年 11 月 13 日发生的（包括已发生和将发生的）所有应收账款向浦发银行临沂分行提供质押担保，担保的主债权为浦发银行临沂分行在 2014 年 1 月 25 日至 2015 年 1 月 26 日与伟峰公司办理的各类融资业务所发生的债权以及双方约定的在先债权。被担保主债权余额最高不超过人民币 2 亿元。同日，浦发银行临沂分行办理了编号为 01769365000214707297 的中国人民银行征信

中心动产权属统一登记——初始登记。该登记记载的质押财产为伟峰公司2014年11月13日至2017年11月13日发生的（包括已发生和将发生的）所有应收账款。

2015年2月9日，浦发银行临沂分行因金融借款合同纠纷以伟峰公司、张某某、赵某、山东久鸿工程机械有限公司（以下简称久鸿公司）、青岛利源好集团有限公司（以下简称利源好公司）为被告诉至山东省临沂市中级人民法院（以下简称临沂中院）。2015年12月25日，临沂中院作出（2015）临商初字第36号民事判决书，判决：伟峰公司偿还浦发银行临沂分行99,996,517.76元及其利息；浦发银行临沂分行对伟峰公司在2014年11月13日至2017年11月13日的应收账款享有优先受偿权，包括但不限于被告伟峰公司对瑞宁公司享有的30,798,338.40元的应收账款；浦发银行临沂分行对利源好公司在2013年11月13日至2017年11月13日的应收账款享有优先受偿权，包括但不限于被告利源好公司对华能国际电力股份有限公司营口电厂享有的6600万元的应收账款；张某某、赵某、久鸿公司承担连带清偿责任。2016年1月5日、6日、8日临沂中院将该判决书分别送达给浦发银行临沂分行、利源好公司、张某某、赵某、久鸿公司。各方均未提起上诉。

2015年5月8日，临沂中院作出（2015）临商初字第70号民事调解书，确认由伟峰公司于2015年5月18日前清偿原告中国银行沂水支行借款本金1600万美元及其利息，并由山东同三矿业有限公司（以下简称同三公司）、张某某、利源好公司对上述债务承担连带清偿责任。

2015年5月12日，临沂中院作出（2015）临商初字第71号民事调解书，确认由伟峰公司于2015年5月18日前清偿中国银行沂水支行借款本金4400万元人民币及其利息、3,086,350.5美元及其利息，并由同三公司、张某某、刘某某、丁某某对上述债务承担连带清偿责任。

2015年5月12日，临沂中院作出（2015）临商初字第72号民事调解书，确认由伟峰公司于2015年5月18日前清偿中国银行沂水支行借款本金6,748,748美元及其利息，并由同三公司、张某某、刘某某、丁某某对上述债务承担连带清偿责任。

2015 年 7 月 21 日，浦发银行临沂分行（2015）临商初字第 36 号案件和（2015）临商初字第 44 号案件均在审理过程，因其与伟峰公司签订有三份应收账款最高额质押合同，从而享有对伟峰公司在 2014 年 11 月 13 日至 2017 年 11 月 13 日发生的（包括已发生和将发生的）所有应收账款的优先受偿权为由，对临沂中院正在执行的上述（2015）临商初字第 72 号民事调解书中依据临沂中院于 2015 年 6 月 29 日作出的（2015）临执字第 168、169、170 号执行裁定提取被执行人伟峰公司在第三人瑞宁公司到期的应收货款 3400 万元至临沂中院提出异议，要求暂缓执行。临沂中院于 2015 年 8 月 7 日作出（2015）临执异字第 14 号执行裁定书。该裁定认定：2015 年 2 月 26 日，临沂中院以（2015）临立保字第 2、3、4 号民事裁定冻结了伟峰公司在瑞宁公司的债权 3400 万元，冻结期限自 2015 年 2 月 26 日至 2016 年 2 月 25 日。2015 年 3 月 6 日，中国银行沂水支行因金融借款合同纠纷以伟峰公司、同三公司、张某某、刘某某、丁某某为被告诉至临沂中院，临沂中院于同日立案受理。临沂中院于 2015 年 5 月 12 日作出（2015）临商初字第 72 号民事调解书。2015 年 5 月 21 日临沂中院立案执行该调解书。在执行过程中，临沂中院于 2015 年 6 月 29 日作出（2015）临执字第 168、169、170 号执行裁定：提取被执行人伟峰公司在第三人瑞宁公司到期的应收货款 3400 万元至临沂中院。2015 年 7 月 7 日，临沂中院向瑞宁公司送达了上述执行裁定与协助执行通知书，要求瑞宁公司协助提取被执行人伟峰公司在第三人瑞宁公司到期的应收货款 3400 万元至临沂中院。2015 年 7 月 13 日，瑞宁公司将 30,798,338.40 元电汇至临沂中院。临沂中院分别于 2015 年 7 月 21 日、22 日将 10,798,338.40 元、2000 万元过付给申请执行人中国银行沂水支行。2015 年 8 月 7 日，临沂中院以已将从第三人瑞宁公司处提取的执行款项 307,983,338.40 元过付给执行申请人中国银行沂水支行，异议人主张暂缓执行已不可能为由，裁定驳回异议人浦发银行临沂分行的异议。

中国银行沂水支行向法院起诉请求撤销（2015）临商初字第 36 号判决

书,一审临沂中院支持了中国银行沂水支行的主张并确认浦发银行临沂分行对伟峰公司在2014年11月13日至2017年11月13日的应收账款不享有优先受偿权。浦发银行临沂分行不服一审判决,但上诉与再审申请均被法院驳回。

本案的基本事实关系见图17:

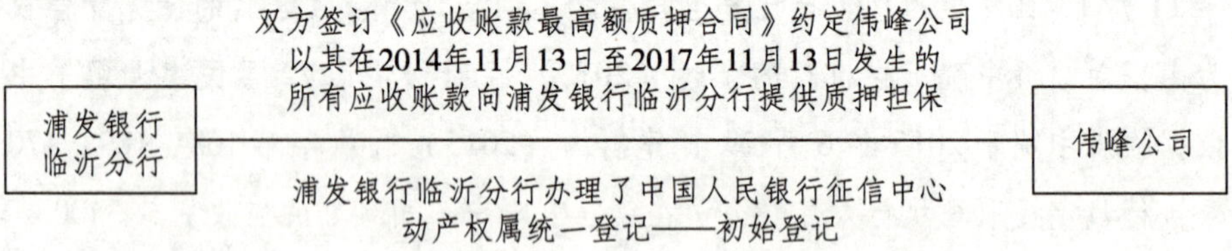

```
┌──────────┐   双方签订《应收账款最高额质押合同》约定伟峰公司   ┌────────┐
│ 浦发银行 │   以其在2014年11月13日至2017年11月13日发生的   │        │
│ 临沂分行 │───所有应收账款向浦发银行临沂分行提供质押担保────│ 伟峰公司│
│          │                                                │        │
│          │   浦发银行临沂分行办理了中国人民银行征信中心   │        │
│          │        动产权属统一登记——初始登记              │        │
└──────────┘                                                └────────┘
```

图17 案例2-3的基本事实关系

争议焦点

本案中,主要争议焦点是浦发银行临沂分行是否对伟峰公司2014年11月13日至2017年11月13日发生的(包括已发生和将发生的)所有应收账款享有优先受偿权。

裁判结果

涉案浦发银行临沂分行与伟峰公司于2014年11月13日签订的编号为ZZ1301201400000036的《应收账款最高额质押合同》系双方当事人的真实意思表示,且不违反相关法律法规的强制性规定,该合同合法有效。关于涉案的应收账款质权是否已有效设立的问题,根据《物权法》第210条的规定,设立质权,当事人应当采取书面形式订立质权合同。质权合同一般包括下列条款:(1)被担保债权的种类和数额;(2)债务人履行债务的期限;(3)质押财产的名称、数量、质量、状况;(4)担保的范围;(5)质押财产交付的时间。涉案的上述合同未对质押财产作出如上具体约定,虽不影响合同的成立,但因质权系《物权法》规定的物权的一种,其设立与否与能否对抗合同关系之外的第三人息息相关,故而应具有确定、具体的特性。根据《物权法》第228条的规定,以应收账款出质的,当事人应当订立书面合同。质权自信贷征信机构办理出质登记时设立。应收账款出质后,不得转让,但经出质人与质权人协商同意的除外。出质人转让应收账款所得的价款,应当向质权人提前清偿债务或者提存。依据上述应收账款的特性,应收账款作为普通债权并没有物化的书面记载来固定化作为权利凭证,质权人对于质物主张质权的依据主要依靠质权合同的约定内容予以明确,因此依照上述法律规定,应收账款质押合同应当详细载明应收账款的有关要素:包括金额、期限、支付方式、债务人的名称地址、产生应收账款的基础合同、基础合同的履行情况等,被质押的应收账款应当在属性上是能够被明确确认的,仅仅在应收账款质押合同中约定出质的债务人所有的应收账款或某个特定期间内发生的全部应收账款,而无法对应收账款的债务人、数量及状况等基本要素予以完全明确的质押无效,其质权不成立。本案中,浦发银行临沂分行与伟峰公司签订的《应收账款最高额质押合同》并没有明确载明应收账款的上述要素,虽然双方也在中国人民银行征信系统对应收账款进行了登记,但仅概括性描述为出质人自2014年11月13日至2017年11月13日发生的(包括已发生和将发生的)所有应收账款。该描述对应收账款的债务人、数量及状况等基本要素均未进行明确,直至本案法庭辩论终结前,浦发银行临沂分行与伟峰公司并未在嗣后债权真实发生之时,对于具体的应收账款作进一步的明确并依法予以补充登记。对这一未进行补充登记的事实,浦发银行临沂分行在庭审中亦明确认可。故,浦发银行临沂分行虽对涉案质押物办理了质押登记,但质权并未有效设立。浦发银行临沂分行主张系通过诉讼对涉案的瑞宁公司30,798,338.40元应收账款进行的明确,于法无据,也与物权法定的公开、公示性原则相悖,其主张的上述应收账款的质权并未设立,其不享有涉案应收账款的质权,其主张依法不能成立,法院不予支持。

退一步讲,即使如浦发银行临沂分行所主张的涉案瑞宁公司30,798,338.40元应收账款系通过诉讼案件进行的明确或补正,那么应收账款出质登记虽对第三人发生对抗效力,但对应收账款的特定债务人并不当然发生效力,债务人并无义务在清偿债务前查询应收账款的出质登记。债务人如因不知道应收账款已经出质的事实而向出质人履行义务,出质权利将因债务人的履行而消灭，应收账款质权也随之消灭。因此，出质人或质权人应当将应收账款出质的事实通知债务人，否则对债务人不发生效力。浦发银行临沂分行和伟峰公司均未将应收账款出质的事实通知瑞宁公司，故该债权质押对债务人瑞宁公司不发生效力。本案中，瑞宁公司因中国银行沂水支行的执行案件已将30,798,338.40元应收账款付至法院执行账户，应视为瑞宁公司已向伟峰公司履行义务，出质权利将因瑞宁公司的履行而消灭，应收账款30,798,338.40元也随之消灭。并且，（2015）临商初字第36号民事判决书作出的时间及生效日期，均晚于中国银行沂水支行依据法院作出并生效在前的民事调解书进行执行涉案的瑞宁公司30,798,338.40元应收账款的实际过付日期，即在（2015）临商初字第36号民事判决书作出之前，法院已实际将涉案的瑞宁公司30,798,338.40元应收账款过付给了中国银行沂水支行，那么浦发银行临沂分行主张通过（2015）临商初字第36号案件进行明确的应收账款也因执行完毕而归于消灭，应收账款质权也随之消灭，浦发银行临沂分行对涉案的30,798,338.40元应收账款不再享有优先受偿的权利。

案例解读

在进行应收账款出质时，必须确保所涉及的应收账款高度的确定性与特定性，其中包括债务人的身份、金额、约定的还款期限，以及与之相关的基础交易合同在内的多个要素。这些要素共同构成了对出质应收账款确定性与特定性要求的核心内容，是评估其能否被作为质权对象的关键所在。同时，应收账款质押登记机关在办理质押登记时，并不对应收账款的明确性及真实性进行实质审查，完成登记并不代表质权必然设立。

本案中，债权人将出质的应收账款概括性描述为"伟峰公司以其在2014年11月13日至2017年11月13日发生的（包括已发生和将发生的）所有应收账款向浦发银行临沂分行提供质押担保"。最高人民法院认为："没有明确载明应收账款的债务人、数量及产生应收账款的基础合同、基础合同的履行情况等可对应收账款进行特定化的基本要素。虽然双方当事人在中国人民银行征信系统对应收账款质押进行了登记，但对应收账款也仅是与前述合同相同的概括性描述。"因此，本案应收账款并非确定的财产权利，相应的质权并未依法设立，浦发银行临沂分行不享有优先受偿权。

第三节 应收账款质押合同效力问题

一、概述

《民法典》第 427 条第 1 款明确规定了质权的设立必须采用书面形式的质押合同，因此无论是动产质权还是权利质押，在未取得合法有效书面合同的情况下，质权难以有效设立。然而在司法实践中，出质人主张质权未设立的案例屡见不鲜，这就涉及质押合同的效力问题，那么质押合同的效力便显得至关重要。一方面，质押合同效力须符合《民法典》第 143 条的规定，即行为人具有相应的民事行为能力、意思表示真实且不违反法律、行政法规的强制性规定，不违背公序良俗；另一方面，应收账款质押业务中多涉及法人主体，因此还需遵循《公司法》对公司对外担保行为的限制性规定。

二、关于应收账款质押合同无效的案例

《公司法》第 15 条规定："公司向其他企业投资或者为他人提供担保，按照公司章程的规定，由董事会或者股东会决议；公司章程对投资或者担保的总额及单项投资或者担保的数额有限额规定的，不得超过规定的限额。公司为公司股东或者实际控制人提供担保的，应当经股东会决议。前款规定的股东或者受前款规定的实际控制人支配的股东，不得参加前款规定事项的表决。该项表决由出席会议的其他股东所持表决权的过半数通过。"公司为他人提供担保应当按照公司章程由董事会或者股东会决议。

自 2019 年《九民纪要》出台后，关于上述《公司法》规定就由管理性规定转变成效力性规定。同时，在 2021 年，《担保制度司法解释》第 7 条第 1 款规定："公司的法定代表人违反公司法关于公司对外担保决议程序的规定，

超越权限代表公司与相对人订立担保合同，人民法院应当依照民法典第六十一条和第五百零四条等规定处理：（一）相对人善意的，担保合同对公司发生效力；相对人请求公司承担担保责任的，人民法院应予支持。（二）相对人非善意的，担保合同对公司不发生效力；相对人请求公司承担赔偿责任的，参照适用本解释第十七条的有关规定。"第3款规定："第一款所称善意，是指相对人在订立担保合同时不知道且不应当知道法定代表人超越权限。相对人有证据证明已对公司决议进行了合理审查，人民法院应当认定其构成善意，但是公司有证据证明相对人知道或者应当知道决议系伪造、变造的除外。"

根据上述法律和司法解释规定，公司为他人提供应收账款质押进行担保属于公司对外担保范畴，除了需要符合一般合同有效的法定要件，作为接受担保的债权人还需要对公司章程和决议进行合理审查，否则就无法构成"善意"，造成担保合同无效。下面介绍一个比较典型的案例。

案例2—4 简阳市天翔水务有限公司、北京中泰创盈企业管理有限公司等买卖合同纠纷案

[案号：最高人民法院（2021）最高法民终303号]

案件事实

2018年4月13日，植瑞投资管理有限公司（以下简称植瑞公司）作为受让人与转让人成都天翔环境股份有限公司（以下简称天翔股份）签订《资产收益权转让及回购合同》及其附属文件（以下简称《转让回购合同》），约定天翔股份将其依法持有的第三方公司100%的股权收益权转让给植瑞公司。

2018年7月18日，质权人、债权人植瑞公司与出质人简阳市天翔水务有限公司（以下简称天翔水务公司）、债务人天翔股份签订《应收账款质押合同》，约定出质人按本合同的约定，以其合法持有的对简阳市人民政府的应收账款债权为债务人在主合同项下债务的履行提供质押担保，质权人同意出质人提供上述应收账款质押担保。此外，植瑞公司与天翔水务公司还签订了《应收账款质押登记合同》。2018年7月23日，中国人民银行征信中心出具登记载明出质人为天翔水务公司、质权人为植瑞公司。

第二章　应收账款质押担保融资问题　　111

后植瑞公司因发现天翔股份存在有害主合同债务履行的行为，要求天翔股份提前履行回购义务，天翔股份未履行上述义务。

2018年9月6日，北京中泰创盈企业管理有限公司（以下简称中泰创盈公司）与植瑞公司签订《债权转让合同》，约定植瑞公司将其在《转让回购合同》项下享有的所有债权及相关权益、附属担保权益转让给中泰创盈公司，并依约向债务人、担保人送达了债权转让通知书。后因债务人、担保人均未履行合同义务，中泰创盈公司向法院提起诉讼。

本案的基本事实关系见图18：

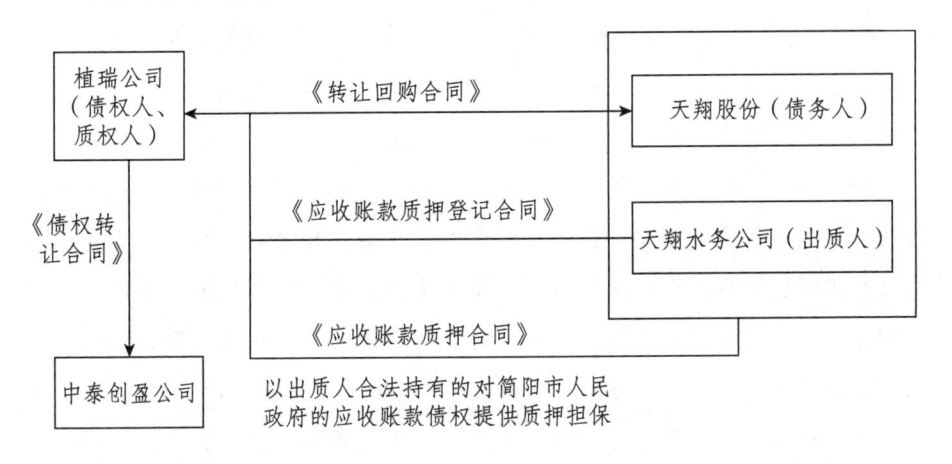

图18　案例2-4的基本事实关系

争议焦点

本案中，主要争议焦点为案涉《应收账款质押合同》是否有效。

裁判结果

法院认为，案涉《应收账款质押合同》仅有天翔水务公司法定代表人签字，但并未经过公司的股东会或董事会决议，债权人亦未提交证据证明在订立案涉《应收账款质押合同》时对股东会决议以及表决程序是否合法进行了审查，故无法认定债权人构成善意，案涉《应收账款质押合同》无效。

案例解读

《公司法》第15条第1款规定："公司向其他企业投资或者为他人提供

担保，按照公司章程的规定，由董事会或者股东会决议；公司章程对投资或者担保的总额及单项投资或者担保的数额有限额规定的，不得超过规定的限额。"

本案中，《应收账款质押合同》虽有时任天翔水务公司法定代表人的签字，但该等担保行为涉及公司及股东的重大利益，非属法定代表人所能单独决定的事项，而必须以公司股东会、董事会等公司机关的决议作为授权的基础和来源，该等合同未经过天翔水务公司股东会或董事会决议，不符合公司对外担保的程序性强制规定，属于法定代表人越权担保的情形。

《民法典》第504条规定："法人的法定代表人或者非法人组织的负责人超越权限订立的合同，除相对人知道或者应当知道其超越权限外，该代表行为有效，订立的合同对法人或者非法人组织发生效力。"

本案中，天翔水务公司为其大股东天翔股份提供关联担保，债权人主张合同有效应当证明植瑞公司在订立时已对股东会决议进行了合理审查，即在排除被担保股东表决权的情况下，该项表决由出席会议的其他股东所持表决权的过半数通过，签字人员亦符合公司章程的规定。但中泰创盈公司未能证明订立合同时植瑞公司为善意，故相应合同亦被认定为无效。

故债权人在接受质押担保时，应要求出质人提供相应决议文件，一方面审查该等担保是否经过公司有权机关的决议，另一方面则需形式审查该等决议是否符合法律法规与公司章程的规定，如未尽合理审查义务则存在法定代表人越权担保且无法证明自身善意导致担保合同无效的可能。

第四节 质押的应收账款相关问题

一、概述

应收账款质押的设立，除前文所述的质押登记与质押合同效力外，对质押的应收账款本身亦有要求，包括应收账款的真实性、质押范围及是否具备融资条件等,以下通过司法实践中的经典案例就上述问题进行讨论。

二、质押的应收账款的真实性问题

《担保制度司法解释》第 61 条第 1 款规定:"以现有的应收账款出质,应收账款债务人向质权人确认应收账款的真实性后,又以应收账款不存在或者已经消灭为由主张不承担责任的,人民法院不予支持。"第 2 款规定:"以现有的应收账款出质,应收账款债务人未确认应收账款的真实性,质权人以应收账款债务人为被告,请求就应收账款优先受偿,能够举证证明办理出质登记时应收账款真实存在的,人民法院应予支持;质权人不能举证证明办理出质登记时应收账款真实存在,仅以已经办理出质登记为由,请求就应收账款优先受偿的,人民法院不予支持。"

从上述司法解释的规定不难看出,应收账款作为特殊的担保物,其实质反映的是债权债务关系,故相较于土地、房产等传统担保物而言,真实性问题便显得尤为复杂。在司法实务中,确定一个应收账款的真实性并非易事,因缺乏直观的权利表现形式,加之登记也无法直接确认其是否真实存在,核查应收账款的真实性便成为保障质权人优先受偿权的关键步骤,以下介绍两个关于质押的应收账款真实性的经典案例。

(一)未能证明应收账款真实性的案例

案例 2-5 陆家嘴国际信托有限公司与黄某某等保证合同纠纷案

[案号:上海金融法院(2021)沪 74 民初 2495 号]

案件事实

2017 年 10 月、11 月,陆家嘴国际信托有限公司(以下简称陆家嘴信托)合计向借款人远成物流股份有限公司(以下简称远成股份公司)发放信托贷款本金 5 亿元。

2017 年 10 月,陆家嘴信托与江西远成物流有限公司(以下简称江西远成公司)签订《应收账款质押合同》，江西远成公司以其持有的对中国××集团公司江西省××中心局的总金额为5000万元应收账款质押，为陆家嘴信托的债权提供质押担保。

2017年10月，陆家嘴信托与石家庄远成物流有限公司（以下简称石家庄远成公司）签订《应收账款质押合同》，石家庄远成公司以其持有的对中国××集团公司石家庄××分公司的总金额为9000万元应收账款进行质押，为陆家嘴信托的债权提供质押担保。

借款人远成股份公司在2019年第1季度出现违约还款，并于2019年12月9日破产，后陆家嘴信托将提供质押担保的江西远成公司及石家庄远成公司诉至法院。

本案的基本事实关系见图19：

```
┌─────────┐  信托贷款本金5亿元   ┌─────────┐
│陆家嘴信托│ ──────────────────→ │远成股份公司│
└─────────┘                     └─────────┘
      │
      │ 担保
      │  ┌──────────────────────────────┐
      │  │ 《应收账款质押合同》  ┌─────────┐│
      └──┤                      │江西远成公司││
         │ 5000万元应收账款质押  └─────────┘│
         │                                │
         │ 《应收账款质押合同》  ┌──────────┐│
         │                      │石家庄远成公司│
         │ 9000万元应收账款质押  └──────────┘│
         └──────────────────────────────┘
```

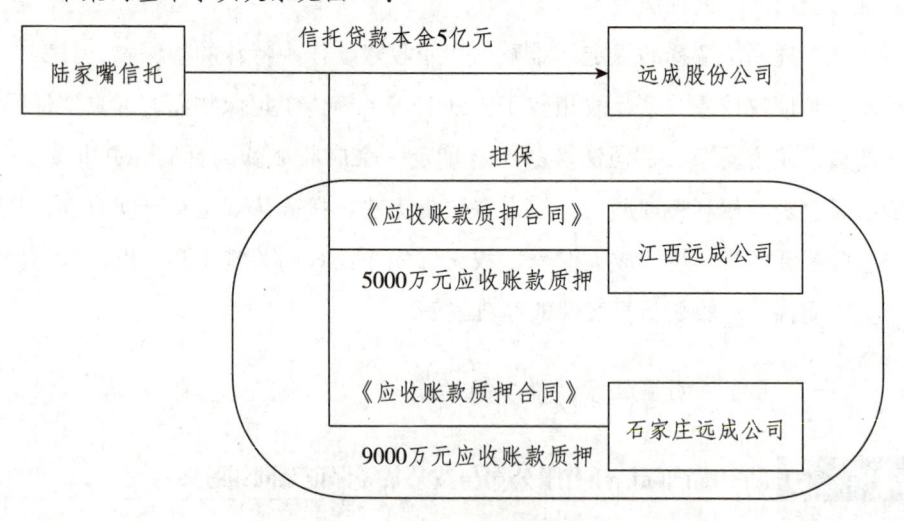

图19　案例2-5的基本事实关系

争议焦点

本案中，主要争议焦点是陆家嘴信托是否能证明应收账款真实存在，以及其仅起诉应收账款债权人，放弃追加应收账款债务人对其优先受偿权的影响。

裁判结果

上海金融法院认为，陆家嘴信托未能提交上述两笔应收账款真实存在的相关证据材料，并且放弃了追加应收账款债务人作为本案当事人的权利，故即便该两笔应收账款质押已经办理了出质登记，其就此主张应收账款质押的优先受偿权无法获得支持。

案例解读

《担保制度司法解释》第61条第2款中规定，"以现有的应收账款出质，应收账款债务人未确认应收账款的真实性，质权人以应收账款债务人为被告，请求就应收账款优先受偿，能够举证证明办理出质登记时应收账款真实存在的，人民法院应予支持"。故即便办理了质押登记，质权人不能举证证明办理质押登记时应收账款真实存在的，也存在质权未设立、优先受偿权无法得到法院支持的风险。对此，笔者建议在司法实践中，质权人为举证之便，在起诉应收账款债权人同时应将应收账款债务人列为共同被告或第三人。

实践中，在办理应收账款质押时，质权人应认真核实应收账款的真实性，可以通过要求应收账款债务人确认等方式确保应收账款真实存在。在签订质押合同并办理质押登记前，质权人应进行充分的尽职调查以确认应收账款的真实性，并获取和保存相关证据材料，在应对未来可能的法律纠纷时，确保其质押权和优先受偿权可获法院承认。此外，质权人应尽可能取得应收账款债务人之书面确认。《担保制度司法解释》第61条第1款规定，以现有的应收账款出质，应收账款债务人向质权人确认应收账款的真实性后，又以应收账款不存在或者已经消灭为由主张不承担责任的，人民法院不予支持。因此，如质权人在办理质押登记的同时，向应收账款债务人发出要求其向质权人履行的通知，一旦应收账款债务人对前述通知书面确认并回复，不得再反言，以应收账款不存在或者已经消灭为由主张不承担责任。这将极大降低质权人后续在实现质权时举证不能之风险。

（二）关于债务人向质权人确认应收账款的真实性的案例

案例 2-6 东莞广电网络传媒发展股份公司与中信银行股份有限公司东莞分行等金融借款合同纠纷案

[案号：最高人民法院（2021）最高法民申 3780 号]

案件事实

2015 年 10 月 26 日，中信银行股份有限公司东莞分行（以下简称中信银行东莞分行）与东莞市益根贸易有限公司（以下简称益根公司）、广东佳彩数码科技有限公司（以下简称佳彩公司）、东莞市科来电子有限公司（以下简称科来公司）签订《综合授信合同》，约定佳彩公司、科来公司、益根公司可向中信银行东莞分行申请使用综合授信额度 3.88 亿元。

为担保该授信合同的履行，抵押人东莞市三业物业发展有限公司（以下简称三业公司）、东莞市新福利实业有限公司（以下简称新福利公司）、佳彩公司、东莞正田科技有限公司（以下简称正田公司）、东莞市嘉信科技有限公司（以下简称嘉信公司）与中信银行东莞分行签订《最高额抵押合同》；保证人张某 1、张某 2、陈某、钟某、佳彩公司、科来公司、益根公司、三业公司、新福利公司、嘉信公司与中信银行东莞分行签订《最高额保证合同》；出质人佳彩公司与中信银行东莞分行签订《最高额应收账款质押合同》，约定以佳彩公司对包括但不限于东莞广电网络传媒发展股份公司（以下简称东莞广电公司）和广东省广播电视网络股份有限公司韶关分公司（以下简称广电网络韶关分公司）的应收账款（已发生的及将发生的）出质。合同签订后，中信银行东莞分行就上述应收账款质押在中国人民银行征信中心办理了应收账款质押登记，后佳彩公司、东莞广电公司向中信银行东莞分行出具《应收账款余额表》，东莞广电公司在其上加盖了公章并有相关负责人签名。

后因授信合同履行发生违约引发诉讼，东莞广电公司不服二审广东省高级人民法院认定中信银行东莞分行对案涉应收账款享有质权，向最高人民法院提起再审申请。

本案的基本事实关系见图20：

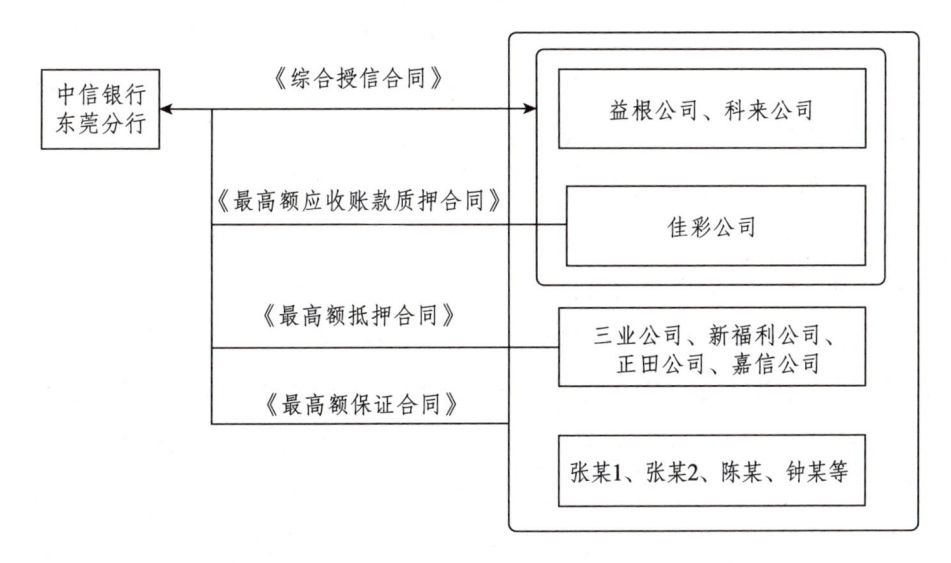

```
┌──────────┐   《综合授信合同》      ┌─────────────────────────┐
│ 中信银行 │◄──────────────────────►│  益根公司、科来公司      │
│ 东莞分行 │                        ├─────────────────────────┤
│          │ 《最高额应收账款质押合同》│                         │
│          │◄──────────────────────►│       佳彩公司           │
│          │                        ├─────────────────────────┤
│          │   《最高额抵押合同》    │ 三业公司、新福利公司、   │
│          │◄──────────────────────►│ 正田公司、嘉信公司       │
│          │                        ├─────────────────────────┤
│          │   《最高额保证合同》    │                         │
│          │◄──────────────────────►│ 张某1、张某2、陈某、钟某等│
└──────────┘                        └─────────────────────────┘
```

图20　案例2-6的基本事实关系

争议焦点

本案中，主要争议焦点为案涉应收账款的真实性认定。

裁判结果

最高人民法院再审裁定认为，东莞广电公司在《应收账款余额表》加盖了公章并有相关负责人签名，应视为对应收账款真实性的确认并依法应承担相应的法律责任。应收账款作为债权具有相对性，中信银行东莞分行作为第三人难以完全知悉基础交易合同当事人之间债权债务的真实情况，在出质人佳彩公司和应收账款债务人东莞广电公司共同出具《应收账款余额表》、对应收账款余额予以确认的情况下，应当认为中信银行东莞分行对案涉应收账款质押尽到了基本的审查注意义务，故认定广东省高级人民法院二审判决中信银行东莞分行对案涉应收账款享有质权并无不当，驳回东莞广电公司的再审申请。

案例解读

最高人民法院民事审判第二庭认为，实践中，当应收账款债权人以应收账款出质时，质权人往往会书面函询应收账款债务人，请求其确认应收账款是否真实存在以及应收账款的数额。应收账款债务人向质权人确认应收账款的真实性后，事后以应收账款自始不存在或者已经消灭为由主张不承担责任的，人民法院不予支持。[1] 本案中，一方面，东莞广电公司在《应收账款余额表》上加盖了公章并有相关负责人签名，可视为债务人对应收账款真实性的确认；另一方面，中信银行东莞分行对前述文件的基本注意义务获得了法院的认可，法院对应收账款质权人的注意义务也限于形式审查。

应收账款与其对应基础合同的真实性是就应收账款设质的必要条件，当质权人已书面要求应收账款债务人确认其真实性并/或书面肯定回复的条件下，法院有较大可能认可该等应收账款的真实性。也就是说，质权人完成对应收账款必要的形式审查后，因为已履行了其应尽的审慎义务，并不需要进行更进一步的核查。该等情况下，法律保护质权人对所担保债务的客观信赖。从实务角度而言，笔者建议，因登记机构不对应收账款的真实性进行实质审查，作为应收账款债权人为确保应收账款的真实性得到法院认可，应该积极核实基础合同是否出自双方的真实意思表示。正如存单直接向签发银行核对即可，相应的应收账款也应该直接向债务人核对[2]，同时需完整收集应收账款基础交易的必要文件并进行基本的形式审查，以确保自身善意且无过失。

三、应收账款质押范围是否包括已付的应收账款

根据《民法典》第440条的规定，债务人或者第三人有权利进行处分的应收账款可以被用于出质。然而，对于已被清偿的应收账款而言，因其不再属于现有或将来存在的应收账款，故难以作为质权的标的。换言之，一旦这些账款得到了清偿，它便转化为纯粹的已收账款。在该等情形下，质权人无法就这部分已经实现的账款主张优先受偿权。因此，当涉及应收账款的出质

---

[1] 参见最高人民法院民事审判第二庭：《最高人民法院民法典担保制度司法解释理解与适用》，人民法院出版社2021年版。
[2] 参见张鹏：《应收账款质押法律问题研究》，广西师范大学2022年硕士学位论文。

时，有必要就清偿情况进行调查与区分，下面介绍一个经典案例。

> **案例 2-7** 歌伦资本管理（北京）有限公司与山东龙力生物科技股份有限公司应收账款质权纠纷案

[案号：北京市高级人民法院（2019）京民终 1444 号]

案件事实

歌伦资本管理（北京）有限公司（以下简称歌伦公司）作为委托人，与受托人大连银行股份有限公司第一中心支行（以下简称大连银行）、借款人山东龙力生物科技股份有限公司（以下简称龙力公司）签订了《委托贷款合同》，合同约定歌伦公司提供资金，由大连银行根据歌伦公司确定的贷款对象、用途、金额、期限、利率等代为发放、监督使用并协助收回贷款，大连银行只收取手续费，不承担贷款风险。贷款对象为龙力公司，金额不超过 2.5 亿元人民币。三方并就委托贷款用途、利率、委托贷款资金交付等作出约定。三方在合同尾部加盖公章，并有三方法定代表人（或授权代表）签章。

2017 年 5 月 22 日，歌伦公司作为质权人与龙力公司（出质人）签订《应收账款质押合同》。2017 年 6 月 14 日，龙力公司与歌伦公司签订《应收账款质押合同补充协议》，约定对《应收账款质押合同》部分内容作如下变更。第 2.1 条变更为：本合同项下的质押标的系指自本合同及本合同附件生效之日（含当日）起至歌伦安盈×号私募投资基金运作结束之日（含当日）期间，龙力公司取得的全部应收账款（全部应收账款质押预计列表见本合同附件）。第 2.2 条变更为：龙力公司将本合同附件所列的应收账款债务人在歌伦安盈×号私募投资基金的投资运作期间内对龙力公司产生的全部应收账款质押给歌伦公司。为免疑义，全部应收账款包括初始质押的应收账款及龙力公司在本合同及本合同附件生效之日（含当日）至歌伦安盈×号私募投资基金运作结束之日（含当日）期间新取得的全部应收账款，实际的全部应收账款与全部应收账款质押预计列表不一致的，以实际的全部应收账款为准，但龙力公司应确保在上述期间内实际质押的应收账款总规模不少于初始质押的应收账款规模 2.84 亿元。

2017 年 6 月 15 日，歌伦公司通过大连银行向龙力公司放款 1.03 亿元。

一审法院认为，关于玛氏箭牌糖果（中国）有限公司（以下简称箭牌公司）在歌伦公司主张行使权利前已实际支付的账款，不应属于歌伦公司与龙力公司设定质押的应收账款范围。

歌伦公司提起上诉，认为箭牌公司在 2017 年向龙力公司已经支付的款项，以及仍未支付的款项，只要是属于其双方在 2016 年、2017 年、2018 年合同项下的款项，均应属于本案中歌伦公司享有的应收账款质押范围。

本案的基本事实关系见图 21：

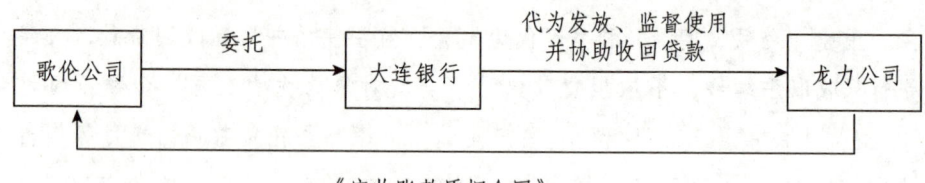

```
┌────────┐    委托     ┌────────┐  代为发放、监督使用   ┌────────┐
│ 歌伦公司│ ──────────→ │ 大连银行│  并协助收回贷款      │ 龙力公司│
│        │ ←────────── │        │ ──────────────────→ │        │
└────────┘             └────────┘                     └────────┘
             《应收账款质押合同》
```

图 21　案例 2-7 的基本事实关系

争议焦点

本案中，主要争议焦点是涉案应收账款质押范围是否包括已经实际支付的账款。

裁判结果

法院认为，针对涉案应收账款质押范围是否包括已经实际支付的应收款，龙力公司提供的数期应收账款列表涉及不同的时间段，在持续变化的同时保持在 3 亿元左右的规模，其总额已经累计超过 12 亿元，即实际的全部应收账款已经与全部应收账款质押预计列表不一致，且已经超过初始质押的应收账款规模 2.84 亿元。故涉案应收账款质押的范围应以实际的全部应收账款为准，而实际质押的应收账款总规模已经达到了不少于初始质押的应收账款规模 2.84 亿元的合同约定内容。并且，龙力公司所取得的箭牌公司已付账款属于龙力公司已经实现的债权，应收账款已经转化为龙力公司的财产。基于前述理由，法院认定涉案应收账款质押范围不包括已经实际支付的账款，而仅针对尚未支付的到期应收账款。

案例解读

《民法典》第440条规定:"债务人或者第三人有权处分的下列权利可以出质:……(六)现有的以及将有的应收账款……"据此可知,已经清偿的应收账款显然不属于现有的以及将有的这两类可以作为质押标的的应收账款。而且,事实上,已经实现的应收账款也不能称为应收账款,而是已收账款。之所以,笔者仍把这个案例放在本节中还是想讨论另一个有关的场景,就是客观上应收账款债务人已经支付了款项,但这类款项仍属于应收账款质押的范围。具言之,有下述两类情形:

其一,应收账款人向质权人确认了应收账款人未支付的情况后,又主张其已经支付了该等应收账款。《担保制度司法解释》第61条第1款对此作了明确规定:"以现有的应收账款出质,应收账款债务人向质权人确认应收账款的真实性后,又以应收账款不存在或者已经消灭为由主张不承担责任的,人民法院不予支持。"

其二,质权人向应收账款债务人主张行使应收账款优先受偿权后,债务人仍向债权人支付了应收账款。最高人民法院在《担保制度司法解释》第61条第3款亦作了明确规定:"以现有的应收账款出质,应收账款债务人已经向应收账款债权人履行了债务,质权人请求应收账款债务人履行债务的,人民法院不予支持,但是应收账款债务人接到质权人要求向其履行的通知后,仍然向应收账款债权人履行的除外。"

在上述两类已付账款仍旧视为属于"现有应收账款"在质押的情形下,质权人有权向应收账款债务人主张优先受偿。因此,对于质权人来说,需要积极与应收账款债务人确认应收账款的真实性和支付情况。对于债务人来说,虽然其不是应收账款质押合同关系的当事人,但应当本着诚实信用的原则,作出相关应收账款真实情况的确认,并在质权人依法主张应收账款质押担保优先受偿权时予以配合向质押人支付款项,避免法律风险。

四、关于应收账款是否具备融资条件的案例

在应收账款质押合同的订立过程中，须明确应收账款的账号、金额、期限、支付方式、履行情况等信息。这一做法旨在确保债权的具体化和可支配性，以保障质权人对质押物的排他性控制。如果应收账款不是特定的，那么质权可能不能有效地设立或保持其效力。因此，无论是在质权合同中还是在办理质押登记手续时，都必须遵循这种特定化原则。

同时，根据《担保制度司法解释》第61条第4款的规定，基础设施和公用事业项目收益权、提供服务或者劳务产生的债权以及其他将有的应收账款可用以出质。该规定有条件地承认了将基础设施和公用事业项目收益权、提供服务或劳务产生的债权等未来应收账款出质的可能性，亦指出将有的应收账款在与具有稳定性和可预期性特征的基础设施和公用事业项目收益权相类似的前提下，可以作为有效的融资工具，以下是一个关于应收账款是否具备融资条件的经典案例。

案例2-8 成都天天快递服务有限公司与创普商业保理（上海）有限公司、成都迅雷物流有限公司等保理合同纠纷案

[案号：上海金融法院（2021）沪74民终451号]

案件事实

2018年2月2日，创普商业保理（上海）有限公司（以下简称创普保理公司）与成都天天快递服务有限公司（以下简称成都天天快递公司）签订了《有追索权保理合同》，合同约定成都天天快递公司作为卖方以其与买方关于购销或服务合同项下的应收账款转让予创普保理公司，并向创普保理公司申请获得有追索权保理业务服务，该等服务包括应收账款管理与催收等。

2018年6月6日至2018年12月1日，成都天天快递公司先后多次向创普保理公司提交《应收账款转让申请书》含附件应收账款转让清单。附件载明付款人、《快递服务合同》、金额"所有应收账款"，以及债权的到期日。

成都天天快递公司将其自 2019 年 1 月 1 日起至 2020 年 12 月 31 日止因为提供运输服务或其他服务所产生的对其多个客户的全部应收账款转让给创普保理公司。

后因成都天天快递公司逾期未还款并主张应收账款为虚构，创普保理公司遂诉至法院。

本案的基本事实关系见图 22：

```
创普保理公司  ←签订《有追索权保理合同》，约定成都天天快递公
              司以其与买方关于购销或服务合同项下的应收账款
              转让给创普保理公司，并向创普保理公司申请获得
              有追索权保理业务服务→                          成都天天
                                                             快递公司
              成都天天快递公司先后多次向创普保理公司提交
              《应收账款转让申请书》含附件应收账款转让清
              单，将其应收账款转让给创普保理公司
```

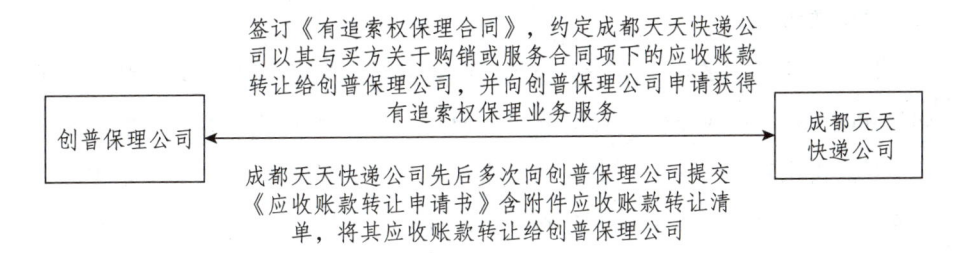

图 22　案例 2-8 的基本事实关系

争议焦点

本案中，主要争议焦点为成都天天快递公司与其客户之间因《快递服务合同》所产生的应收账款是否具备可供融资的未来应收账款条件，以及该等应收账款是否真实存在。

裁判结果

一审上海市浦东新区人民法院认为，根据成都天天快递公司提供的基础交易合同、场地租赁合同、银行流水、开票明细等证据，上述基础交易合同中快递服务内容符合其所属行业的惯例，同时也可以证明成都天天快递公司及其法定代表人林某与基础交易合同下的部分债务人之间存在经济往来关系，故对创普保理公司而言，基础交易合同下的未来应收账款可预期，且审理中成都天天快递公司也陈述基础交易合同部分实际履行，故案涉应收账款可预期并可确定。

二审上海金融法院亦认为，成都天天快递公司基础交易合同中虽没有约定确定的履行金额，但可根据收费标准、过往业务量等要素预判其经济价值，

上述未来应收账款具备收益相对稳定的特点，具备可供融资的未来应收账款条件。同时本案一系列《快递服务合同》是成都天天快递公司自主提供给创普保理公司作为保理融资之用的，成都天天快递公司应保证基础交易的真实性，而非以此为由主张减免债务。成都天天快递公司自主将未来的应收账款作为保理融资之用，就应当保证基础交易的真实性，不应以应收账款为虚构而主张合同无效。

案例解读

根据《担保制度司法解释》第61条第4款的规定，基础设施和公用事业项目收益权、提供服务或者劳务产生的债权以及其他将有的应收账款可用以出质。由此可见，符合一定特征的未来应收账款可以作为担保物开展融资业务，包括应收账款质押与保理业务。法律允许可用以融资的"将有的应收账款"应当类比"基础设施和公用事业项目收益权"，具备收益相对稳定、可预期的条件。

本案中，成都天天快递公司是一家物流运输公司，其向部分客户长期提供的快递服务，属于经常性业务往来，本案中用以融资的《快递服务合同》的债务人均为其既有客户，且合同中明确载明了合作期限、收费方式及收款账户。从快递服务行业通常的收费管理方式和交易习惯来看，快递公司对长期客户采取寄付月结的收费方式，本案系争《快递服务合同》亦属此类。

《担保制度司法解释》第61条第2款中规定，"质权人不能举证证明办理出质登记时应收账款真实存在，仅以已经办理出质登记为由，请求就应收账款优先受偿的，人民法院不予支持"。故即便办理了质押登记，质权人不能举证证明办理质押登记时应收账款真实存在的，也存在质权未设立，优先受偿权无法得到法院支持的风险。反之，出质人以未来的应收账款出质的，则应保证基础交易的真实性，不得以应收账款为虚构而否认合同效力，进而主张不应承担还款责任。

债权人在接受应收账款质押时，应对基础交易的真实性和未来应收账款的可预期性进行充分审查，以确保其真实存在且符合法律对应收账款出质的强制性规定。

第五节　应收账款质押中的通知义务

一、概述

《担保制度司法解释》第 61 条第 3 款规定："以现有的应收账款出质，应收账款债务人已经向应收账款债权人履行了债务，质权人请求应收账款债务人履行债务的，人民法院不予支持，但是应收账款债务人接到质权人要求向其履行的通知后，仍然向应收账款债权人履行的除外。"

从上述规定可以看出，与债权转让相类似，通知义务对应收账款质押亦会极大影响质权人的权利实现。目前法律并未对应收账款质押中的通知义务主体作出明确规定，就理论而言可以是应收账款债权人，亦可以是应收账款质权人，但就法理及司法实践而言，通知义务主体应为质权人，从前述《担保制度司法解释》第 61 条第 3 款规定的表述中亦可看出。

出质人发生违约情形或有违约的可能时，为避免应收账款债务人与出质人恶意串通支付，质权人应当及时向应收账款债务人发送通知，进行应收账款质权设立事实的告知，同时要求其停止向出质人履行义务。如果质权人未向应收账款债务人履行通知义务，导致应收账款债务人的支付行为的效力获得认可，则可能面临无法追回款项的损失。

二、关于应收账款通知义务的问题

(一) 通知后仍向次债务人履行的案例

案例2-9 中民国际融资租赁股份有限公司等与友利银行（中国）有限公司等金融借款合同纠纷案

[案号：上海金融法院（2022）沪74民终835号]

案件事实

友利银行（中国）有限公司（以下简称友利银行）与中民国际融资租赁股份有限公司（以下简称中民租赁）于2018年6月20日签订编号为YYB-公流贷2018-007的《人民币流动资金额度借款合同》（以下简称《2018-007借款合同》）。

双方于2019年8月9日签订编号为YYB-公流贷2019-003的《人民币流动资金额度借款合同》（以下简称《2019-003借款合同》）。后双方签订《2019-008借款合同》，约定借款额度为2580万元，借款用途为偿还中民租赁在友利银行处已有的《2019-003借款合同》。

为确保《2018-007借款合同》的履行，友利银行与中民神鹰一号（天津）航空租赁有限公司（以下简称神鹰一号公司）、中民神鹰八号（天津）航空租赁有限公司（以下简称神鹰八号公司）分别签订编号为YYB-公账质2019-001、YYB-公账质2019-002的《应收账款质押合同》。神鹰一号公司以其与麦特公司、九九九公司于2015年7月6日至2021年10月15日产生的所有应收账款设定质押，神鹰八号公司以其与中美洲际公司于2016年9月19日至2021年10月15日产生的所有应收账款设定质押。麦特公司、九九九公司在应收账款质押通知书上"被通知人"处、回执处分别加盖公司印章，表明已知晓应收账款质押通知书中的基础合同项下的应收账款已进行质押，两公司作为付款人应付至约定账户。中美洲际公司未有签收应收账款质押通知书。两份《应收账款质押合同》均在中国人民银行征信中心动产担保登记证明系统中办理了初始登记及变更登记。

为确保《2019-003借款合同》的履行，友利银行与神鹰一号公司、神鹰八号公司分别签订编号为YYB-公账质2019-004、YYB-公账质2019-005的《应收账款质押合同》。神鹰一号公司以其与麦特公司、九九九公司于2015年7月6日至2021年10月15日产生的所有应收账款设定质押，神鹰八号公司以其与中美洲际公司于2016年9月19日至2021年10月15日产生的所有应收账款设定质押。麦特公司、九九九公司、中美洲际公司均未有签收应收账款质押通知书。两份《应收账款质押合同》均在中国人民银行征信中心动产担保登记证明系统中办理了变更登记。

为确保《2019-008借款合同》的履行，友利银行与神鹰一号公司、神鹰八号公司分别签订《应收账款质押合同》（编号分别为YYB-公账质2019-006、YYB-公账质2019-007）及相应《应收账款质押登记协议》。神鹰一号公司以其与麦特公司、九九九公司于2015年7月6日至2021年10月15日产生的所有应收账款为友利银行的债权设定质押，神鹰八号公司以其与中美洲际公司于2016年9月19日至2021年10月15日产生的所有应收账款为友利银行的债权设定质押。两份《应收账款质押合同》均在中国人民银行征信中心动产担保登记证明系统中办理了动产担保登记证明，质权自办理出质登记时合法设立，友利银行有权要求以神鹰一号公司质押、神鹰八号公司质押的对麦特公司、九九九公司、中美洲际公司的应收账款优先受偿。麦特公司、九九九公司、中美洲际公司未在应收账款质押通知书上签章。后友利银行向法院提起诉讼、法院受理本案并向各当事人送达副本后，麦特公司、九九九公司仍向神鹰一号公司其他账户支付租金。

本案的基本事实关系见图23：

```
                    ┌─────────────────────────┐
                    │ YYB-公账质2019-001、    │
                    │ YYB-公账质2019-002      │
                    │ 《应收账款质押合同》    │
                    └───────────┬─────────────┘
                                ⋮
                                ▼
  ┌────────┐   《2018-007借款合同》     ┌────────┐
  │友利银行│◄───────────────────────────│中民租赁│
  └────────┘                             └────────┘
       ▲      《2019-003借款合同》
       └┈┈┈┈┈ 以《2019-008借款合同》借款偿还 ┈┈┈┈┈

 YYB-公账质2019-004、         YYB-公账质2019-006《应收账款质押合同》
 YYB-公账质2019-005           YYB-公账质2019-007《应收账款质押合同》
 《应收账款质押合同》

 麦特公司、九九九公司、       麦特公司、九九九公司、中美洲际公司未在应
 中美洲际公司均未有签收       收账款质押通知书上签章
                              两份《应收账款质押合同》均在中国人民银行
                              征信中心动产担保登记证明系统中办理了动产
                              担保登记证明，质权人为友利银行
```

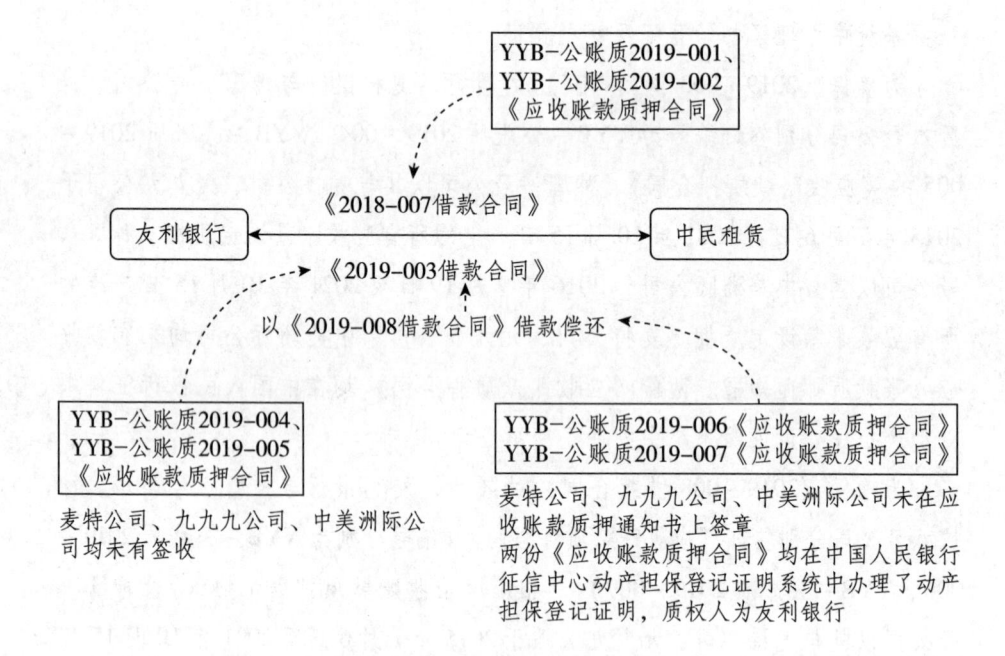

图 23　案例 2-9 的基本事实关系

争议焦点

本案中，主要争议焦点是应收账款债务人接到质权人要求向其履行的通知后，仍向次债务人履行债务的效力。

裁判结果

上海金融法院认为，《应收账款质押合同》虽系神鹰一号公司与友利银行签署，但本案一审受理并向各当事人送达副本后，可以视为应收账款质权人已经向应收账款债务人履行了通知义务，而麦特公司、九九九公司仍向神鹰一号公司其他账户直接支付租金，显属不当，不应就此免除其向质权人所负义务。

案例解读

《担保制度司法解释》第 61 条第 3 款规定："以现有的应收账款出质，应收账款债务人已经向应收账款债权人履行了债务，质权人请求应收账款债务人履行债务的，人民法院不予支持，但是应收账款债务人接到质权人要求

向其履行的通知后,仍然向应收账款债权人履行的除外。"

在本案中,麦特公司、九九九公司分别在应收账款质押通知书上签章,表示已知晓质押事实。如果质押合同未履行或者未生效,质权人需要通过书面形式通知出质人。在本案中,法院已经将通知书的副本送达给出质人,因此可以认定质权人的通知义务已履行。应收账款债务人在知悉质押事实后,应当将应收账款支付至质权人指定账户,否则其对质权人所负义务无法免除。故应收账款债权人向应收账款债务人履行了通知义务,而应收账款债务人仍然向出质人履行付款义务,应收账款债权人仍可向应收账款债务人主张权利。

(二)债务人未获通知对债务履行影响的案例

案例2-10 国民信托有限公司与周某某等合同纠纷案

[案号:北京金融法院(2021)京74民初306号]

案件事实

2018年4月11日,国民信托有限公司(以下简称国民信托)与上海睿银盛嘉资产管理有限公司(以下简称睿银盛嘉公司)签订《乾晖61号集合资金信托计划信托合同》,合同约定,该信托计划成立前提包括交易文件均有效签署并生效。交易文件包括:《信托受益权转让协议》、《信托受益权远期转让协议》和《信托受益权远期转让协议之补充协议》等一系列协议。

后睿银盛嘉公司与国民信托在中国人民银行征信中心办理应收账款质押登记。《委托贷款协议》(编号0477696)系由睿银盛嘉公司作为委托人与北京银行作为受托人、彦鸿公司作为借款人签订,约定睿银盛嘉公司委托北京银行向彦鸿公司发放6300万元贷款。北京银行于2022年7月28日向彦鸿公司出具《贷款结清证明》,载明《委托贷款协议》(编号0477696)项下彦鸿公司贷款已于2019年12月19日全部清偿。

2019年4月25日,睿银盛嘉公司与国民信托签订《应收账款质押合同》(编号NT托字18-088-161-07),约定睿银盛嘉公司出质其对彦鸿公

6300万元的应收账款,作为质押担保。在中国人民银行征信中心办理动产担保登记初始登记、变更登记和展期登记。2019年12月17日,睿银盛嘉公司与国民信托签订《应收账款质押合同》(编号 NT 托字 18 – 088 – 161 – 09),约定睿银盛嘉公司以其依据《债权转让协议》(编号 DWWD2019002)取得的对金乡县人民政府的应收账款 130,197,200 元质押担保睿银盛嘉公司在《信托受益权转让协议》《信托受益权远期转让协议》《信托受益权远期转让协议之补充协议》项下的债务。

后睿银盛嘉公司并未支付剩余款项,国民信托遂向法院提起诉讼。

本案的基本事实关系见图24:

```
                    双方签订
┌────────┐  《乾晖61号集合资金信托计划信托合同》  ┌──────────┐
│ 国民信托 │◄─────────────────────────────────► │ 睿银盛嘉公司 │
└────────┘                                    └──────────┘
              │
              │   《应收账款质押合同》(编号NT托字
              │   18-088-161-07)约定睿银盛嘉公司以
              ├── 其依据《委托贷款协议》对彦鸿公司的
              │   6300万元应收账款作为质押担保
              │
              │   《应收账款质押合同》(编号NT托字
              │   18-088-161-09)约定睿银盛嘉公司以
              └── 其依据《债权转让协议》取得的对金乡
                  县人民政府的应收账款130,197,200元作
                  为质押担保
```

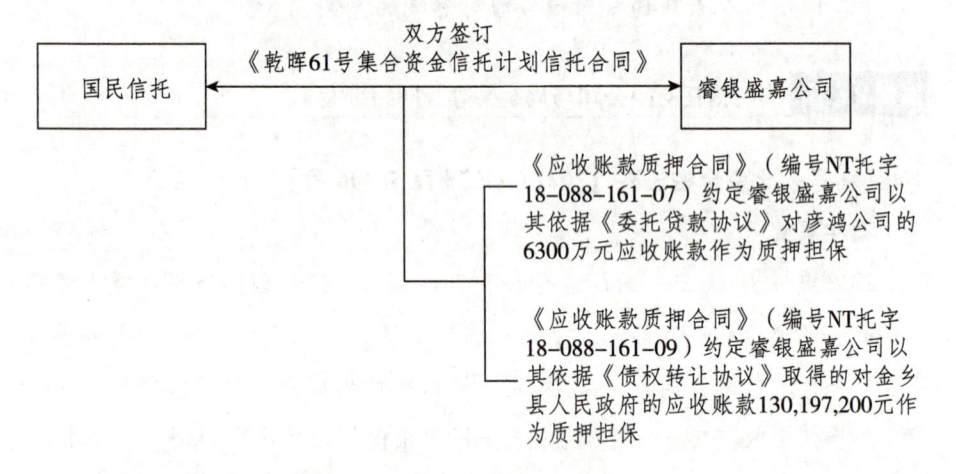

图 24 案例 2 – 10 的基本事实关系

争议焦点

本案中,主要争议焦点是债务人未获通知时对应收账款质押债务履行的影响。

裁判结果

北京金融法院认为彦鸿公司无义务向国民信托支付 6300 万元;且依据《债权转让协议》作出的应收账款质押对金乡县人民政府亦不发生效力。

案例解读

就彦鸿公司的 6300 万元应收账款质押担保而言,国民信托未能提交证据

证明其在质押合同签订后已通知彦鸿公司向其履行债务,彦鸿公司在对应收账款质押不知情的情况下向北京银行还清贷款不存在且无义务再向国民信托支付贷款。

就金乡县人民政府在未收到东沃公司作出的债权转让通知、不认可债权已经转让给睿银盛嘉公司而言,因国民信托与睿银盛嘉公司亦未提供证据证明,法院无法确认东沃公司向金乡县人民政府作出债权转让通知的情况下,睿银盛嘉公司与东沃公司之间的《债权转让协议》对金乡县人民政府不发生效力,依据《债权转让协议》作出的应收账款质押对金乡县人民政府亦不发生效力。

本案是对《担保制度司法解释》第 61 条第 3 款规定在实务中的适用,明确了应收账款债务人在未收到通知时向原债权人履行债务的有效性,同时进一步确认了依托债权转让作出的应收账款质押在债务人未获有效通知的情况下亦不对其发生效力。

第六节 应收账款质权实现方式

一、概述

我国《民法典》将"应收账款质权"纳入权利质权范畴,但应收账款质权的实现方式并未在《民法典》物权编第十八章第二节"权利质权"中直接作具体规定,而是根据《民法典》第 446 条"权利质权除适用本节规定外,适用本章第一节的有关规定"适用动产质权的实现方式。《民法典》第 436 条第 2 款规定了动产质权实现方式:"债务人不履行到期债务或者发生当事人约定的实现质权的情形,质权人可以与出质人协议以质押财产折价,也可以就拍卖、变卖质押财产所得的价款优先受偿。"从上述规定来看,质权人对于应收账款的实现与其他担保物权人实现的方式一致,但事实上现有的应收账款属于货币性资产的,质权人就可以直接从应收账款债务人处取得现金实现质权，而与诸如机器设备等动产必须通过折价、拍卖和变卖等转让方式处理取得对价并不完全相同。

最高人民法院在《中华人民共和国民法典物权编理解与适用》一书中也认为，在应收账款质押中，由于应收账款未必适宜拍卖、变卖，优先受偿权一般表现为直接收取权，即当债务人不履行债务时，质权人有权直接向应收账款债务人请求给付。这种直接收取权利同样具有排他的优先性。质权人行使直接收取权，非以出质人名义为之，而是以自己的名义收取。直接收取权的行使方式包括一切可以实现出质应收账款内容的诉讼和非诉讼合法手段，不限于对应收账款债务人进行催告或提起给付之诉、申请诉讼保全、破产申请及破产债权申报等。[1]

此外，应收账款质押实现方式参照适用动产质押实现规定的安排可能是因为质权最初仅以动产作为标的，随着经济发展的需要形成了以权利为标的的质权。其中债权质权是权利质权的重要形式之一，与一般有形特定物客体不同，应收账款在属性上系一种债权，是基于基础交易中债务人的履行。[2] 此外，根据《民法典》第429条和第445条第1款的规定[3]，动产质权和应收账款质权之间设立方式也不同，对于动产而言，交付是动产质押设立的条件，而应收账款登记是设立权利质押的必要条件。当然，由于应收账款是否可以直接取得存在不确定性，因此，实践中需要根据应收账款的实际情况，即应收账款是现有还是将有，应收账款债务人是否有支付能力等来选取不同实现方式。下面我们通过案例阐述质权人在具体情形中选择应收账款质权的有利实现方式。

---

〔1〕 参见最高人民法院民法典贯彻实施工作领导小组主编：《中华人民共和国民法典物权编理解与适用》，人民法院出版社2020年版，第1275页。

〔2〕 参见仲伟珩：《应收账款质权的现实困境、体系解释与实务进路》，载《人民司法》2022年第28期。

〔3〕 《民法典》第429条规定：质权自出质人交付质押财产时设立。第445条第1款规定：以应收账款出质的，质权自办理出质登记时设立。

二、应收账款质押实现方式问题

（一）通过债务人支付应收账款款项方式实现质权的案例

案例 2-11 福建海峡银行股份有限公司福州五一支行诉长乐亚新污水处理有限公司、福州市政工程有限公司金融借款合同纠纷案

[案号：福建省高级人民法院（2013）闽民终字第 870 号]

案件事实

原告福建海峡银行股份有限公司福州五一支行[1]（以下简称海峡银行五一支行）诉称：原告与被告长乐亚新污水处理有限公司（以下简称长乐亚新公司）签订单位借款合同后向被告贷款 3000 万元。被告福州市政工程有限公司（以下简称福州市政公司）为上述借款提供连带责任保证。

原告海峡银行五一支行、被告长乐亚新公司、福州市政公司、案外人长乐市建设局四方签订了《特许经营权质押担保协议》，福州市政公司以长乐市污水处理项目的特许经营权提供质押担保。因长乐亚新公司未能按期偿还贷款本金和利息，故原告诉请法院判令：（1）长乐亚新公司偿还原告借款本金和利息；（2）确认《特许经营权质押担保协议》合法有效，对于拍卖、变卖该协议项下的质物所得款项，原告有优先受偿权；（3）将长乐市建设局支付给两被告的污水处理服务费优先用于清偿应偿还原告的所有款项；（4）福州市政公司承担连带清偿责任。

被告长乐亚新公司和福州市政公司辩称：长乐市城区污水处理厂特许经营权，并非法定的可以质押的权利，且该特许经营权并未办理质押登记，故原告诉请拍卖、变卖长乐市城区污水处理厂特许经营权，于法无据。

法院经审理查明：2003 年，长乐市建设局为让与方、福州市政公司为受让方、长乐市财政局为见证方，三方签订《长乐市城区污水处理厂特许建设经营合同》，约定：长乐市建设局授予福州市政公司负责投资、建设、运营

---

[1] 曾用名：福州市商业银行五一支行。

和维护长乐市城区污水处理厂项目及其附属设施的特许权,并就合同双方权利义务进行了详细约定。

2004年10月22日,长乐亚新公司成立。该公司系福州市政公司为履行《长乐市城区污水处理厂特许建设经营合同》而设立的项目公司。

2005年3月24日,福州市商业银行五一支行与长乐亚新公司签订《单位借款合同》,约定:长乐亚新公司向福州市商业银行五一支行借款3000万元;借款用途为长乐市城区污水处理厂BOT项目;借款期限为13年,自2005年3月25日至2018年3月25日;还就利息及逾期罚息的计算方式作了明确约定。福州市政公司为长乐亚新公司的上述借款承担连带责任保证。

同日,福州市商业银行五一支行与长乐亚新公司、福州市政公司、长乐市建设局共同签订《特许经营权质押担保协议》,约定:福州市政公司以《长乐市城区污水处理厂特许建设经营合同》授予的特许经营权为长乐亚新公司向福州市商业银行五一支行的借款提供质押担保,长乐市建设局同意该担保;福州市政公司同意将特许经营权收益优先用于清偿借款合同项下的长乐亚新公司的债务,长乐市建设局和福州市政公司同意将污水处理费优先用于清偿借款合同项下的长乐亚新公司的债务;福州市商业银行五一支行未受清偿的,有权依法通过拍卖等方式实现质押权利等。

上述合同签订后,福州市商业银行五一支行依约向长乐亚新公司发放贷款3000万元。长乐亚新公司于2007年10月21日起未依约按期足额还本付息。

本案的基本事实关系见图25:

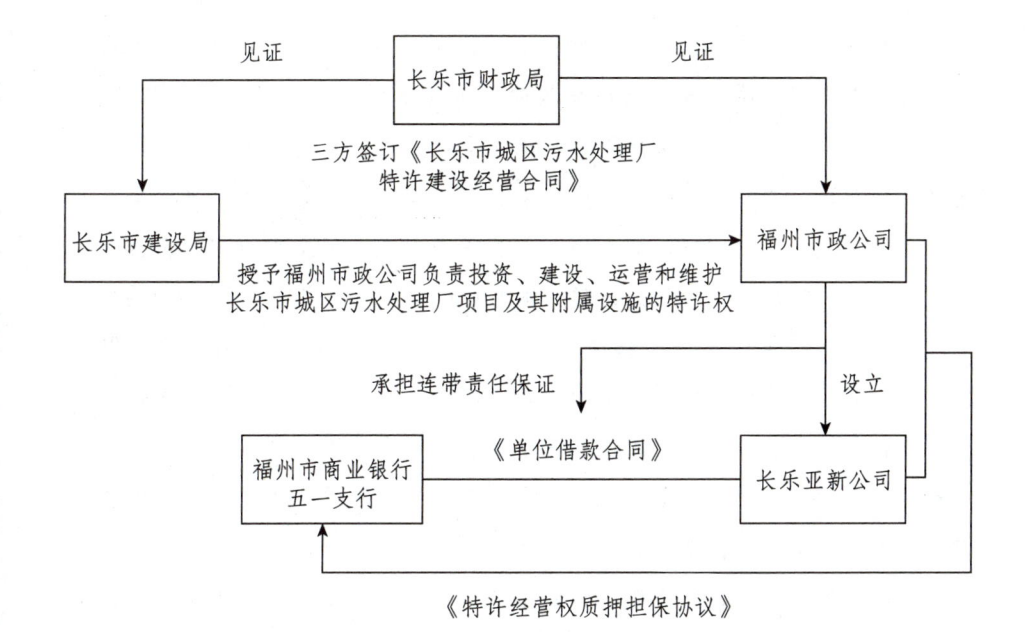

第二章 应收账款质押担保融资问题 | 135

图 25 案例 2-11 的基本事实关系

争议焦点

本案中,主要争议焦点是污水处理项目特许经营权质押是否有效以及该质权如何实现。

裁判结果

法院认为,被告长乐亚新公司未依约偿还原告借款本金及利息,已构成违约,应向原告偿还借款本金,并支付利息及实现债权的费用。福州市政公司作为连带责任保证人,应对讼争债务承担连带清偿责任。本案的争议焦点主要涉及污水处理项目特许经营权质押是否有效以及该质权如何实现问题。

第一,关于污水处理项目特许经营权能否出质问题。污水处理项目特许经营权是对污水处理厂进行运营和维护,并获得相应收益的权利。污水处理厂的运营和维护,属于经营者的义务,而其收益权,则属于经营者的权利。由于对污水处理厂的运营和维护,并不属于可转让的财产权利,故讼争的污水处理项目特许经营权质押,实质上系污水处理项目收益权的质押。

第二,关于污水处理项目收益权的质权实现方式问题。我国《担保法》

和《物权法》均未具体规定权利质权的具体实现方式，仅就质权的实现作出一般性的规定，即质权人在行使质权时，可与出质人协议以质押财产折价，或就拍卖、变卖质押财产所得的价款优先受偿。但污水处理项目收益权属于将来金钱债权，质权人可请求法院判令其直接向出质人的债务人收取金钱并对该金钱行使优先受偿权，故无须采取折价或拍卖、变卖之方式。况且，收益权均附有一定的负担，且其经营主体具有特定性，故依其性质亦不宜拍卖、变卖。因此，原告请求将《特许经营权质押担保协议》项下的质物予以拍卖、变卖并行使优先受偿权，不予支持。根据协议约定，原告海峡银行五一支行有权直接向长乐市建设局收取污水处理服务费，并对所收取的污水处理服务费行使优先受偿权。由于被告仍应依约对污水处理厂进行正常运营和维护，若无法正常运营，则将影响到长乐市城区污水的处理，亦将影响原告对污水处理费的收取，故原告在向长乐市建设局收取污水处理服务费时，应当合理行使权利，为被告预留经营污水处理厂的必要合理费用。

最终，法院判决，海峡银行五一支行有权直接向长乐市建设局收取应由长乐市建设局支付给长乐亚新公司、福州市政公司的污水处理服务费。

案例解读

本案发生于《民法典》颁布之前，由福建省两级法院于2013年作出司法判决，主要法律依据是原《担保法》和原《物权法》，并被最高人民法院选为53号指导案例。笔者认为，本案被选定为指导案例的主要原因是在法律没有明确规定收益权是否可以质押及其实现方式的时候，本案明确了收益权可以质押。同时该判决主旨明确了"由于可质押的财产（包括动产和权利）通常并非直接体现为金钱价款，需通过转让的方式才可获得对价款，故我国法律规定了变价受偿的质权实现的一般方法。但收益权属于将来获得的金钱债权，其可通过直接向债务人收取金钱的方式实现质权，故无须采取折价或拍卖、变卖之方式"[1]，即通过指导案例的方式明确了收益权这类金钱

---

[1] 参见福建省福州市中级人民法院民事判决书，（2012）榕民初字第661号；福建省高级人民法院民事判决书，（2013）闽民终字第870号。

债权不必通过转让方式获得金钱对价实现质权,而是可以通过直接向债务人收取款项实现质权。

需要说明的是,本案中的收益权质押与应收账款质押虽然都属于权利质押范畴,但两者之间还是存在差异。正如本案例中法院曾指出"收益权均附有一定之负担,其经营主体的特定性、以及经营过程中经营主体所应承担之义务,均非可转让的财产权利,依其性质均非可以折价或拍卖、变卖的对象。本案长乐市城区污水处理厂特许经营权的经营主体为福州市政公司及其成立的项目公司长乐亚新公司,由于福州市政公司及长乐亚新公司投资建设污水处理厂,其在经营期间对相关不动产、设备享有所有权,其亦雇佣人员具体负责污水处理厂的运营管理,故在实现质权时,该收益权依其性质不能采取拍卖、变卖的方式予以处置"[1]。

之所以把本案例纳入应收账款实现的方式章节,是因为收益权与应收账款有着非常相似之处,两者都是金钱债权,可以通过直接向债务人收取实现。因此,2023年,《全国法院金融审判工作会议纪要(征求意见稿)》第25条关于应收账款质权的实行方式规定,"民法典并未规定应收账款质权的具体实行方式,由于应收账款质权的标的属于金钱债权,质权人行使质权时一般无需采取折价、拍卖或变卖方式。出质人不履行到期债务或者出现当事人约定的实现质权的情形,质权人援引最高人民法院发布的《福建海峡银行股份有限公司福州五一支行诉长乐亚新污水处理有限公司、福州市政工程有限公司金融借款合同纠纷案》(指导案例53号)确定的裁判规则请求应收账款债务人直接向其履行债务,经审查应收账款质权依法成立的,人民法院应当予以支持"。由此可见,本案例对于应收账款质权实现非常重要,金钱债权的应收账款质权实现通过直接向债务人收取的方式实现。

当然,在《全国法院金融审判工作会议纪要(征求意见稿)》发布之前,2021年1月1日起施行的《担保制度司法解释》第61条第2款已经规定了,

---

[1] 参见福建省福州市中级人民法院民事判决书,(2012)榕民初字第661号;福建省高级人民法院民事判决书,(2013)闽民终字第870号。

"以现有的应收账款出质,应收账款债务人未确认应收账款的真实性,质权人以应收账款债务人为被告,请求就应收账款优先受偿,能够举证证明办理出质登记时应收账款真实存在的,人民法院应予支持……"据此,笔者在实践中作为质权人代理人会把应收账款债务人作为被告进行诉讼,并结合该司法解释和本指导案例,要求法院判令应收账款债务人直接支付应收账款并优先受偿。

(二)通过折价、拍卖或变卖应收账款方式实现质权的案例

案例 2-12 上海爱建信托有限责任公司与珠海市佳天宏房地产开发有限公司等金融借款合同纠纷案

[案号:上海金融法院(2022)沪 74 民初 2807 号]

案件事实

原告上海爱建信托有限责任公司与被告珠海市佳天宏房地产开发有限公司(以下简称佳天宏房地产公司)签署了《信托贷款合同》,约定:原告发行"爱建长盈精英-佳兆业珠海金域都荟项目集合资金信托计划",并以信托计划项下的信托资金向被告佳天宏房地产公司发放贷款。由原告为被告佳天宏房地产公司提供最高不超过 480,000,000 元的信托贷款,贷款可以分笔发放,以实际发放金额为准。在双方签署上述合同后,原告募集资金向被告佳天宏房地产公司发放了信托贷款共计 218,200,000 元。

为担保上述信托贷款,被告佳天宏房地产公司、佳兆业公司已与原告分别签署以下法律文件:(1)《爱建长盈精英-佳兆业珠海金域都荟项目集合资金信托计划应收账款质押合同》(以下简称《应收账款质押合同》)与《应收账款质押登记协议》,出质人为被告佳天宏房地产公司;(2)《爱建长盈精英-佳兆业珠海金域都荟项目集合资金信托计划保证合同》(以下简称《保证合同》),保证人为被告佳兆业公司。被告佳兆业公司作为《信托贷款合同》项下的保证人的同时,也为苏州市××有限公司在《爱建长盈精英-佳兆业苏州××院项目集合资金信托计划信托贷款合同》项下全部贷款本息

偿还义务的履行提供了连带责任保证担保，并就此与原告签署了《爱建长盈精英－佳兆业苏州××院项目集合资金信托计划保证合同》。现苏州市××有限公司未按照上述贷款合同约定按时足额偿还信托贷款本息，被告佳兆业公司未按照上述保证合同约定履行保证担保责任。

鉴于上述事项已构成《信托贷款合同》第 15.1.1 条第 6 款的违约情形（"担保人签署的其他融资协议项下的借贷债务到期未付"），原告依据《信托贷款合同》第 15.2.1 条第 2 款，于 2021 年 11 月 16 日向被告佳天宏房地产公司寄送贷款提前到期通知函，宣布《信托贷款合同》项下的全部贷款本息于 2021 年 11 月 19 日提前到期，被告佳天宏房地产公司应于贷款提前到期日前向原告归还剩余全部贷款本金、利息及其他应付款项。原告遂提起本案诉讼，请求法院判令被告佳天宏房地产公司支付贷款相关本金、利息、罚息及律师费，以及原告就被告佳天宏房地产公司对《信托贷款合同》项下珠海金域都荟花园项目不动产权证书项下的宗地上的房地产项目的全部购房人享有的现有及未来购房款应收账款债权在全部贷款本金及相应利息、罚息、律师费范围内享有优先受偿权等诉讼请求。

本案的基本事实关系见图 26：

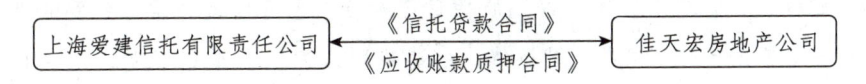

图 26　案例 2－12 的基本事实关系

争议焦点
本案中，主要争议焦点是涉案应收账款质权的实现方式。

裁判结果
法院认为，本案原告与相关被告签订的《信托贷款合同》《应收账款质押合同》《保证合同》等均为合同当事人的真实意思表示，当事人均应恪守。上述合同明确原告发行"爱建长盈精英－佳兆业珠海金域都荟项目集合资金信托计划"，并将募集到的信托资金向被告佳天宏房地产公司发放信托贷款。原告发放了信托贷款共计 218,200,000 元，被告佳天宏房地产公司到期后未按约还款，已构成违约，原告有权依据《信托贷款合同》约定，要求被告佳天宏房地产公司归还全部剩余本金，并支付利息和罚息。

关于担保责任，原告与被告佳天宏房地产公司签订了《应收账款质押合同》，以被告佳天宏房地产公司在《信托贷款合同》项下对珠海金域都荟花园项目的全部购房人享有的购房款应收账款债权向原告提供质押担保，并办理质押登记。该质押财产为现有的及将有的应收账款，现原告在被告佳天宏房地产公司不履行债务时，请求折价或拍卖、变卖该项目应收账款债权实现优先受偿，法院予以支持。

案例解读

上述案例中，法院最终判决支持原告作为应收账款的质权人可以通过折价或拍卖、变卖有关房产项目现有或者将有的应收账款以实现优先受偿权。如上文概述中所述，《民法典》并未具体针对应收账款质权实现和行使作特别规定，而是通过《民法典》第446条关于"权利质权除适用本节规定外，适用本章第一节的有关规定"的规定，即可以适用应收账款的行使。在这个判例中，法院判决适用了《民法典》第446条和第436条第2款动产质押实现的条款，即"债务人不履行到期债务或者发生当事人约定的实现质权的情形，质权人可以与出质人协议以质押财产折价，也可以就拍卖、变卖质押财产所得的价款优先受偿"。很显然，上述裁判法律依据适用说明，法院也是认为应收账款质权可以通过折价、拍卖或变卖方式实现。对此，虽然也有不同的意见认为，应收账款质权人对于行使质权或者实现应收账款质权是有特殊性的，主张质权人对应收账款可以直接收取，并强调了根据最高人民法院指导案例53号（福建海峡银行股份有限公司福州五一支行诉长乐亚新污水处理有限公司、福州市政工程有限公司金融借款合同纠纷案）中判决债务人直接支付应收账款裁判规则，司法实务中判决就应收账款折价、拍卖、变卖价款优先受偿的主文表达方式需要纠正。[1]

---

[1] 参见仲伟珩：《应收账款质权的现实困境、体系解释与实务进路》，载《人民司法》2022年第28期。

《担保制度司法解释》第61条第4款规定："以基础设施和公用事业项目收益权、提供服务或者劳务产生的债权以及其他将有的应收账款出质，当事人为应收账款设立特定账户，发生法定或者约定的质权实现事由时，质权人请求就该特定账户内的款项优先受偿的，人民法院应予支持；特定账户内的款项不足以清偿债务或者未设立特定账户，质权人请求折价或者拍卖、变卖项目收益权等将有的应收账款，并以所得的价款优先受偿的，人民法院依法予以支持。"笔者认为，上述案例中涉及的房产项目应收账款虽然与基础设施和公用事业项目收益权不同，属于其他未来应收账款的范畴，但都属于涉及的债务人人数众多且不特定，质权人往往难以直接行使收取权，质权人有权请求拍卖、变卖质押的应收账款以获得变现更为合适。因此，应收账款质权实现方式选择上，还是需要根据实际情况，在应收账款债务人具体且有直接还款能力时可以主张直接支付并优先受偿；对于应收账款债务人不明确、无法直接取得的未来应收账款时，还是建议仍根据《民法典》第436条和上述司法解释的规定，主张对于现有和将有的应收账款折价、拍卖或者变卖的方式优先受偿，这是更容易实现应收账款质权的方式。

第七节　其他应收账款质押问题

一、应收账款质押与保理的关系

保理是指债权人将应收账款转让给保理人，由保理人向其提供资金融通或应收账款管理、催收等一种或多种服务的合同，保理又细分为有追索权保理与无追索权保理。《民法典》第766条规定："当事人约定有追索权保理的，保理人可以向应收账款债权人主张返还保理融资款本息或者回购应收账款债权，也可以向应收账款债务人主张应收账款债权。保理人向应收账款债务人主张应收账款债权，在扣除保理融资款本息和相关费用后有剩余的，剩余部分应当返还给应收账款债权人。"就有追索权保理而言，保理人实质提供的是融资服务，故其也被称为融资性保理。《民法典》第 767 条规定："当事人约定无追索权保理的，保理人应当向应收账款债务人主张应收账款债权，保理人取得超过保理融资款本息和相关费用的部分，无需向应收账款债权人返还。"就无追索权保理而言，保理人在无追索权保理中属于出资买断了应收账款产生的债权，不能再向应收账款债权人主张回购义务，实质属于债权转让性质，故其也被称为买断型保理。

从上述规定不难看出，无追索权保理是保理人为获取应收账款与保理融资款之间的差价而受让应收账款，有追索权保理则侧重于担保功能，应收账款虽形式上转让给了保理人，但转让的目的在于担保保理人对应收账款债权人所享有的保理融资款本息，但无论是否有追索权，保理均属于债权转让性质，而应收账款质押是纯粹的担保。

债权转让、应收账款质押以及保理三者具有密切的联系，一般认为，相关制度可以相互准用。[1]《民法典》第 768 条规定："应收账款债权人就同一应收账款订立多个保理合同，致使多个保理人主张权利的，已经登记的先于未登记的取得应收账款；均已经登记的，按照登记时间的先后顺序取得应收账款；均未登记的，由最先到达应收账款债务人的转让通知中载明的保理人取得应收账款；既未登记也未通知的，按照保理融资款或者服务报酬的比例取得应收账款。"本条是《民法典》有关保理中应收账款重复保理的规定。实践中，同一应收账款债权上亦有可能同时存在债权转让、应收账款质押及保理的情况，而《担保制度司法解释》第 66 条第 1 款规定："同一应收账款同时存在保理、应收账款质押和债权转让，当事人主张参照民法典第七百六十八条的规定确定优先顺序的，人民法院应予支持。"从上述规定可以看出，同一应收账款同时存在保理、应收账款质押和债权转让，当事人主张参照《民法典》第 768 条的规定确定优先顺序的，人民法院应予支持。换言之，应收账款债权人就同一应收账款订立保理、质押和债权转让合同，致使保理

---

[1] 参见最高人民法院民事审判第二庭：《最高人民法院民法典担保制度司法解释理解与适用》，人民法院出版社 2021 年版。

人、质押权人和债权受让人都主张权利的,已经登记的先于未登记的取得应收账款;均已经登记的,按照登记时间的先后顺序取得应收账款;均未登记的,由最先到达应收账款债务人的转让通知中载明的保理人、质押权人或者债权受让人取得应收账款;既未登记也未通知的,按照保理融资款或者服务报酬、质押债权数额、债权受让数额的比例取得应收账款。[1] 下面列举一个与此相关的经典案例。

二、有关债权转让、应收账款质押以及保理存在于同一应收账款债权上的案例

案例 2-13 中国建设银行股份有限公司南京大行宫支行与邓某某、南通建工集团股份有限公司债权转让合同纠纷案

[案号:江苏省南京市中级人民法院(2015)宁商终字第 636 号]

案件事实

2012 年 11 月 16 日,邓某某与案外人南京新善恒基混凝土有限公司(以下简称恒基混凝土公司)签订借款协议,约定恒基混凝土公司向邓某某借款 400 万元,同时将其对南通建工集团股份有限公司(以下简称南通建工集团)的混凝土货款债权 9,057,559.53 元质押给邓某某,如恒基混凝土公司按期还款付息,则邓某某无权处理以上债权;如恒基混凝土公司不能按期归还借款本金或利息,则将上述质押债权转让给邓某某,由邓某某向债务人主张债权。

同日,邓某某与恒基混凝土公司就上述 9,057,559.53 元债权签订了《债权转让协议》,并共同签署了对南通建工集团的债权转让通知。

2012 年 11 月 20 日,恒基混凝土公司与中国建设银行股份有限公司南京大行宫支行(以下简称建行大行宫支行)签订保理合同,约定:建行大行宫支行为恒基混凝土公司核定保理预付款额度为 5000 万元,须在恒基混凝土公

---

[1] 参见最高人民法院民事审判第二庭:《最高人民法院民法典担保制度司法解释理解与适用》,人民法院出版社 2021 年版。

司已按商务合同发货并按建行大行官支行要求具体办理了应收账款转让事宜且经建行大行官支行审查同意后，恒基混凝土公司方可支用上述额度。

2013年1月7日，恒基混凝土公司签署应收账款转让通知书，言明将其对南通建工集团的应收账款债权723万元转让给建行大行官支行，恒基混凝土公司于当日将应收账款转让通知书向南通建工集团进行邮寄。同日，恒基混凝土公司向建行大行官支行提出保理预付款5,784,000元的支用申请，该申请于2013年1月8日得到建行大行官支行审批同意。

2013年2月1日，邓某某将《债权转让协议》及债权转让通知向南通建工集团进行邮寄送达。2013年8月，邓某某提起本案诉讼，9月恒基混凝土公司破产，恒基混凝土公司管理人另案中与邓某某达成一致意见，认可本案所涉恒基混凝土公司与邓某某之间的债权转让成立。

一审中，邓某某、南通建工集团及建行大行官支行一致确认，恒基混凝土公司对南通建工集团的应收货款债权为3,126,559.22元。此外，南通建工集团确认已收到邓某某与恒基混凝土公司之间的《债权转让协议》及债权转让通知，并对邓某某与恒基混凝土公司之间的债权转让予以认可，但否认收到恒基混凝土公司2013年1月7日邮寄的应收账款转让通知书，并对建行大行官支行与恒基混凝土公司间的债权转让不予认可。

一审南京市建邺区人民法院审理后认为，恒基混凝土公司将对南通建工集团的应收货款债权转让给邓某某，该债权转让在2012年12月16日恒基混凝土公司未能按期还款付息时已实际发生效力，故到2013年1月7日恒基混凝土公司签发对南通建工集团的应收账款转让通知书时，恒基混凝土公司实际已不再享有对南通建工集团的应收账款债权，其向建行大行官支行转让债权系重复处分，属违法无效。故判决南通建工集团支付邓某某3,126,559.22元并驳回建行大行官支行全部诉讼请求。

建行大行官支行不服一审判决，认为邓某某与恒基混凝土公司之间的借款协议约定将应收账款质押给邓某某，而为保障质押权的实现双方才签订《债权转让协议》，故双方真实意思表示并非债权转让，而是以债权转让形式来保障质押权的实现，同时邓某某和恒基混凝土公司就质押债权并未在信贷征信部门办理过登记，故邓某某并未取得应收账款质权。同时，恒基混凝土公司虽重复转让债权，但建行大行宫支行受让恒基混凝土公司的债权属善意，上述《债权转让协议》的生效亦不等同于受让人已取得该债权。建行大行宫支行受让债权通知早于邓某某受让债权通知到达南通建工集团，建行大行宫支行应优先于邓某某受偿案涉债权，同时建行大行宫支行为受让人的债权通知（债权转让通知）的邮寄经过公证，寄送地址也是恒基混凝土公司与南通建工集团之间约定的通信地址，南通建工集团在本案中称其未收到，与事实不符。基于上述理由，建行大行宫支行向江苏省南京市中级人民法院上诉。

本案的基本事实关系见图27：

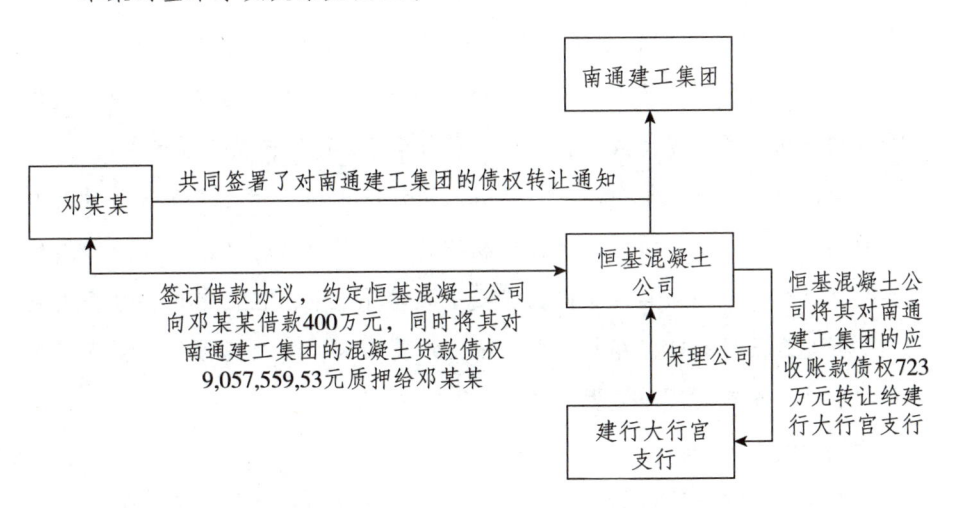

图27　案例2–13的基本事实关系

争议焦点

本案中，主要争议焦点为债权转让的性质与效力认定，以及重复转让债权的行为是否有效、哪一份债权转让通知对债务人南通建工集团发生效力。

裁判结果

二审江苏省南京市中级人民法院认为，恒基混凝土公司将其对南通建工集团享有的债权在让与邓某某后，再次将该债权让与建行大行宫支行的行为仍属有效。债权转让人与受让人之间达成的债权协议属合同之债，转让通知未通知债务人之前，对债务人不生效，但并不影响债权转让合同效力。恒基混凝土公司将案涉债权让与建行大行官支行（保理业务），不属于无权处分，案涉两个债权转让协议不违反法律、行政法规的强制性规定，当属合法有效，一审法院认定恒基混凝土公司再次转让债权行为系无权处分以及以债权转让的先后时间顺序确定争议债权归属的意见缺乏依据。

同时，案涉争议债权应归属于建行大行官支行，在案涉债权转让均有效的条件下，争议债权归属于邓某某还是建行大行官支行，取决于各债权让与通知。2013年1月7日的受让人为建行大行官支行的债权转让通知，经公证以邮寄方式向债务人南通建工集团送达，而受让人为邓某某的债权转让通知于2013年2月1日以邮寄方式送达，故受让人为建行大行官支行的债权转让通知先于受让人为邓某某的债权转让通知，到达债务人南通建工集团，故认定争议债权应归属于建行大行官支行，南通建工集团应向其清偿债务。

二审改判后，邓某某向江苏省高级人民法院申请再审。江苏省高级人民法院明确恒基混凝土公司两次转让债权的行为均属有效，案涉债权应归属建行大行官支行，且因邓某某与恒基混凝土公司并未依法在征信机构办理出质登记，因此合同虽有效但邓某某并未依法取得质权，其对案涉债权主张优先受偿权利缺乏事实及法律依据，驳回其再审申请。

案例解读

本案涉及债权转让、应收账款质押以及保理等多重法律关系，同时亦涉及三者中可相互准用之规则的实际应用。本案中，邓某某与恒基混凝土公司在借款合同中虽约定将恒基混凝土公司对南通建工集团的应收账款"质押"给邓某某，但又约定如恒基混凝土公司按期还款付息则邓某某无权处理以上债权；如恒基混凝土公司不能按期归还借款本金或利息时才将质押债权转让给邓某某，且亦未办理质押登记。同时，双方虽签订了《债权转让协议》并签署了债权转让通知但未立即寄送。笔者认为，邓某某本质上希望通过恒基混凝土公司对南通建工集团的应收账款担保其对恒基混凝土公司的400万元债权回收，但双方之间的约定与操作同时未能满足债权转让、应收账款质押以及保理三者中任意一项的成就要件，最终导致其无法优先受偿。

就债权转让而言，双方约定仅在恒基混凝土公司不能按期归还借款本金或利息时，案涉债权才转让给邓某某。该约定使双方虽早已共同签署了债权转让通知，但在较长时间内并未向债务人发出，致使恒基混凝土公司与建行大行官支行就案涉债权签订保理合同后，建行大行官支行先于其通知债务人而成功获取案涉债权。就应收账款质押而言，《民法典》第445条第1款规定："以应收账款出质的，质权自办理出质登记时设立。"该规定明确应收账款质权的设立须以办理登记为前提，办理质押登记是质权设立的必备要件。邓某某与恒基混凝土公司虽在合同中明确约定"质押"案涉应收账款，但又未能办理质押登记，也未就该等出质事宜完成通知，其应收账款质押也未能成立。就保理而言，《民法典》第761条规定："保理合同是应收账款债权人将现有的或者将有的应收账款转让给保理人，保理人提供资金融通、应收账款管理或者催收、应收账款债务人付款担保等服务的合同。"无论有无追索权保理，其前提均要求应收账款债权人将现有的或者将有的应收账款转让给保理人，本案中的债权转让如前文所言并未实现，故也无从以保理关系进行主张。

同时，本案还涉及债权转让、应收账款质押以及保理三者可以相互准用的通知规则。本案发生时《民法典》虽尚未公布，但争议债权归属于邓某某还是建行大行官支行，法院同样认为在均未登记的情况下，其取决于各债权让与通知情况，即由最先到达应收账款债务人通知的取得应收账款。建行大行官支行的债权转让通知经公证以邮寄方式向债务人南通建工集团送达，一方面早于邓某某送达的债权转让通知，另一方面其因经过公证，证据证明力也显著高于邓某某的债权转让通知，故法院认定案涉债权归属于建行大行官支行，南通建工集团应向其清偿债务。该判决结果亦体现出该规则在司法实践中的延续性。

第三章　供应链金融票据纠纷

◎ **本章索引**

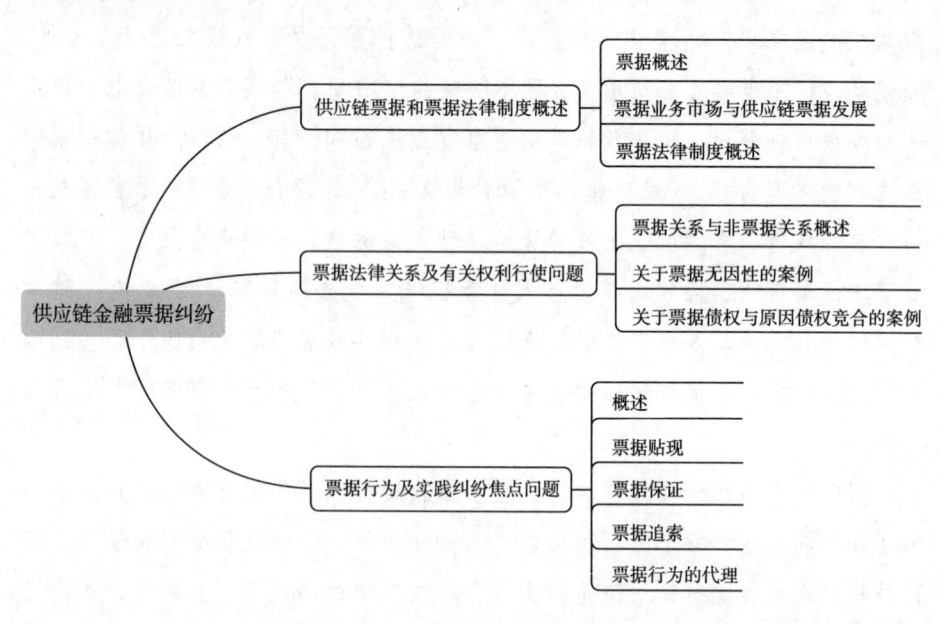

- 供应链金融票据纠纷
  - 供应链票据和票据法律制度概述
    - 票据概述
    - 票据业务市场与供应链票据发展
    - 票据法律制度概述
  - 票据法律关系及有关权利行使问题
    - 票据关系与非票据关系概述
    - 关于票据无因性的案例
    - 关于票据债权与原因债权竞合的案例
  - 票据行为及实践纠纷焦点问题
    - 概述
    - 票据贴现
    - 票据保证
    - 票据追索
    - 票据行为的代理

第一节　供应链票据和票据法律制度概述

一、票据概述

现代经济生活中，票据作为一种结算和支付的金融工具，发挥着促进和便捷化经济交易的重要作用。广义的票据一般系指各种以金钱支付为内容的有价证券和凭证。而狭义的票据则仅指《票据法》中明确规定的三种票据，即汇票、本票和支票。除此之外的其他证券或票证，不是《票据法》所规定和指称的票据。[1] 基于方便研究与讨论之目的，本章所称的票据是指《票据法》意义上狭义的票据。

（一）票据的种类

《票据法》第2条规定："在中华人民共和国境内的票据活动，适用本法。本法所称票据，是指汇票、本票和支票。"该规定所称三种票据在《票据法》中的具体规定和定义如表2所示：

表2　《票据法》规定的票据种类

汇票	本票	支票
第19条　汇票是出票人签发的，委托付款人在见票时或者在指定日期无条件支付确定的金额给收款人或者持票人的票据。 汇票分为银行汇票和商业汇票。	第73条　本票是出票人签发的，承诺自己在见票时无条件支付确定的金额给收款人或者持票人的票据。 本法所称本票，是指银行本票。	第81条　支票是出票人签发的，委托办理支票存款业务的银行或者其他金融机构在见票时无条件支付确定的金额给收款人或者持票人的票据。

---

[1] 参见王保树主编：《商法》，北京大学出版社2014年版，第383页。

供应链金融交易环节中，汇票较之本票和支票发挥着更为重要和活跃的作用（从《票据法》条款的体例和条款数量可予印证，汇票规定于第二章，分六节，第19条至第72条共计54个条款；本票规定于第三章，第73条至第80条共计8个条款；支票规定于第四章，第81条至第93条共计13个条款，关于汇票的规定条款数量远超本票和支票），在实践中引发的问题和争议更为典型和集中，故本章所讨论的供应链金融票据纠纷案件也主要围绕着汇票展开。

特别是随着互联网和信息技术的发展，电子线上形式的汇票应运而生、需求广泛。《电子商业汇票业务管理办法》第2条第1款规定，电子商业汇票是指出票人依托电子商业汇票系统，以数据电文形式制作的，委托付款人在指定日期无条件支付确定金额给收款人或者持票人的票据（与《票据法》有关汇票定义的区别仅在于是否以数据电文形式制作）。其中又细分为由银行业金融机构、财务公司进行承兑的电子银行承兑汇票，以及由金融机构以外的法人或其他组织进行承兑的电子商业承兑汇票。

（二）票据的特征

与其他证券相比，票据具有以下主要特征：

1. 票据是金钱债权证券，票据所创设的权利是持票人就票据记载的金额向票据债务人行使的付款请求权或追索权。《票据法》第4条明确规定了持票人向票据债务人请求支付票据金额的权利，以及票据债务人向持票人支付票据金额的义务。

2. 票据是完全有价证券，票据作为载体与权利不可分离。票据上权利的产生和行使依赖票据；票据丧失，即不能对票据债务人行使票据权利。[1] 若票据损毁灭失，只能通过法定程序（如除权判决等）获得救济。

3. 票据是个别发行证券，由不特定的出票人向不特定的收款人发行。

---

[1] 参见王保树：《商法》，北京大学出版社2014年版，第385页。

4. 票据是要式证券，其形式和内容必须符合《票据法》的规定，不具备法定格式或记载不齐备的票据不发生票据的效力。

5. 票据是文义证券，票据权利义务的内容，由票据上的文字记载确定，并根据《票据法》的规定加以解释。即使票据文字记载与事实不符或记载错误，一般也不能用票据以外的证据方法予以变更或补充。

6. 票据是无因证券。《票据法》为保证票据的流通性、可靠性和可预测性，规定了行使票据权利的无因性。只要票据具备《票据法》规定的形式和合法性要件，票据关系即成立，票据即为有效，独立于票据行为赖以发生的基础关系。[1]《票据法》第13条第1款规定，"票据债务人不得以自己与出票人或者与持票人的前手之间的抗辩事由，对抗持票人"。但是票据与其基础关系亦存在必要的关联。《票据法》第10条明确规定："票据的签发、取得和转让，应当遵循诚实信用的原则，具有真实的交易关系和债权债务关系。票据的取得，必须给付对价，即应当给付票据双方当事人认可的相对应的代价。"

票据的无因性旨在保护合法取得票据的当事人，以及票据的非直接当事人对票据的合理信赖。但无因性并非绝对，持票人通常需要举证证明取得票据的合法性，通过欺诈、偷盗或者胁迫等手段恶意取得票据的，不得享有票据权利；同时，票据无因性的抗辩也限于不存在直接债权债务关系的两方，票据债务人可以对不履行约定义务的与自己有直接债权债务关系的持票人，进行抗辩。且若持票人明知票据债务人与出票人或持票人前手之间存在抗辩事由，票据债务人亦可据此抗辩持票人。因此，在司法实践中仍然会较为关注票据行为赖以发生的基础法律关系是否真实，但此类抗辩举证要求较高。

二、票据业务市场与供应链票据发展

随着社会主义市场经济发展，我国票据业务量持续较快增长，票据规模

---

[1] 参见施天佑：《票据法新论》，法律出版社2015年版，第18页。

明显扩大，用票企业数量不断增长，票据市场服务实体经济的广度和深度都在不断增强。同时，票据电子化的迅速发展也使其在供应链金融中发挥着更加重要的作用。

（一）票据业务市场发展

根据中国人民银行公布的金融市场运行情况等，近年来我国票据市场承兑贴现规模保持稳定增长。其中：（1）2021年，商业汇票承兑发生额24.15万亿元，贴现发生额15.02万亿元，截至2021年年末，商业汇票承兑余额14.97万亿元，贴现余额6.5万亿元；[1]（2）2022年，商业汇票承兑发生额27.4万亿元，贴现发生额19.5万亿元，截至2022年年末，商业汇票承兑余额19.1万亿元，贴现余额13万亿元；[2]（3）2023年，商业汇票承兑发生额31.3万亿元，贴现发生额23.8万亿元，截至2023年年末，商业汇票承兑余额18.6万亿元，贴现余额13.3万亿元。[3] 见图28：

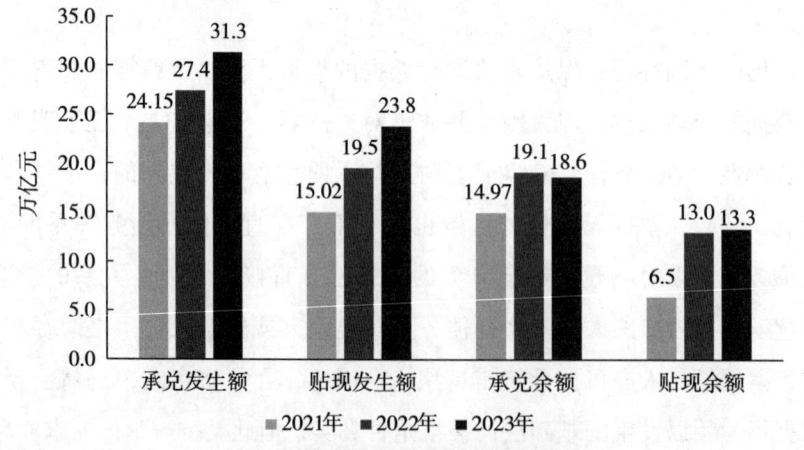

图28 票据承兑贴现业务规模情况

---

[1] 参见《2021年中国票据市场发展报告票据生态书》，载 https://lanlanback.purang.com/group1/M00/00/B8/ChUHCGQd28yAEq6LAETIM_GI9RM616.pdf。

[2] 参见《2022年金融市场运行情况》，载中国人民银行网2023年1月20日，http://www.pbc.gov.cn/jinrongshichangsi/147160/147171/147173/4773407/index.html。

[3] 参见《2023年金融市场运行情况》，载中国人民银行网2024年1月29日，http://www.pbc.gov.cn/jinrongshichangsi/147160/147171/147173/5221498/index.html。

2009年10月，中国人民银行建设并管理的电子商业汇票系统（Electronic Commercial Draft System，ECDS）正式建成运行，我国票据市场步入了数字化票据的新纪元。2016年12月，上海票据交易所的成立更标志着我国票据市场基础设施建设日臻完善，票据市场进入了全面电子化和全国统一的新时代。据上海票据交易所统计，上海票据交易所成立前电子化票据占比约30%，至2020年12月末，电子化票据占比已经提升至99%以上。[1]

（二）供应链金融中的票据

电子化票据为票据市场带来了革命性的变化，而供应链票据的兴起则是这一变化的自然延伸，为供应链各环节提供了更加精准的金融服务，进一步拓宽了票据市场的服务范围。2020年，上海票据交易所依托于ECDS推出供应链票据平台，将票据业务流程嵌入供应链，提升了票据市场的结构和规模，推动了金融科技与供应链场景的深度融合。2023年1—6月，供应链票据平台支持企业贴现融资128亿元。[2] 截至2023年年末，已有24家供应链平台接入上海票据交易所供应链票据平台。

票据既是供应链中重要的支付工具，也是实现资金高效配置、促进供应链上下游企业合作、解决中小企业融资难题的关键金融工具。与传统金融工具相比，票据在服务产业链中的中小企业方面展现出其独特的优势，表现为一种成本效益高的融资途径：[3]（1）票据准入门槛较低，产品安全便捷，可精准服务供应链上中小企业的融资需求；（2）票据法律基础完善，权利保障充分，运行机制规范程度较高；（3）票据市场建有上海票据交易所，基础设施较为完善，全国统一、安全高效、电子化的现代化票据市场初具雏形；（4）票据功能作用丰富，可满足供应链上企业不同需求。具体来看，供应链

---

[1] 参见《服务构建新发展格局 推动票据市场"十四五"高质量发展——专访上海票据交易所董事长宋汉光先生》，载《中国货币市场》2021年第5期。

[2] 参见《国务院新闻办就今年上半年金融统计数据情况举行发布会》，载中央人民政府网2023年7月14日，https://www.gov.cn/zhengce/202307/content_6891980.htm。

[3] 参见宋汉光：《产业链供应链中票据的应用研究》，中国金融出版社2022年版，第98页。

票据通过产业链上下游企业间的签发、背书实现企业间的商贸流通、多级穿透，突破了传统金融工具点对点服务模式的局限，通过跨链支付让多条供应链串联到一起，共同构建起一个以票据为纽带的网络化产业链和独特的信用体系。作为一种金融创新产品，供应链票据能够巩固和加强供应链上企业的联结，规范企业间的商业信用行为，对于维护产业链、供应链稳定畅通具有不可忽视的作用。

三、票据法律制度概述

我国的票据制度肇始于 20 世纪 80 年代的市场经济转型时期。1995 年 5 月 10 日，经第八届全国人民代表大会常务委员会第十三次会议审议通过，《票据法》正式颁布，于 1996 年 1 月 1 日起施行，并于 2004 年修正后施行至今。相较于商法的其他部分而言，票据法显得尤为稳定，世界各国的票据立法都体现出这一特点。票据作为一种金融工具，本身不产生营利效果，频繁改动也不利于大众使用；反映到立法层面，票据法呈现出稳定性，很少被修改。

我国的票据制度经过不断的完善和发展，保障票据功能的有效发挥。除《票据法》外，我国有关票据法的其他重要法规和司法解释、行政规章主要有：1997 年 6 月 23 日国务院批准的《票据管理实施办法》（已于 2011 年修订）、2004 年 2 月 24 日最高人民法院审判委员会通过的《最高人民法院关于审理票据纠纷案件若干问题的规定》（已于 2020 年修正）、1997 年 9 月 19 日中国人民银行颁布的《支付结算办法》（已于 2024 年修改）等，对规范票据业务、维护金融秩序产生了深远影响。

2009 年 10 月 16 日，中国人民银行发布《电子商业汇票业务管理办法》，规范电子票据的发行、流通和结算。2020 年 9 月，中国人民银行等八部门联合印发了《关于规范发展供应链金融的意见》，要求加强供应链金融配套基础设施建设，完善供应链票据平台功能，明确提出要加强供应链票据平台的票据签发、流转、融资相关系统功能建设，加快推广与核心企业、金融机构、第三方科技公司的供应链平台互联互通,明确各类平台接入标准和流程规则,完善供应链信息与票据信息的匹配,探索建立交易真实性甄别和监测预警机制。2022 年 11 月 11 日,中国人民银行和银保监会发布《商业汇票承兑、贴现与再贴现管理办法》,对商业汇票的分类、承兑人要求、信息披露、违约责任等进行了进一步的定义,并明确了供应链票据属于电子商业汇票。

第二节 票据法律关系及有关权利行使问题

票据法律关系是指票据持有人、出票人、付款人及其他相关方之间基于票据行为所形成的权利义务关系,并可进一步分为票据关系和非票据关系两大类。

一、票据关系与非票据关系概述

票据关系指基于票据行为在当事人之间所产生的债权债务关系,包括出票、背书、承兑、付款和保证等行为。相较于其他民事法律关系,票据关系具有以下突出特点:(1)独立性。票据关系独立于票据的基础交易或合同,仅依票据法的规定而发生、变更、消灭或解除。(2)无因性。票据关系与票据基础关系相分离,票据关系是否有效仅依据票据行为的形式和内容。一般而言,票据基础关系是否有效及其效力内容对票据关系不产生影响。(3)转让性。票据可以通过背书等方式自由转让,新持票人享有与前手相同的权利,不受前手与出票人或其他前手之间关系的影响。[1]

非票据关系,指虽与票据有关,但不基于票据行为而产生的法律关系。根据具体法律规定可进一步分为票据法上的非票据关系和民法上的非票据关

---

[1] 参见王保树主编:《商法》,北京大学出版社 2014 年版,第 389 页。

系。票据法上的非票据关系，主要包括票据返还关系、票据利益返还关系和票据损害赔偿关系。民法上的非票据关系，即票据基础关系，主要有票据原因关系、票据预约关系、票据资金关系等。

如何准确界定票据关系和票据基础关系的分离和联系，是涉及票据法律关系的实务案例的争议焦点。《票据法》第13条第1款规定："票据债务人不得以自己与出票人或者与持票人的前手之间的抗辩事由，对抗持票人。但是，持票人明知存在抗辩事由而取得票据的除外。"《票据法司法解释》第13条规定："票据债务人以票据法第十条、第二十一条的规定为由，对业经背书转让票据的持票人进行抗辩的，人民法院不予支持。"因此，票据以无因性为普遍原则。

我国《票据法》第10条亦体现出对票据无因性之"相对性"的承认："票据的签发、取得和转让，应当遵循诚实信用的原则，具有真实的交易关系和债权债务关系。票据的取得，必须给付对价，即应当给付票据双方当事人认可的相对应的代价。"《票据法司法解释》第14条基于《票据法》规定，进一步明确列出了人民法院应予支持的抗辩事由："票据债务人依照票据法第十二条、第十三条的规定，对持票人提出下列抗辩的，人民法院应予支持：（一）与票据债务人有直接债权债务关系并且不履行约定义务的；（二）以欺诈、偷盗或者胁迫等非法手段取得票据，或者明知有前列情形，出于恶意取得票据的；（三）明知票据债务人与出票人或者与持票人的前手之间存在抗辩事由而取得票据的；（四）因重大过失取得票据的；（五）其他依法不得享有票据权利的。"此为票据无因性的例外情形。

此外，票据基础关系中的原因关系与票据关系竞合时择一主张的情形也是持票人面临的典型问题。在票据到期未付款的情况下，持票人可以不主张票据权利而依据票据原因关系主张债权，但仍需满足一定的前提条件，如合同中的具体约定和票据交付行为的性质。

二、关于票据无因性的案例

案例 3-1 上海某科技有限公司诉甘肃某网络股份有限公司票据付款请求权纠纷案

[案号：最高人民法院（2021）最高法民终 1055 号]

案件事实

2016 年，甘肃某网络股份有限公司（以下简称甘肃网络公司）与甘肃某信息技术有限公司（以下简称甘肃技术公司）签订多份采购合同。2017 年 9 月 22 日，甘肃网络公司向甘肃技术公司出具 7 张商业承兑汇票支付货款。

2015 年 9 月至 2017 年 1 月，甘肃技术公司从上海某科技有限公司（以下简称上海信息公司）处采购相关设备，双方签署了一系列《设备采购合同》《软件采购合同》。甘肃技术公司将上述 7 张商业承兑汇票背书转让给上海信息公司，以履行其前述签订的《设备采购合同》《软件采购合同》项下付款义务。2018 年 3 月 23 日，汇票到期后，上海信息公司向甘肃网络公司提示付款，但被告知因相关资金未到位，账户余额不足，无法兑付上述汇票。2018 年 3 月 26 日，甘肃网络公司填写了拒绝付款理由书，拒绝依上述汇票付款。在交易期间，甘肃网络公司的法定代表人因受贿等多项罪名被判处有期徒刑，其中包括上海信息公司原法定代表人曾向其行贿。

后上海信息公司向法院提起诉讼，要求甘肃网络公司履行票据付款义务。本案的基本事实关系见图 29：

图 29 案例 3-1 的基本事实关系

争议焦点

本案中，主要争议焦点是甘肃网络公司能否向上海信息公司行使票据抗辩权。

裁判结果

法院认为，甘肃网络公司依法不能向上海信息公司行使票据抗辩权。

首先，本案中，甘肃网络公司的基础交易合同相对方为甘肃技术公司，上海信息公司并非甘肃网络公司的合同相对方，二者之间并不存在直接合同关系。甘肃网络公司以其与甘肃技术公司之间买卖合同关系抗辩上海信息公司的票据权利，无事实和法律依据。

其次，《票据法司法解释》第13条规定："票据债务人以票据法第十条、第二十一条的规定为由，对业经背书转让票据的持票人进行抗辩的，人民法院不予支持。"本条旨在把票据债务人的抗辩权严格限定在与其有直接债权债务关系的当事人上，以维护票据的无因性。当事人以上述情形为由抗辩，票据尚未转让的，如抗辩理由成立则依法可予以支持；若票据业经背书转让，则不予支持。票据的无因性、文义性、流通性决定了票据关系一经产生，即与取得票据的基础关系相分离。如果甘肃网络公司认为基础关系违法，在诉讼时效期间内均应返还票据的理由成立，则背书转让的票据权利都将处于不确定状态，票据的无因性、流通性将不复存在。

最后，《票据法》第12条规定："以欺诈、偷盗或者胁迫等手段取得票据的，或者明知有前列情形，出于恶意取得票据的，不得享有票据权利。持票人因重大过失取得不符合本法规定的票据的，也不得享有票据权利。"本案中甘肃网络公司法定代表人因受贿罪等被刑事处罚，侵犯的是国家机关工作人员职务的廉洁性而非票据财产权利，刑事案件未认定其恶意串通，用欺诈、偷盗或者胁迫等非法手段帮助甘肃技术公司或上海信息公司取得票据。故甘肃网络公司以法定代表人涉嫌犯罪等为由，主张返还票据，依据不足，不予支持。

案例解读

票据行为的无因性,是基于保护交易安全考虑,在法律上将票据行为与其基础关系予以分离,即票据权利并不依赖产生票据的基础关系存在,票据行为的效力应当独立存在。《票据法》规定票据的无因性原则,旨在促进票据流通、保护交易;但同时票据流通的安全性也要考量,以保护交易公平。故票据行为以无因性为原则,以持票人非善意为例外情形。

本案中,虽然甘肃网络公司与甘肃技术公司之间的基础关系或存在违法情形,但案涉汇票已经背书转让给上海信息公司。《票据法》第13条第1款规定:"票据债务人不得以自己与出票人或者与持票人的前手之间的抗辩事由,对抗持票人。但是,持票人明知存在抗辩事由而取得票据的除外。"《票据法司法解释》第13条规定:"票据债务人以票据法第十条、第二十一条的规定为由,对业经背书转让票据的持票人进行抗辩的,人民法院不予支持。"故在票据业已背书转让后,根据合同的相对性原则,票据债务人不得以自己与出票人或者持票人的前手之间的抗辩事由,对抗持票人。该制度设置考虑一是认为背书转让后的持票人非票据债务人及其与出票人或持票人的前手之间抗辩事由的一方当事人,具备不知道或者不应当知道上述抗辩权的现实可能性;二是认为票据本身具有较强的流动性,《票据法》以促进商事交易、维护交易安全为主要立法目的,不应过多苛责现有票据的持票人对票据本身的基础关系进行过多的审查。

当然《票据法司法解释》第14条也明确规定了票据无因性的例外情形:"票据债务人依照票据法第十二条、第十三条的规定,对持票人提出下列抗辩的,人民法院应予支持:(一)与票据债务人有直接债权债务关系并且不履行约定义务的;(二)以欺诈、偷盗或者胁迫等非法手段取得票据,或者明知有前列情形,出于恶意取得票据的;(三)明知票据债务人与出票人或者与持票人的前手之间存在抗辩事由而取得票据的;(四)因重大过失取得票据的;(五)其他依法不得享有票据权利的。"但本案并未满足上述抗辩条件。

三、关于票据债权与原因债权竞合的案例

案例 3-2 深圳众雄科技有限公司诉邦讯技术股份有限公司买卖合同纠纷案

[案号：北京市第一中级人民法院（2021）京 01 民终 3045 号]

案件事实

2015 年 1 月 1 日，邦讯技术股份有限公司（以下简称邦讯公司）与深圳众雄科技有限公司（以下简称众雄公司）签订《供应商交易框架合同》，约定邦讯公司向众雄公司采购合同产品。众雄公司根据邦讯公司通知开具应付款等额发票申请付款，邦讯公司接到众雄公司发票之日为起算日，按双方约定月结 90 天加上 6 个月商业承兑安排付款。

2016 年至 2018 年，众雄公司向邦讯公司供货数额共计 7,923,223.45 元。邦讯公司向众雄公司出具商业承兑汇票共计 65 张，其中纸质商业承兑汇票 13 张，电子商业承兑汇票 52 张，金额共计 7,458,649.95 元。众雄公司表示放弃案涉汇票的票据权利，依据买卖合同关系请求邦讯公司支付货款及利息损失。邦讯公司认可案涉 65 张票据其均未实际付款，且邦讯公司已无支付能力。但是邦讯公司辩称众雄公司已将绝大部分的商业承兑汇票背书转让给他人，取得了票据相应的对价，无权再基于买卖合同关系向其主张货款。该部分应由受让票据的最后合法持票人主张票据权利，否则邦讯公司将面临重复付款的风险。

本案的基本事实关系见图 30：

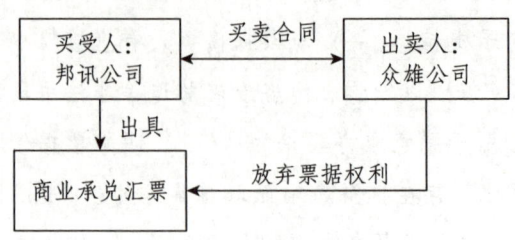

图 30　案例 3-2 的基本事实关系

争议焦点

本案中，主要争议焦点是邦讯公司是否应支付涉及商业承兑汇票的货款 7,458,649.95 元及利息损失。

裁判结果

法院认为，本案中存在买卖合同关系和票据关系的竞合，邦讯公司向众雄公司出具商业承兑汇票用以支付货款，但邦讯公司未履行案涉汇票的付款义务。此时，众雄公司有权放弃票据权利，基于双方间存在的买卖合同关系向邦讯公司主张货款，但前提是众雄公司为票据的最终合法持票人，即票据的取得必须给付对价，如此可防止出票人（基础关系的债务人）面临重复给付的风险。法院结合具体证据，对案涉票据进行分析，分别认定众雄公司是否为案涉各票据的合法持票人。法院最终认定，众雄公司系其中 3 张汇票的合法持票人，票据金额共计 74 万元，对于其他汇票，因众雄公司未能举证其为最终的合法持票人，故法院不予支持对应诉请。本案中，众雄公司明确表示放弃上述合法持有汇票的票据权利，以买卖合同关系为依据向邦讯公司主张货款，并不违反法律规定，应予支持。

案例解读

本案涉及票据关系与票据基础关系竞合时的权利主张问题。当双方当事人存在基础合同法律关系并约定以商票作为支付方式，而债权人持有的商票到期后被拒绝付款时，便产生了买卖合同关系和票据关系的竞合。《票据法》赋予持票人在付款请求权得不到实现后可行使追索的权利，但并无法律规定债权人在票据付款请求权无法实现时只能依据《票据法》继续行使追索权或《票据法》上规定的其他权利。

一般而言，当事人约定以票据支付买卖合同货款，买受人的货款支付义务并非于票据背书转让之时即完成，而于持票人实际获得承兑后方才履行完毕，除非合同中约定票据交付后原债权即合同价款请求权消灭。出卖人将买受人用以支付货款的票据背书转让后，票据兑付不能的，出卖人有权基于买卖合同关系请求买受人支付货款。

本案亦体现出以票据支付买卖合同货款时票据关系对基础关系的影响。以票据支付货款应推定为新债清偿，出卖人将买受人用以支付货款的票据背书转让后，票据兑付不能的，出卖人有权基于买卖合同关系请求买受人支付货款。但是，为了防止买受人面临双重支付买卖合同货款和票据款的风险，出卖人主张货款前须成为票据合法持票人。

案例 3-3 上海微电子装备（集团）股份有限公司诉大连德豪光电科技有限公司买卖合同纠纷案

[案号：上海市第一中级人民法院（2021）沪 01 民终 6453 号]

案件事实

2018 年 1 月 8 日，上海微电子装备（集团）股份有限公司（以下简称微电子公司）与大连德豪光电科技有限公司（以下简称德豪公司）签订设备采购合同，约定德豪公司向微电子公司采购光刻机一台，总价为 641 万元。微电子公司依约将案涉设备进行了交付，德豪公司也依约支付了前期 90% 的款项，其中一笔 20 万元款项系德豪公司通过背书转让电子商业汇票的方式支付。该系争汇票的承兑人宝塔石化集团财务有限公司（以下简称宝塔公司）因刑事犯罪问题导致微电子公司无法承兑系争汇票。此后，因德豪公司未再向微电子公司支付任何款项，微电子公司遂起诉至法院。德豪公司辩称 20 万元已通过系争汇票予以支付，已经履行相应付款义务。在该商业汇票未获兑付时，微电子公司应在期限内行使票据追索权，无权要求其继续承担该部分的付款义务及违约金。另据上海票据交易所陈述，在电子承兑汇票交易中，完整的追索流程为由追索人发起追索，被追索人同意清偿，再由追索人点击签收确认，在签收确认后由被追索人线下完成承兑。微电子公司并未点击签收确认系争汇票。

本案的基本事实关系见图 31：

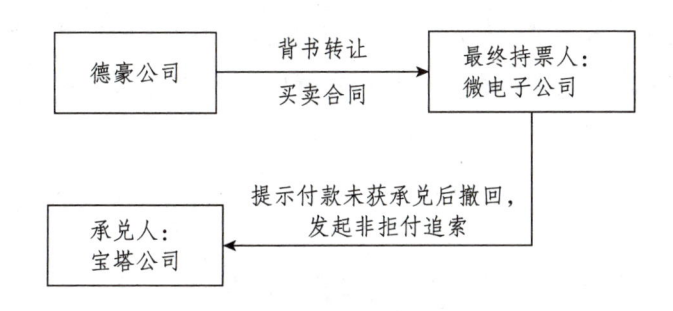

图 31 案例 3-3 的基本事实关系

争议焦点

本案中，主要争议焦点是汇票被拒付时追索权人是否有权选择行使票据债权或原因债权。

裁判结果

法院认为，德豪公司与微电子公司之间既存在买卖合同关系，又存在票据债权债务关系。在系争汇票经微电子公司向承兑人提示付款，但未得到承兑的情况下，微电子公司有权选择票据的原因关系（买卖合同关系）或票据债权债务法律关系维护其合法权利。关于德豪公司提出微电子公司怠于履行点击签收确认系争汇票义务的上诉意见，法院认为，微电子公司虽在 ECDS 中曾发起非拒付追索，但未通过点击签收确认系争汇票而完成追索流程，由此说明微电子公司最终并未选择行使票据追索权。现微电子公司选择买卖合同法律关系的债权请求权向德豪公司主张该 20 万元货款，于法有据，应予支持。当然，微电子公司选择以买卖合同法律关系行使权利后，不得再另行选择票据关系行使权利以使其债权得到重复受偿，即只可择一主张。德豪公司关于其背书转让系争汇票即完成相应付款义务的上诉主张，缺乏法律依据，不予支持。

案例解读

本案同样体现了票据债权与原因债权并存时的行使权利顺序问题，对此法院明确持肯定观点，认为基础债权债务关系并不因债权人取得票据而当然消灭，在票据未获兑付的情况下，债权人即未实际收取货款；并无法律规定债权人在票据付款请求权无法实现时只能依据票据法上的追索权维护自身合法利益，债权人有权自行选择行使何种债权。这也符合《民法典》第186条关于违约和侵权行为请求权竞合时的处理规则："因当事人一方的违约行为，损害对方人身权益、财产权益的，受损害方有权选择请求其承担违约责任或者侵权责任"。

此外，本案中还涉及ECDS中的非拒付追索问题。实践中存在大量的案例，承兑人或付款人在收到提示付款指令后拒不做出应答、不签收提示付款信息、不做拒绝付款的操作、不实际付款等。这类情形不属于《票据法》第62条规定的典型非拒付追索行为，但对于本案中承兑人因涉嫌违法犯罪而导致到期无法承兑的，票据交易管理部门通常认定为属于"因违法被责令终止业务活动"的情形，持票人有权发起非拒付追索，多数司法裁判观点认可此种做法。

案例3-4 冠福控股股份有限公司与中信商业保理有限公司深圳分公司票据追索权纠纷案

[案号：上海金融法院（2022）沪74民终18号]

案件事实

2018年6月1日，中信商业保理有限公司深圳分公司（以下简称中信公司）与案外人D公司签订有追索权《保理合同》，D公司将已经发生但尚未到期的应收账款以及将发生的应收账款及相关权益转让给中信公司。同日，中信公司与D公司、B公司签订了《应收账款转让协议》，D公司为应收账款转让方，B公司为应收账款付款方。B公司对《保理合同》的内容及效力无任何异议，并确认D公司已履行完毕商务合同项下的义务且有权将标的应收账款转让给中信公司。标的应收账款以商业承兑汇票支付，B公司应向D公司交付以D公司为收款人，冠福控股股份有限公司（以下简称冠福公司）为出票人/承兑人，付款金额为17,000,000元的商业承兑汇票。D公司将上述汇票背书转让给中信公司。中信公司分别于2018年11月28日、12月12日对上述汇票进行提示付款，均被拒付。

中信公司为此将 D 公司、B 公司、冠福公司等诉至法院。

本案的基本事实关系见图 32：

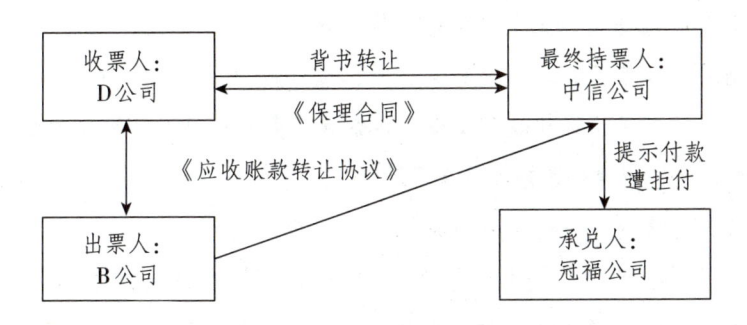

图 32 案例 3-4 的基本事实关系

争议焦点

本案中，主要争议焦点是中信公司已取得保理合同纠纷案件胜诉判决的情况下，是否还有权主张本案票据追索权，是否存在重复受偿的问题。

裁判结果

法院认为，中信公司在本案中不存在重复起诉或重复受偿的问题。

首先，中信公司胜诉判决依据的是保理关系，而本案是票据关系，诉讼标的不同，所涉被告也不同，故不构成重复起诉。

其次，中信公司同时具有多项请求权，包括对应收账款债务人 B 公司的付款请求权，对应收账款原债权人的保理追索权及相应担保权利，以及对票据承兑人冠福公司的追索权。上述请求权所对应的法律关系不同，各责任人应各自独立向中信公司承担责任。

法院进一步说明，因保理关系、票据关系均是基于应收账款基础关系，当其中部分主体实际承担责任后，中信公司的上述请求权发生整体消灭的法律效果，故可从外部关系上免除其他主体对中信公司的责任。相反，若之前的胜诉判决未能实现中信公司请求权，中信公司仍可依据其他请求权就其未实现的部分另行提起诉讼。鉴于本案一审已查明前案执行情况且明确冠福公司履行义务的金额，应相应减少案外人 B 公司对中信公司的清偿责任，故中信公司不存在重复受偿的情况。

案例解读

本案涉及票据支持保理业务这一较为新型的业务模式，明确了基于保理合同基础关系和票据关系的权利竞合时，以实际清偿与否作为权利是否消灭的依据，而不是基于诉权是否实现。在案涉债务并未获得实际清偿的情况下，即便债权人已基于票据基础关系获得胜诉判决，仍可以基于票据关系提起诉讼。

另外，为避免保理追索权与票据追索权重复受偿，法院进一步指出，由于票据属于应收账款的支付工具，保理商通过票据追索权获得的款项实际属于保理关系中应收账款的回款。因此，若该回款超出保理融资金额，保理合同有明确约定的，可按照合同约定清偿；合同无明确约定的，则根据《民法典》第766条的规定，该回款在扣除保理融资款本息和相关费用后有剩余的，剩余部分应当返还给应收账款债权人。

第三节　票据行为及实践纠纷焦点问题

一、概述

票据行为是指以发生票据权利义务为目的，而依照《票据法》所实施的法律行为。票据行为在法律上区分为广义和狭义两种，其中狭义的票据行为涵盖了出票、背书、承兑和保证等环节，广义的票据行为则进一步包括了付款、提示、追索和更改等其他行为。

关于票据行为的法律性质，学界存在不同的观点，其中包括单方法律行为论、合同行为论和权利外观论等。[1] 单方法律行为论主张票据上的债务是基于债务人单方面的法律行为而产生的。当行为人在票据上签名时，即向所有潜在的持票人发出具有法律效力的表示，且无须持票人的同意即可成立，

---

[1] 参见王艳梅：《论票据法上的权利外观理论》，载《行政与法》2002年第12期。

因此，票据行为并非基于双方合意的合同行为，而是单方面的法律行为。该学说内部又细分为创造论和发行论两种。我国《票据法》采纳的是发行论，认为票据行为除了需要行为人在票据上签名，还必须将票据交付给受票人，否则不产生法律效力。而英美法系则倾向于合同行为论，认为票据债务的产生是基于债务人与债权人之间的合同关系，且该合同关系仅在票据交付并被债权人接受后才能生效。所以票据本身就是合同，不需要另外有合同证明其为合同。权利外观论则从保护票据流通性和善意第三人的利益出发，认为即使票据行为未成立或无效，只要行为人已经形成了票据权利的外观，善意的第三人仍然可以取得票据权利并要求付款。一些学者认为，权利外观论是对单方法律行为论和合同行为论的有益补充，我国《票据法》将票据行为视为单方法律行为（发行论），并同时采纳了权利外观理论。[1]

本节中笔者将就实践中容易发生纠纷、产生争议的票据贴现、保证、追索、代理行为展开分析与论述。

二、票据贴现

（一）概述

2022年11月，中国人民银行、中国银行保险监督管理委员会联合印发《商业汇票承兑、贴现与再贴现管理办法》，其中第5条明确了贴现业务的法律地位和操作规范，确保业务的合规性。它规定了贴现的定义，即"贴现是指持票人在商业汇票到期日前，贴付一定利息将票据转让至具有贷款业务资质机构的行为"，并强调了持票人持有的票据应具有真实交易关系和债权债务关系。《电子商业汇票业务管理办法》第42条第1款也规定，"贴现是指持票人在票据到期日前，将票据权利背书转让给金融机构，由其扣除一定利息后，将约定金额支付给持票人的票据行为"。贴现的主要优势在于能够迅速将票据转换为现金，帮助企业解决短期的资金问题，本质上属于一种短期

---

[1] 参见刘心稳等：《票据法》，中国政法大学出版社2023年版，第81页。

的融资手段。

上述规定将贴现行为中票据权利的受让主体明确为具有贷款业务资质机构/金融机构，这是因为金融机构或其他具有贷款业务资质的机构受到较为严格的金融监管，在进行票据贴现业务时，遵循较为严格的操作流程和风险控制机制，对票据背书、承兑等关键环节以及持票人的资格进行严格审核，以保障交易的真实性和合法性，从而提供一种公开透明且安全的贴现服务。

在金融机构贴现外，实践中还存在民间贴现活动，参与者多为个人或小型企业。这种贴现方式的优势在于其具有高度灵活性，能够迅速满足中小企业对资金的需求。然而，由于其手续简便且缺乏必要的审查程序，这种贴现活动往往处于正规金融体系和监管之外，具有较大的风险，可能对金融安全和经济的健康发展产生负面影响。2019年11月8日最高人民法院颁布《九民纪要》，第101条对民间贴现行为的效力专门进行了规定："票据贴现属于国家特许经营业务，合法持票人向不具有法定贴现资质的当事人进行'贴现'的，该行为应当认定无效，贴现款和票据应当相互返还。当事人不能返还票据的，原合法持票人可以拒绝返还贴现款……"《九民纪要》规定民间贴现行为无效，使司法实践中的裁判观点日趋统一。同时，该条规定亦与《票据法》第10条第1款"票据的签发、取得和转让，应当遵循诚实信用的原则，具有真实的交易关系和债权债务关系"的规定相一致，确立了我国票据的基本属性是真实票据而不是融资票据。真实票据是以实际存在的商品或劳务等交易为基础而签发或使用的票据，与此相对应，融资票据又称空票，是当事人签发的，不以真实的商品或劳务等交易为基础，而是仅作为融资工具在市场上流通的票据，融资票据的持票人因向票据的出票人或背书人提供资金而取得票据，即所谓的票据的买卖或票据交易。我国现行《票据法》施行的是真实票据原则，排除了融资票据，不允许直接签发融资票据，除贴现外，也不允许转让票据融资。票据只能是基础交易关系支付结算的工具，原则上不得将票据直接进行买卖。

（二）关于票据民间贴现行为无效的案例

案例3-5 新乡市卫滨区永远建筑设备租赁站与天津旺达投资咨询公司等票据追索权纠纷案

［案号：天津市第三中级人民法院（2021）津03民终4477号］

案件事实

2019年6月14日，天津旺达投资咨询公司（以下简称旺达公司）出具了一份电子商业承兑汇票，汇票到期日为2020年6月13日。该汇票的收款人为普馨自动售货机销售（上海）有限公司（以下简称普馨公司），承兑人亦为旺达公司，且承兑人承诺"本汇票已经承兑，到期无条件付款"。

普馨公司于2019年6月20日将该票据背书转让给了辉县市岭香种植专业合作社（以下简称岭香合作社）。随后，岭香合作社于2019年7月21日将票据背书转让给了新乡市卫滨区永远建筑设备租赁站（以下简称永远租赁站）。永远租赁站成为票据的最后持票人。

票据到期后，永远租赁站向旺达公司提示付款，但旺达公司未按期承兑付款。后永远租赁站起诉旺达公司、普馨公司、岭香合作社在内的所有前手，要求承担连带支付票据款项及利息的责任。关于永远租赁站取得票据的方式，永远租赁站主张岭香合作社于2019年7月21日向其借款900,000元，并以旺达公司开具的电子商业承兑汇票作为质押并提交了岭香合作社出具的借据。因借款无法归还后，协商将商业承兑汇票转让给永远租赁站。岭香合作社则主张其通过案外人郝某转售本案涉诉票据，将票据转售给永远租赁站。

本案的基本事实关系见图33：

```
承兑人:     出具        背书         背书      最后持票人:
旺达公司 ── 承兑汇票 → 普馨公司 ── 转让 → 岭香合作社 ── 转让 → 永远租赁站
    ↑                                                           │
    └───────────────────────────────────────────────────────────┘
           提示付款,但旺达公司未予以承兑
```

图 33　案例 3-5 的基本事实关系

争议焦点

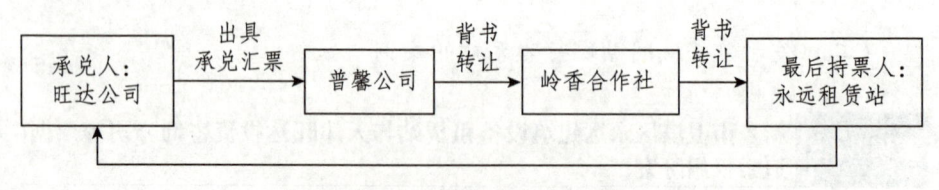

本案中,主要争议焦点是岭香合作社将涉诉票据背书转让给永远租赁站(民间贴现)的法律行为的效力问题。

裁判结果

法院认为,永远租赁站通过民间贴现方式受让诉争票据,其与前手并无真实交易,不存在真实基础法律关系。民间贴现行为违反金融业务特许经营的强制性规定,危害了金融管理秩序,损害了社会公共利益,属于"违背公序良俗"或者"损害社会公共利益"的行为,民间贴现行为应认定无效,永远租赁站不享有票据权利,判决驳回了永远租赁站基于票据权利而提出的全部诉讼请求。

案例解读

(1) 民间票据贴现行为的法律认定

随着 2019 年《九民纪要》的发布,民间票据贴现行为被明确认定为无效,这反映出法律对此类行为的规范进一步增强。在商业实践中,面对商业银行的选择性贴现、额度限制和复杂的贴现程序,加之中小企业所持票据的信用等级普遍不高,以及票据贴现市场的信息不对称,[1] 中小企业为了迅速获得资金以满足现金流需求,常在商业汇票到期前通过民间贴现方式将其转换为现金。因此,民间贴现在市场上仍颇为活跃。

---

[1] 参见刘高明:《民间票据贴现行为的界定及对票据市场发展的启示》,载《金融市场研究》2020 年第 1 期。

（2）法规沿革与效力维系：民间贴现行为的法律适用性分析

在《九民纪要》出台之前，已有《非法金融机构和非法金融业务活动取缔办法》[1]、《民法总则》[2]、《合同法》[3]等法律法规对民间贴现行为进行了界定，认为其属于非法金融业务活动，应被认定为无效。尽管2021年公布的《防范和处置非法集资条例》（国务院令第737号）废止了《非法金融机构和非法金融业务活动取缔办法》，但该条例第39条第1款规定："未经依法许可或者违反国家金融管理规定，擅自从事发放贷款、支付结算、票据贴现等金融业务活动的，由国务院金融管理部门或者地方金融管理部门按照监督管理职责分工进行处置。"同时《民法典》总则编基本上承继了《民法总则》的规定，因此上述新旧法律的更迭并未改变原有法律规定的实质，在新的法律法规的制度框架内，《九民纪要》对于民间票据贴现行为效力的规定仍具有合法性和适用性。[4]

此外，《九民纪要》规定：人民法院在民商事案件审理过程中，发现不具有法定资质的当事人以"贴现"为业的，因该行为涉嫌犯罪，应当将有关材料移送公安机关。民商事案件的审理必须以相关刑事案件的审理结果为依据的，应当中止诉讼，待刑事案件审结后，再恢复案件的审理。案件的基本事实无须以相关刑事案件的审理结果为依据的，人民法院应当继续审理。

---

[1] 参见《非法金融机构和非法金融业务活动取缔办法》第4条第1款规定："本办法所称非法金融业务活动，是指未经中国人民银行批准，擅自从事的下列活动：……（三）非法发放贷款、办理结算、票据贴现、资金拆借、信托投资、金融租赁、融资担保、外汇买卖……"

[2] 参见《民法总则》第143条规定："具备下列条件的民事法律行为有效：……（三）不违反法律、行政法规的强制性规定，不违背公序良俗。"第153条规定："违反法律、行政法规的强制性规定的民事法律行为无效，但是该强制性规定不导致该民事法律行为无效的除外。违背公序良俗的民事法律行为无效。"

[3] 参见《合同法》第52条规定："有下列情形之一的，合同无效：……（四）损害社会公共利益……"

[4] 参见张雪楳：《票据纠纷案件新型疑难问题研究》，载《中国应用法学》2021年第5期。

三、票据保证

(一) 概述

票据保证,是指票据债务人以外的第三人为担保票据债务的履行,以负担同一内容的票据债务为目的的一种票据行为。被保证人可以是出票人、背书人、承兑人、付款人等任何一种票据债务人。票据保证是建立在基本的票据行为即出票行为之上的,以形式上有效的被保证债务的存在为前提,出票行为与被保证债务有附属关系。但是,根据票据行为的独立性原则,即便被保证的债务在实质上无效,票据保证行为仍可有效成立,因此票据保证又是一种独立的票据行为。

(二) 关于票据保证是否需要审查公司决议的案例

案例 3-6 广州农村商业银行股份有限公司与武汉中能燃气有限公司、长春中天能源股份有限公司等票据纠纷案

[案号:广东省高级人民法院 (2020) 粤民终 1310 号]

案件事实

2017 年 7 月 5 日,广州农村商业银行股份有限公司(以下简称广州农商行)与武汉中能燃气有限公司(以下简称武汉中能公司)签订综合授信合同,授信额度为 1 亿元,包括贷款、票据承兑等业务。同日,双方进一步签订了商业承兑汇票保贴额度合同,明确了贴现的具体条件和责任。

在上述合同框架下,武汉中能公司于 2017 年 7 月 6 日签发了两张 5000 万元电子商业承兑汇票,到期日均为 2018 年 7 月 6 日,收款人为武汉市绿能天然气运输集团有限公司(以下简称武汉绿能公司)。长春中天能源股份有限公司(以下简称长春中天公司)作为票据保证人在汇票上进行了票据保证背书。同日,武汉绿能公司将这两张汇票背书转让给了赢信商业保理(天津自贸试验区)有限公司(以下简称赢信公司)。随后,广州农商行海珠支行

与赢信公司签署《商业汇票贴现合同》，为这两张汇票办理贴现，并向赢信公司支付贴现款。

汇票到期后，广州农商行向武汉中能公司提示付款遭到拒付，后广州农商行向法院提起诉讼。长春中天公司提交给法院公司章程等文件，试图证明其提供的保证担保未经内部决策程序审议通过，应属无效，并主张其作为上市公司，所作的票据保证未经过股东大会决议，违反《公司法》（2018 年）第 16 条规定，故票据保证无效，长春中天公司不应承担保证责任。

本案的基本事实关系见图34：

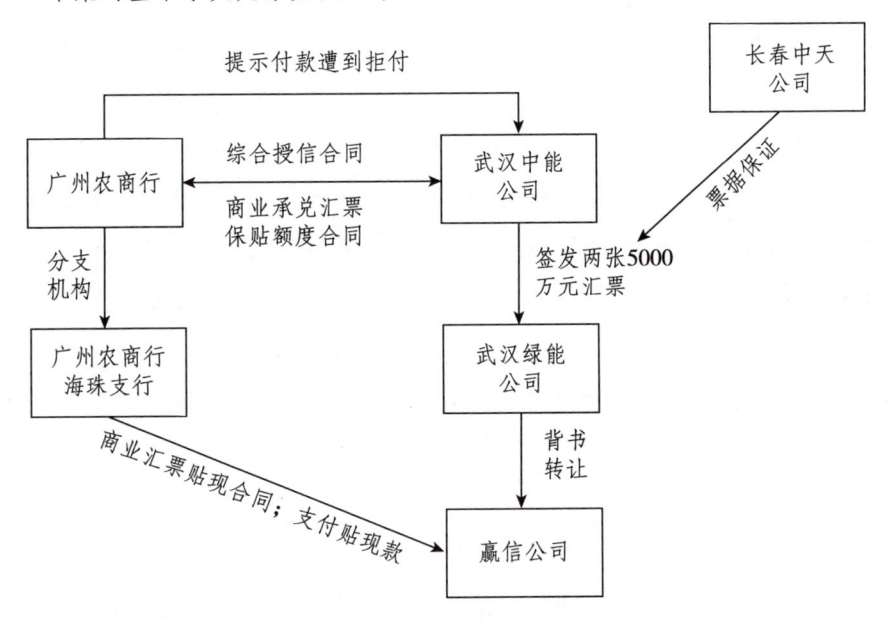

图 34　案例 3－6 的基本事实关系

争议焦点

本案中，主要争议焦点是长春中天公司所作的票据保证是否因其未经过股东大会决议而无效。

裁判结果

一审法院认为，广州农商行向长春中天公司主张的系票据保证义务。基于票据的无因性原则，要求广州农商行依保证人内部决策规范进行担保效力审查，显然非必要地加重了持票人的审查义务。而且，倘若每一手背书均需对票据保证人的内部决策规范进行实质审查，则票据的流通性将荡然无存，不利于票据实现其支付功能。这一点从《票据法》第48条关于"保证不得附有条件；附有条件的，不影响对汇票的保证责任"之规定亦可以得知。因此，一审法院认为，长春中天公司主张广州农商行因未对长春中天公司的票据保证行为是否符合内部决策规范进行实质审查，属于非善意相对人，进而丧失对长春中天公司主张保证责任的权利于法无据，一审法院不予支持。

二审法院认为，长春中天公司作为票据保证人在案涉汇票上进行了票据保证背书，因此，长春中天公司所作的保证行为属于票据保证。票据保证与民事保证同属人的担保方式，但在评价票据保证效力问题时应当优先适用《票据法》这一规范票据法律关系的特别法。长春中天公司所作的票据保证符合《票据法》第46条关于票据保证记载事项的要求，应当依法承担票据保证责任。长春中天公司主张对其票据保证的效力应当根据《公司法》（2018年）第16条的规定进行审查，不符合票据流通性要求，也不符合票据保证作为单方法律行为的特征，故二审法院对长春中天公司的上诉主张不予采纳。

案例解读

（1）票据保证与一般民事保证的法律差异

票据保证法律规范与民事保证法律规范属于特别法与一般法的关系，票据保证法律规范在法律适用上优先。具体而言，票据保证与一般民事保证相比，具有以下突出特点：①单方性。票据保证作为票据行为的一种，属于单方法律行为，基于保证人单独的意思表示即可发生保证的效力，无须取得票据权利人以及票据债务人同意。②严格的要式性。票据保证人必须在汇票或者粘单上记载法定事项（《票据法》第46条[1]），若被保证人的债务汇票记载事项欠缺，则票据保证无效。③独立性。票据保证虽然对于被保证人的票据债务具有从属性，但是由于票据保证具有独立性，票据保证的成立不完全依赖主债务的成立，即使主债务无效或者撤销，作为从债务的保证债务并不因此而无效或者被撤销，票据保证人仍应对持票人承担票据责任。④连带责任。在票据保证中，保证人应当与被保证人对持票人承担连带责任（《票据法》第50条[2]），而民事保证则有一般保证和连带责任保证之分。⑤追偿范围。票据保证人清偿汇票债务后，可以行使持票人对被保证人及其前手的追索权（《票据法》第52条[3]）。与此相对，民事保证的保证人在清偿债务后，通常只能取得对于被保证人的追偿权。

（2）遵循制度目的，准确使用票据保证法律规定

票据法律行为具有无因性、形式性、独立性等特征，这些特征使票据保证与民事保证在目的、性质、形式和效力等方面存在显著差异。票据保证旨在提升票据的信用度和流通性，票据保证人通过在票据上签章，承诺在票据债务人未能履行债务时承担相应的责任。而民事保证则是基于债权关系的一种担保方式，通常由保证人与债权人之间签订保证合同，约定在债务人不履行债务时，保证人需按照约定履行债务或承担责任。这两种制度在法律上具有不同的定位，理解这些差异对于正确适用相关法律规定，保护当事人合法权益具有重要意义。本案中法院正是基于对票据的单方性、无因性、流通性等因素进行考量，最终认定法人公司进行票据担保无须对公司决议进行审查。

---

[1]《票据法》第46条规定："保证人必须在汇票或者粘单上记载下列事项：（一）表明'保证'的字样；（二）保证人名称和住所；（三）被保证人的名称；（四）保证日期；（五）保证人签章。"

[2]《票据法》第50条规定："被保证的汇票，保证人应当与被保证人对持票人承担连带责任。汇票到期后得不到付款的，持票人有权向保证人请求付款，保证人应当足额付款。"

[3]《票据法》第52条规定："保证人清偿汇票债务后，可以行使持票人对被保证人及其前手的追索权。"

四、票据追索

(一) 概述

票据追索权,是指当票据未能承兑或付款时,持票人请求前手清偿票据金额、利息及有关费用的票据权利。广义上的追索权包括《票据法》第61条规定的追索权(狭义上的追索权)和第71条规定的再追索权。其中,《票据法》第61条规定的追索权可再分为期后追索权(第1款)和期前追索权(第2款)。再追索权,是指被追索人在履行了自己的追索义务,向追索人偿还追索金额后,得向其前手追索义务人进行追索的权利。具体规定如下(见表3):

表 3 《票据法》关于追索权的规定

期后追索权	期前追索权	再追索权
《票据法》第61条第1款规定:"汇票到期被拒绝付款的,持票人可以对背书人、出票人以及汇票的其他债务人行使追索权。"	《票据法》第61条第2款规定:"汇票到期日前,有下列情形之一的,持票人也可以行使追索权:(一)汇票被拒绝承兑的;(二)承兑人或者付款人死亡、逃匿的;(三)承兑人或者付款人被依法宣告破产的或者因违法被责令终止业务活动的。"	《票据法》第71条规定:"被追索人依照前条规定清偿后,可以向其他汇票债务人行使再追索权,请求其他汇票债务人支付下列金额和费用:(一)已清偿的全部金额;(二)前项金额自清偿日起至再追索清偿日止,按照中国人民银行规定的利率计算的利息;(三)发出通知书的费用。行使再追索权的被追索人获得清偿时,应当交出汇票和有关拒绝证明,并出具所收到利息和费用的收据。"

根据《票据法》的规定,持票人行使追索权,需要满足实质要件和形式要件(见表4):[1]

---

[1] 参见黄飞、周余:《票据追索权的行使要件》,载《人民司法》2021年第14期。

表 4 行使追索权的实质要件和形式要件

实质要件	形式要件
1.《票据法》第 61 条第 1 款规定:"汇票到期被拒绝付款的,持票人可以对背书人、出票人以及汇票的其他债务人行使追索权。" 2.《票据法司法解释》第 4 条规定:"持票人不先行使付款请求权而先行使追索权遭拒绝提起诉讼的,人民法院不予受理。除有《票据法》第六十一条第二款和本规定第三条所列情形外,持票人只能在首先向付款人行使付款请求权而得不到付款时,才可以行使追索权。"	1. 拒绝证明 《票据法》第 62 条第 1 款规定:"持票人行使追索权时,应当提供被拒绝承兑或者被拒绝付款的有关证明。" 2. 拒绝证明的代替 (1)《票据法》第 63 条规定:"持票人因承兑人或者付款人死亡、逃匿或者其他原因,不能取得拒绝证明的,可以依法取得其他有关证明。" (2)《票据法》第 64 条规定:"承兑人或者付款人被人民法院依法宣告破产的,人民法院的有关司法文书具有拒绝证明的效力。承兑人或者付款人因违法被责令终止业务活动的,有关行政主管部门的处罚决定具有拒绝证明的效力。"

另外,关于追索权行使的对象,《票据法》第 68 条规定:"汇票的出票人、背书人、承兑人和保证人对持票人承担连带责任。持票人可以不按照汇票债务人的先后顺序,对其中任何一人、数人或者全体行使追索权。持票人对汇票债务人中的一人或者数人已经进行追索的,对其他汇票债务人仍可以行使追索权。被追索人清偿债务后,与持票人享有同一权利。"也就是说,持票人可不按照先后顺序,对出票人、背书人、承兑人和保证人中的任何一人、数人或者全体行使追索权。持票人应该综合考虑可追索对象的偿付能力、管辖法院、诉讼成本等因素,有策略地选取追索权的行使对象。

随着电子票据的推广使用,对于传统纸质票据线下追索的效力以及如何符合法定形式要求进行追索成为实务中的讨论点。下文将从票据拆分追索、电子商业汇票线下追索的效力、追索权的时间效力和追索范围三个方面展开讨论实务中的票据追索权问题。

（二）关于票据拆分追索的案例

案例3-7　甲银行诉乙公司、丙银行、丁银行票据追索权纠纷案

［审理法院：上海市高级人民法院］

案件事实

2019年5月23日，原告甲银行在中国票据交易系统转贴现买入案涉电子银行承兑汇票。该汇票的票面金额为2000万元，出票人为丙上市公司，承兑人为乙银行，收票人为被告乙公司，到期日为2019年7月13日。该汇票经背书转让、贴现后，由被告丙银行将票据转贴现给被告丁银行，被告丁银行又转贴现给原告甲银行。2019年5月，相关监管部门对乙银行实行接管。2019年7月13日案涉汇票到期后，原告在电子商业汇票交易系统提示付款被拒付。同年7月，原告收到乙银行支付的案涉汇票80%的票款1600万元，其余400万元未获偿付。

2019年9月，某中院裁定受理丙上市公司重整案。原告甲银行进行了债权申报，并被确认普通债权400万元。后原告未受领重整计划所确定的50万元现金和350万元股票。2021年2月，乙银行经法院裁定破产。

原告就400万元未获偿付的票款向其前手行使票据追索权未果，故诉请被告乙公司、被告丙银行、被告丁银行向原告连带支付票款400万元，以及以票款400万元为基数，到期日至实际清偿之日的利息。

本案的基本事实关系见图35：

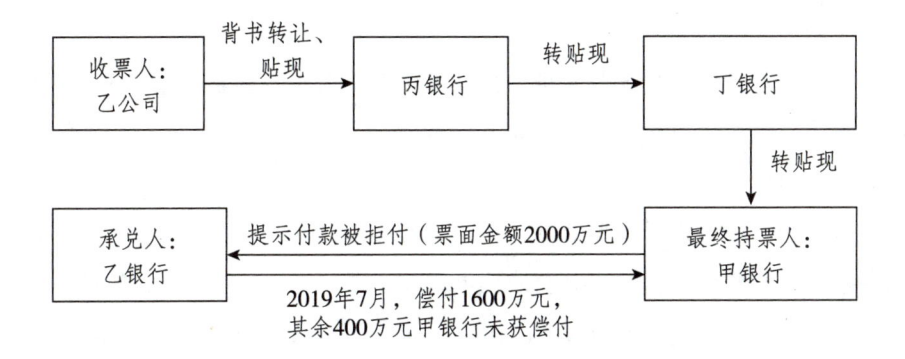

```
收票人：      背书转让、      丙银行    转贴现    丁银行
乙公司   ──贴现──→          ────→
                                              │
                                              │转贴现
                                              ↓
承兑人：  ←──提示付款被拒付（票面金额2000万元）──  最终持票人：
乙银行    ──2019年7月，偿付1600万元，──────→   甲银行
          其余400万元甲银行未获偿付
```

图35　案例3-7的基本事实关系

争议焦点

本案中，主要争议焦点是持票人在出票人破产重整程序终结后是否有权向其他前手追索。

裁判结果

首先，法院认为，根据原告甲银行签署的《票据交易主协议》，其作为持票人，放弃对前手背书人行使追索权，但保留对票据出票人、承兑人、承兑人的保证人、贴现人、贴现人的保证人（若有）及贴现人前手背书人的追索权。本案中，被告丁银行系原告的前手背书人，同时又非出票人、承兑人、承兑人的保证人、贴现人、贴现人的保证人或贴现人前手背书人，故原告无权对被告丁银行进行票据追索。原告甲银行向作为贴现人的被告丙银行及作为贴现人前手背书人的被告乙公司行使追索权，则符合《票据法》的规定且与主协议内容并不冲突。

其次，法院认为，《票据法》对于部分承兑付款以及票据金额的拆分追索，并未作出禁止性规定。原告作为持票人对案涉票据仍享有完整的票据权利，通过电子商业汇票交易系统向被追索人交付票据亦无障碍。在充分考量电子票据的发展实践的情况下，对于持票人已受领承兑人部分清偿的情况下就剩余票款进行追索，应予支持。

案例解读

本案厘清了持票人在出票人破产重整程序终结后向其他前手追索的司法

认定问题。

首先，本案的裁判要旨明确，持票人在出票人破产重整程序中申报债权，并不因此丧失票据追索的权利。但在重整程序终结后，不能拒绝受领重整计划确定的偿债财产。理由在于：从法律规定看，破产程序终结后，持票人向前手追索的范围应限于重整程序中未受清偿的部分。从制度安排看，重整计划一经法院裁定批准，对全体债权人均具有约束力。持票人作为债权人不予受领偿债财产，有违重整制度的安排。从实践操作看，因管理人提存的偿债财产有受领期限，经过层层追索后提存的财产可能已不复存在，由出票人先全额清偿再转付提存财产，操作上难以衔接。从利益衡量看，如持票人不受领即不发生清偿效果，出票人只能被动承受抵债股票的股价波动风险及不断扩大的利息损失，有失公平。因此，法院认定在完成债转股后，出票人不再向持票人承担清偿责任，持票人的债权相对于出票人消灭。

其次，本案中法院认为，除出票人外，相对于其他前手，债权仅在已实际清偿的范围内消灭，持票人仍可就重整程序中未获实际清偿部分向前手进行追索。在持票人已实际受领承兑人部分清偿的情况下，仍可就剩余票面金额进行追索，即承认了部分承兑付款和票据金额拆分追索的合法性。传统纸质票据的一大特点即为不可分，我国《票据法》第54条通过成文法确立了完全承兑制度，旨在保护票据权利的完整性。然而，随着电子票据的发展，"一刀切"地适用完全承兑制度已经无法适应当下灵活高效交易的需要，也会使与本案类似情境中面临破产的承兑人丧失补救的机会。本案的裁判结论通过论证持票人对案涉票据仍享有完整的票据权利，未违反《票据法》的立法精神，顺应了电子票据的发展趋势，有助于实质性推动破产重整程序中票据追索权纠纷的化解。

（三）关于电子商业汇票线下追索是否具有追索效力的案例

案例3-8　上诉人某商贸公司、上诉人某实业公司与被上诉人某家居公司票据追索权纠纷案

[审理法院：浙江省湖州市中级人民法院]

案件事实

某商贸公司以背书转让方式从案外人A公司处取得电子商业承兑汇票，出票日期为2020年1月1日，到期日为2020年12月31日，承兑信息显示"本汇票已经承兑，到期无条件付款"。该汇票的出票人、承兑人均为某实业公司，收款人为B公司，被背书人包括某家居公司等。某商贸公司就案涉汇票于2021年1月5日提示付款，因承兑人某实业公司账户余额不足被拒付。某商贸公司曾于2021年2月9日向某家居公司发起线下追索。后某商贸公司于2021年3月15日向一审法院提起诉讼。

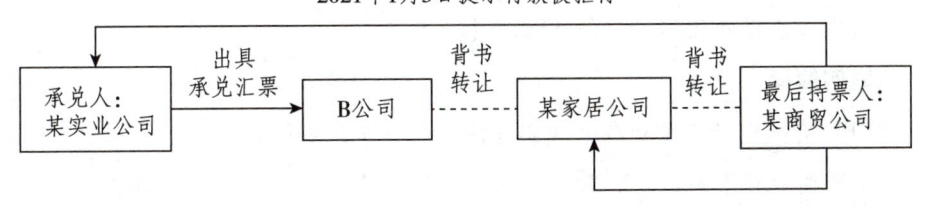

本案的基本事实关系见图36：

图36　案例3-8的基本事实关系

争议焦点

本案中，主要争议焦点是电子汇票线下追索及起诉行为是否发生追索效力。

裁判结果

法院认为，某家居公司是否应承担票据责任，主要在于某商贸公司的线下追索及起诉行为是否发生追索效力。

其一，《票据法》关于票据追索权的规定主要为追索权发生的情形、行使的时间、提供的证明等，并没有对追索权的行使方式进行规定或限制。即便电子汇票兴起于《票据法》实施以后，但在2020年修正的《票据法司法解释》中也没有对电子汇票的追索作出特别的规定，电子汇票的追索仍然适用《票据法》的规定。

其二，违反《电子商业汇票业务管理办法》第5条的规定能否导致追索行为无效。因该条规定并没有禁止电子汇票线下追索，也没有规定系统外的追索途径无效或导致权利丧失，且该管理办法系部门规章，故线下追索并不因违反该条规定而无效。

其三，电子汇票线下追索是否符合《票据法》要求的签章、出示和交付票据。电子汇票相较纸质汇票在交易流通上更加安全，不会被克隆复制，汇票被接入机构接收即可表明当事人合法取得了票据。票据债务人可以从系统中查询到最后的持票人，系统运营者也可以提供相关证明，出示票据并无障碍。就本案而言，某商贸公司发起追索的时间在《票据法》第17条规定的6个月内，某家居公司应承担票据责任，故某实业公司、某家居公司应向某商贸公司支付票据款25万元并赔偿利息损失。

案例解读

（1）有关电子汇票业务的《票据法》解释与适用问题

电子商业汇票系统（ECDS）自2009年上线以来，已经在全国范围内广泛推广，有效解决了纸质票据在传递过程中可能出现的破损、丢失、假冒、背书不清楚等一系列问题。在新时代互联网金融的背景下，ECDS通过提供一个安全、高效、电子化的平台，极大地促进了供应链金融的发展。但在便利交易的同时，电子化票据也给《票据法》的解释和适用带来一定的难题。我国《票据法》于1995年制定，2004年进行了唯一一次修正。随着电子票据的兴起，其与传统纸质票据在交易方式上存在的本质差异，导致了电子商业汇票领域存在诸多裁判尺度不统一、同案不同判的现象。比如，就本案争议焦点电子汇票线下追索行为是否有效问题而言，实践中就存在分歧。

（2）肯定观点：电子汇票线下追索行为有效

《电子商业汇票业务管理办法》第5条规定，"电子商业汇票的出票、承兑、背书、保证、提示付款和追索等业务，必须通过电子商业汇票系统办理"。然而，该规定属于部门规章，其法律效力低于《票据法》。《票据法》并没有规定必须进行线上追索，因此线下追索并非无效。近年来，江苏、吉林、辽宁等地的人民法院[1]均认可电子商业汇票的线下追索行为具有法律效力，持票人通过线下追索行使追索权是合法的，且不会因为未进行线上追索而失权。因此，即使未能通过电子商业汇票系统发起追索，只要在法定期限内通过其他方式（如诉讼）行使追索权，该行为仍被视为有效。

（3）否定观点：电子汇票线下追索行为无效

然而，在司法实践中，部分法院采取了完全不同的观点。在浙商银行深圳分行诉深圳市沃特玛电池公司等票据追索权纠纷案[2]中，两审法院均认为线下追索无效，持票人未在票据权利时效内通过电子商业汇票系统行使追索权的，票据权利消灭。其主要理由包括：①《电子商业汇票业务管理办法》是根据《票据法》等有关法律法规而制定的，其立法目的与《票据法》一致，内容上是对《票据法》的细化和补充，参照特别法优于一般法适用的原则，在其他法律法规未就电子商业汇票管理规制的情况下，鉴于电子商业汇票的特殊性，《电子商业汇票业务管理办法》作为专门规范电子商业汇票的部门规章，在立法目的正当、程序合法的情形下，应当优先适用。②票据签章是票据行为要式性的重要表现之一，根据《票据法》第4条的规定，签章是票据行为生效的重要要件，缺少签章，该项票据行为无效。根据《电子商业汇票业务管理办法》第14条的规定，通过系统审核的电子签名是电子商业汇票唯一合法的签章。线下追索因不具备有效签章和追索等票据行为要式性的要求而无效。③《电子商业汇票业务管理办法》第5条规定，追索等业

---

[1] 参见吉林省长春市中级人民法院民事判决书，（2024）吉01民终1024号；江苏省南通市中级人民法院民事判决书，（2023）苏06民终968号；江苏省南通市中级人民法院民事判决书，（2023）苏06民终947号；江苏省无锡市中级人民法院民事判决书，（2023）苏02民终1413号；辽宁省鞍山市中级人民法院民事判决书，（2023）辽03民终1465号等。

[2] 参见广东省深圳市中级人民法院民事判决书，（2020）粤03民终2348号。

务必须通过电子商业汇票系统办理。若持票人进行线下追索,将客观上无法向清偿人交付票据,导致被追索人丧失再追索权,进而造成诉累,浪费司法资源。此外,电子商业汇票的票据状态以电子商业汇票系统记载的信息为准,如果在电子商业汇票系统之外以司法判决的形式另行设立、确认其他票据状态,而电子商业汇票系统并不能识别和支持这种未记载于系统的规则,造成该等票据实际上只能在电子商业汇票系统之外循环、流转,脱离监管机构的监管,势必加大电子商业汇票经营者的经营风险,严重者会威胁票据金融市场安全,违背公序良俗,损害国家及社会公共利益。

鉴于上述分歧,笔者认为未来在对《票据法》进行修订时,应当明确电子票据的法律地位,确保法律规范的明确性和时代适应性,以满足现代票据市场发展需求。值得注意的是,最高人民法院在《全国法院金融审判工作会议纪要(征求意见稿)》中就电子商业汇票线下追索效力问题持肯定观点,其中第45条规定:"《电子商业汇票业务管理办法》第五条关于电子商业汇票的追索'必须通过电子商业汇票系统办理'的规定,并非是对票据行为效力的限制规定。故持票人在承兑人或付款人拒绝付款后未在电子商业汇票系统行使追索权,而是通过发送'追索函''律师函'或直接向法院起诉行使追索权的,人民法院应当认定追索行为合法有效。对承兑人或付款人主张追索权的行使不符合要式性的要求的抗辩理由,人民法院不予支持。"故应当认为,肯定观点符合当前司法裁判主流趋势,也有利于保护市场交易主体的维权途径。

(四)关于追索权的时间效力和追索范围的案例

案例3-9 长征公司诉新投公司、新新公司、贵盛公司、航空公司、保胜公司票据追索权纠纷案

[审理法院:贵州省遵义市中级人民法院]
案件事实

2019年11月25日,长征公司通过电子商业承兑汇票系统以背书方式向迈控公司交付了一张票面金额为100万元的电子商业承兑汇票(尾号为

6943），出票人和承兑人为新投公司，该汇票的出票日期为 2019 年 6 月 26 日，到期日为 2020 年 6 月 26 日，票据金额为 100 万元。出票人和承兑人均承诺汇票到期无条件付款。该汇票经新投公司背书转让给新新公司，新新公司背书转让给贵盛公司，贵盛公司背书转让给航空公司，航空公司背书转让给长征公司，长征公司又背书转让给迈控公司。迈控公司到期向承兑人开户行提示付款被拒付，遂酿成诉争。

本案的基本事实关系见图 37：

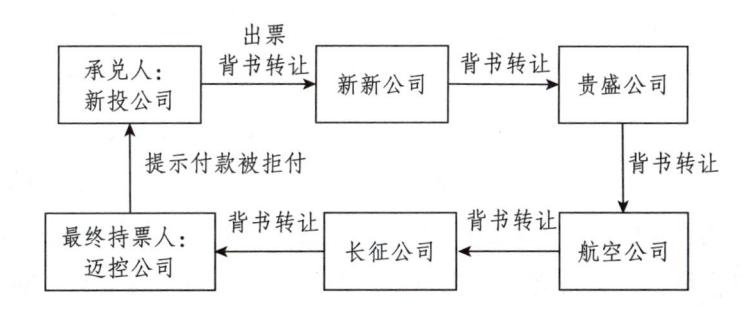

图 37　案例 3-9 的基本事实关系

争议焦点

本案中，主要争议焦点是：(1) 长征公司的再追索权请求是否超过法律规定的时效。(2) 票据追索权案件中的案件受理费、保全费、执行费及迟延履行金等是否属于再追索权范围。

裁判结果

法院认为，就本案涉及的再追索权时效问题而言，根据《票据法》第 17 条第 1 款"票据权利在下列期限内不行使而消灭：……（四）持票人对前手的再追索权，自清偿日或者被提起诉讼之日起三个月"的规定，由于长征公司清偿涉案款项时间、提起本案诉讼的起诉状载明的日期，显然均已超过法律规定的对前手行使再追索权的三个月期限，不应支持长征公司针对新新公司、贵盛公司、航空公司等提出的再追索请求。根据《票据法司法解释》第 17 条的规定，对出票人行使再追索权不受《票据法》第 17 条第 1 款第 4 项规定的三个月的时间限制，因此长征公司可以向票据出票人新投公司行使再追索权。

就再追索权之追索范围而言,案件受理费、保全费、执行费是当事人启动诉讼程序依法应当向人民法院交纳的费用,该费用并非票面金额,亦非该案生效判决中当事人主张的票据款项,不受票据法律关系调整,不属于《票据法》第71条第1款第1项规定的"已清偿的全部金额"的范围。故法院对长征公司关于再追索案件受理费、保全费、执行费的主张不予支持。

案例解读

(1) 票据追索权的时间效力

《票据法》第17条对票据追索权时效的规定如下:持票人对票据的出票人、承兑人追索和再追索的权利时效,自票据到期日起2年;持票人对支票出票人的权利时效,自出票日起6个月;持票人对前手的追索权利时效,自被拒绝承兑或者被拒绝付款之日起6个月;持票人对前手的再追索权利时效,自清偿日或被提起诉讼之日起3个月。在规定期限内不行使的,票据权利消灭。

需要注意的是,由于《票据法》基于票据的流通性特点而对票据债务施以强于民法一般债权的保障,《票据法》对票据时效作出的特别规定,应该与民法中的消灭时效相区别,以促进票据债务人及时解脱票据义务,使票据关系尽早消灭。[1]

票据时效期间较短,意在维护票据交易的快速流通性,要求权利人及时行使权利。但是,从公平交易角度考虑,如果因超过时效而丧失票据权利,持票人可以基于《票据法》第18条的规定,行使票据的利益返还请求权,请求出票人或者承兑人返还其与未支付的票据金额相当的利益。

(2) 追索权的范围

《票据法》第71条第1款规定:"被追索人依照前条规定清偿后,可以向其他汇票债务人行使再追索权,请求其他汇票债务人支付下列金额和费用:

---

[1] 参见王保树主编:《商法》(第2版),北京大学出版社2014年版,第412－413页。

(一)已清偿的全部金额；(二)前项金额自清偿日起至再追索清偿日止，按照中国人民银行规定的利率计算的利息；(三)发出通知书的费用。"

然而，《票据法》对"已清偿的全部金额"的范围未作出明确规定，尤其是对票据追索权案件中的案件受理费、保全费、执行费及迟延履行金等是否属于再追索权范围这一问题，长期存在疑惑和争议。本案中法院提出，当事人已支付的票据本金、利息及前述本金与利息自清偿日起至再追索清偿日止的利息属于再追索权范围。案件受理费、保全费、执行费及迟延履行金不属于可以基于票据关系行使再追索权的范围，其中，迟延履行金为当事人未及时履行生效法律文书确定的义务所产生，应自行承担；当事人已支付的诉讼费用，可以依据基础合同的约定，向与其发生票据基础关系的合同相对人主张权利。

五、票据行为的代理

(一)概述

票据行为在本质上是一种法律行为，与其他法律行为一样，也适用代理制度。票据代理基本上适用民法上一般法律行为的规定，但由于票据行为具有无因性、要式性和独立性等特征，票据代理也具有若干与一般民事代理不同的特殊规则。

票据行为的代理是指行为人按照票据当事人的授权，代票据当事人为票据行为的行为。《票据法》第5条第1款规定了票据代理的形式要件，即"票据当事人可以委托其代理人在票据上签章，并应当在票据上表明其代理关系"。从这一规定来看，票据上只承认显名代理，并且实行严格的显名主义，即必须在票据上明确记载被代理人的姓名或名称。没有代理权而以代理人名义在票据上签章的，构成无权代理。在票据行为无权代理的情况下，不发生票据伪造的问题，而认为是签章人所为的有效的票据行为，由签章人承担票据责任。

在票据代理中，也可能发生表见代理的情形，即在代理人实施无权代理或者越权代理的情况下，如果相对人或者第三人有正当理由相信其有代理权而为票据行为的代理时，对于本人发生票据行为有权代理的效果，本人应承担票据义务。[1] 尽管我国《票据法》并未对票据表见代理作出明文规定，但从实践和理论的角度来看，票据表见代理制度对于保护善意第三人信赖和促进票据流通至关重要。对于票据行为的表见代理，应当推定适用民法上关于表见代理的一般规定。

（二）关于票据表见代理由本人承担票据责任的案例

案例 3-10 中建六局土木工程有限公司与中船工业成套物流（广州）有限公司等票据追索权纠纷案

[案号：上海市第二中级人民法院（2017）沪02民终4036号]

案件事实

2015年10月9日，中建六局土木工程有限公司（以下简称中建六局土木公司）作为付款人，向辽宁黑色金属材料有限公司（以下简称辽宁金属公司）开具了两张商业承兑汇票，金额均为500万元人民币，到期日为2016年4月8日。该汇票由中建六局土木公司承兑后交付给辽宁金属公司，随后辽宁金属公司将其背书转让给了上海尚友实业集团有限公司（以下简称尚友公司）。

2014年12月10日，尚友公司与中船工业成套物流（广州）有限公司（以下简称中船公司）签订国内材料销售合同，购买钢坯10,000吨，暂定总价为26,568,300元。根据合同约定，中船公司在收到尚友公司支付的全额货款后供货，尚友公司应在合同签订后3日内支付合同总价款的15%作为履约保证金，余款在合同签订后90日内付清。合同签订后，尚友公司按照约定向中船公司支付了15%的履约保证金，并将上述汇票背书转让给中船公司作为货款的一部分。汇票到期后，中船公司委托银行进行收款，但辽阳银行以

---

[1] 参见金锦花、于海斌、朴飞编著：《票据法》，中国政法大学出版社2015年版，第116页。

"开户单位无款项支付"为由退票,导致中船公司未能收到相应的款项。中船公司遂起诉尚友公司、中建六局土木公司、辽宁金属公司连带支付汇票金额 1000 万元及相应利息。

中建六局土木公司在诉讼中主张,涉案两张票据上的印章是伪造的,并非其加盖,而是案外人于某某私刻印章所为,并请求法院启动司法鉴定程序。中船公司则辩称,银行方面回复账户内没有足够资金,而不是账户是虚假的,且于某某拿到中建六局土木公司的相关开户许可证等原件到银行开户,应认定其代表中建六局土木公司,相应法律后果应由中建六局土木公司承担。

本案的基本事实关系见图 38:

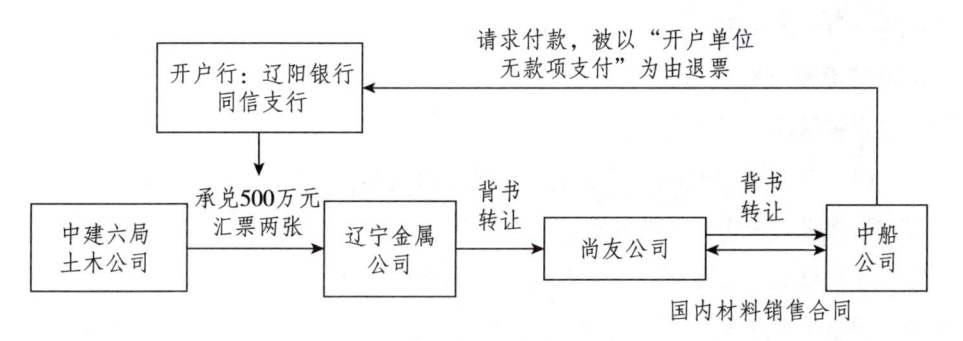

图 38 案例 3-10 的基本事实关系

争议焦点

本案中,主要争议焦点是非法定代表人是否可以构成票据表见代理并由公司承担相应票据责任。

裁判结果

对于于某某(非法定代理人)代办银行账户并购买商业承兑汇票的行为是否由公司承担相应票据责任,人民法院经审理认为,结合各方提供的证据、银行开立单位结算账户流程规定来看,于某某代办银行账户并购买商业承兑汇票的行为具备代理中建六局土木公司在某一区域从事建设工程项目经营活动的外观和实质:中建六局土木公司自 1999 年起即为于某某缴纳社保;辽宁金属公司和于某某分别提供的水泥等原材料购销合同、工程联系单等材料可以共同佐证于某某陈述其具有代表中建六局土木公司在某一区域开展业务活动的授权。据此可以推定中建六局土木公司明知于某某持有相关公章并认可其以中建六局土木公司名义开展经营活动。辽宁金属公司和于某某分别提供的材料以及中船公司提供的（2014）铁民二初字第00008号民事判决书，亦可以作为推定中建六局土木公司明知于某某持有相关公章并认可其以中建六局土木公司名义开展经营活动的依据。并且本案中并无直接证据可以证明系争票据所盖中建六局土木公司印章及法人章均系于某某私刻。结合上述论证可以证明中建六局土木公司对于某某以其名义对外开展项目相关经营活动予以认可，故客观上构成于某某具有中建六局土木公司代理权的表象。因此，中建六局土木公司、辽宁金属公司和尚友公司需连带支付中船公司票据款1000万元及相应利息。

案例解读

（1）民法表见代理在票据交易中的类推适用

票据表见代理的正当化依据是权利外观理论，该理论强调了保护善意相对人的信赖利益的重要性。根据民法一般理论，判断是否构成票据表见代理时，需要考虑相对人是否有理由相信行为人有代理权。《最高人民法院关于适用〈中华人民共和国民法典〉总则编若干问题的解释》第28条对此进一步明确："同时符合下列条件的，人民法院可以认定为民法典第一百七十二条规定的相对人有理由相信行为人有代理权：（一）存在代理权的外观；（二）相对人不知道行为人行为时没有代理权，且无过失。因是否构成表见代理发生争议的，相对人应当就无权代理符合前款第一项规定的条件承担举证责任；被代理人应当就相对人不符合前款第二项规定的条件承担举证责任。"在票据交易中，需要注意票据法与民法之间的差异，避免简单地将民法的规定直接应用于票据行为的表见代理中。并且鉴于票据的特殊性，如文义性和要式性，应当考虑保障交易的安全性和促进票据流通，适当修正或类推适用民法表见代理制度。

（2）财产权益保护与票据流转效率的司法权衡

在我国基础设施建设领域，特别是在大型国企的分公司或授权经营的建设项目中，票据结算时往往会出现授权不明确、刑民交叉等法律问题。本案确认中建六局土木公司非法定代表人于某某具有开立银行账户并使用票据作为工程项目结算手段的授权，并结合各方提交的证据，综合认定中建六局土木公司是涉案票据出票人并承担相应票据责任，运用了外观主义和信赖保护的理论，合理界定了票据法律关系中各方当事人的利益和风险界限，妥善平衡了本人财产权益的保护与票据流转交易的高效安全之间的冲突。

第四章 信用证纠纷

◎ **本章索引**

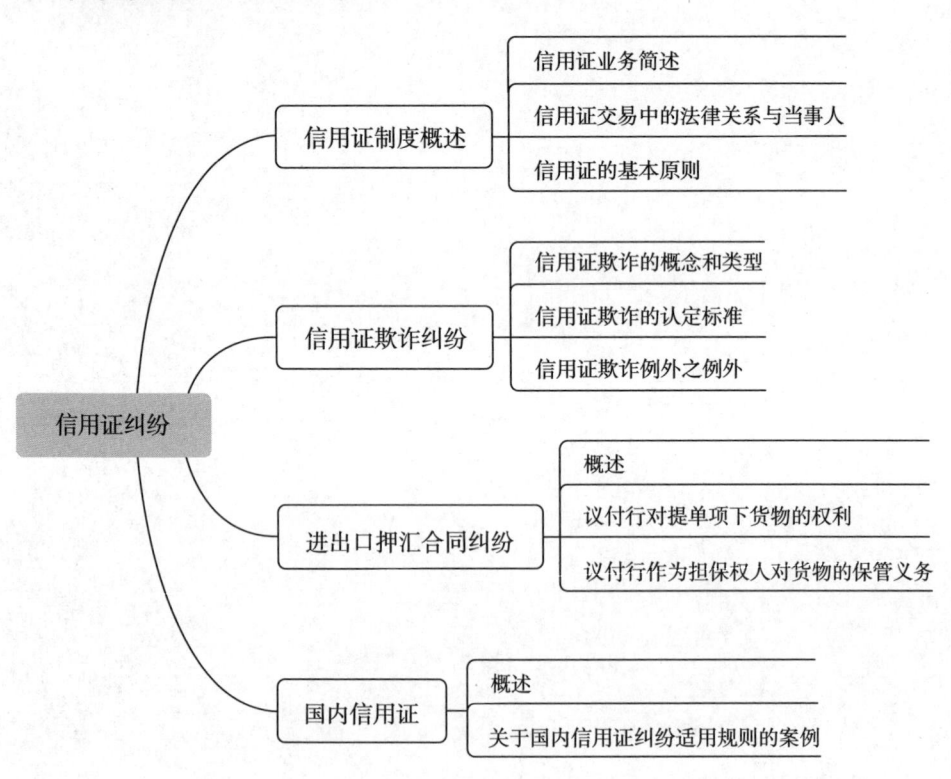

- 信用证纠纷
  - 信用证制度概述
    - 信用证业务简述
    - 信用证交易中的法律关系与当事人
    - 信用证的基本原则
  - 信用证欺诈纠纷
    - 信用证欺诈的概念和类型
    - 信用证欺诈的认定标准
    - 信用证欺诈例外之例外
  - 进出口押汇合同纠纷
    - 概述
    - 议付行对提单项下货物的权利
    - 议付行作为担保权人对货物的保管义务
  - 国内信用证
    - 概述
    - 关于国内信用证纠纷适用规则的案例

第一节 信用证制度概述

一、信用证业务简述

(一) 信用证的概念

信用证（letter of credit，L/C）是开证行应开证申请人的申请签发的在满足信用证要求的条件下，凭信用证规定的单据向受益人付款的一项书面凭证。[1] 通常，信用证被视为开证行向受益人签发的有条件的付款凭证。有学者认为，信用证是一家银行（开证行）根据其客户（开证申请人）的要求和指示，或自己主动向另一方（受益人）所签发的一种书面约定，如受益人满足约定条件，则开证行应当向受益人支付约定的金额。[2] 也有学者认为，信用证是银行的其中一种付款安排。[3] 在国际商会（International Chamber of Commerce，ICC）起草的、于2007年7月1日实施的UCP600中，对信用证的定义是："Credit means any arrangement, however named or described, that is irrevocable and thereby constitutes a definite undertaking of the issuing bank to honour a complying presentation."意指信用证是一项不可撤销的安排，无论名称是什么或如何描述，信用证安排构成开证行对单证相符即予以交付的确定承诺。《美国统一商法典》（Uniform Commercial Code，UCC）是为数不多的对信用证作出规定的国内法，其中第五章第5-102条a款第（10）项中对信用证的定义是：开证人应申请人提出的理由和请求，向受益人作出的，以付款或者给付相应价值的方式以兑付单证的，且满足本章第5-104条要求的确定的承诺。若开证人为金融机构，此项承诺可以是向自己作出的或是为自

---

[1] 参见胡晓红等编著：《国际商法理论与案例》，清华大学出版社2012年版，第268页。
[2] 参见左晓东：《信用证法律研究与实务》，警官教育出版社1993年版，第1页。
[3] 参见杨良宜：《信用证》，中国政法大学出版社1998年版，第1页。

己的原因作出的。[1]

综合以上定义可以看出，信用证本质上是开证行以自身的信誉为卖方提供的一种付款保证。就法律性质而言，信用证具有如下三个特征：

一是独立性。信用证的存在不依附于买卖合同，其代表的是买方或卖方与银行之间的付款关系。二是抽象性。信用证的付款依据系凭借单证交付而付款，并非以实际货物交付为依据付款。三是安全性。信用证对于卖方来说代表的是银行的信用，系银行背书的担保文件，与买方的资信无关。

（二）信用证的法律法规

信用证交易的运作受多种国际和国内法律框架的影响。在国际上，对信用证的法律规范主要是上文提到的1930年ICC制定的《商业跟单信用证统一规则》，该规则旨在为各银行和银行公会自愿采用以规范信用证的使用。1983年，该规则改名为《跟单信用证统一惯例》（UCP）。此后，UCP经过七次修订，现行有效的版本为自2007年7月1日起生效的UCP600。UCP600目前已经被全球广泛采用，在国际上具有不可置疑的影响力。而中国尚未将UCP600直接视为具有法律效力的成文法，但在具体审判业务中会参照该惯例来处理信用证的问题以及当事人因此发生的纠纷。与UCP600配套适用的，有ICC发布的《跟单信用证统一惯例关于电子交单的附则》（ICC Uniform Customs and Practice for Documentary Credits for Electronic Presentations, eUCP），主要内容是为规范以电子数据、电文形式交单的商务模式规则；以及《关于审核跟单信用证项下单据的国际标准银行实务》（International Standard Banking Practice, ISBP），主要内容是规范信用证在实际适用过程中产生的银行审单标准。需要指明的是，ICC并非政府组织或立法机构，实际

---

[1] See "Uniform commercial Code" S5 – 102（a）（10）"Letter of credit" means a definite undertaking that satisfies the requirements of Section 5 – 104 by an issuer to a beneficiary at the request or for the account of an applicant or, in the case of a financial institution, to itself or for its own account, to honor a documentary presentation by payment or delivery of an item of value.

上无权制定任何法律，因此 UCP 无法在司法程序中强制适用。但是，在通常国际货物买卖中，申请人在开立信用证时，银行一般会引用 UCP600 规则，如果信用证引用了上述规则，那么 UCP600 就成为信用证条款的一部分，实际司法案例中才会引用 UCP600 的条款，否则 UCP600 在案件中只能起到参照指引的作用。

另一个在国际上比较重要的文件是 1995 年的《联合国独立担保与备用信用证公约》（UN Convention on Independent Guarantees and Stand – By Letters of Credit），该文件是信用证发展历史上的第一个联合国公约，如各国签署加入，则该公约就可以成为该国的法律予以援引适用。目前，有 8 个国家签署了该公约，已经在 7 个国家生效。[1] 美国在 1997 年就签署了这个公约，但是由于政治上的原因，当时的美国总统是民主党的克林顿，而国会是共和党控制的，故一直没有批准生效，行政当局在进行批准该规范时经历了一系列烦琐的程序。后续布什总统上任后，美国又接连发生了"9·11"事件、伊拉克战争，批准该公约的程序就一直搁置至今未再启动。正是由于美国尚未批准该公约，其影响力至今未扩大到世界范围。

在国内，关于信用证的法律规范主要集中在最高人民法院 2005 年颁布、2020 年修正的《信用证纠纷司法解释》。另外，最高人民法院 1997 年颁布、2020 年修正的《关于人民法院能否对信用证开证保证金采取冻结和扣划措施问题的规定》，2002 年颁布、2020 年修正的《关于涉外民商事案件诉讼管辖若干问题的规定》，2003 年颁布的《关于严禁随意止付信用证项下款项的通知》，2009 年颁布的《关于当前人民法院审理信用证纠纷案件应当注意问题的通知》等对信用证纠纷案件的具体司法问题进一步加以了规范。

值得注意的是，关于 UCP600 在国内的司法适用问题，《信用证纠纷司法解释》第 2 条明确规定，"人民法院审理信用证纠纷案件时，当事人约定适用相关国际惯例或者其他规定的，从其约定；当事人没有约定的，适用国际

---

[1] https：//www.lawinfochina.com/display.aspx? id = 279&lib = tax&SearchKeyword = &SearchCKeyword = &EncodingName = big5.

商会《跟单信用证统一惯例》或者其他相关国际惯例"。第6条规定，"人民法院在审理信用证纠纷案件中涉及单证审查的，应当根据当事人约定适用的相关国际惯例或者其他规定进行；当事人没有约定的，应当按照国际商会《跟单信用证统一惯例》以及国际商会确定的相关标准，认定单据与信用证条款、单据与单据之间是否在表面上相符。信用证项下单据与信用证条款之间、单据与单据之间在表面上不完全一致，但并不导致相互之间产生歧义的，不应认定为不符点"。上述法条正式在法律上承认了UCP600在国际贸易业务中的影响力。

二、信用证交易中的法律关系与当事人

双方在基础交易关系的合同中明确约定采用信用证方式付款后，信用证交易一般须经过下列基本步骤：（1）买方向其所在地的银行申请开证，并缴纳一定的开证押金或提供其他保证，买方所在地的银行系开证行；（2）开证行依申请书的内容开立信用证并寄交卖方所在地银行，即通知行/议付行；（3）通知行/议付行将信用证通知卖方；（4）卖方对信用证审核无误后发货；（5）卖方自承运人处取得信用证所要求的装运单据，一般为海运提单；（6）卖方依信用证项下的全套单据向通知行/议付行请求议付，开立以开证行或其指定行为付款人的汇票；（7）通知行/议付行对单证进行表面审查后向卖方付款；（8）通知行/议付行向开证行提示跟单汇票，要求索偿；（9）开证行核对单据，单证相符无误后偿付通知行/议付行，取得汇票和货运单据；（10）开证行通知买方付款赎单；（11）买方付款赎单后，信用证交易结束。

根据上述基本步骤，一般信用证交易流程如图39所示：

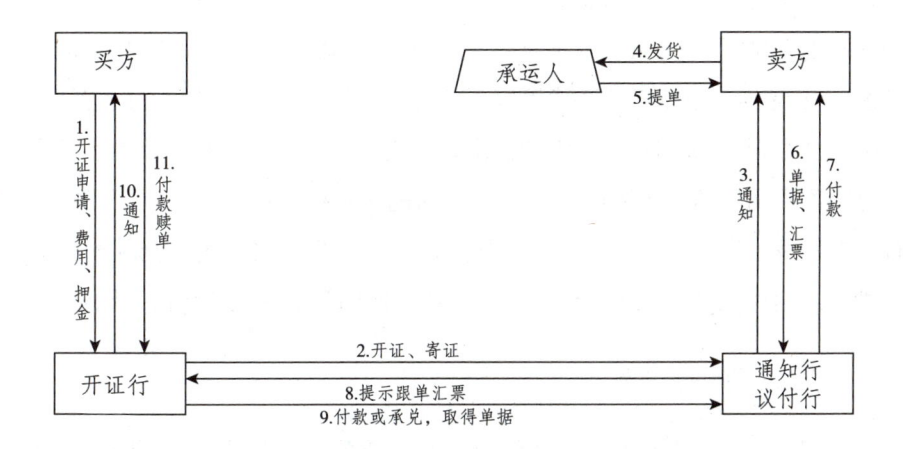

图 39　信用证交易流程

对上述步骤以及图 39 的关系进行初步研究可以发现，信用证的核心法律关系本质上由三方当事人加一个中间人构成。虽然图 39 中呈现的是四方主体，但就法律关系来说，实质上可以简化为三种法律关系：一是买方与开证行之间的信用证开证申请协议的法律关系；二是买方与卖方之间的买卖合同基础法律关系；三是开证行对卖方的付款承诺法律关系。

图 39 中的通知行/议付行本质上是卖方与开证行之间的中间人，如通知行对开证行开立的信用证进行保兑，那么通知行在此时也是保兑行，卖方可以直接向通知行请求付款；如通知行在其中只承担通知义务，那么通知行承担的角色仅是通知而已。当然，如通知行/议付行在其中承担了其他作用，那么法律关系也会相应增加。

三、信用证的基本原则

信用证作为一种国际贸易的结算方式，解决了国际贸易的进出口双方互不信任的问题，同时在与银行结算的过程中还可能兼具融资的功能，因此信用证在促进国际贸易方面起到了至关重要的作用。在司法实务中有学者对信用证制度总结了三项原则：独立原则、银行仅处理单据原则和单证相符原则。[1] 贸易界、银行界和法律界也不乏有人对信用证原则进行再次总结：独立抽象性原则、信用证欺诈例外原则和欺诈例外之例外原则。[2] 但是各原则的分类实质回答的是信用证独立性边界问题、银行审单过程中单证相符的把握问题以及信用证欺诈问题。本节从问题本质出发，将信用证交易中的原则归纳为：信用证独立原则、信用证严格相符原则和信用证欺诈例外原则。

(一) 信用证独立原则

信用证独立原则是指信用证的效力和性质独立于基础买卖合同之外而不受其影响和制约的一种法律属性。[3]

信用证独立原则是在英美国家的判例实践中逐步形成的，1921年的Urguhart Lindsay Co. v. Eastern Bank Ltd. 案是英国早期最著名的判例之一。[4] 该判例最早提出的观点是：银行在不可撤销信用证项下的法律地位应当视为订约购买货运单据的购买方。银行必须仅凭单据承兑和付款，买卖合同关系中的问题与承兑、付款无关。在1958年的 Hamtchmalsa v. British Tnex Industries Ltd. 案中，法官判决：银行不能因受益人的违约或以买方有权拒收货物为由，而拒收卖方的汇票，即使买方因卖方的根本违约已解除合同时亦然。上述两案的判决基本确定了国际贸易信用证独立原则的基本内容。此原则的意义在于强调信用证义务独立于基础合同义务，这种安排限制了银行的责任范围，使其专注于信用证的处理，避免被基础合同的细节干扰，这一机制对于维护作为当前国际贸易中主要支付手段的信用证制度之稳定性和便捷性至关重要。

随着信用证独立原则在司法实践中的不断细化与完善，UCP600 第4条

---

[1] 参见何波：《信用证三原则及其掌握》，载《人民司法》2000年第12期。
[2] 参见严自静：《信用证三原则逻辑探究》，载《中国外汇》2015年第21期。
[3] 参见李金泽主编：《UCP600适用与信用证法律风险防控》，法律出版社2007年版，第37页。
[4] 参见武岗：《信用证欺诈例外原则研究》，载梁慧星主编：《民商法论丛》（第14卷），法律出版社2000年版。

对此进行了规定:"就其性质而言,信用证与可能作为其开立基础的销售合同或其他合同是相互独立的交易,即使信用证中含有对此类合同的任何援引,银行也与该合同无关,且不受其约束。因此,银行关于承付、议付或履行信用证项下其他义务的承诺,不受申请人基于其与开证行或与受益人之间的关系而产生的任何请求或抗辩的影响。受益人在任何情况下不得利用银行之间或申请人与开证行之间的合同关系。开证行应劝阻申请人试图将基础合同、形式发票等文件作为信用证组成部分的做法。"在我国的司法实践中,我国法院也一贯坚持信用证的独立原则,即认可信用证和基础合同交易是相互独立的法律关系。

案例 4－1 瑞士纽科货物有限责任公司与中国建设银行吉林省珲春市支行信用证项下货款拒付纠纷案

[案号:最高人民法院(1998)经终字第 336 号]

案件事实

1995 年 11 月 6 日,中国建设银行吉林省珲春市支行(以下简称珲春建行)开立了一份不可撤销跟单信用证,金额为 1,460,000 美元,开证申请人为吉林省对外贸易进出口公司(以下简称吉林外贸),受益人为瑞士纽科货物有限责任公司(以下简称纽科公司),通知行为纽约银行法兰克福分行(以下简称法兰克福分行),该信用证注明适用国际商会第 500 号出版物,即 1993 年修订的《跟单信用证统一惯例》(UCP500)。

同年 11 月 18 日,纽科公司开始发运信用证项下货物。同年 12 月 5 日,纽科公司将信用证项下有关单据交给法兰克福分行,请求付款。法兰克福分行审单后于同年 12 月 8 日通过电传,向珲春建行提出单证有 7 个不符点:(1)铁路运单以俄文签发;(2)铁路运单有两份编号为 50332 号、50331 号的缺失;(3)发货延误;(4)装箱单上有关铁路与车厢的号码与铁路运单不符;(5)发票上的合同号与其他单据不符;(6)质量证书中第 2 点与信用证和发票不符;(7)受益人传真的包装方式与信用证不符、发运日期有误等,并要求珲春建行指示是否承兑该批单据。珲春建行于同年 12 月 15 日向法兰克福分行发出电传，明确表示拒付。因该电传发生变字，法兰克福分行请求珲春建行重发。12月18日，珲春建行向法兰克福分行重发了该电传。后法兰克福分行将珲春建行表示拒付的电传通知了纽科公司，并将信用证项下全套单据退还了纽科公司。此间，纽科公司发运的货物被与吉林外贸有外贸代理关系的珲春市国贸实业有限公司（以下简称珲春国贸）提走。纽科公司向珲春建行追索货款未果，诉至吉林省高级人民法院，请求判令珲春建行支付信用证项下货款及利息，并赔偿其损失。

另查明，上述信用证系珲春国贸依其与吉林外贸之间的外贸代理协议，以吉林外贸的名义向珲春建行申请开立。

上述事实有信用证、有关单据及往来电传等为证。

本案的基本事实关系见图40：

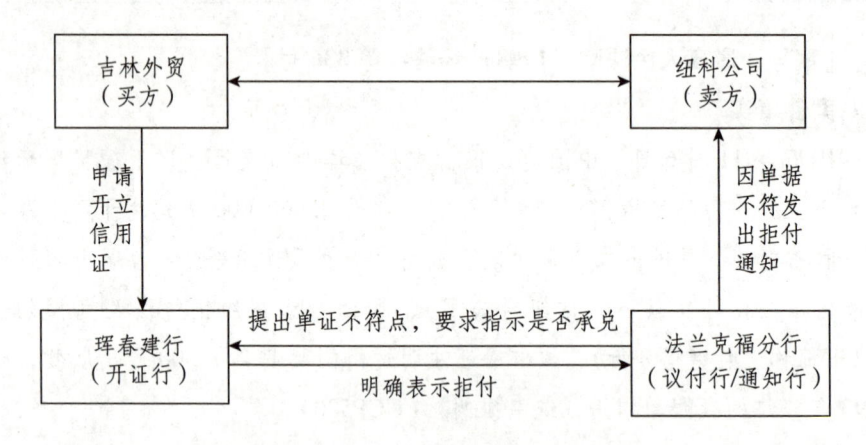

图40 案例4-1的基本事实关系

争议焦点

本案中，主要争议焦点是开证行是否有权拒付货款。

裁判结果

法院认为，本案系受益人与开证行之间的信用证项下货款拒付纠纷。双方当事人同意本案的信用证适用UCP500，该约定有效，故本案应以该惯例为依据调整当事人之间的权利义务关系。信用证交易是具有独立性的法律关系，珲春建行开立信用证并被纽科公司接受后，即构成珲春建行的独立的第一性的付款义务，与开证申请人无涉。纽科公司称珲春建行与珲春国贸合谋，利用信用证进行欺诈，骗取信用证项下货物，没有任何事实依据，也与法理不符。根据UCP500的规定，开证行有从其收到单据翌日起7个银行工作日的审单时间，但本案中的开证行珲春建行自始未收到信用证项下的单据，在知悉通知行法兰克福分行通过电传提示单证不符点的情况下，珲春建行不延误地发出了电传，并未违反UCP500的有关规定。纽科公司认为珲春建行超出审单期限，无权拒付货款的上诉理由不能成立。在信用证关系中，开证行负有严格的审单义务，其将确定单证是否表面相符作为付款条件，且只有在单单相符、单证相符的情况下才能支付信用证项下的货款。

本案中，纽科公司提交的单证存在诸多重大的不符点，珲春建行因此拒付信用证项下货款是正当的。纽科公司的货物被珲春国贸提走而未收回货款与珲春建行无关，亦不属于本案审理的范围，纽科公司应通过其他途径解决。上诉人的上诉理由不能成立，二审法院不予支持；原审判决认定事实清楚，适用法律正确，应予维持。

案例解读

本案以司法判决的形式确认了信用证独立性原则，系国内首例，最高人民法院在建院65周年总结建院以来办理的重大案件时，将本案列入民事案件中作为典型案例。在本案中，信用证的独立原则主要体现在以下两个方面。

第一，法院在"本院认为"的说理部分中对于信用证独立性原则进行了首次适用。卖方纽科公司没有实现自己的债权，在此前提下遭到珲春建行对信用证的拒付。但是，法院将买卖合同的基础法律关系剔除在信用证纠纷的范围之外，又将银行主体剥离基础法律关系之外，判定银行承担的责任仅是票据责任。

第二，法院的裁判明确了审单过程的独立性。开证行和议付行都有独立审单的权利，它们之间不存在代理关系。法兰克福分行作为议付行进行的审单是为了确认纽科公司提交的单据是否合格，而不是替代开证行审单。这表明，即使议付行发现了单据的不符点并通知了开证行，开证行仍有权进行自己的审核，并根据 UCP500 的规定，如果单据不符合要求，有权拒绝支付。

通过本案可以得出的结论是：信用证的结算方式在本质上是"单据买卖"。信用证的交易规则确立独立性的目的就是让付款关系脱离国际货物买卖合同履行中所面临的多方面因素的制约，使银行可以独立操作，交易过程中的干扰因素最小化。信用证发展历史上所确立的信用证独立原则，未尝不是对银行以及信用证交易规则的一种保护。

（二）信用证严格相符原则

信用证严格相符原则是指信用证交易的单据化、抽象化的属性，即信用证交易的对象不是货物本身，而是代表货物权属的单据，信用证项下的受益人只要提交了规定的单据，并构成"单证相符""单单相符"时，开证行就必须承付。[1] 对于"单证相符""单单相符"的审查标准，早在 1927 年，英国的 Equitable Trust Co. of New York v. Dawson Partners Ltd. 案中就曾提出，银行审查单据不能将"几乎一样"（almost the same）和"作用相似"（do just as well）混为一谈，也就是说，受益人提交的全套单据必须与开证行的信用证要求严格相符。英国法官 Viscount Summer 给出的理由很简单，开证行通常来说来自与受益人不同国家的银行，开证行对于国外的信用证流程无法做到熟知。因此，只有按照开证行的要求才能保证整个交易的安全，否则，一旦开证行作出了错误的承兑或付款，其救济成本无疑是信用证所有当事人中最巨大的。

关于"单证相符""单单相符"的审单标准，理论界曾经历过绝对相符、严格相符、实质相符三个阶段。这三种标准的区别在于，开证行对于受益人提交的单据审查的严格程度逐渐趋于放宽。在信用证制度发展前中期，信用证采用的是较为严格的绝对相符标准。在当时，开证行第一次提示的单据中

---

[1] 参见李金泽主编：《UCP600 适用与信用证法律风险防控》，法律出版社 2007 年版，第 42 页。

90%以上都会告知受益人存在不符点，70%的信用证会被拒付，从而导致在这段时期信用证业务的使用率下降，不再被国际贸易的买卖双方当事人所普遍使用。[1]

另外，从实际履行的角度来说，国际贸易中采用信用证方式付款的各方当事人往往处于不同国家或地区。由于各国家和地区政策、语言表达方式的不同，必然会导致对信用证认知的细微差异，如果实践过程中机械地适用绝对相符标准，即所谓的"严格"程度等同于"一字不差"的标准，则无疑会阻碍国际贸易的流动。

考虑到以上情况，在UCP600的修订中体现了一种软化的严格相符原则。具体来说，UCP500规定：单据之间表面互不一致（to be inconsistent），即视为表面与信用证的条款和条件不符；UCP600则放松了要求，规定：单据中的数据内容无须与该单据本身中的数据内容、其他要求的单据或信用证中的数据内容等同一致（need not be identical），但不得矛盾（must not conflict）。[2]

那么，我国法院对上述审单标准采取何种立场呢？从司法判例来看，新加坡星展银行、无锡湖美热能电力工程有限公司信用证纠纷案可以反映出国内对于信用证项下单据的审单标准逐渐转变为与UCP600一致的"软化严格相符原则"之价值取向，即为实质相符的标准。

案例4-2 新加坡星展银行、无锡湖美热能电力工程有限公司信用证纠纷案

[案号：最高人民法院（2017）最高法民终327号]

案件事实

2013年6月10日，新加坡星展银行（以下简称星展银行）为无锡湖美热能电力工程有限公司（以下简称湖美公司）开具了一份即期信用证。同年11月29日，湖美公司通过中国建设银行无锡分行（以下简称建行无锡分

---

[1] See Boris Kozolchyk, *Strict Compliance and the Reasonable Document Checker*, Brooklyn Law Review, 1990, (56): 48.
[2] 参见倪飞：《UCP600下信用证审单法律原则》，载《中国外汇》2017年第6期。

行），将信用证所需的全套文件通过敦豪快递（DHL Express）发送至星展银行。商业发票上显示，该笔交易的价格条款为 CIF 至印度尼西亚杜迈，金额为 8,938,290.98 美元。原产地证明中，第 7 栏详细列出了包装件数、产品名称、数量及进口方的海关编码，并特别注明了"CIF 印度尼西亚杜迈"；第 9 栏则记录了毛重或其他数量以及 FOB 价格，同样注明了"USD：8,938,290.98"。

2013 年 12 月 5 日，星展银行通过通知行建行无锡分行发出拒付通知称："原产地证明第 9 栏所列 FOB 价格为 8,938,290.98 美元，而发票显示 CIF 价格与之相同，即 8,938,290.98 美元，构成了冲突。前述的不符点我行无法接受，故我行拒绝支付信用证下款项。"

星展银行认为，一审判决遗漏了双方在一审过程中没有争议的部分事实，即 2013 年 12 月 24 日，湖美公司向星展银行发出《对 553-01-1165349 号信用证拒付通知的异议》，其中指出："信用证要求湖美公司提供的由江苏出入境检验检疫局出具的原产地证书能够满足原产地证书的功能，即证明原产地，且该原产地证明第 9 栏中填写的价格也与商业发票以及保险单中的价格完全一样。即使原产地证明第 9 栏要求的是 FOB 价格且为了确保保险单、发票和原产地证中显示的金额完全一样，将 CIF 价格填入了原产地证中，将此完全一样的数据视为不符点有违《跟单信用证统一惯例》（UCP600）第 14 条 d 款、f 款的规定。"湖美公司对此并无异议。

本案的基本事实关系见图 41：

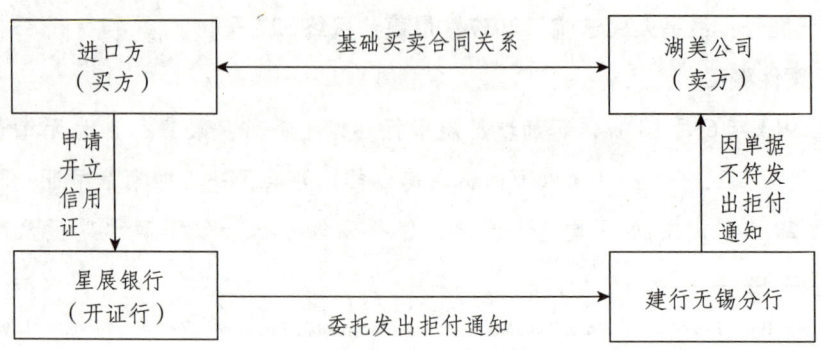

图 41　案例 4-2 的基本事实关系

争议焦点

本案中，主要争议焦点是案涉信用证项下单据是否单证相符、单单相符。

裁判结果

法院认为，案涉信用证上明确约定适用"最新版 UCP"，因此本案应适用 UCP600 的相关规定。根据 UCP600 第 14 条 d 款和 f 款的规定，关于审单标准上虽然确立了"表面上"相符的严格相符标准，但并未要求丝毫不差，只要单据与信用证之间以及单据与单据之间并不矛盾，即应当认定交单相符，开证行即应予付款。本案中，只要受益人湖美公司向开证行提交的原产地证明书看似满足其功能，且其中的数据与信用证要求的数据以及信用证要求的其他单据的数据不矛盾，即应当认为构成相符交单。

具体到本案中，涉及的原产地证书采用标准格式，其中栏目名称不可更改。在第 9 栏中，"（FOB）"是合同预设内容，不应被解释为国际贸易中货物的 FOB 价格。原因有二：第一，该表述与国际贸易术语的标准格式不符；第二，中国—东盟自由贸易区的国际贸易不会只限于使用 FOB 价格，而排除其他计价方式。因此，将原产地证书第 9 栏中的"（FOB）"解释为国际贸易术语下的 FOB 价格，是不合逻辑的。正确的理解应该是，该栏目旨在指导填写货物的价格。

本案基础合同规定的货物价格实际为"CIF 印度尼西亚杜迈"，信用证金额为 8,938,290.98 美元。为了满足信用证的要求，受益方湖美公司在原产地证书的第 9 栏直接填写了 8,938,290.98 美元。同时，在原产地证明的第 7 栏也已注明"CIF 印度尼西亚杜迈"等信息，与第 9 栏的金额"USD：8,938,290.98"相呼应，并且与信用证及其他商业发票上记录的货物价格相符。此外，第 8 栏"原产地标准"标注为"WO"（表示完全由出口国生产的产品），这足以体现该文件的功能。尽管原产地证书第 9 栏的数据与信用证及其单据要求的 CIF 价格一致，但这些文件之间并无矛盾，不会引起对文件理解的混淆。因此，不应将上述 FOB 价格与发票显示的 CIF 价格之间的差异视为不符点。在湖美公司提交的单据符合要求的情况下，星展银行应向其付款。一审判决正确。二审判决驳回上诉，维持原判。

案例解读

本案谈论的核心问题是信用证审单标准问题。《信用证纠纷司法解释》第6条规定："人民法院在审理信用证纠纷案件中涉及单证审查的，应当根据当事人约定适用的相关国际惯例或者其他规定进行；当事人没有约定的，应当按照国际商会《跟单信用证统一惯例》以及国际商会确定的相关标准，认定单据与信用证条款、单据与单据之间是否在表面上相符。信用证项下单据与信用证条款之间、单据与单据之间在表面上不完全一致，但并不导致相互之间产生歧义的，不应认定为不符点。"该条规定与UCP600第14条规定就审单标准而言体现的精神是一致的，这意味着中国法院在信用证纠纷案件中关于审判标准适用的是软化的严格相符原则。

关于严格相符原则下不符点的法律判断。从UCP600和《信用证纠纷司法解释》第6条第2款"信用证项下单据与信用证条款之间、单据与单据之间在表面上不完全一致，但并不导致相互之间产生歧义的，不应认定为不符点"的规定来看，严格相符原则并非要求受益人提交的单据在每一个细节上都完全准确无误，而是强调单据与信用证之间以及各单据之间不能存在实质上的矛盾或冲突，从而在保障交易安全与降低信用证交易成本之间达到适当的平衡。

本案中，星展银行拒付的不符点是原产地证明第9栏所列FOB价格与商业发票显示CIF价格相同，均为8,938,290.98美元，构成冲突违背UCP600第14条d款的规定。但在本案一审过程中，法官未认可星展银行的观点，一审法院在"本院认为"的说理部分曾对此引用了《关于审核跟单信用证项下单据的国际标准银行实务》（ISBP745）A23条的规定："如果拼写或打字错误并不影响单词或其所在句子的含义，则不构成单据不符。例如，在货物描述中的'machine'显示为'mashine'，'fountainpen'显示为'fountanpen'，或'model'显示为'modle'均不视为UCP600第14条d款项下的矛盾数据。但是'model321'显示为'model123'将视为该款项下的矛盾数据。"

本案开证行如果需要审查案涉货物的价格，理应审查单证之间、单单之间的CIF价格，而事实上，湖美公司提交的商业发票和原产地证明中均已出现了CIF价格，开证行对于CIF的价格审查是有依据的。但星展银行将货物的CIF价格与FOB价格进行比较发出拒付通知，违反了UCP600的审单规则。二审法院从原产地证书上"（FOB）"一栏的格式特点出发，以实际交易背景为考量因素，分析指出"如果将该（FOB）理解为国际贸易术语项下货物的FOB价格"，这样理解既不符合市场需求，也不符合常理。因此，应将其理解为具有指引性的，而该种理解不会使信用证和单据以及单据之间产生实质矛盾和冲突，即从经济实质上来看，不存在信用证项下的不符点。

综上，关于UCP600第14条的审单人员合理谨慎的审单义务，我们应当认识到严格相符原则仅是一项原则性的规定，单据审查仍然赋予审单银行一定的灵活自主空间，有时候甚至要求根据经验法则作出判断。法官在进行司法裁决时，也会考虑一个理性的审单员在彼时会作出怎样的决定。因此，需要在尊重当事人对信用证之约定的同时，还要关注单据之间、单据与基础交易之间的联系，并基于每份单据的基本功能对信息或数据进行解读。所谓不符点的存在应该是指对单据基本功能进行实质变更或对当事人权益产生实质不利影响，否则，不应轻易认定存在不符点。

（三）信用证欺诈例外原则

信用证欺诈例外原则的主要内容是在银行对受益人提交的单据付款或承兑之前，如发现或获得确凿证据，证明卖方确有欺诈行为，利害关系人可请求法院向银行颁布禁止令，禁止银行付款。有学者认为，信用证欺诈例外原则的理论基础来源为公共秩序保留原则、弥补法律漏洞原则以及诚实信用原则。[1] 也有学者认为，信用证欺诈例外原则从交易逻辑即可以推论得出：如果银行在明知存在欺诈时仍需付款，显然与民法中诚信原则的价值取向不符，

---

[1] 参见雷莉婷：《国际贸易中信用证欺诈例外原则适用研究》，郑州大学2019年硕士学位论文，第15页。

如果法院继续适用 UCP600 显然不当。[1]

自从 1933 年《跟单信用证统一惯例》问世后，在后续的多次修订中都少有说起信用证欺诈例外的相关内容，甚至至今尚未给出一个确定的界说。显然，该惯例的制定者刻意回避了这个问题，将此交由国内法处理，充分尊重各国对欺诈行为进行价值判断的权利。

美国的 Sztejn v. Henry Schroder Banking Corp. 猪鬃案是确立信用证欺诈例外原则的里程碑案件。在这个案例中，Sztejn 向印度卖家购买了 50 箱猪鬃，并向开证行 Schroder 银行申请开立信用证，随后受益人提交了表面上符合信用证规定的包括提单在内的有关单据，但买方声称卖方实际装运的是牛毛和毫无价值的垃圾，而不是猪鬃。因此，Sztejn 立即向法院申请禁止开证行付款，法院最终支持了 Sztejn 的请求，认为信用证独立性的保护不应扩展到保护不道德行为，继续承兑付款对买方而言显然是不公平的。[2] UCC 接受了 Sztejn 案所确定的信用证欺诈例外原则，并将其规定在第 5-109 条 b 项，该立法是目前唯一对信用证欺诈原则作出的国内立法。[3]

我国对欺诈例外原则的探索晚于英美国家，目前我国 2006 年施行的《信用证纠纷司法解释》中虽然多半内容在诠释欺诈问题，但对于认定为欺诈的

---

[1] 参见王爱平：《跟单信用证中"欺诈例外"的理论依据、适用条件及程序》，载《法学评论》1999 年第 2 期。

[2] 参见王腾、曹红波：《彻底搞懂信用证》（第 3 版），中国海关出版社 2018 年版，第 251 页。

[3] 《Uniform Commercial Code》§ 5-109 (b) If an applicant claims that a required document is forged or materially fraudulent or that honor of the presentation would facilitate a material fraud by the beneficiary on the issuer or applicant, a court of competent jurisdiction may temporarily or permanently enjoin the issuer from honoring a presentation or grant similar relief against the issuer or other persons only if the court finds that: (1) the relief is not prohibited under the law applicable to an accepted draft or deferred obligation incurred by the issuer; (2) a beneficiary, issuer, or nominated person who may be adversely affected is adequately protected against loss that it may suffer because the relief is granted; (3) all of the conditions to entitle a person to the relief under the law of this State have been met; and (4) on the basis of the information submitted to the court, the applicant is more likely than not to succeed under its claim of forgery or material fraud and the person demanding honor does not qualify for protection under subsection (a) (1).

标准目前还没有一个确定的方式。具体而言，《信用证纠纷司法解释》第5条在规定信用证严格相符原则、独立性原则后，进一步指出"具有本规定第八条的情形除外"，而第8条涉及的就是信用证欺诈情形："凡有下列情形之一的，应当认定存在信用证欺诈：（一）受益人伪造单据或者提交记载内容虚假的单据；（二）受益人恶意不交付货物或者交付的货物无价值；（三）受益人和开证申请人或者其他第三方串通提交假单据，而没有真实的基础交易；（四）其他进行信用证欺诈的情形。"

信用证欺诈例外原则设立的法理根源来自信用证独立原则，信用证独立原则是信用证制度的基石，信用证欺诈例外原则是信用证独立原则的上层建筑。信用证独立原则和信用证欺诈例外原则保证的主体不同：信用证独立原则旨在保证信用证交易安全，倾向保证的是卖方的利益；信用证欺诈例外原则旨在保证欺诈确实发生时，受害方有进行申诉或诉讼的权利，倾向保证的是买方的利益。如过分追求信用证欺诈例外原则，则银行和买方将不得不投入大量人力、物力用于基础交易的审查，信用证将丧失独立性。如只追求信用证独立原则，那么当欺诈行为在付款前已经明确发生时，机械适用信用证独立性原则无疑让买方权利难以得到救济。因此，在司法适用过程中，需要平衡信用证欺诈例外原则和信用证独立原则之间的关系。

案例4-3 澳大利亚和新西兰银行（中国）有限公司上海分行与中国农业银行股份有限公司宁波市分行、好运国际企业集团有限公司、宁波保税区盛通国际贸易有限公司信用证欺诈纠纷案

[案号：最高人民法院（2013）民申字第1391号]

案件事实

2008年8月29日，宁波保税区盛通国际贸易有限公司（以下简称盛通公司）与好运国际企业集团有限公司（以下简称好运公司）签订合同一份，该合同约定：好运公司同意出售、盛通公司同意购买伦敦金属交易所注册的A等级的电解铜；数量286公吨（允许溢短装±5%）；单价6700美元/公吨；

上海保税仓交货；凭不可撤销信用证，见单90天付款；等等。

2008年9月1日，盛通公司向中国农业银行股份有限公司宁波市分行（以下简称农行宁波分行）申请开立信用证，2008年9月2日，农行宁波分行开立了一份不可撤销信用证。该信用证载明：适用最新版UCP；申请人为盛通公司，受益人为好运公司；信用证金额为1,916,200美元；见单90天根据发票金额全额付款；收货地上海保税仓；最迟装运日为2008年9月30日。要求的单据为：（1）经签字的商业发票正本3份，标明信用证号和合同号；（2）装箱单和重量证明正本3份；（3）受益人出具的质量证书正本2份；（4）受益人出具的原产地证书正本2份；（5）正本仓单，由新加坡世天威（远东）有限公司（以下简称世天威公司）出具，不得迟于2008年9月30日。

2008年9月3日，澳大利亚和新西兰银行（中国）有限公司上海分行（以下简称澳新银行上海分行）向农行宁波分行发出交单面函并附相关汇票、发票、仓单等单据，称其已就此次索付对正本信用证进行了背书，并确认单据符合农行宁波分行开立的信用证的所有条款及条件，并向农行宁波分行索付2,010,938美元。

根据好运公司就上述信用证向澳新银行上海分行提交的沉默保兑申请（该申请表上的签名并非本人所签，申请日期为空白），2008年9月4日，澳新银行上海分行向受益人好运公司发出付款通知，称其已就农行宁波分行开立的信用证，结算金额2,010,938美元，在扣除相关费用后（扣除了预扣款20,461.29美元、议付手续费1,608.75美元、快递费15美元），将余款1,988,852.96美元付至了好运公司账户。经查，澳新银行上海分行付给好运公司的上述款项来源于香港澳新银行。

2008年9月8日，农行宁波分行在其发给澳新银行上海分行的SWIFT电文中，称其已承兑该行信用证项下金额为2,010,938美元的票据，到期日为2008年12月3日。随后开证行农行宁波分行将信用证项下的单据交给了盛通公司，但盛通公司未按约定向农行宁波分行支付该笔信用证项下的款项，农行宁波分行也未向澳新银行上海分行支付该笔信用证项下的款项。农行宁波分行以构成信用证欺诈为由诉至原审法院，请求判令：终止支付农行宁波分行开立的信用证项下的款项 2,010,938 美元。

另查明，在澳新银行上海分行职员的建议并介绍注册代理机构的情况下，案外人宝诚公司法定代表人史某、盛通公司法定代表人俞某某二人经商量，在美国等境外设立了多家离岸公司。其中，联创公司、好运公司和永联公司分别于 2005 年 12 月 30 日、2007 年 3 月 6 日、2007 年 3 月 20 日在中国香港、英国和美国设立。这些境外关联公司均受史某等人的支配和控制，自其成立以来，除了作为史某等人为实现融资目的与其控制的境内关联公司（包括宝诚公司、盛通公司等）进行"自买自卖"电解铜的名义上的买方，并在信用证中作为名义上的受益人外，从未进行过其他经营活动。

从 2006 年开始，史某、俞某某即以其控制的盛通公司等向其虚假设立的离岸公司虚构电解铜基础交易，自买自卖，并通过不断拆分、兑换世天威公司仓单的形式，以盛通公司循环委托其他公司或直接由盛通公司等申请开立信用证，并通过澳新银行完成套现目的。据不完全统计，仅在 2008 年 1 月至 10 月，史某实际控制的上述三家离岸公司作为卖方，通过上述方式向史某控制的其他境内公司如盛通公司、宝诚公司等售出的电解铜总吨数就高达 4 万余吨，而实际上在上海保税区仓库中真实的电解铜数量只有 2800 余吨，该 2800 余吨电解铜始终在上海保税区仓库没有移动过，放大贸易量十多倍。史某以此种方式套取的信用证项下款项高达数亿美元。直到 2008 年 10 月，澳新银行上海分行通知盛通公司停止上述协议下的融资，史某才因资金链断裂而被迫停止类似操作。

本案的基本事实关系见图 42：

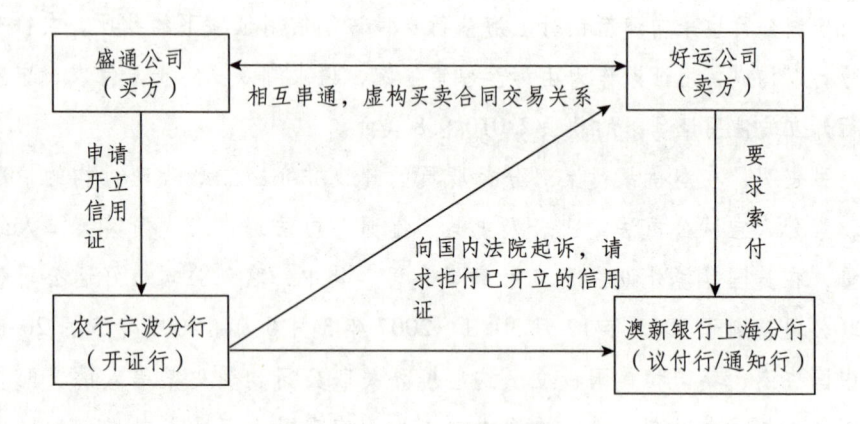

图42 案例4-3的基本事实关系

```
盛通公司           相互串通，虚构买卖合同交易关系        好运公司
（买方）  ←——————————————————→        （卖方）
  │                                              │
  │申请                                          │要
  │开立                                          │求
  │信用          向国内法院起诉，请                │索
  │证            求拒付已开立的信用                │付
  │              证                              │
  ↓                                              ↓
农行宁波分行  ————————————————————→  澳新银行上海分行
（开证行）                              （议付行/通知行）
```

争议焦点

本案中，主要争议焦点是本案是否存在信用证欺诈。

裁判结果

本案中，涉及的信用证并未基于真实的商业交易，而是被用作了融资手段，而非其原本的支付功能。史某等人为了获取资金，创建了多个离岸公司，如永联公司、联创公司和好运公司作为名义上的卖方。与此同时，他们控制的国内实体，如盛通公司，或通过外贸代理协议委托的宁兴公司等，扮演买方角色。利用仓库中的2800吨电解铜，构建了虚假的交易场景，并以此为基础，向多家国内银行申请开立信用证。接着，通过他们控制的公司向澳新银行提交了所需的单据，澳新银行根据与离岸公司签订的保兑协议，购买了单据并支付了贴现款项。史某等人利用银行交单和承兑后释放单据的机会，获取了世天威公司的仓单，并通过重复使用或调整仓单的方式，完成了后续的信用证交易。通过这种方式，从银行获得了大量资金。2008年1月至10月，这些电解铜对应的仓单被循环使用了上百次，涉及的电解铜总量超过了4万吨，这表明信用证被用作了融资工具，而非支付工具。此外，由于这些信用证交易缺乏真实的交易背景，相关的单据，包括仓单、商业发票、装箱单、原产地证明和品质证书等，均存在伪造的情况。

信用证在国际贸易中作为一种支付方式，虽然具备融资功能，但其核心功能仍然是作为支付手段,如果信用证被用作纯粹的融资工具,就违背了其设计初衷。根据《信用证纠纷司法解释》的规定,存在特定情形的信用证交易应被认定为欺诈。

考虑到史某等人通过循环交易放大了电解铜的使用,且所有信用证交易均缺乏真实的交易背景,无论欺诈的原因是什么,无论谁促成了欺诈行为,都应认定这些交易存在欺诈,不应受信用证独立性原则的保护。因此,一审和二审法院根据《信用证纠纷司法解释》第 8 条的相关规定,认定本案构成信用证欺诈。澳新银行上海分行关于欺诈行为发生在信用证之外的提货环节,且每笔信用证下没有虚假单据和欺诈行为的再审申请理由是不成立的。

案例解读

从本案判决书的案件事实部分可以看出,法院对于信用证欺诈纠纷事实的梳理流程为:首先,法院将细致检查信用证的单据,以识别是否有伪造行为或单据内容不实。其次,法院将深入分析基础合同的细节,这涉及合同的当事人、合同的核心标的物以及合同履行的具体方式。再次,法院还会对合同的履行情况进行核实,包括但不限于信用证中提到的货物是否真实存在、货物是否已经发出以及货物的实际价值。最后,在确认了上述关键事实后,法院将依据《信用证纠纷司法解释》第 8 条的情形来评估案件是否涉及信用证欺诈。

《信用证纠纷司法解释》第 8 条规定了实践中应当被认定为信用证欺诈的具体情形。本案中,史某等人通过虚构基础交易,使用同一仓单在多个信用证下循环使用,明显构成了信用证欺诈。法院引用的依据具体为《信用证纠纷司法解释》第 8 条第 1 项、第 3 项,即"受益人伪造单据或者提交记载内容虚假的单据""受益人和开证申请人或者其他第三方串通提交假单据,而没有真实的基础交易"。同时,法院在审理过程中强调,即使信用证具有独立性,也不能成为欺诈行为的"保护伞"。当信用证被用作纯粹的融资工具,而非基于真实的贸易背景时,法院将认定存在欺诈,从而适用信用证欺诈例外原则，终止支付信用证项下的款项。这体现了司法实践中对信用证欺诈行为的严厉打击态度，确保信用证交易的安全和公正。

从本案可以看出，国内法院对于利用信用证进行虚假融资的行为持严格审查态度，案件说理多次强调信用证交易必须基于真实的贸易背景。这种态度旨在维护信用证制度的健康发展，防止信用证被滥用，保护银行和相关当事人的合法权益。信用证的根本性质是支付工具，而非融资工具，如果信用证被异化为融资工具，就背离了其制度设计的初衷。

本案除了对信用证虚假贸易背景作出了欺诈的认定，同时也明确了欺诈例外原则与信用证独立原则的边界。尽管信用证具有独立性，但如果银行明知或应知存在欺诈行为仍然进行议付，那么银行的行为将不被认定为善意，不能享受信用证独立原则的保护。法院的这一裁决强调了银行在信用证交易过程中的审慎义务，要求银行在进行信用证议付时，应进行必要的审查，以确保交易的真实性和合法性。

第二节　信用证欺诈纠纷

一、信用证欺诈的概念和类型

根据前文所述的信用证严格相符原则，银行对于信用证项下的单据仅仅只是形式审查，只要符合单证相符原则即可付款，对于单据的真实性以及单据项下的货物真实性不承担任何责任。本节所述的信用证欺诈的行为正是利用了这一特点，通过伪造单据或者提交记载内容虚假的单据、恶意不交付货物或者交付的货物无价值等行为进行信用证欺诈；或者通过使用伪造、变造的信用证或者附随的单据文件，使用作废的信用证，骗取信用证等行为进行信用证诈骗。

关于信用证欺诈的概念，《信用证纠纷司法解释》第 8 条对信用证纠纷和信用证欺诈界定了三种具体情形。有学者认为，信用证欺诈是信用证严格相符原则导致的。在权利外观上，由于银行只能审核单证信息，很可能在认定单据和信用证一致的情况下，背后的交易是商业欺诈行为。[1] 也有学者仅从实施方式角度考虑，认为信用证欺诈是在被害人陷入错误认识，并基于错误认识作出瑕疵或者错误的意思表示时，实施获取非法利益的行为。[2]

我国《刑法》第195条规定了信用证诈骗罪，并在法律条文中列明了三种明确的信用证诈骗情形，[3] 但是本书中所论述的欺诈行为与《刑法》中的信用证诈骗罪名有着明显的区别。从目的上看，本书论述的欺诈可以为上述案例4-3中所体现的融资目的，但是刑法意义上的诈骗将目的限缩为非法占有。从主体上看，本书论述的欺诈主体是有限的，只能是信用证关系中的各方当事人，如受益人、开证人等，但《刑法》并未对信用证诈骗的主体作出限制，即任何实施欺诈行为的主体均可能成立信用证诈骗罪，包括信用证关系之外的任何第三人。[4] 在司法实践中，通常的信用证欺诈与信用证诈骗罪是一种简单的包含关系，构成了信用证诈骗罪必定构成信用证欺诈，而实施信用证欺诈的行为不一定构成信用证诈骗罪。

目前，各国、各地区对于信用证欺诈并无统一的认识和概念，信用证欺诈的定义在不同国家和法律体系中也有所差异。UCC对信用证欺诈行为的认定标准是"实质性欺诈"，具体是指当伪造的单据或欺诈行为对基础交易有

---

[1] 参见郭瑜：《论信用证欺诈及其处理》，载《法学》2000年第10期。
[2] 参见蔡磊、刘波：《国际贸易欺诈及其防范》，法律出版社1997年版，第32页。
[3] 《刑法》第195条规定："有下列情形之一，进行信用证诈骗活动的，处五年以下有期徒刑或者拘役，并处二万元以上二十万元以下罚金；数额巨大或者有其他严重情节的，处五年以上十年以下有期徒刑，并处五万元以上五十万元以下罚金；数额特别巨大或者有其他特别严重情节的，处十年以上有期徒刑或者无期徒刑，并处五万元以上五十万元以下罚金或者没收财产：（一）使用伪造、变造的信用证或者附随的单据、文件的；（二）使用作废的信用证的；（三）骗取信用证的；（四）以其他方法进行信用证诈骗活动的。"
[4] 参见郭磊：《信用证欺诈的认定标准》，吉林大学2019年硕士学位论文，第5页。

实质性损害时才能构成信用证欺诈。[1] 英国对于信用证欺诈的认定标准严于美国，除了要满足"实质性欺诈"的认定标准，还需要在主观层面上审查是否具有欺诈的故意。最著名的案例是 United City Merchants（Investments）Ltd. v. Royal Bank of Canada and Others 案。[2] 英、美两国的信用证欺诈认定标准对国内立法具有很好的借鉴意义，《信用证纠纷司法解释》第 8 条吸收了英、美两国的欺诈认定标准。

信用证欺诈形式多样，以实施主体为标准可分为受益人实施、申请人实施和受益人串通申请人共同实施的欺诈；以欺诈手段为标准可以分为涉及基础贸易关系的欺诈和不涉及基础贸易关系的欺诈。[3] 本书从受益人一方欺诈、开证申请人欺诈以及软条款欺诈三种分类来大致阐述信用证欺诈的各种情形。

（一）受益人欺诈

常见的受益人欺诈的手段分为两种：

一种是开证申请人自己实施欺诈。受益人往往准备一些表面上符合银行要求的单据，并将这些单据提交给银行以期获得议付，这些单据通常制作精良，可以轻易躲过初步的审查。然而，实际上，他们可能并没有发出与这些单据相对应的货物。依据 UCP600 第 5 条的规定，银行对于单据背后货物或服务的实际履行情况不承担责任。只要受益人提交的单据在形式上符合信用证的规定，银行就有义务进行付款。具体手段为：通过某些手段骗取进口商签订销售合同，但其实际没有货物，待信用证开立后，伪造满足要求的单据，提交银行，请求议付。

另一种是货物欺诈。受益人按照信用证的条款发货并获取相应的单据，

---

[1] 参见陆璐：《信用证欺诈的认定标准与止付令下达依据——中、英、美不同法律视角的比较研究》，载《江海学刊》2014 年第 3 期。

[2] 参见王善论：《国际商会信用证案例评析》，厦门大学出版社 2014 年版，第 297 页。

[3] 参见王蕾：《信用证欺诈法律问题研究》，内蒙古大学 2022 年硕士学位论文，第 3 页。

这些单据在形式上通常是合法有效的,[1] 但是,他们所发出的货物可能并不符合销售合同的规格,可能是废品或劣质品。在这种情况下,因为受益人提交给银行的单据表面上满足了信用证的条件,所以银行在收到符合要求的单据后必须向受益人支付款项。由于货物运输需要时间,当货物到达目的地,申请人凭借银行交付的单据去港口提货时,才可能发现货物存在质量问题或数量不符。到了这个阶段,再去追究受益人或银行的责任往往为时已晚,受益人可能已经消失无踪。在国际贸易中,买卖双方通常位于不同的国家,地理距离遥远,申请人如果发起跨国诉讼,所需的财力和物力可能远超单次交易的价值。

当然,受益人欺诈的手段还有很多,如提单造假、提单倒签等,此处不予赘述。

(二) 开证申请人欺诈

常见的开证申请人欺诈的手段分为两种:

一种是开证申请人自己实施欺诈。开证申请人可能会伪造信用证,自制一张信用证或编造一个不存在的虚假银行所开立的信用证。在国际贸易中,如果在某个卖方强势的市场,买方通常会被要求先支付一定数量的佣金,此时该种欺骗手段就可以达到骗取定金和预付款的目的。

另一种是开证申请人和受益人合谋欺诈。[2] 此种情况通常是开证申请人系主谋。名义上由开证申请人向开证行提交申请开立信用证,然后开证人和受益人虚构贸易关系,制作虚假提单向开证行提出付款要求,在拿到信用证贷款后双方分赃。在这个过程中,买卖双方之间所谓的基础交易实际上是不存在的,完全是虚构的。买方和卖方的身份是不真实的,他们在银行注册和开设账户时使用的名称也是捏造的。所谓交付给承运人的货物,要么是价值微乎其微的物品,要么根本就没有托运。因此,当银行买入单据并向进口

---

[1] 参见罗杰:《信用证欺诈和银行风险防范研究》,西南财经大学2014年硕士学位论文,第26页。
[2] 参见王夏梦:《信用证欺诈的法律问题研究》,上海师范大学2017年硕士学位论文,第11页。

商索取款项时，往往无法联系到买方，根据提单所获得的，可能只是一些价值极低的物品或者一张无效的提单。这种欺诈手法是犯罪集团的常用手段，也常见于那些在正常流程下难以获得银行贷款的商家所采取的非常规手段。

（三）软条款欺诈

所谓信用证软条款（soft clause），是指不可撤销信用证中规定有信用证附条件生效的条款，或者规定要求信用证受益人提交某些难以取得的单证，使受益人处于不利和被动地位，导致受益人履约和结汇存在风险隐患的条款。[1]

从实例来看，信用证中常见的软条款有：（1）信用证中载有暂不生效条款。（2）限制性付款条款。如信用证有"信用证项下的付款要在货物清关后才支付""开证行须在货物经检验合格后方可支付"等的规定。（3）加列各种限制，如"出口货物须经开证申请人派员检验，合格后出具检验认可的证书""货物装运日期、装运港、目的港须待开证人同意，由开证行以修改书的形式另行通知"或信用证规定"禁止转船"，但实际上从装运港到目的港无直达航线等。

买方为了掌握贸易的主动权，避免自身利益的受损，在信用证中设立种种暂不支付的条款系正常的商事行为。但本书所述的软条款欺诈是指买方具有欺诈的故意，利用单证严格相符原则，在信用证中设置违背现实条件的条款，希望银行通过单证不符点拒付货款，以得到货物利益。

软条款欺诈与传统的信用证欺诈不同，利用软条款进行欺诈的行为至今一直被各国视为一种欺诈行为，而非商业行为，因为它涉及故意制造陷阱条款，对受益人造成风险，破坏了信用证作为支付工具这一功能属性。

---

[1] 参见徐冬根：《信用证软条款问题研究》，载《政治与法律》2004年第1期。

二、信用证欺诈的认定标准

在认定是否存在信用证欺诈行为时,需考察行为人欺诈的主观标准和客观标准,前者的重点在于行为人是否存在欺诈恶意,后者则进一步划分为实质性欺诈标准(如 UCC 第 5-109 条评注界定,实质性欺诈是指单据中的欺诈因素对买受人而言是实质性的,或者欺诈行为对基础交易的参与人有重大影响)、实质性虚假陈述标准(受益人提交的单据包含其明知的实质性虚假陈述)和灵活标准。[1] 以下通过实践案例说明法院在判定欺诈行为时对上述主观标准和客观标准之具体运用。

(一)是否构成欺诈需审查受益人是否存在欺诈恶意以及开证行是否明知

案例 4-4 宁波南衡进出口有限公司与 SHINHAN BANK CORP.(株式会社新韩银行)信用证纠纷案

[案号:浙江省高级人民法院(2021)浙民终 158 号]

案件事实

2019 年 8 月 21 日,宁波南衡进出口有限公司(以下简称南衡公司)与中宇互动公司(以下简称中宇公司)订立买卖合同,约定由南衡公司向中宇公司出售冷冻切蟹,合同金额为 170,939.70 美元,支付方式为即期信用证。2019 年 8 月 23 日,株式会社新韩银行(以下简称新韩银行)根据中宇公司之申请,以南衡公司为受益人开立了一张信用证,金额为 170,939.70 美元,约定适用《跟单信用证统一惯例》的最新版本,即 UCP600。

2019 年 10 月 25 日,南衡公司通过宁波银行股份有限公司(以下简称宁波银行)向新韩银行提交了单据,要求新韩银行支付信用证项下款项。商业发票、装箱单的开具日期是 2019 年 9 月 30 日,商业发票编号为 NHIESJ19-122,

---

[1] 参见王瑛:《信用证欺诈例外原则研究》,中央民族大学出版社 2011 年版,第 148-156 页。

而南衡公司与中宇公司签订的买卖合同编号为 NHIESJ19-128，两者不一致。新韩银行发出拒付电文，拒付理由是：代表承运人签署存在不符点。

另外，南衡公司提交的1080号提单显示，宁波甬正公司代表承运人南星海运于2019年10月8日签发，货物为74,100千克冷冻切蟹，装货港为中国宁波港，承运船舶为"STAREXPRESS"轮，装船日期为2019年10月8日，但据承运人南星海运官网记载，1080号提单下承运船舶"STAREXPRESS"轮于2019年8月31日在中国宁波港装货，于2019年9月5日到达韩国釜山卸货，与南衡公司提交的1080号提单记载不一致。1080号提单中记载的承运船舶"STAREXPRESS"轮2019年10月8日不在宁波港。

本案的基本事实关系见图43：

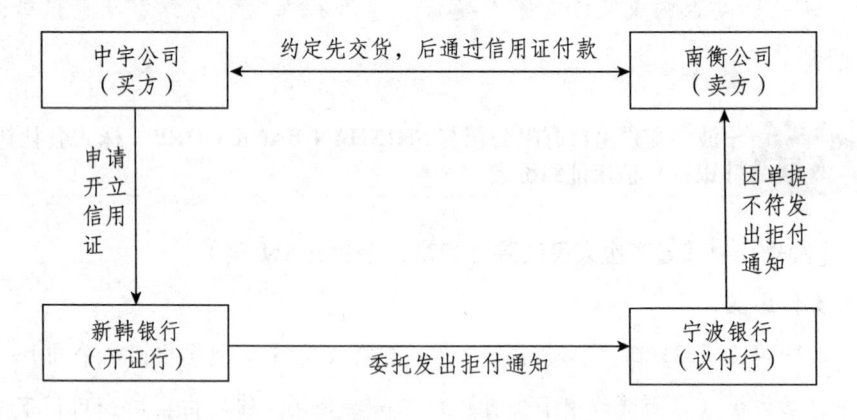

```
中宇公司 ←—— 约定先交货，后通过信用证付款 ——→ 南衡公司
（买方）                                          （卖方）
  │                                                  ↑
  │申请                                          因单据
  │开立                                          不符发
  │信用                                          出拒付
  │证                                            通知
  ↓                                                  │
新韩银行 ——— 委托发出拒付通知 ————————————→ 宁波银行
（开证行）                                       （议付行）
```

图43 案例4-4的基本事实关系

争议焦点

本案中，主要争议焦点是南衡公司的行为是否存在信用证欺诈。

裁判结果

法院认为，本案根据查明的事实，南衡公司提交给新韩银行的信用证项下的提单，并非真实或可用于提取货物的提单，南衡公司也自认与开证申请人达成了先交付货物，后通过信用证付款的交易方式，故可认定案涉信用证项下的提单属于记载内容虚假的单据。根据信用证的独立性原则，新韩银行无须审查货物是否通过提交给银行之外的单据进行交付，只要受益人提交给银行的单据是虚假单据而没有真实的货物,就可以认定构成信用证欺诈。

但是,南衡公司主张新韩银行明知甚至参与了上述交易方式,故对于本案是否构成信用证欺诈,仍应审查南衡公司是否具有欺诈的主观恶意以及新韩银行是否明知该交易方式。首先,南衡公司二审提交的海运提单、出口报关单、韩国进口申报记录等证据可以相互印证,证实南衡公司已将本案货物实际出运并交付给收货人。因此,本案基础交易已实际履行,南衡公司没有通过欺诈骗取信用证款项的主观恶意。其次,案涉信用证附加条款要求承运人的韩国货运代理人必须指定为科恩公司,新韩银行一审答辩时也认可其已从卸货港堆场取得了案涉货物的真实提单,且根据新韩银行出具的出库申请及内容事实证明书,本案货物已在新韩银行同意的情况下交付给收货人,上述事实说明新韩银行对案涉货物具有实际控制权。结合双方之前也有过类似的信用证交易模式,可以认定新韩银行对该交易方式属于事先明知。新韩银行实际上是通过控制信用证项下的货物来保证开证申请人的付款,其利益并未因这种交易模式而遭受实际损害,故不应认定本案构成信用证欺诈,新韩银行不能以此为由拒付信用证项下的款项。退而言之,新韩银行已经控制了案涉货物,其处置不当导致货物被放行,即使南衡公司提交虚假单据的行为构成信用证欺诈,新韩银行也应向南衡公司承担损害赔偿之责任。

案例解读

本案涉及受益人信用证欺诈的认定问题,主要围绕南衡公司和新韩银行之间的纠纷展开。

首先,信用证在国际贸易中扮演着重要角色,其核心原则之一是独立性原则。根据这一原则,开证银行(此处为新韩银行)应仅根据信用证条款的严格相符性来支付款项,而不需要审查或验证货物的实际交付情况。这意味着,如果受益人(此处为南衡公司)提交的提单存在虚假或不符合信用证条款的情况,新韩银行可以拒绝支付。在本案中,南衡公司认可了提交新韩银行的提单并非真实的可以用于提货的提单,因此,根据《信用证纠纷司法解释》第8条第1项的规定，南衡公司已经符合了构成信用证欺诈的客观条件。

其次，若新韩银行确系信用证欺诈的受害人，其可以根据《信用证纠纷司法解释》第8条确立的"信用证欺诈例外"制度获得保护。然而，是否构成信用证欺诈，法院仍需要考虑受益人和开证行两方面的因素，即受益人是否存在欺诈的主观恶意以及开证行是否明知基础合同的交易方式。

一方面，根据案件材料显示，南衡公司提供了海运提单、出口报关单及进口申报记录等证据，证明货物确实已经交付给了收货人。这表明，基础交易已经实际履行，南衡公司并没有以虚假单据骗取信用证款项的目的。另一方面，本案已查明开证申请人、开证行与受益人之间存在多起由开证行先收取并控制信用证项下的货物，后通过虚假单据结汇的信用证交易模式，即本案货物已在新韩银行同意的情况下交付给收货人，结合双方之前也有过类似的信用证交易模式，可以认定新韩银行对该交易方式属于事先明知。根据禁反言规则，对于开证行事先明知的交易方式，其不应再以对方构成信用证欺诈为由主张责任减免。

最后，本案不仅涉及信用证欺诈的法律适用，还涉及国际交易中各方的诚实与责任问题。正如法官在裁判理由中指出的那样，新韩银行已经控制了案涉货物，其处置不当导致货物被放行，即使南衡公司提交虚假单据的行为构成信用证欺诈，新韩银行也应向南衡公司承担损害赔偿之责任。开证行在先行收到本案货物并交付给开证申请人的情况下，再利用信用证独立性原则，以受益人提交的单据项下并无相应货物为由拒付信用证款项，有违诚实信用原则，应当向受益人支付信用证项下的货款及承担相应赔偿责任。

综上所述，本案反映出法院在受益人是否存在欺诈行为时同时考虑行为人和相对人两方的因素，并进行综合审查，即不仅审查受益人是否存在欺诈行为和欺诈恶意，也审查作为相对人的开证行是否对此明知或应知。从意思表示理论来看，后者可以对应为欺诈行为与意思表示作出之间需存在因果关系，即需相对人因欺诈行为陷入、维持或加深错误认识作出意思表示。

（二）信用证本身虚假不属于信用证欺诈的类型

案例 4-5 国储能源贸易（上海）有限公司与上海银行股份有限公司、中国邮政储蓄银行股份有限公司信用证欺诈纠纷案

[案号：上海金融法院（2018）沪 74 民初 1217 号]

案件事实

国储能源贸易（上海）有限公司（以下简称国储公司）向案外人出售一台煤炭加工设备，总价为 500,000 美元，付款方式为信用证付款。2015 年 11 月 25 日，国储公司收到由上海银行股份有限公司（以下简称上海银行）发来的，转发自中国邮政储蓄银行股份有限公司（以下简称邮储银行）的开证行为 CREDIT SUISSE BANCORP 的信用证，金额为 500,000 美元。之后，国储公司又陆续收到上海银行发来的，转发自邮储银行的信用证修改通知书。

2017 年 2 月，国储公司将案涉信用证项下的设备如期装船并向上海银行提交了全套单据，通过上海银行要求付款，但受益人的付款请求被拒绝。

国储公司主张，CREDIT SUISSE BANCORP 非 SWIFT 成员，无开具信用证的资质，案涉信用证属于虚假信用证，应认定构成《信用证纠纷司法解释》第 8 条第 4 项规定的信用证欺诈情形。上海银行辩称，国储公司举证不能，CREDIT SUISSE BANCORP 非 SWIFT 成员的事实并不足以证明案涉信用证虚假，国储公司关于开证行必须是 SWIFT 成员的主张缺乏依据。邮储银行辩称，国储公司未举证案涉信用证虚假，且《信用证纠纷司法解释》第 8 条第 4 项并不适用于信用证本身虚假的情形，本案实际是由于开证行不当或错误拒付引起的，与邮储银行之间不存在因果关系。

本案的基本事实关系见图 44：

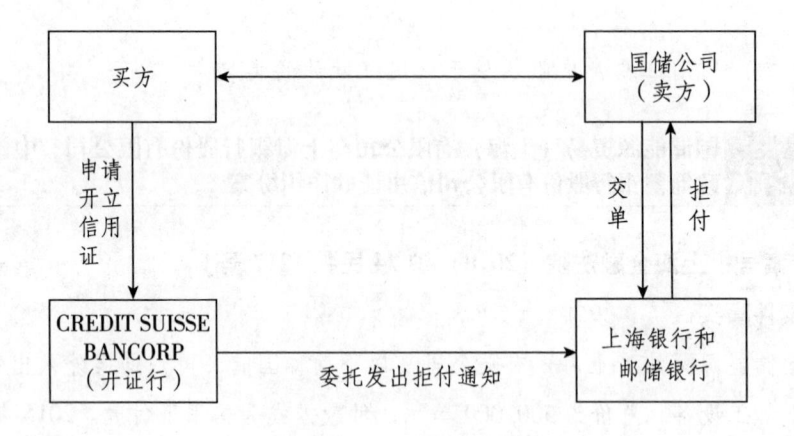

```
          买方  ←——————————→  国储公司
                                （卖方）
           │                        ↑
      申请  │                   交   │ 拒
      开立  │                   单   │ 付
      信用  │                        │
      证   ↓                        ↓
    CREDIT SUISSE  ——委托发出拒付通知——→  上海银行和
      BANCORP                          邮储银行
     （开证行）
```

图 44　案例 4-5 的基本事实关系

争议焦点

本案中，主要争议焦点是案涉信用证是否虚假？邮储银行、上海银行是否违反自身义务，并应承担相应的赔偿责任？

裁判结果

法院认为，首先，《信用证纠纷司法解释》第 8 条属受益人、开证申请人或者其他第三方对开证行欺诈的情形，而不包括信用证本身虚假的情形，故国储公司援引该条作为其权利基础的意见，法院不予采纳。其次，当事人对自己提出的主张，有责任提供证据。国储公司在诉讼中明确，其诉讼依据为案涉信用证虚假，现并无证据表明 CREDIT SUISSE BANCORP 否认其开具了案涉信用证或存在其他伪造、变造信用证的情形。国储公司提交的证据尚不足以证明案涉信用证本身虚假，其关于开证行非 SWIFT 成员，无信用证开立资质的主张亦缺乏依据。

针对邮储银行、上海银行是否违反自身义务并应承担相应赔偿责任的问题，法院认为，首先，本案中国储公司在案涉信用证下的权利无法实现的直接原因在于，开证行以信用证下受益人与申请人均同意在信用证之外解决交易付款问题为由拒绝付款，该行为与邮储银行、上海银行的转递、通知行为均无关；其次，国储公司并未举证证明，邮储银行及上海银行转递、通知的内容与实际信息不符；最后，根据 UCP600，通知行的审查义务以表面真实为限，并不包括对开证人资信、信用证风险等事项的实质审查，且上海银行在向国储公司的通知中已声明：我行只做通知，不承担其他任何责任和义务。综上，国储公司的诉讼请求不能成立。

案例解读

本案涉及信用证欺诈的认定及举证责任问题。

首先，国储公司援引《信用证纠纷司法解释》第 8 条第 4 项"其他进行信用证欺诈的情形"的兜底规定，认为本案存在信用证欺诈情形。但法院认为，该条明确了欺诈的对象是开证行，而非涉及信用证本身虚假的情况。开证行实施信用证欺诈的情况极为罕见，即使确实存在此种情况，也应当由受害人向开证行主张，国储公司依据信用证欺诈的规定向作为通知行的上海银行和邮储银行主张赔偿责任欠缺合理性。

其次，即使承认信用证欺诈包含了信用证本身虚假的情形，也应当根据"谁主张，谁举证"的原则，由原告证明确实存在信用证本身虚假进而构成信用证欺诈。然而，本案中国储公司未能提供充足的证据证明信用证本身是虚假的，从而法院不予支持其诉讼请求。

最后，无论本案是否构成信用证欺诈，对于通知行的责任问题，我们应当明确的是通知行的审查义务以表面真实为限，并不包括对开证人资信、信用证风险等事项的实质审查。在国际信用证业务中，银行可以其专业知识对客户进行风险提示，以降低贸易风险，但这种提示尚不构成法律法规及国际商事惯例中通知行的特定义务，当事人之间亦无相关约定。因此，无论受益人、申请人与开证行的关系如何，通知行仅以表面审查义务为限承担责任。

三、信用证欺诈例外之例外

"信用证欺诈例外之例外"又称"信用证欺诈例外豁免"，是指在特定情形下，即使存在信用证欺诈，司法机关亦不得止付信用证的制度。对此，《信用证纠纷司法解释》第 10 条规定："人民法院认定存在信用证欺诈的，应当裁定中止支付或者判决终止支付信用证项下款项，但有下列情形之一的除外：(一)开证行的指定人、授权人已按照开证行的指令善意地进行了付款；(二)开证行或者其指定人、授权人已对信用证项下票据善意地作出了承兑；(三)保兑行善意地履行了付款义务；(四)议付行善意地进行了议付。"这四种情况均表现出一个共同特征：指定行或议付行已经付款或承兑。在这种情况下，指定行或议付行成为信用证下的善意持票人。如果此时信用证遭到拒付，将会危及善意第三人的权益，并可能动摇银行间诚信兑用的制度基础。因此，各国法律和判例普遍设立了"信用证欺诈例外之例外"原则，旨在保护善意第三人的权益。

另外，《最高人民法院关于当前人民法院审理信用证纠纷案件应当注意问题的通知》第 3 条对此解释道，《信用证纠纷司法解释》第 10 条规定的目的在于保护善意第三人，根据该条第 2 项的规定，在存在信用证欺诈的情况下，即使开证行或者其指定人、授权人已经对信用证项下票据善意地作出了承兑，而如果没有善意第三人存在，亦不属于信用证欺诈例外的例外情形，人民法院在符合其他相关条件的情况下仍然可以裁定中止支付信用证项下款项。

案例 4-6　东亚银行（中国）有限公司上海分行、江苏普华有限公司信用证欺诈纠纷案

[案号：最高人民法院（2020）最高法民申 2937 号]

案件事实

传旗贸易（上海）有限公司（以下简称传旗公司）、中国诚峰集团有限公司（以下简称诚峰公司）均系陈某实际控制的公司，其中诚峰公司在香港登记设立。2013 年 5 月 27 日，传旗公司与江苏普华有限公司（以下简称普华公司）签订代理进口合同，约定传旗公司委托普华公司代为从诚峰公司进口棉花 801 吨，合同总价 1,906,380 美元。同日，普华公司与诚峰公司签订《买卖合同》，约定普华公司自诚峰公司购买原棉 801 吨，合同价款 1,906,380.48 美元，付款方式为 90 天后见票付款信用证，通知行东亚银行，信用证不可撤销并适用 UCP600。随后，普华公司向中国光大银行股份有限

公司南京分行（以下简称光大银行）申请开立信用证。光大银行开立了受益人为诚峰公司、金额为 1,906,380 美元的 759 号信用证，自由议付，适用规则为跟单信用证统一惯例最新版，需要的单据包括全套清洁已装船提单一式三份不可转让的副本提单，指示提单、空白背书并注明"运费预付"等。

2013 年 5 月 30 日，诚峰公司收到东亚银行关于 759 号信用证的通知后，陈某向东亚银行递交《交单委托指示》，申请东亚银行议付跟单信用证。在递交《交单委托指示》期间，由于其提交的提单没有托运人的背书，陈某按照东亚银行工作人员的要求，在该文件"其他指示"栏书写了"担保一切不符点"。

诚峰公司提交的信用证项下提单系商船公司作为承运人的 CAQI2852954 号、GAGJ2846656 号提单。GAGJ2846656 号提单托运人为艾伦伯格棉花有限公司，收货人凭指示，通知方为中国储备棉管理总公司。CAQI2852954 号提单托运人为杰斯史密斯父子棉花有限公司，收货人凭指示，通知方为冠县冠星纺织有限责任公司。诚峰公司使用的 CAQI2852954 号、GAGJ2846656 号提单，没有提单载明的托运人的背书，仅有诚峰公司的签章背书。前述提单并非商船公司签发的真实提单，而是陈某自案外人处购买的虚假提单。

东亚银行收到诚峰公司的前述申请和提交的单据后，同日即通过快递将信用证项下单据转交给光大银行。2013 年 6 月 4 日，光大银行向东亚银行发出电文，同意承兑汇票/单据，付款日期为 2013 年 8 月 29 日。2013 年 6 月 6 日，东亚银行在扣除利息、预收费、手续费等后，向诚峰公司支付了信用证项下款项 1,890,368.7 美元。普华公司收到光大银行转交的单据后，即在提单上背书，并委托第三方办理提货手续，但被告知提单项下货物已被提走。

2013 年 8 月 12 日，普华公司以诚峰公司、商船公司共同串通通过虚假提单进行信用证欺诈为由，提出诉前财产保全申请，请求裁定光大银行中止支付 759 号信用证项下的款项 1,906,380 美元。一审法院经审查，准许了普华公司的前述申请。此后，普华公司提起本案的一审诉讼，请求终止支付 759 号信用证。

本案的基本事实关系见图45：

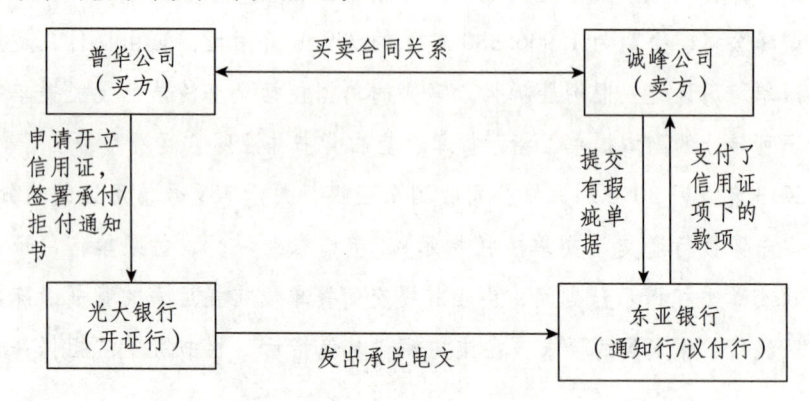

```
普华公司 ←──买卖合同关系──→ 诚峰公司
（买方）                      （卖方）
  │                              ↑ │
  │申请开立                   支付了│ │提交
  │信用证，                   信用证│ │有瑕
  │签署承付/                   项下│ │疵单
  │拒付通知                   的款项│ │据
  │书                            │ ↓
  ↓                              
光大银行 ──发出承兑电文──→ 东亚银行
（开证行）                （通知行/议付行）
```

图45　案例4-6的基本事实关系

争议焦点

本案中，主要争议焦点是东亚银行的议付是否属于善意议付，进而构成信用证欺诈例外之例外。

裁判结果

最高人民法院认为本案中，已有生效刑事判决认定陈某实施信用证诈骗的事实，东亚银行主张开证行应继续支付案涉信用证项下款项应以该银行的议付是善意的为前提。关于东亚银行的议付行为是否善意，应综合考虑该银行在议付之前是否参与或知晓欺诈，是否尽到了其应尽的审单义务。

首先，东亚银行作为议付行具有独立的审单义务。根据UCP600第14条的规定，东亚银行作为议付行，应当审慎审核诚峰公司提交的单据，确保单证相符。东亚银行关于开证行接受了案涉提单背书的瑕疵，因而其议付行为属于善意之主张缺乏依据，不能成立。

其次，案涉提单存在不符点。ICC制定了ISBP，将其作为银行业审核信用证项下单据的依据。诚峰公司向东亚银行提交了指示提单，而审核指示提单是否经托运人有效背书，已经成为银行审核跟单信用证项下单据的重要环节，也是一项长期存在的行业惯例。诚峰公司向东亚银行提交的指示提单均仅有诚峰公司的背书，没有托运人或托运人的代理人的背书，不符合案涉信用证的要求，属于单证不相符。东亚银行虽主张诚峰公司系托运人的代理人，但缺乏证据证明，该主张不能成立。

最后，东亚银行未尽到其应尽的审单义务。在信用证已对相应提单作出明确要求的情形下，东亚银行应当严格按照信用证要求和审单标准对诚峰公司提交的提单进行审核。根据二审判决查明的事实，东亚银行员工龚某某参与了案涉信用证的全部开立过程，知悉信用证背后的交易流程，并明知陈某同为诚峰公司和传旗公司的法定代表人（代表人）和实际控制人。在案涉信用证交易存在较大风险的情况下，东亚银行应该尽到专业银行应尽的审慎的审单义务。但东亚银行在发现案涉指示提单没有托运人或托运人的代理人的背书，提单背后的贸易合同能否顺利履行仍然存疑的情况下，仅要求受益人在《交单委托指示》中其他指示栏填写了"担保一切不符点，不用审单直接寄单"即予以议付，根据UCP600的规定，在单据存在不符点时，开证行可以自行决定联系申请人放弃不符点。东亚银行让受益人签署担保不符点即予议付，不符合相关规定，而且对于单据的审查未尽到一般注意义务。

综上，东亚银行已知悉本案信用证交易情况及风险，却未尽到一般注意义务，东亚银行的议付行为不属于善意议付行为，二审判决支持了普华公司请求判令终止支付案涉信用证项下款项的主张，并无不当。据此，驳回了东亚银行的再审申请。

案例解读

认定议付行的议付行为是否善意，进而适用信用证欺诈例外之例外规则的关键在于议付行是否尽到了合理的审单义务。

首先，议付行具有独立的审单义务。UCP600第14条a款规定："按指定行事的指定银行、保兑行（如果有的话）及开证行须审核交单，并仅基于单据本身确定其是否在表面上构成相符交单。"议付行以开证行接受提单背书瑕疵为由，主张其属于善意议付的，法院不予支持。

其次，信用证单证主要包括货物的发票、装箱单、质量检验证明、提单和保险单等，其中的核心单证是提单，贸易双方一般选择指示提单进行流转，对于指示提单，信用证中一般要求由船东签发空白指示提单并经托运人背书，以便提单持有人顺利提货，银行必须严格按照ISBP标准进行审单。对于如何审核该指示提单，ISBP745（2013年启用）E13a条要求，对于指示提单，必须经托运人背书。本案中诚峰公司向东亚银行提交的指示提单均仅有诚峰公司的背书，没有托运人或托运人的代理人的背书，因此法院认定议付行在审单时没有达到ISBP的审单标准，存在重大过失，并未基于单据的可信赖事实而获得善意议付行地位。

最后，银行从业人员从业务操作角度出发，在发现单证有瑕疵不仔细审单的情况下，按照所谓操作规范要求客户自行书写"担保一切不符点，尽快对外付款/承兑/议付"字样，以期免除自身责任的行为，不仅不能体现自身的专业素养和职业操守，还会因违反法律法规和国际惯例而不被认可，未必能起到逃避责任的效果，本案判决即给银行业敲响了警钟。

第三节 进出口押汇合同纠纷

一、概述

（一）押汇的概念和种类

押汇（documentary bills），又称买单结汇，是异地贸易尤其是国际贸易中一种常见的结算方式。在国际贸易中，出口商常常面临货物已经发出但款项尚未收回的窘境，进口商则可能会面临资金紧张难以及时支付的问题。由此，押汇业务应运而生。在国际贸易日益繁荣的今天，押汇作为一种重要的融资方式，为进出口企业提供了灵活的资金支持。就类型而言，押汇可以分为出口押汇和进口押汇。目前，对于押汇还没有明确的法律规定，也没有统一的定义，一般处理进出口押汇纠纷的法律依据可参考《民法典》合同编中的相关规定。

出口押汇（outward bills），是指出口商在货物发运后，将信用证项下的全套单据提交给议付行，银行在审核单证无误后，按照信用证条款向出口商支付款项，然后凭这些单据向进口商收回贷款本息的融资行为。这种方式允许出口商在不直接收到货款、进口商也未收到货物的情况下提前获得资金，从而改善其资金周转情况。

进口押汇（inward bills），是指开证行应进口商要求，代其垫付其进口项下货款的一种短期融资方式，它适用于各种进口结算方式，特别是信用证结算方式。在进口押汇中，进口商需向银行出具押汇申请书和信托收据，将货物单据等交给银行。银行凭此将货权凭证交予进口商，并代其付款。进口商通过提交有效的银行票据和商业单据，可以实现对外付汇并尽早提取货物进行加工或销售。

（二）押汇的法律性质及相关法律规定

对于押汇的法律性质，存在较大的争议。就出口押汇而言，存在质押说、抵押说、购买说、议付说等观点。[1] 其中，质押说是较为主流的观点，其认为信用证出口押汇是银行向出口商提供的一种质押担保融资行为，是银行凭受益人提供的信用证项下的单据，单据所代表的货物或者所支持的应收账款作质押，在收到开证行支付的信用证项下款项之前向出口商提供的保留追索权的一种短期出口贸易融资行为。[2] 该学说认为出口押汇本质上是一种贷款行为，关于议付行所控制的信用证项下的提单、发票等应视为出口商向议付行贷款融资所提供的质押。因此，出口押汇所涉及的法律依据为《民法典》中关于动产质权的相关法律规定。

就进口押汇而言，存在质押说、让与担保说等观点。质押说是目前的主流观点。根据信用证的交易流程，在出口商提交了符合要求的单据后，开证行就应当无条件付款，此后，开证行向作为开证申请人的进口商发出付款通

---

[1] 参见沈四宝、蒋琪：《信用证出口押汇最新法律问题研究》，载《法学论坛》2018年第3期。
[2] 参见苏宗祥、徐捷：《国际结算》，中国金融出版社2015年版，第576页。

知书,要求进口商付款赎单。但在一些特殊情况下,进口商由于种种原因可能出现资金缺口一时难以付款。因此,进口商往往希望先行将货物出售,进而归还银行款项。然而,问题在于此时货物的单据由银行掌握,出售货物需要先行从银行取得单据。对于银行而言,由于其已经根据信用证付款,只想尽早从进口商处获得清偿。为化解上述困境,实现进口商和银行的共同目标,在实践中,进口商会向银行出具一份信托收据,其内容表明,进口商将货物转让给银行所有,进口商仅作为银行的受托人为银行处理货物,因处分所获利益优先用于清偿银行提供融资所产生的债权;银行在收到这一信托收据后,就将货物的单据交由进口商,进口商得以先行出售货物进而偿付银行相关款项。在上述交易流程中,银行在单据上所享有的权利,我国法院一般认为是质权。[1] 事实上,这一观点不同于大陆法系的传统观点,而是借鉴了英美法系的观点:由于信托收据的约定,出质人仅仅是质权人的代理人,英国法不认为银行会因为丧失对质物的占有而丧失质权。[2]

虽然对于出口押汇和进口押汇的法律性质均存在巨大的争议,但共识是二者的法律性质均是一种担保。目前,司法实践对进出口押汇的法律性质没有明确的界定,因此押汇双方的权利和义务应遵循合同的约定。

通过上述对出口押汇和进口押汇的法律性质的分析可以发现,其涉及一系列复杂的法律关系,而我国并无针对押汇的专门性的法律法规,因此只能适用与之相关的法律法规。此处作简要列举,其可能适用的法律包括《民法典》合同编、《民法典》物权编涉及担保制度的规定,《信托法》以及与前述法律相关的司法解释等。此外,由于押汇业务往往出现在信用证流程之中,其还可能适用涉及信用证的法律法规,以及国际通行的 UCP600。

---

[1] 参见向逢春:《论让与担保在我国实施的社会基础——以市场经济活动中进口押汇和融资融券关系为范例》,载《政治与法律》2013 年第 3 期。
[2] 参见何美欢:《香港担保法》(下册),北京大学出版社 1995 年版,第 121-122 页。

(三) 押汇的操作流程

1. 出口押汇的操作流程

（1）签订合同。出口商与进口商就商品、价格、装运期限等达成一致，签订贸易合同。合同中应明确规定采用出口押汇方式结算，包括远期支付的期限和贴现利率等相关条款。

（2）装运货物与单据准备。出口商按照合同规定将货物装运，并取得提单发票、装箱单等相关单据。

（3）押汇申请。出口商填写相应的出口押汇申请表，并将货物单据（包括提单、发票、装箱单等）提交给其所在国的议付行。

（4）银行审核。银行对出口商提交的单据进行审核，确保单据的真实性和一致性，并根据合同和单据内容，核定押汇本金数额、期限、汇率等。

（5）签订押汇合同。银行审核无误后，与出口商签订出口押汇合同，约定手续费、汇率、结算方式等。

（6）汇票发送与货款支付。银行将汇票发送给进口商所在国的开证行，委托其向进口商收款或要求开证行直接付款。此后，开证行通知出口商或议付行，告知进口商所在国的银行已经收到汇票，并提醒进口商及时支付货款。

（7）货款划转与通知。进口商支付货款后，进口商所在国的银行将货款划转给出口商所在国的议付行，议付行就此收回贷款本息。出口商所在国的银行收到货款后，通知出口商货款已经到账，并将货款划转给出口商。

2. 进口押汇的操作流程

（1）签订合同。进口商与出口商达成贸易合同，确定商品的品种、数量、价格、交货期限等相关条款，并在合同中明确约定采用进口押汇的结算方式。

（2）押汇申请。进口商根据贸易合同向开证行申请进口押汇并提交相关的贷款申请材料，如贸易合同、发票、提单、保险单、商业发票、运输单据等。

(3) 银行审核。开证行对进口商提交的申请材料进行审核，包括进口商的信用情况、贸易合同的真实性等，并核定押汇方案。

(4) 签约与发放。开证行审批通过后，与进口商签订押汇协议。此后，开证行根据合同约定，将押汇款直接支付给出口商或根据进口商指示办理入账或结汇。

(5) 提货与偿还贷款。货物到达目的港口后，进口商根据提单等单据向银行申请提货。银行审核无误后，向进口商放行货物。进口商在规定的期限内向银行偿还押汇贷款及相应的利息。银行收到偿还款项后，押汇交易完全结束。

二、议付行对提单项下货物的权利

无论是在出口押汇还是在进口押汇业务中，一个至关重要的环节是由出口商或进口商将提单等一系列单据提交给银行，银行在取得单据之后才会付款。那么，议付行在取得提单后对货物究竟拥有怎样的权利？传统观点以最高人民法院早年的公报案例为代表，认为"提单是一种物权凭证，提单的持有人就是提单项下货物的所有权人"[1]。1992年《海商法》第71条对提单有以下定义："提单，是指用以证明海上货物运输合同和货物已经由承运人接收或者装船，以及承运人保证据以交付货物的单证。"根据该法律规定，提单可以视为一种货权。众多法院据此认为提单是所有权凭证，谁持有正本提单，谁就有权主张提单项下货物的所有权，转让提单就等于转让货物[2]。但仅从《海商法》第71条的条文表述来看，仅说明谁持有提单，谁就有权要求承运人交付货物，并没有直接明确所有权凭证的性质，提单就是所有权凭证的观点也受到了诸多的挑战。[3] 那么在押汇业务中，银行作为提单的持

---

[1] 兴利公司、广澳公司与印度国贸公司、马来西亚巴拉普尔公司、库帕克公司、纳林公司货物所有权争议上诉案，载《最高人民法院公报》1991年第1期。

[2] 参见何赛:《〈民法典〉视域下提单物权凭证概念的反思与重构》，载《甘肃政法大学学报》2022年第3期。

[3] 参见陈芳:《提单法律性质诸论评议》，载《江西社会科学》2013年第1期。

有人，是否真的意味着银行取得了提单项下货物的所有权，拥有了对货物的占有、使用、收益、处分的权利？银行对提单项下货物究竟拥有什么性质的权利？下文将通过案例进行具体阐释。

案例 4-7 中国建设银行股份有限公司广州荔湾支行诉广东蓝粤能源发展有限公司信用证开证纠纷案

[案号：最高人民法院（2015）民提字第 126 号]

案件事实

2012 年 11 月，广东蓝粤能源发展有限公司（以下简称蓝粤能源）向中国建设银行股份有限公司广州荔湾支行（以下简称建行荔湾支行）申请办理金额为 8592 万元的远期信用证。为此，蓝粤能源向建行荔湾支行提交了信托收据并签订了保证金质押合同。根据信托收据，自收据出具之日起，建行荔湾支行即拥有信用证项下相关单据和货物的所有权，建行荔湾支行作为委托人及受益人，而蓝粤能源则作为信托货物的受托人。信用证开立后，蓝粤能源进口了 164,998 吨煤炭，建行荔湾支行对此进行了承兑，并向蓝粤能源发放了 84,867,952.27 元的款项，用于偿还蓝粤能源在建行首尔分行的信用证垫款。

在履行了开证和付款的责任后，建行荔湾支行获得了包括本案所涉提单在内的全部单据。由于蓝粤能源的经营状况恶化，未能赎回单据，建行荔湾支行在案件审理过程中仍然持有提单及相关单据。同时，提单项下的煤炭因其他纠纷被广西壮族自治区防城港市港口区人民法院查封。

建行荔湾支行随后提起诉讼，要求法院判决蓝粤能源偿还信用证垫款的本金及利息，并确认建行荔湾支行对信用证项下的 164,998 吨煤炭拥有所有权，同时对处置该财产所得的款项享有优先受偿权，以清偿信用证项下的债务。

本案的基本事实关系见图 46：

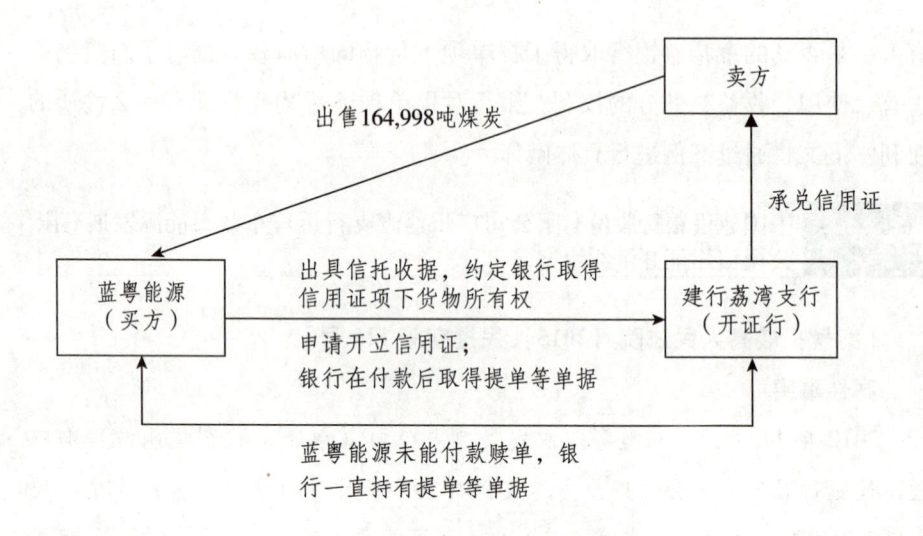

图46 案例 4-7 的基本事实关系

争议焦点

本案中，主要争议焦点是建行荔湾支行对所持提单项下货物享有何种权利。

裁判结果

最高人民法院认为，提单具有债权凭证和所有权凭证的双重属性，但并不意味着谁持有提单谁就当然对提单项下货物享有所有权。对于提单持有人而言，其能否取得物权以及取得何种类型的物权，取决于当事人之间的合同约定。建行荔湾支行履行了开证及付款义务并取得信用证项下的提单，但是由于当事人之间没有移转货物所有权的意思表示，故不能认定建行荔湾支行取得提单即取得提单项下货物的所有权。

虽然信托收据中约定了建行荔湾支行取得货物的所有权，并委托蓝粤能源处置提单项下的货物，但根据物权法定原则，该约定因构成让与担保而不能发生物权效力。然而，让与担保的约定虽不能发生物权效力，但仍具有合同效力，且《关于开立信用证的特别约定》约定当蓝粤能源违约时，建行荔湾支行有权处分信用证项下单据及货物，因此根据合同整体解释以及信用证交易的特点，表明当事人的真实意思表示是通过提单的流转设立提单质押。

本案符合权利质押设立所需具备的书面质押合同和物权公示两项要件，建行荔湾支行作为提单持有人，享有提单权利质权。如果建行荔湾支行的提单权利质权与其他债权人对提单项下货物可能享有的留置权、动产质权等权利产生冲突，可在执行分配程序中依法予以解决。

案例解读

本案为最高人民法院第 111 号指导性案例，回应了众多司法实践及理论界存在争议的问题。

第一，关于提单的性质。《海商法》第 71 条规定："提单，是指用以证明海上货物运输合同和货物已经由承运人接收或者装船，以及承运人保证据以交付货物的单证……"关于提单的法律属性，学界有多种不同的观点，包括认为提单是所有权凭证、债权凭证或货物凭证等。在本案中，建行荔湾支行主张提单具有所有权凭证的性质，认为自己作为合法持有人，对涉案货物拥有所有权。然而，二审法院仅将提单视为债权凭证，不认可其作为所有权凭证的功能，认为提单的转移仅代表提货请求权的移交，并不涉及所有权的转移。二审法院还指出，由于建行荔湾支行未能提供证据证明已将货物所有权转让的事实通知实际控制货物的承运人，因此驳回了建行荔湾支行关于确认对涉案货物所有权的诉讼请求，以及其主张的权利质权的诉讼请求。最高人民法院在审理本案时，提出了提单具有债权凭证和所有权凭证的双重属性。这意味着，仅持有提单，并不意味着自动拥有提单项下货物的所有权。对于提单持有人能否获得物权以及获得何种类型的物权，取决于双方当事人之间的合同约定。鉴于本案中双方并未表达转移所有权的意图，因此建行荔湾支行仅凭持有提单，并不能获得提单项下货物的所有权。

第二，关于进口押汇业务中持有提单的银行所享有的权利。对于这一问题，存在巨大的争议。如前文所述，最高人民法院认为建行荔湾支行并不享有提单项下货物的所有权，其享有的仅是权利质权。本案中，建行荔湾支行持有提单，提单可以设立权利质权，当合同既有设定担保的一般约定，又有以自己的意思处分提单的明确约定时，根据《民法典》第 441 条关于权利质押的规定，可以认为建行荔湾支行享有提单权利质权。

综上所述，在押汇业务中，银行持有提单并不当然意味着银行已取得了提单项下货物的所有权，进而可以对货物进行占有、使用、收益、处分。通过对当事人之间合同约定的解释，双方往往并无将货物所有权转移给银行的意思，银行仅对提单享有权利质权，用以担保开证申请人对信用证款项的偿付。

三、议付行作为担保权人对货物的保管义务

依前文所述，最高人民法院认为，在押汇业务中，议付行拥有的权利是对作为担保的提单的质权。然而，《民法典》第 432 条第 1 款规定："质权人负有妥善保管质押财产的义务；因保管不善致使质押财产毁损、灭失的，应当承担赔偿责任。"那么，这是否意味着持有提单的议付行具有对货物的妥善保管义务？若货物因保管不善而毁损灭失，议付行是否要承担责任？下文将通过案例进行具体阐释。

案例 4-8 东亚银行（中国）有限公司大连分行、大连汇丰达国际贸易有限公司财产损害赔偿纠纷案

[案号：辽宁省高级人民法院（2021）辽民终 84 号]

案件事实

大连汇丰达国际贸易有限公司（以下简称汇丰达公司）与案外人韩国友尚股份有限公司（以下简称友尚公司）于 2011 年 5 月 27 日签订买卖合同，向友尚公司出口 34.2 吨冷冻梭子蟹，货物价款为 1,002,060 美元。2011 年 6 月 8 日，友尚公司根据买卖合同的约定向开证行韩国首尔韩亚银行（以下简称韩亚银行）开立了不可撤销跟单信用证，信用证项下金额为 1,002,060 美元，受益人为汇丰达公司。汇丰达公司于 2011 年 6 月 29 日将案涉货物装箱，并于 2011 年 7 月 5 日向东亚银行（中国）有限公司大连分行（以下简称东亚银行）申请办理信用证议付即出口押汇业务，提交了信用证项下所需的全部单据。东亚银行审核后，于 2011 年 7 月 7 日在扣除了利息、手续费等之

后,将净付金额 999,622.51 美元划入汇丰达公司在东亚银行开立的账户。

东亚银行于 2011 年 7 月 5 日向韩亚银行请求对信用证项下款项付款,东亚银行于 2011 年 7 月 12 日收到韩亚银行的拒付通知。东亚银行于 2011 年 8 月 2 日将信用证被拒付一事书面告知汇丰达公司,要求汇丰达公司向其返还已议付的款项。

东亚银行于 2011 年 8 月向辽宁省大连市中山区人民法院提起信用证议付纠纷之诉。经过一系列诉讼,双方当事人于 2014 年 8 月 27 日达成执行和解协议,该执行和解协议履行完毕后,东亚银行于 2014 年 8 月 28 日向汇丰达公司退还了案涉信用证项下的全部单据原件。2015 年 6 月 10 日,根据某检验评估公司的检验,认为存储在韩国釜山 Daejoo 冷库的案涉冷冻梭子蟹已不具有商业和/或残余价值。汇丰达公司由此要求东亚银行承担损害赔偿责任。

本案的基本事实关系见图 47:

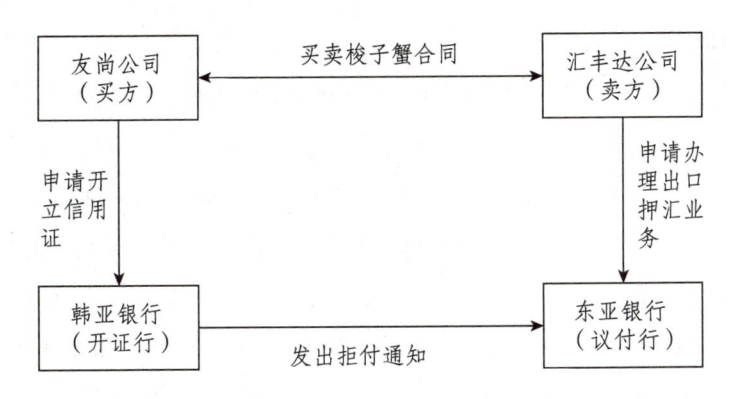

图 47 案例 4-8 的基本事实关系

争议焦点

本案中,主要争议焦点是东亚银行作为议付行是否违反了对货物的妥善保管义务,是否应当承担赔偿责任。

裁判结果

法院认为,东亚银行持有信用证项下单据的合同依据为《出口押汇申请书》,《出口押汇申请书》虽未就东亚银行持有单据的法律性质作出直接约定,但约定:"本申请书未尽事宜,以我公司与贵行订立的《关于货物的总担保协议》(GSA)以及其他相关合同的约定为准。"尽管汇丰达公司与东亚银行并未再行订立《关于货物的总担保协议》,但可以表明双方当事人之间有缔结担保合同的合意,《出口押汇申请书》可被认定为双方设立质押的书面合同。汇丰达公司实际上是将案涉信用证项下单据质押给东亚银行以取得议付款项。因为质押的是单据(权利凭证),故东亚银行所享有的是提单权利质权。

质权分为动产质权和权利质权,对于动产质权,质物被质权人占有,质权人应妥善保管好质物;对于权利质权,质权人妥善保管的对象是权利凭证。本案为提单权利质押,质权人东亚银行负有的妥善保管义务是指对权利凭证即提单的妥善保管,而不是保管提单项下的具体货物,因此东亚银行对货物并没有妥善保管义务,不应承担赔偿责任。

案例解读

本案发生在《民法典》颁布前,依据的是原《物权法》和原《担保法》等法律作出的裁判。但本案涉及的法院适用的相关法律法规被《民法典》所承袭,因此,下文将直接以《民法典》的规定为依据进行探讨。

在出口押汇业务中,虽然如概述中所言,就银行和出口商之间的法律关系存在较大的争议,但本案法院直接采取了主流的观点,认定议付行东亚银行和出口商汇丰达公司成立的是质押关系。《民法典》第432条第1款规定:"质权人负有妥善保管质押财产的义务;因保管不善致使质押财产毁损、灭失的,应当承担赔偿责任。"由此,质权人对质物应当具有妥善保管义务。但是本案法院区分了动产质权和权利质权的妥善保管义务,认为对于动产质权,质物被质权人占有,质权人应妥善保管好质物;对于权利质权,质权人妥善保管的对象是权利凭证。本案为提单权利质押,质权人东亚银行负有的妥善保管义务是指对权利凭证即提单的妥善保管,而不是保管提单项下的具体货物,因此,东亚银行对该批具体货物并不具有妥善保管义务,自然不应当为其毁损灭失承担责任。法院区分了动产质权人和权利质权人的妥善保管义务的做法值得肯定,在实践中,议付行仅仅关注单据的真实性,若要求信用证交易中的议付行对具体提单项下的货物都负有保管义务,显然对议付行科以了过高的义务。正如法院所言,根据信用证独立性原则,参与信用证交易的银行在持有提单期间并不负责货物的具体维护与看管,这是由银行在信用证付款方式下的业务属性决定的,是信用证交易模式的基础。

除上述问题外,本案另有特殊问题:在实现质权的条件成就后,在质权人东亚银行和出质人汇丰达公司均不作为的情况下,导致货损的责任应当由何人承担?《民法典》第436条第2款规定:"债务人不履行到期债务或者发生当事人约定的实现质权的情形,质权人可以与出质人协议以质押财产折价,也可以就拍卖、变卖质押财产所得的价款优先受偿。"第437条第1款规定:"出质人可以请求质权人在债务履行期限届满后及时行使质权;质权人不行使的,出质人可以请求人民法院拍卖、变卖质押财产。"通过上述规定可知,在实现质权的条件成就后,虽然东亚银行可以通过拍卖、变卖质押财产优先受偿,但这是质权人的权利,而不是义务。相反,汇丰达公司作为出质人,对货物的性质更为了解,其放任货物变质,而没有请求质权人行使质权,因此对货损责任应自行承担。

第四节　国内信用证

一、概述

随着国内贸易的持续兴旺,商业银行的国际业务在国内市场也迎来了新的机遇和巨大的发展潜力,其中,国内信用证业务是一个典型例子。近年来,通过吸收国际金融服务的经验和国际贸易的通行做法,国内信用证业务实现了快速增长,已成为商业银行国际业务的关键部分,并且在同业市场中开辟了新的领域。

国内信用证适用于境内企业之间商品交易的有限的跟单信用证结算,其适用范围较小，仅限于境内的贸易结算。针对国内的信用证业务，1997年中国人民银行出台了《国内信用证结算办法》以及《信用证会计核算手续》，正式将国内信用证引入国内贸易结算。[1] 而后中国人民银行和中国银行业监督管理委员会于2016年4月27日修订了《国内信用证结算办法》，以规范国内信用证业务的操作及防范风险，同时废止了1997年印发的《国内信用证结算办法》和《信用证会计核算手续》。

1997年《国内信用证结算办法》第2条对国内信用证的定义是："本办法所称信用证，是指开证行依照申请人的申请开出的，凭符合信用证条款的单据支付的付款承诺。前款规定的信用证为不可撤销、不可转让的跟单信用证。"该定义很大程度上延续了UCP600的定义。在最开始的10年间，信用证在市场上并未得到普遍的使用，一直到2016年《国内信用证结算办法》出台，国内信用证才逐渐成为主流的贸易结算工具。2016年《国内信用证结算办法》将农村合作银行、村镇银行和农村信用社纳入可开立国内信用证的主体范围，国内信用证的银行主体几乎扩大到了所有的金融机构。另外，该办法还将信用证期限延长至1年；业务范围从原先的货物贸易拓展至服务贸易；明确银行的独立付款责任；国内信用证允许被转让；保证金比例限定被取消等。

国内信用证与国际信用证在法律适用上略有不同，国内信用证的适用规则主要以中国人民银行和原中国银行业监督管理委员会发布的《国内信用证结算办法》为主，而该办法与《信用证纠纷司法解释》对于开证行是否有权独立审单、信用证欺诈例外等问题有不同的适用逻辑。

---

[1] 参见《国内信用证结算办法》（银发〔1997〕265号），载中国人民银行官网，http://www.pbc.gov.cn/chubanwu/114566/114579/114664/2873367/index.html。

二、关于国内信用证纠纷适用规则的案例

案例 4-9　中国银行股份有限公司莱芜分行与山东岱银纺织集团股份有限公司信用证纠纷案

[案号：山东省高级人民法院（2008）鲁民四终字第 113 号]

案件事实

2007 年 6 月 4 日，山东岱银纺织集团股份有限公司（乙方，以下简称岱银集团）与山东王子纺织股份有限公司（甲方，以下简称王子公司）签订了一份工业品买卖合同。合同的主要内容包括：交易商品为棉纱，交易金额为 100 万元人民币，结算方式为国内信用证，交货方式为甲方自提，运输方式为汽运，费用由甲方承担。

在合同签订后的第 10 天，即 2007 年 6 月 14 日，王子公司向中国银行股份有限公司莱芜分行（以下简称中行莱芜分行）提交了开立信用证的申请，并支付了 60 万元人民币作为开证保证金。中行莱芜分行随后为王子公司开立了信用证。该信用证的主要条款如下：开证申请人为王子公司，受益人为岱银集团，开证金额为 100 万元人民币，有效期至 2007 年 6 月 30 日，通知行为中国银行股份有限公司泰安分行（以下简称中行泰安分行）。信用证规定了运输方式为汽运，货物描述为价值 100 万元的棉纱，付款方式为延期付款，即货物收据签发日后 90 日内付款。信用证还要求受益人提交包括增值税发票、货物收据和货运收据在内的相关单据。如果提交的单据与信用证要求不符，将扣除 450 元人民币的费用，由受益人承担。该信用证是根据《国内信用证结算办法》以及申请人的开证申请开立的，且为不可撤销、不可转让的信用证。中行莱芜分行承诺，在收到与信用证相符的单据后，将履行付款责任。

岱银集团在履行合同后，于 2007 年 6 月 25 日向通知行中行泰安分行提交了托收申请及相关单据，并请求付款。然而，岱银集团提交的单据中缺少了信用证规定的运输单据。中行泰安分行在审查单据后，将单据转交给了中

行莱芜分行。2007年7月3日，中行莱芜分行向岱银集团发出了不符点电报，指出未按照信用证要求提交运输单据。2007年7月5日，王子公司出具了同意信用证付款的函，请求中行莱芜分行对上述信用证进行付款。2007年7月6日，岱银集团派代表前往中行莱芜分行交涉，并传达了王子公司的函件。最终，中行莱芜分行同意对编号为KZ51S07120的信用证进行付款，但对于本案涉及的KZ51S07126信用证，并未议付。

本案的基本事实关系见图48：

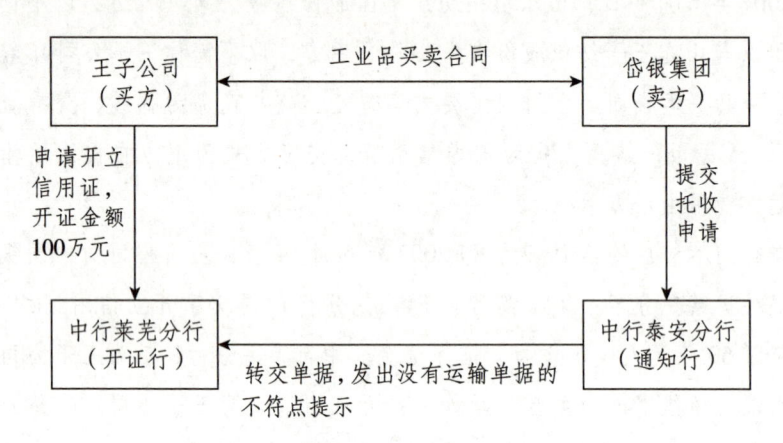

图48 案例4-9的基本事实关系

争议焦点

本案中，主要争议焦点是适用《国内信用证结算办法》（1997年）还是《信用证纠纷司法解释》（2005年）处理本案纠纷。

裁判结果

本案所涉信用证明确指出其依据为中国人民银行制定的《国内信用证结算办法》（1997年）及申请人提交的开证申请。据此，该办法构成了信用证结算和支付等操作的基本准则，是双方协商一致的信用证业务处理条款，应当予以遵循。《信用证纠纷司法解释》（2005年）第2条指出，人民法院在审理信用证纠纷案件时，若当事人有约定适用相关国际惯例或其他规定，应优先考虑其约定。这表明在信用证纠纷的法律适用上，应首先尊重当事人的自主选择。在信用证业务中，双方已约定遵循《国内信用证结算办法》（1997年）。因此，一旦发生争议，应首先依据该办法来解决。只有在该办法未对特定问题提供指导时，才考虑适用《信用证纠纷司法解释》（2005年）。

依据《国内信用证结算办法》（1997年）第28条规定，当信用证下存在不符点时，开证行需与开证申请人协商。如果申请人同意支付，开证行应立即处理支付。在本案中，尽管中行莱芜分行指出信用证下的单据存在不符点，但开证申请人已表示愿意支付。因此，即便存在不符点，中行莱芜分行也应向岱银集团支付款项。中行莱芜分行依据《信用证纠纷司法解释》（2005年）的规定，主张其有权自行决定是否接受不符点的立场是不成立的，法院对其上诉请求不予支持。

案例解读

在本案中，在开证申请人王子公司同意付款的情况下中行莱芜分行对信用证项下的款项是否应予支付？对此，《国内信用证结算办法》（1997年）和《信用证纠纷司法解释》（2005年）作出了不同规定。山东省高级人民法院在二审的审理过程中，对本案适用《国内信用证结算办法》（1997年）处理本案争议意见是统一的，但对该办法具体法律条文的适用存在争议，主要有两种意见：一是根据该办法第31条的规定，开证行在单据与信用证不符时有权拒绝接受，对此应理解为有权拒绝接受不符点，中行莱芜分行在通知中行泰安分行拒付的情况下，其不再承担付款的责任。二是根据该办法第31条的规定，在单据与信用证表面不符时，银行有权拒绝的是单据，本案中银行保留了单据，则排除了该条的适用，而适用第28条。在开证申请人出具保函同意付款的情况下，根据第28条的规定，中行莱芜分行应当付款。

就上述问题，山东省高级人民法院向最高人民法院发出了请示，最高人民法院对此于2009年3月20日发出了〔2009〕民四他字第9号复函。1997年8月1日发布的《国内信用证结算办法》第28条规定："开证行审核单据发现不符时，应在收到单据的次日起五个营业日内将全部不符点用电讯方式通知交单人。该通知必须说明单据已代为保管听候处理。同时商洽开证申请人，开证申请人同意付款的，开证行应即办理付款，开证申请人不同意付款的，开证行应将单据退交议付行或将信用证正本、信用证修改书正本及单据退交受益人。"在信用证项下存在不符点的情况下，开证行应当商洽开证申请人，如果开证申请人同意付款，开证行即应当付款。具体到本案，开证行中行莱芜分行认为受益人岱银集团提交的信用证项下的单据存在不符点，然而开证申请人王子公司同意付款，在这种情况下，即使存在不符点，中行莱芜分行也应当向岱银集团付款。

第五章　动产融资担保

◎ **本章索引**

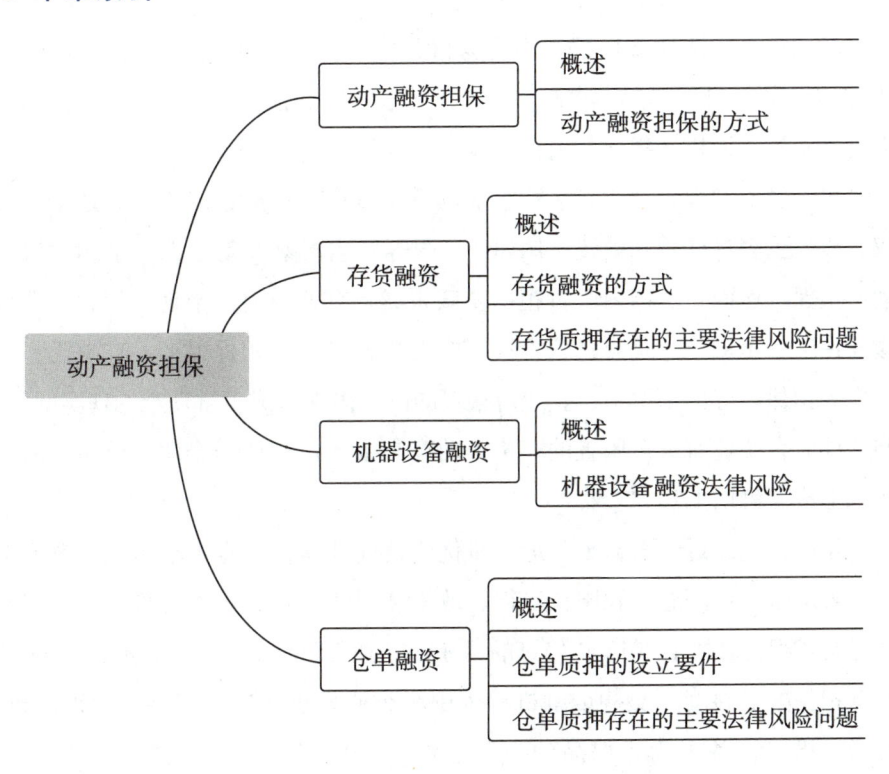

- 动产融资担保
  - 动产融资担保
    - 概述
    - 动产融资担保的方式
  - 存货融资
    - 概述
    - 存货融资的方式
    - 存货质押存在的主要法律风险问题
  - 机器设备融资
    - 概述
    - 机器设备融资法律风险
  - 仓单融资
    - 概述
    - 仓单质押的设立要件
    - 仓单质押存在的主要法律风险问题

第一节 动产融资担保

一、概述

著名学者王泽鉴将动产界定为"不动产之外物"[1],原《物权法》第2条第2款同样采取了物两分法规定了"本法所称物,包括不动产和动产",此后该条内容同样体现在现行《民法典》第115条的规定之中,即"物包括不动产和动产。法律规定权利作为物权客体的,依照其规定"。相比《物权法》的规定,《民法典》增加了"权利形态"物。债务人或者第三人向债权人借款融资,而用于担保的财产系动产。从国际实践经验来看,企业主要将动产用于融资担保,存货是多数企业的重要资产,一般情况下比普通知识产权、股权更容易变现和处置。例如,美国等发达国家大概有70%的担保属于动产担保。然而,从国内融资担保实践来看,企业所有的土地、厂房、办公楼及住宅等不动产才是容易获得银行金融机构融资的担保财产。在缺乏不动产作为担保财产的情况下,企业对融资的巨大需求形成了融资难的现实问题。与此同时,企业有大量闲置的存货等动产与银行机构认为企业缺乏足额融资担保形成了鲜明的反差。[2]

正因如此,近年来,为了进一步优化营商环境,拓宽中小微企业融资渠道,解决融资难问题,我国在法律、政策和司法多个层面大力推动和发展动产融资担保。比如,2017年修订的《中小企业促进法》第19条规定:"国家完善担保融资制度,支持金融机构为中小企业提供以应收账款、知识产权、存货、机器设备等为担保品的担保融资。"2019年,国务院办公厅出台的《关于印发全国深化"放管服"改革优化营商环境电视电话会议重点任务分

---

[1] 参见王泽鉴:《民法总则》,中国政法大学出版社2001年版,第209-210页。
[2] 参见中国人民银行研究局、世界银行集团国际金融公司中国项目开发部编:《中国动产担保物权与信贷市场发展》,中信出版社2006年版,第21页。

工方案的通知》中规定:"试点建立统一的现代动产担保系统,2020年底前力争整合各类动产登记和权利担保登记系统,实现企业担保在一个平台上登记……"2020年,国务院办公厅出台《关于进一步优化营商环境更好服务市场主体的实施意见》,该意见明确提出:"优化动产担保融资服务。鼓励引导商业银行支持中小企业以应收账款、生产设备、产品、车辆、船舶、知识产权等动产和权利进行担保融资。推动建立以担保人名称为索引的电子数据库,实现对担保品登记状态信息的在线查询、修改或撤销。"2020年年底,国务院公布重大改革举措,颁布了《关于实施动产和权利担保统一登记的决定》,该决定明确:自2021年1月1日起,在全国范围内实施动产和权利担保统一登记,将包括生产设备、原材料、半成品、产品抵押等动产和权利纳入动产和权利担保统一登记范围。2022年,最高人民法院发布的《关于充分发挥司法职能作用 助力中小微企业发展的指导意见》第10条规定:"助力拓宽中小微企业融资渠道。严格依照民法典及有关司法解释的规定,依法认定生产设备等动产担保,以及所有权保留、融资租赁、保理等非典型担保债权优先受偿效力,支持中小微企业根据自身实际情况拓宽融资渠道……"2023年,最高人民法院在《关于优化法治环境 促进民营经济发展壮大的指导意见》第15条中再次提出"助力拓宽民营企业融资渠道降低融资成本。依法推动供应链金融健康发展,有效拓宽中小微民营企业融资渠道。对中小微民营企业结合自身财产特点设定的融资担保措施持更加包容的司法态度,依法认定生产设备等动产担保以及所有权保留、融资租赁、保理等非典型担保合同效力和物权效力……"

此外,2020年,中国人民银行、工业和信息化部、司法部、商务部、国资委、市场监管总局、银保监会和外汇局8部委联合发布《关于规范发展供应链金融的意见》。[1] 在这个我国大力发展供应链金融的纲领性文件中,提

---

[1] 该文件对供应链金融进行了完整的定义,即"供应链金融是指从供应链产业链整体出发,运用金融科技手段,整合物流、资金流、信息流等信息,在真实交易背景下,构建供应链中占主导地位的核心企业与上下游企业一体化的金融供给体系和风险评估体系,提供系统性的金融解决方案,以快速响应产业链上企业的结算、融资、财务管理等综合需求,降低企业成本,提升产业链各方价值"。这一定义之后被广泛认可和使用。

出"稳步推动供应链金融规范、发展和创新"的意见。其中,特别提到了"规范发展供应链存货、仓单和订单融资",鼓励和支持金融机构在基于真实交易背景、风险可控的前提下,可以选取流通性强、价值价格体系健全的动产,开展存货、仓单融资。由此可见,在供应链金融背景下,动产融资是一项重要的供应链金融创新融资方式,通过存货、机器设备、仓单等动产融资,企业能够迅速获得资金支持,用于日常运营、扩大生产或应对市场波动,从而优化资金结构,提升竞争力。

二、动产融资担保的方式

现行《民法典》第二编第四分编规定了"担保物权",在我国法律上,动产融资担保主要分为动产抵押担保和动产质押担保两种方式。

(一)动产抵押担保

抵押是债的一项担保方式,属于物保的范畴,其与质押的主要区别是:接受物保的债权人并不实际占有担保物,而是由提供抵押担保的债务人或者第三人继续占有使用。动产抵押就是债务人或者第三人向债权人以动产提供抵押担保,相关动产担保物继续由债务人或者第三人占有,不交付给债权人,在发生到期债务不能履行的情形时,动产抵押权人有权就处置动产担保物所得价款优先受偿。从该动产抵押制度创立历史发展来看,该制度源于罗马法。在罗马法上,先有质权,后又发展出了抵押权,质权是担保物权最早出现的类型,即质权以不动产为标的,后来变成仅以动产为标的,设定质权还必须要将标的物转移给债权人(质权人)占有。在房屋、土地等不动产上设定质押担保本身交付占有完成非常困难,因此,罗马法学家在希腊法的基础上创立了抵押权制度。[1] 动产抵押制度正式在罗马法上确立是由于罗马共和国末年和帝政初期,贫穷农民仅能以其农具或牲畜作为担保去租种土地,如果严

---

[1] 参见李珏:《动产抵押研究》,吉林大学2013年博士学位论文。

格按照质权担保制度就必须将农具和牲畜作为质权物交付给债权人占有，如此一来，农民就无法使用这些生产工具耕作。因此，罗马大法官塞尔维乌斯认为，佃农保留农具和牲畜的占有权，若其无法缴纳租金，债权人可以提出对物诉讼，请求扣押作为担保物的农具和牲畜并就变卖价金进行清偿，此制度因较质押更为便捷和优越，迅速在罗马境内被大量采用。[1]

目前，动产抵押担保规定在《民法典》第 395 条第 1 款第 4 项至第 6 项之中，即"生产设备、原材料、半成品、产品""船舶、航空器""交通运输工具"，其中"生产设备、原材料、半成品、产品"按照立法者的解释如下：（1）生产设备是指工业企业的各种机床、计算机、化学实验设备、仪器仪表设备、通信设备，海港、码头、车站的装卸机械，拖拉机、收割机、脱粒机等农业机器设备等；（2）原材料是指用于制造产品的原料和材料，如用于炼钢的铁矿石、用于生产家具的木料等；（3）半成品是指尚未全部生产完毕的产品，如尚未组装完成的汽车、尚未成熟的农作物等；（4）产品是指生产出来的物，如机动车、轮船等交通运输工具，仪表、仪器、机床等生产设备，电视机、电冰箱、大米等生活用品。[2]

（二）动产质押担保

在罗马法上，动产质押的出现先于动产抵押。最古老的担保物权是市民法上的信托让与，但因其自身存在缺陷，到了罗马帝国时期被质权和抵押权完全取代，抵押权和质权均能适用于动产和不动产，抵押权只不过是对前文所述质权要求"转移占有"缺陷的完善。因此，两者之间发展至今主要是以是否转移占有作为区分。[3] 结合《民法典》第 394 条第 1 款关于抵押定义的规定，即"为担保债务的履行，债务人或者第三人不转移财产的占有，将该

---

[1] 参见周枏：《罗马法原论》，商务印书馆 1994 年版，第 394 页。
[2] 参见全国人大常委会法制工作委员会民法室：《中华人民共和国物权法条文说明、立法理由及相关规定》，北京大学出版社 2007 年版，第 323 页。
[3] 参见刘平：《企业存货动态质押制度研究》，武汉大学 2020 年博士学位论文。

财产抵押给债权人的，债务人不履行到期债务或者发生当事人约定的实现抵押权的情形，债权人有权就该财产优先受偿"。由此可见，动产质押和抵押的主要区别不在于动产的种类，而在于担保的财产是否由债权人占有。若债权人或者第三人不转移财产给债权人占有，则为动产抵押；若债权人或者第三人转移财产给债权人占有，则为动产质押。

目前，动产质押担保规定在现行《民法典》第425条："为担保债务的履行，债务人或者第三人将其动产出质给债权人占有的，债务人不履行到期债务或者发生当事人约定的实现质权的情形，债权人有权就该动产优先受偿。前款规定的债务人或者第三人为出质人，债权人为质权人，交付的动产为质押财产。"

实践中，笔者观察的情况是，企业以动产向银行金融机构提供融资担保的种类通常是下述三种：第一，存货融资；第二，机器设备融资；第三，仓单融资。下文就这三种典型动产融资形式逐一详细介绍。

第二节 存 货 融 资

一、概述

所谓存货，通常泛指原材料、半成品、产品等存放于特定仓库的货物，源自UCC第九编担保交易第一章第9-102条定义和定义索引a款第48项的规定："库存是指除农产品外的下列货物：（A）任何人作为出租方出租的货物；（B）任何人持有的用于出售或出租的货物，或用于服务合同项下向他人供应的货物；（C）任何人根据服务合同向他人供应的货物；或（D）属于原料或半成品的货物，或属于业务中使用或消耗的材料。"[1] 根据该条的描述

---

[1] 参见《美国统一商法典：UNIFORM COMMERCIAL CODE》，潘琪译，法律出版社2020年版，第512页。

性定义，存货是与消费品、农产品及设备互不兼容但可以相互转化的担保品，共同隶属于货物这一有体动产。[1] 存货融资模式的目的是解决企业动产资源无法有效利用的问题，通过动态、静态等质押存货的方式，有效降低银行贷款的风险，实现多方共赢。[2] 简言之，该模式是企业以其存货为质押物，向金融机构申请贷款。这里的存货包括原材料、半成品（在制品）和产成品等。对于许多中小企业而言，大多缺乏固定资产、有价证券等担保物用于向金融机构贷款，而存货融资正好弥补了这一不足。存货融资的适用场景广泛，在多个场景下发挥着积极作用。

二、存货融资的方式

存货融资的主要方式就是存货质押。所谓存货质押，就是以储存在仓库中的粮食、钢铁、煤炭等批量货物（原材料）为担保物进行质押。[3] 2013年11月1日施行的商务部《动产质押监管服务规范》（SB/T 10978—2013）中将动产质押定义为"债务人或者第三人将可支配动产交债权人占有，作为偿还债务的担保行为"，同时又将质押分为动态质押和静态质押。两者的区别在于在质押期间，质押物是否发生变动，若不发生变动就属于静态质押，若质押物可以增加、置换或者部分解押就属于动态质押。上述定义是商务部参考原《物权法》和原《担保法》的相关规定制定的。

相较于传统的静态质押，动态质押这种由银行、物流企业和债务人共同打造以物流监管为中心的现代动产融资模式更具灵活性，是现代供应链金融的核心和精髓，有利于中小企业在出质后经质权人同意有限度地置换、解押部分货物，保障并促进企业货物和资金正常流动，极大限度地缓解了中小企业融资困难的困境。出质人可以按照约定继续有限度地利用质物进行生产经

---

[1] 参见刘平：《论我国存货担保的体系构造与制度协同》，载《法学家》2022年第3期。
[2] 参见林瀛辉、陈支武：《基于供应链金融的存货融资模式研究综述》，载《物流研究》2023年第5期。
[3] 参见常鹏翱：《供应链金融背景下存货动态质押的疑点问题研究——以"民法典担保制度司法解释"第55条为中心》，载《清华法学》2021年第4期。

营活动，因此可同时满足其融资与经营的双重需求。为切实确保质权的有效设立，避免变化着的质物时刻处于不确定或缺乏监管的状态，动态质押在传统质权"出质人"和"质权人"的二元关系结构中引入了"监管人"这一新角色，开创了"出质人—监管人—质权人"的三元关系结构，由第三方监管人占有和监管质押财产。

2019年11月，最高人民法院发布的《九民纪要》第63条至第65条规定了动产担保物权涉及流动质押的设立与监管人责任、浮动抵押效力和动产抵押权与质权竞存等问题。[1] 自2021年1月1日起，最高人民法院开始施行《担保制度司法解释》，其第55条规定了货物（存货）在有监管人的情形下，以实际监管为质押交付设立的标准。上述会议纪要或司法解释规定进一步规范了存货动态质押中产生的问题，但实践中仍存在诸多法律争议和纠纷问题需要进一步规范解决。

---

[1]《九民纪要》第63条规定：在流动质押中，经常由债权人、出质人与监管人订立三方监管协议，此时应当查明监管人究竟是受债权人的委托还是受出质人的委托监管质物，确定质物是否已经交付债权人，从而判断质权是否有效设立。如果监管人系受债权人的委托监管质物，则其是债权人的直接占有人，应当认定完成了质物交付，质权有效设立。监管人违反监管协议约定，违规向出质人放货、因保管不善导致质物毁损灭失，债权人请求监管人承担违约责任的，人民法院依法予以支持。如果监管人系受出质人委托监管质物，表明质物并未交付债权人，应当认定质权未有效设立。尽管监管协议约定监管人系受债权人的委托监管质物，但有证据证明其并未履行监管职责，质物实际上仍由出质人管领控制的，也应当认定质物并未实际交付，质权未有效设立。此时，债权人可以基于质押合同的约定请求质押人承担违约责任，但其范围不得超过质权有效设立时质押人所应当承担的责任。监管人未履行监管职责的，债权人也可以请求监管人承担违约责任。第64条规定：企业将其现有的以及将有的生产设备、原材料、半成品及产品等财产设定浮动抵押后，又将其中的生产设备等部分财产设定了动产抵押，并都办理了抵押登记的，根据《物权法》第199条的规定，登记在先的浮动抵押优先于登记在后的动产抵押。第65条规定：同一动产上同时设立质权和抵押权的，应当参照适用《物权法》第199条的规定，根据是否完成公示以及公示先后情况来确定清偿顺序：质权有效设立、抵押权办理了抵押登记的，按照公示先后确定清偿顺序；顺序相同的，按照债权比例清偿；质权有效设立、抵押权未办理抵押登记的，质权优先于抵押权；质权未有效设立、抵押权未办理抵押登记的，因此时抵押权已经有效设立，故抵押权优先受偿。

三、存货质押存在的主要法律风险问题

（一）存货动态质押设立的效力问题

在我国现行法中，动产物权遵循"交付生效"的基本原则，[1] 这一规则适用于除特定法律另有规定外的所有情形。质权的设立则更具体地要求质押财产必须实际交付给质权人，[2] 并且双方需通过书面形式订立质押合同，合同内容应涵盖被担保债权的类型与金额、债务履行期限、质押财产的详细描述、担保覆盖的范围以及质押财产的交付时间与方式。[3]

在动产质押中，质权的设立以出质人将质物交付给质权人为前提。这一过程被称为转移占有，是质权设立的核心要素。转移占有作为质权设立的基石，具体到存货动态质押，涉及"监管人"角色的加入，其认定标准为质物是否由质权人或其委托的第三方监管人实际掌控，以及该控制是否达到排除出质人随意支配质物的程度。在司法实践中，法院密切关注质物交付的形式与实质，确保质物的控制权在法律意义上从出质人转移到质权人手中，即便通过第三方监管，也需确保质权人对质物具有足够的管领控制力，能够排除他人特别是出质人对质物的随意占有、支配和处分。然而，当质物由第三方监管时，判断质权人是否实现了对质物的有效控制就变得复杂。法院在裁判中会重点审查质押合同及监管合同的履行情况，特别是质物是否已经交付以及质权人是否对质物实施了有效的管理和控制。若质物数量存在不确定性或质权人未能提供充分证据证明其对质物的实际控制，则法院无法认定质权已经设立。

实践中，银行金融机构作为债权人是没有条件或者不方便实际占有质押

---

[1] 参见《民法典》第224条规定："动产物权的设立和转让，自交付时发生效力，但是法律另有规定的除外。"

[2] 参见《民法典》第429条规定："质权自出质人交付质押财产时设立。"

[3] 参见《民法典》第427条规定："设立质权，当事人应当采用书面形式订立质押合同。质押合同一般包括下列条款：（一）被担保债权的种类和数额；（二）债务人履行债务的期限；（三）质押财产的名称、数量等情况；（四）担保的范围；（五）质押财产交付的时间、方式。"

物的。笔者在代理某银行处理 4S 店不良贷款项目过程中就发现，这类贷款的主要质押物是车辆，但这些车辆是新车需要用于实际销售，不可能直接交付银行占有。为了便于 4S 店及时销售用于质押的车辆，银行委托第三方监管公司在 4S 店附近租赁的场地对未销售车辆进行监管，这种情况与钢贸融资中银行通过仓库管理方进行钢材监管类似。然而，当这类质押贷款发生风险，银行准备处置质押物时往往会发现质押物"消失"的情况，或者出现多个债权人主张同一质押物的优先权问题。这类纠纷的主要争议问题是债权人委托第三方监管设立存货质押的效力。如果委托监管被认定为有效，质权设立有效；反之，质权设立无效。

案例 5－1　吉林桦甸农村商业银行股份有限公司与桦甸市起同粮食经销有限公司等金融借款合同纠纷案

［案号：吉林省吉林市中级人民法院（2022）吉 02 民终 2121 号］
案件事实

2019 年 5 月 23 日，吉林桦甸农村商业银行股份有限公司（以下简称桦甸农商行）与桦甸市起同粮食经销有限公司（以下简称起同公司）签订流动资金借款合同，约定起同公司向桦甸农商行借款 1000 万元，借款期限为 2019 年 5 月 23 日至 2020 年 5 月 22 日。同日，双方签订存货质押合同，约定起同公司将 1 万吨玉米质押给桦甸农商行，并交由吉林省腾越仓储监管有限公司（以下简称腾越公司）监管。

2019 年 12 月 31 日，起同公司向桦甸农商行提出玉米出库申请，经桦甸农商行同意，起同公司出库玉米 4000 吨。但出库后，起同公司未按约定补库 4000 吨玉米。2020 年 4 月 16 日，桦甸农商行发现起同公司库存玉米严重不足，要求腾越公司采取措施，起同公司尽快补足库存。

2020 年 4 月 23 日，腾越公司出具质物库存表，显示库存玉米数量为 2500 吨。2020 年 7 月 15 日，起同公司和腾越公司向桦甸农商行出具承诺书，起同公司承诺至 2020 年 10 月 31 日前将玉米库存补齐，腾越公司承诺对起同公司库存玉米严格监管。

后起同公司未按合同约定偿还借款，截至 2022 年 5 月 12 日，尚欠借款本金 1000 万元，利息 2,044,539.73 元。桦甸农商行提起诉讼，请求法院判决起同公司偿还欠付的本金、利息，同时请求判决桦甸农商行对起同公司质押给桦甸农商行的动产玉米享有优先受偿权。

本案的基本事实关系见图 49：

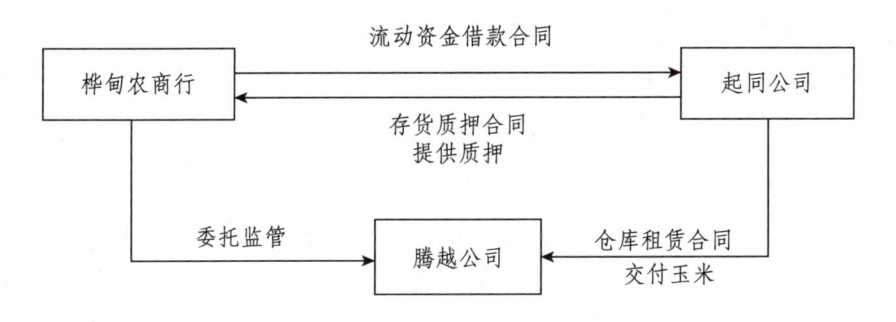

图 49　案例 5-1 的基本事实关系

争议焦点

本案中，主要争议焦点是桦甸农商行对起同公司质押的玉米是否享有优先受偿权，质权是否已经有效设立。

裁判结果

法院认为，桦甸农商行未能提供充分证据证明其已实际占有、控制并使用案涉质押玉米仓库，故其主张就 2500 吨玉米已经设立质权的依据不足。

首先，虽然桦甸农商行主张质押玉米的数量为 1 万吨，但在 2019 年 12 月 31 日起同公司出库 4000 吨玉米后，剩余的质押玉米数量应为 6000 吨。然而，根据质物库存表，实际库存玉米数量为 2500 吨，存在 3500 吨的缺口。

其次，质权的设立需要质物的交付和质权人有效控制质物。虽然桦甸农商行、起同公司、腾越公司签订了商品融资质押监管协议，腾越公司作为监管人应代理桦甸农商行占有质物并承担监管责任，但腾越公司自认并未对质押玉米数量进行盘点。此外，桦甸农商行未能提供充分证据证明其已实际占有、控制并使用案涉质押玉米仓库，例如，没有提供质物盘点的过程及计算依据的证据，也没有证据显示其对质物进行了实际的管理和控制。因此，法院依据《物权法》第212条的规定，明确指出质权自出质人交付质押财产时设立。由于质押玉米的数量存在不确定性，且桦甸农商行未能提供充分证据证明其已实际控制质押玉米，法院无法认定质权已经设立。

最后，桦甸农商行主张的优先受偿范围数额并不能确定，且缺乏证据证明其对质押玉米的实际控制，因此，桦甸农商行关于就2500吨玉米已经设立质权的主张依据不足，法院不予支持。

综上，法院判决起同公司偿还桦甸农商行借款本金及利息，驳回了桦甸农商行对起同公司质押的玉米享有优先受偿权的请求。

案例解读

从上述判决来看，本案的特殊性在于涉及金融借款合同中质押物的交付与控制问题。案件中，质押物为大宗散货（玉米），其数量的确定性和监管的实质有效性成为判断质权是否设立的关键。此外，本案还涉及三方监管协议的履行情况，即债权人、出质人以及监管人之间的法律关系和责任划分。本案的判决为类似案件提供了重要的法律指导，明确了在质押合同纠纷中，质权的设立必须基于对质物的实际交付和有效控制。法院强调，质物数量的明确性和质权人对质物的实际控制是判断质权是否设立的基本前提。此外，法院的判决还表明，在涉及三方监管协议的情况下，必须对监管人的实际监管行为进行严格审查，以确定质权是否有效设立。

本案对有效设立质权的判断提供了以下启示：第一，明确的质物数量。质权的设立需要质物的数量清楚明确，数量的不确定性会影响质权的确立，当然如果是在浮动质押的情况下，也是根据实际数量的存货享有优先受偿权。虽然质权是法律意义上的权利，并根据法律规定设立，但不能脱离实际情况，若法院查明仓库中只有2500吨玉米，质权人不可能对超过该等数量的玉米享有优先受偿权。第二，质物的实际交付。质权的设立基于出质人将质物实际交付给质权人。如果质物未实际交付或交付的数量与合同约定不符，可能对于没有交付的存货等质物的质权是无法设立。第三，有效的监管控制。如果通过第三方监管，监管方必须对质物进行有效的监管和控制，确保质权人的利益得到保障。第四，持续监管的重要性。质权人应确保对质物进行持续的监管，以防止质物的减损或丢失，确保质权的实现。由本案可知，质权的有效设立需要严格的条件和充分的证据支持，任何影响质物交付和控制的因素都可能导致质权无法设立或受到质疑。

案例 5-2 大连银行股份有限公司与库伦旗佐源糖业有限公司等金融借款合同纠纷案

[案号：最高人民法院（2019）最高法民终 330 号]

案件事实

2014 年 7 月 10 日，大连银行股份有限公司（以下简称大连银行）与库伦旗佐源糖业有限公司（以下简称库伦旗佐源公司）签订综合授信协议，提供 1 亿元综合授信。2015 年 2 月 3 日及 2 月 10 日，大连银行与库伦旗佐源公司签订两份商业汇票承兑协议，承兑汇票金额共计 2 亿元，库伦旗佐源公司提供 50% 的保证金。2014 年 7 月 10 日，大连银行与锦州佐源糖业食品有限公司（以下简称锦州佐源公司）签订最高额质押合同，锦州佐源公司以糖类质押物为债务提供担保。

2014 年 8 月 11 日，大连银行、锦州佐源公司与中铁现代物流科技股份有限公司大连分公司（以下简称中铁物流大连分公司）签订动产监管协议，由中铁物流大连分公司监管质物。

2015 年 5 月以后，锦州佐源公司开始不配合监管，转移质物，中铁物流大连分公司通知大连银行并采取应急措施。2016 年 6 月 13 日，大连银行参与会议，商讨置换担保物释放原存货质押物。

后由于库伦旗佐源公司未能按期偿还票款，大连银行发生垫款，库伦旗佐源公司尚欠垫款本金 98,709,476.46 元及相应利息。大连银行因此向法院提起诉讼，请求判令库伦旗佐源公司偿还垫款本金及利息，并对锦州佐源公司提供的质物享有优先受偿权等。

本案的基本事实关系见图 50：

```
大连银行  ←── 承兑汇票金额2亿元 ──  锦州佐源公司
         ── 最高额质押合同提供质押 →
         
         三方共同签订动产监管协议
         
      委托监管  ↓           ↑ 质物入库
         中铁物流大连分公司
```

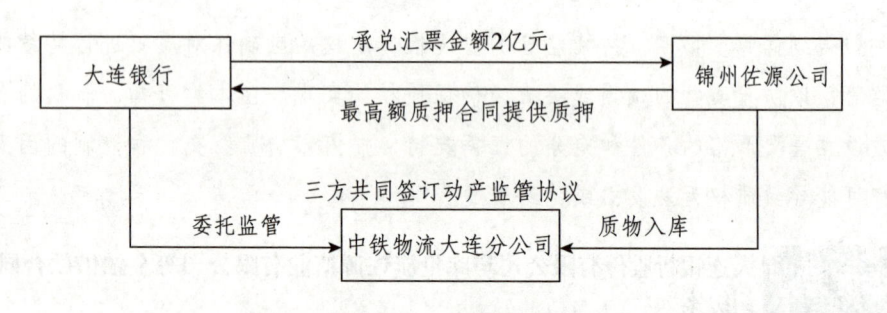

图 50　案例 5-2 的基本事实关系

争议焦点

本案中，主要争议焦点为：（1）大连银行对锦州佐源公司提供的质物是否享有优先受偿权。（2）中铁物流大连分公司是否应对大连银行承担补充赔偿责任。

裁判结果

法院认为，关于质权设立问题：大连银行主张通过与中铁物流大连分公司的动产监管协议实现了对质物的间接控制与占有，质权已经设立。但根据《物权法》第212条的规定，质权自出质人交付质押财产时设立。本案中，质物存放于出质人锦州佐源公司的仓库，大连银行并未实现有效控制，因此质权未设立。

关于中铁物流大连分公司责任问题：大连银行主张中铁物流大连分公司未尽到监管义务，应承担补充赔偿责任。但法院认为，中铁物流大连分公司在并未实际控制占有案涉质物及存放仓库的情况下，已尽最大可能积极履行监管义务，不存在过错，因此不应承担责任。

关于质物存放位置：案涉质物，即大量的糖制品，存放于出质人锦州佐源公司的仓库内。这一事实本身意味着质物处于出质人的直接控制之下。

法院指出，根据《物权法》的规定，质权的设立需要出质人将质物交付给质权人。在本案中，尽管存在动产监管协议，但实质上质物并未从锦州佐源公司转移到大连银行，也未实现质权人大连银行的直接或间接控制。另外，虽然通过动产监管协议指定中铁物流大连分公司进行监管，且租金仅为象征性的1元,但这种安排并未改变质物的实际控制权。法院认为,这种监管方式并不符合质权设立所需的质物交付形式。法院在审理过程中还发现,锦州佐源公司存在不配合监管、转移质物、驱逐监管人员等行为。这些行为表明质物仍然由锦州佐源公司实际控制和支配。

关于大连银行的监管能力:大连银行作为质权人,未能通过有效的监管措施实现对质物的控制。监管人中铁物流大连分公司虽然采取了一定的监管行为,但并未能实际占有、控制案涉质物及存放仓库。虽然监管人中铁物流大连分公司在发现质物可能存在风险时,采取了通知大连银行和报警等应急措施,但这些措施并未能改变质物仍然处于出质人控制的实际情况。法院还指出,大连银行作为金融机构,有法定义务对质权的设立和实现质权的可行性进行严格审查。大连银行未能尽到这一义务,导致质权未能依法设立。

由于大连银行未实现对质物的有效控制,法院最终认定质权未依法设立。因此,大连银行关于对锦州佐源公司提供的质物享有优先受偿权的主张没有法律依据。

案例解读

即使质物存放在出质人仓库内,也必须通过明确的交付行为,确保质权人对质物具有直接或间接的控制权。第三方监管人代表质权人对质物进行监管,但监管本身并不意味着质物已经交付。监管人必须能够证明其对质物已经实施了有效的控制和管理,而不仅仅是形式上的监管。监管协议中的条款需要明确监管人的责任和义务,包括对质物的具体监管方式、质物的出入库管理、风险预警机制等。监管人必须严格按照协议履行职责。在委托合同中,监管人对质物的监管负有过错责任。如果监管人未能履行监管义务或存在过错,导致质物损失或质权未能设立,监管人可能需要承担相应的法律责任。质权人有责任对质物的权属、价值以及实现质权的可行性进行严格审查,质权人不能仅依赖第三方监管而忽视自身的审查义务。

(二)存货质押一物多质质权归属问题

实践中,即使质权成功设立,只要质权尚未实现,质权人仍然会面临其他的风险导致其无法完全实现其债权。例如，在一物多质的情形下，若有两个以上主体均设立了担保物权，需要法院通过当事人提供的证据，确定担保物权产生的先后顺序，并以此作为依据，判定权利归属。同时，在《民法典》第311条关于善意取得的规定中，明确说明"当事人善意取得其他物权的，参照适用前两款规定"，也就是说，善意取得规定不仅限于所有权，还可以适用于其他物权，如抵押权、质权。

相较于所有权，担保物权并不具有排他性特征，也即对于同一标的物，可能存在多个担保物权，当此类担保物权产生冲突时，则需要根据设立时间或交付时间来判定权属的优先级。同时，由于质权的特殊性，质物虽然往往由质权人占有，但当质物再次出质时，第三人能否善意取得质权同样需要结合具体案情来判断。

案例5-3 某资产管理有限公司诉某实业集团有限公司、陈某飞等合伙企业财产份额转让纠纷案

[案号：最高人民法院（2021）最高法民终1210号]

案件事实

2013年12月5日，许某、陈某飞与瑞某公司签订质押合同，约定瑞某公司将本案讼争红木运到某木业公司厂区作为许某、陈某飞的出借款质押物。保管人某木业公司与存货人许某、陈某飞于2013年12月5日签订保管合同。同日，许某、陈某飞与瑞某公司签订质押物移交清单。

2013年12月6日，瑞某公司与某商贸公司签订购销合同，将上述讼争红木卖给某商贸公司。某商贸公司用以支付案涉红木买受款项系由瑞某公司转给某某家具公司，某某家具公司转给某商贸公司，再由某商贸公司转给瑞某公司钱款，形成一个闭合的资金链。2013年12月6日，某商贸公司与某木业公司签订租赁仓库合同书，向某木业公司租赁露天空地堆放讼争红木。2013年12月10日，瑞某公司与某商贸公司共同出具货物交接确认函，确认瑞某公司销售给某商贸公司的讼争红木已交付完毕。

2014年6月28日，某仓储公司（承租方）、某木业公司（出租方）、某

商贸公司签订租赁仓库合同书，约定某木业公司将仓库租赁给某仓储公司使用。

2014年7月22日，某资产管理有限公司（以下简称某资产公司）、某实业集团有限公司（以下简称某实业公司）与案外人管理公司签订《某投资中心合伙协议》，约定：某资产公司为优先级有限合伙人，认缴出资15,000万元；某实业公司为劣后级有限合伙人，认缴出资5000万元；管理公司为普通合伙人，认缴出资200万元。合伙企业某投资中心的投资方向是受让某商贸公司拥有所有权以及存放于仓库的讼争红木所对应的资产收益权。聘请某仓储公司负责标的资产的仓储和监管。2014年7月22日，某商贸公司作为转让方与受让方某投资中心签订《某商贸公司与某投资中心之红木资产收益权转让合同》，约定将某商贸公司的讼争红木对应的全部收益权转让给某投资中心。讼争红木质押担保《某投资中心财产份额转让协议》项下某实业公司的回购义务。2014年7月22日，某实业公司与某资产公司、某投资中心签订《某投资中心财产份额转让协议》，约定某实业公司同意受让某资产公司持有的某投资中心财产份额。2014年7月22日，某商贸公司（出质人）、某资产公司（质权人）、中国民生银行股份有限公司福州分行、某仓储公司（保管商）共同签订动产质押监管协议，约定为保障《某投资中心财产份额转让协议》下某实业公司按协议约定收购某资产公司管理的资产管理计划项下的有限合伙份额而产生的支付债务，某商贸公司以讼争红木向某资产公司提供最高额质押担保。

某仓储公司进入监管场所（某木业公司厂区内）后有对质物设置围挡、公示牌，载明质押物的权属状况，并对质押红木进行定牌、编号。

因某实业公司未履行合同义务，某资产公司诉请其回购某资产公司持有的某投资中心之财产份额，向某资产公司支付受让款，并支付迟延付款违约金；确认某资产公司对某商贸公司质押并抵押给某资产公司的红木的质权成立并享有红木依法拍卖、变卖价款的优先受偿权。

本案的基本事实关系见图51：

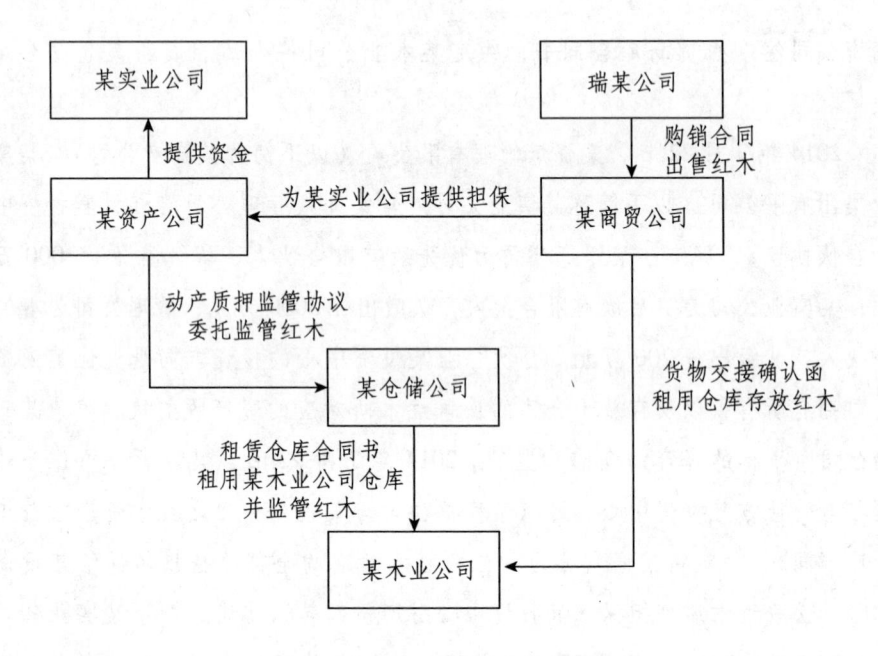

商业银行供应链金融法律要点与案例解析

图51 案例5-3的基本事实关系

争议焦点

本案中，主要争议焦点是某资产公司是否获得了案涉红木质押权，并就案涉红木依法拍卖、变卖所得价款优先受偿。

裁判结果

法院认为，瑞某公司在2013年12月5日将案涉红木出质给许某、陈某飞，次日就与某商贸公司签订购销合同将案涉红木出售给某商贸公司，而许某和某商贸公司均委托某木业公司对案涉红木进行保管，某木业公司的法定代表人与某实业公司的法定代表人都是同一人。某实业公司在与某资产公司签订一系列协议时知悉案涉红木的所有权以及担保物权的情况，且某商贸公司用以支付案涉红木买受款项系由瑞某公司转给某某家具公司，某某家具公司转给某商贸公司，再由某商贸公司转给瑞某公司钱款，形成了一个闭合的资金链。相关款项仅发生在2天内。某商贸公司用以支付案涉红木的款项应该来源于瑞某公司，从现有证据看不足以证明两者存在真实的买卖关系。因此，不能确定某商贸公司对讼争红木享有所有权。但是，某商贸公司、某资产公司与某仓储公司签订动产质押监管协议将案涉红木出质给某资产公司用于保证某实业公司的债务，某实业公司与某资产公司之间存在真实的债权债务关系，并且根据瑞某公司与某商贸公司签订的购销协议、某商贸公司向瑞某公司支付款项的凭据以及某商贸公司与某木业公司签订的租赁仓库合同书、瑞某公司与某商贸公司签订的货物交接确认函，某资产公司有理由相信某商贸公司有权处分案涉质物。某资产公司聘请某仓储公司代为占有质押物履行监管责任。某仓储公司已依约向某资产公司出具动产质押清单，确认收到某商贸公司提供的质押物，并且某仓储公司在进入木材存放场地后还对质押物采取了围挡、设立标识、定牌、编号等一系列足以让人知晓该批木材权属状况和设置质押权情况的措施。由此可见，某资产公司委托的保管方某仓储公司已经实际占有并控制了质押物。某资产公司属于善意第三人。鉴于某资产公司已经实际占有并控制了质押物，其可善意取得案涉红木质权。某资产公司有权对案涉红木行使质权、抵押权，并就拍卖、变卖所得价款优先受偿。

案例解读

本案的争议焦点主要集中在同一财产被分别质押给两个以上债权人，即"一物二质"的情形下，质权归属的问题。在我国司法实践中，法院通常会先审查各自的质权是否有效设立。根据《民法典》第429条及相关法律的规定，质权自出质人交付质押财产时设立，也即交付质押财产的认定应以债权人或委托监管人实际占有质物为判断标准。其中，债权人或委托监管人需要满足对质物的占有在物理空间、质物外观上有明显区分和标识，足以使第三人辨认质物上存在质权负担，才能认定为实际占有质物。若在相对方无权处分质物的情形下，此时辨别质权是否变动需要审查该处分行为是否符合动产质权善意取得的构成要件。在债权人就案涉质权担保的债权已经支付合理对价，并实际占有质物，其有理由相信相对方有权处分案涉质物的情形下，应认定其善意取得该动产质权。

（三）存货动态质押实践中监管人责任问题

存货动态质押交易实践中，监管人在质物交付和占有过程中扮演着重要角色，许多影响质权设立、效力认定、实现的纠纷也因监管人而起，实践中监管人责任主要有以下几种情形：一是出质人谎报质物或因质物有瑕疵而虚假出质，监管人未履行审查义务，致使质权未有效设立的责任；二是出质人与监管人恶意串通任意出库，致使质物减损或短少的责任；三是出质人强行将货物出库，监管人未采取必要措施的责任；四是监管人违反保管义务，因保管不善致使质物变质、短少、污染、毁损或灭失的责任；五是因其他债权人哄抢货物、司法机关强制执行查封货物等可归责于第三人的原因致使质物减损，而监管人未尽阻止和通知义务的责任。[1] 由此可见，对监管人责任承担进行有效明确的法律规制对于规范存货动态质押交易尤为重要。

对于监管人责任问题，《担保制度司法解释》第55条作了较为详细的规定："债权人、出质人与监管人订立三方协议，出质人以通过一定数量、品种等概括描述能够确定范围的货物为债务的履行提供担保，当事人有证据证明监管人系受债权人的委托监管并实际控制该货物的，人民法院应当认定质权于监管人实际控制货物之日起设立。监管人违反约定向出质人或者其他人放货、因保管不善导致货物毁损灭失，债权人请求监管人承担违约责任的，人民法院依法予以支持。在前款规定情形下，当事人有证据证明监管人系受出质人委托监管该货物，或者虽然受债权人委托但是未实际履行监管职责，导致货物仍由出质人实际控制的，人民法院应当认定质权未设立。债权人可以基于质押合同的约定请求出质人承担违约责任，但是不得超过质权有效设立时出质人应当承担的责任范围。监管人未履行监管职责，债权人请求监管人承担责任的，人民法院依法予以支持。"

根据上述司法解释的规定，监管人责任承担主要可分为两个方面：一方面，对于质权未有效设立的情形，若监管人未履行监管职责，则其构成监管合同的违约，首先应由出质人承担直接责任，监管人承担补充责任，即监管人承担责任"不得超过质权有效设立时出质人应当承担的责任范围"；另一

---

[1] 参见刘平：《企业存货动态质押制度研究》，武汉大学2020年博士学位论文，第134-138页。

方面，对于质权设立后监管人违反约定向出质人或者其他人放货、因保管不善导致货物毁损灭失的情形，监管人实际构成违约责任和侵权责任的竞合，此时质权人完全可以要求监管人承担全部赔偿责任。但无论是哪种责任承担方式，均应以过错责任为基本原则。

案例 5-4　吉林银行股份有限公司长春净月潭支行、中国外运辽宁储运公司合同纠纷案

[案号：最高人民法院（2019）最高法民终 833 号]

案件事实

2014 年 1 月 7 日，吉林银行股份有限公司长春净月潭支行（以下简称吉林银行净月潭支行）与大连港湾谷物有限公司（以下简称大连谷物公司）签订人民币借款合同，约定吉林银行净月潭支行向大连谷物公司提供 1 亿元的借款，借款期限为 2014 年 1 月 16 日至 2015 年 1 月 15 日。同日，双方还签订最高额质押合同，大连谷物公司将其评估价值为 37,800 万元的 18 万吨玉米质押给吉林银行净月潭支行。同时，吉林银行净月潭支行、大连谷物公司与中国外运辽宁储运公司（以下简称辽宁储运公司）三方签订动产质押监管协议，约定在质物监管期间，由辽宁储运公司对质押的玉米进行监管。监管内容包括对质物的入库、提货等过程进行监督，对质物的品名、数量等进行查验、核对，并及时向吉林银行净月潭支行报告质物状况。

2014 年 7 月，吉林银行净月潭支行在进行动产贷后检查时，发现辽宁储运公司负责监管的部分质押玉米有被转移的嫌疑，随即向辽宁储运公司发送函件，要求立即组织人员进行现场盘查并书面回复现有库存数量。

2014 年 8 月 14 日，吉林银行净月潭支行向大连谷物公司发送催收函，指出其在未经得银行同意的情况下，将位于昌图、四平和开原 3 个监管库内的质押玉米大量转移，要求大连谷物公司在 7 日内补仓或提前归还贷款本息及银行承兑汇票敞口部分，合计金额 2.5 亿元。

2015 年 5 月 11 日，吉林银行净月潭支行以辽宁储运公司监管不力，质押财产损失，无法实现到期债权 2.5 亿元为由，向一审法院提起诉讼，请求

判令辽宁储运公司承担赔偿责任。

在诉讼期间，吉林银行净月潭支行和辽宁储运公司均要求将此案移交公安机关处理。一审法院经审查，发现大连谷物公司虚构质押玉米的事实已向吉林省长春市公安局报案，相关人员涉嫌合同诈骗罪、贷款诈骗罪被立案侦查。一审法院于2015年10月29日作出裁定，驳回吉林银行净月潭支行的起诉。长春市中级人民法院查明，大连谷物公司相关人员虚构质押物，骗取贷款，辽宁储运公司相关人员知情并提供虚假的收到质物通知书。于2016年6月22日作出刑事判决，责令大连谷物公司退赔吉林银行净月潭支行经济损失2.5亿元。

本案的基本事实关系见图52：

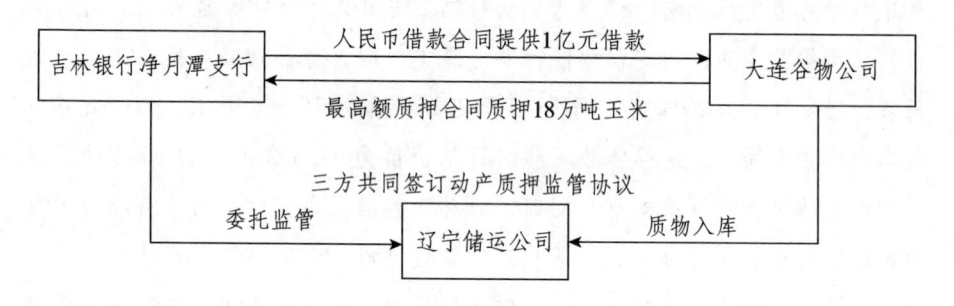

图52 案例5-4的基本事实关系

争议焦点

本案中，主要争议焦点是辽宁储运公司是否应当承担监管责任以及责任比例。

裁判结果

法院认为，在动产质押监管交易结构下，质权是否设立引起出质人或监管人责任成立的法律基础不同，实有必要区分对待。如果质权未能设立，出质人或质押物监管人应根据案涉最高额质押合同、动产质押监管协议承担违约损害赔偿的责任；如果质权已经设立，因质押物监管人的行为导致质押物的财产灭失，本质上是侵害质权的行为，其根据案涉动产质押监管协议应承担违约责任，或根据《侵权责任法》第6条的规定承担侵害担保物权的侵权责任，构成责任竞合。具体分述如下：

对于虚构的质押物而言。大连谷物公司作为出质人应当根据案涉最高额质押合同约定交付质押物，但其实际并未交付，直接导致质权未设立。从责任承担结果角度来看，大连谷物公司是案涉贷款合同项下的债务人，大连谷物公司应对吉林银行净月潭支行承担全部还款责任。辽宁储运公司作为监管人，没有严格按照案涉动产质押监管协议履行监管义务，应对吉林银行净月潭支行的实际损失承担与其过错相当的责任。

对于实际出质但被抽逃的质押物而言。根据刑事判决认定的事实，时任辽宁储运公司的法定代表人王某、副总经理王某某以及工作人员孙某明知大连谷物公司刘某某强行抽逃质物，仍然予以放行。辽宁储运公司虽然并未放任上述质押物被抽逃，但未及时向吉林银行净月潭支行报告上述情况。根据案涉动产质押监管协议第12条第1款的约定，辽宁储运公司对于质物被大连谷物公司抽逃而无法实现给吉林银行净月潭支行造成的损失，应承担相应的赔偿责任。对于该责任的范围应当根据监管业务收取的费用、监管难度以及交易习惯综合认定，承担的是与其过错相当的相应责任。

综上所述，案涉18万吨玉米质物中的13.426万吨自始不存在，而4.5598万吨是在质权设立之后抽逃，由此产生质押物监管人的民事责任的性质和后果不同，前者是违反案涉动产质押监管协议义务的违约责任，后者是侵害质权的侵权或违约责任，二者应当分别予以处理。对于虚构的质物部分，辽宁储运公司对此承担30%的赔偿责任，对于抽逃的质物部分，辽宁储运公司承担全部赔偿责任。

案例解读

本案涉及的主要法律问题是动态质押中监管人的监管责任。法院认为，监管人未尽到监管职责，对质权未设立和质物被抽逃均有过错，应承担相应的违约责任。对于质权未设立部分的责任，本案中法院根据各方的过错程度，判定辽宁储运公司对吉林银行净月潭支行不能获得清偿的部分承担相应的赔偿责任。此时，监管人的责任性质为违约责任。监管人与质权人之间存在合同关系，监管人未按照合同约定履行监管义务，导致质权人损失，应当承担违约责任。根据动产质押监管协议，监管人有义务对质物进行查验、核对、清点，并在发现质物不足或其他异常情况时及时报告质权人，并采取适当合理的措施制止、纠正。监管人在接受质物时未对虚构的质物数量进行外观审核，且未提供合理解释，表明监管人未履行监管义务，存在过错。监管人的责任范围应当根据其收取的费用、监管难度以及交易习惯综合考虑，监管人应承担与其过错相当的相应责任。监管人的责任方式应为补充赔偿责任。监管人并非债权实现的直接义务人，而是辅助性、补充性义务人，其责任排在债务人的直接责任之后。

此外，对于质权设立后质物被抽逃部分的责任，监管人可能同时承担侵权责任和违约责任。法院明确，刑事追赃并不影响监管人应承担的民事责任，即便监管人的工作人员构成犯罪，监管人仍需根据民事合同关系承担相应的民事责任。

通过本案，法院强调了第三方监管人在动产质押监管交易中的义务和责任，明确了监管人违约责任的认定标准和责任范围，并区分了不同情况下监管人的责任类型。监管人必须严格按照合同约定履行监管职责，包括对质物的查验、核对、清点，以及在发现异常时及时通知质权人。在接受质物时，监管人应对质物的数量等进行必要的外观审核，以确保质物的真实性和符合合同约定。监管人的责任范围应与其过错程度相匹配，即监管人应承担与其监管不善相当的相应责任。

第三节　机器设备融资

一、概述

机器设备作为动产进行融资是最常见的动产抵押融资方式。近年来，我国政府亦大力支持金融机构开展此类融资担保业务。2024年3月7日，国务院印发《以旧换新行动方案》，明确了推动大规模设备更新和消费品以旧换新是加快构建新发展格局、推动高质量发展的重要举措。其中，我国设立目标，到2027年，工业、农业、建筑、交通、教育、文旅、医疗等领域设备投资规模较2023年增长25%以上，同时配套了优化金融支持的政策。该行动方案指出："运用再贷款政策工具，引导金融机构加强对设备更新和技术改造的支持；中央财政对符合再贷款报销条件的银行贷款给予一定贴息支持。发挥扩大制造业中长期贷款投放工作机制作用。引导银行机构合理增加绿色信贷，加强对绿色智能家电生产、服务和消费的金融支持。鼓励银行机构在依法合规、风险可控前提下，适当降低乘用车贷款首付比例，合理确定汽车贷款期限、信贷额度。"由此可见，在未来几年里，我国将开展一轮机器设备的大规模更新。与此同时，银行金融机构也将更多地接受债务人或者第三人提供的动产抵押担保作为重要融资担保方式。

二、机器设备融资法律风险

《民法典》第403条规定，"以动产抵押的，抵押权自抵押合同生效时设立；未经登记，不得对抗善意第三人"。据此，对于机器设备而言，我国现行法律采取的系登记对抗主义，机器设备抵押权自合同生效时设立，未经登记，不得对抗善意第三人。然而，由于动产本身的特殊性，机器设备抵押存在以下一系列的法律风险：

第一，机器设备的权属法律风险。不同于不动产和车辆、航空器及航空器等特殊动产可以在相关机构进行所有权人登记来确认权利主体，机器设备没有相应的登记机构且机器设备本身具有容易转移处分的特性。实践中，机器设备的使用权人可以通过租赁、融资租赁、所有权保留买卖等方式使用机器，甚至存在未经权利人同意擅自占有、使用机器设备的情况。此外，进口机器设备还存在是否完税的风险。根据《海关法》第37条的规定："海关监管货物，未经海关许可，不得开拆、提取、交付、发运、调换、改装、抵押、质押、留置、转让、更换标记、移作他用或者进行其他处置。海关加施的封志,任何人不得擅自开启或者损毁。人民法院判决、裁定或者有关行政执法部门决定处理海关监管货物的,应当责令当事人办结海关手续。"实践中,笔者也遇到过商业银行将海关监管机器设备进行抵押融资的情况。很显然,这里存在抵押权重大瑕疵,且将来机器设备处置所得价款需要先将海关关税及相关滞纳金清偿后,剩余价值才能用于清偿银行贷款。

第二,机器设备被擅自处置的法律风险。《民法典》第404条规定:"以动产抵押的,不得对抗正常经营活动中已经支付合理价款并取得抵押财产的买受人。"根据上述规定,若银行金融机构的抵押物属于债务人或者第三人经营销售的机器设备,则不得对抗已经支付合理对价的买受人。此时,即便办理了抵押登记,也将丧失抵押权。

第三,机器设备被留置处置的法律风险。《民法典》第447条第1款规定,"债务人不履行到期债务,债权人可以留置已经合法占有的债务人的动产,并有权就该动产优先受偿";第456条规定,"同一动产上已经设立抵押权或者质权,该动产又被留置的,留置权人优先受偿"。据此,若已经设立抵押的机器设备因为维修、仓储、运输或者其他合法占有,而抵押人不履行维修费、仓储费、运输费等相关费用,则相关债权人有权留置抵押的机器设备,且对于这类机器设备优先受偿。

基于上述法律风险,银行金融机构在接受债务人或第三人提供的机器设备抵押融资担保时需要考虑法律风险,可以从以下几个方面进行风险防范:

其一,在贷前调查阶段,银行金融机构应注意通过充分核实货物买卖合同、发票等手段充分核查抵押物权属,并注意对机器设备是否存在其他限制性权利的状况,特别是机器设备是否存在出租(包括融资租赁)、所有权保留、浮动抵押担保、司法查封等情形予以充分详尽的核查,确保抵押物权属不存在争议或其他限制。同时,为有效对抗善意第三人,商业银行应注意办理抵押登记手续。

其二,在贷后检查阶段,鉴于机器设备相较于一般不动产而言存在毁损、灭失风险的可能性更大,故在贷后管理中,应充分关注抵押机器设备是否存

第五章 动产融资担保 273

在毁损、灭失等情形,并结合《民法典》第390条物上代位性的规定,对保险金、补偿金或者赔偿金等予以充分关注,出现相关情形时可考虑及时采取宣布贷款提前到期、追加担保物或者通知付款主体向银行给付保险、补偿金或者赔偿金等措施。同时,对抵押机器设备的现状、维修、使用等情况予以充分关注,防范发生留置权的情况。

案例5-5 海某公司、汇某公司等融资租赁合同纠纷案

[案号:广东省东莞市第二人民法院(2023)粤1972民初20782号]

案件事实

2022年6月29日,海某公司作为出租人,与承租人汇某公司签订售后回租赁合同,租赁物是规格型号为DECANS2的贴片机共2(台/套/批)、规格型号为VCTA-V850的在线3D锡膏检测仪SPI共3(台/套/批)、规格型号为VCTA-Z5P的高端离线检测机AOI共2(台/套/批)、规格型号为VCTA-D820的在线自动光学检测仪AOI共2(台/套/批)、规格型号为SM471的自动贴片机1(台/套/批)、规格型号为G5-n的全自动锡膏印刷机共4(台/套/批),上述案涉机器设备共14台作价2,200,000元,以售后回租的方式融资租赁给汇某公司。海某公司于2022年7月6日向汇某公司转账支付了2,000,000元(扣除保证金200,000元)。案涉14台机器设备在中国人民银行征信中心进行了融资租赁登记,但并非抵押登记。

本案的基本事实关系见图53:

```
┌──────────┐    售后回租赁合同    ┌──────────┐
│ 海某公司 │ ─────────────────→ │ 汇某公司 │
└──────────┘                      └──────────┘
```

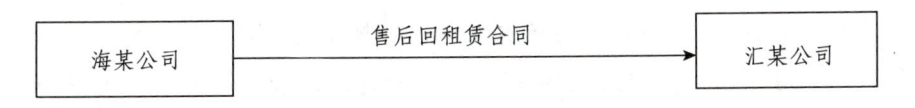

图53 案例5-5的基本事实关系

争议焦点

本案中,主要争议焦点是海某公司诉请对案涉14台租赁设备的拍卖、变卖价款享有优先受偿权是否成立。

裁判结果

法院认为,虽然出租人在中国人民银行征信中心进行了融资租赁登记,产生租赁物权属公示的效果,但所有权与抵押权是不同的物权,抵押权是否设立、生效及享有优先受偿权,仍需按照抵押的相关规定进行审查。《民法典》第403条规定,以动产抵押的,抵押权自抵押合同生效时设立;未经登记,不得对抗善意第三人。本案中,案涉租赁设备办理的是融资租赁登记而非抵押登记,既没有抵押合同,亦未经抵押登记,不能认定海某公司享有抵押权,故海某公司不享有优先受偿权。对海某公司的该项诉请,法院予以驳回。

案例解读

本案主要涉及对抵押权瑕疵审查的要件,以及抵押权是否合法设立、生效及抵押权人是否享有优先受偿权、是否能够对抗善意第三人的要件。在融资租赁及金融借款合同纠纷尤其是涉及车辆等特殊动产的纠纷中,承租人往往会将融资车辆抵押给出租人。出租人此时需对抵押合同、抵押登记进行审查,确保抵押权已合法有效设立,并确保抵押物上不存在其他限制性权利。

案例 5-6 鹤岗市市区农村信用合作联社金某分社与明某荣、绥化市福缘道路运输有限公司等金融借款合同纠纷案

[案号:黑龙江省鹤岗市兴山区人民法院(2023)黑0407民初539号]

案件事实

2020年11月24日,明某荣为购买解放牌重型半挂牵引车(机动车登记编号:黑MN××××)、冀广牌重型仓栅式半挂车(机动车登记编号:黑××××挂),其与绥化市福缘道路运输有限公司(以下简称福缘运输公司)、正顺汽车公司、某某公司同鹤岗市市区农村信用合作联社金某分社(以下简称金某分社)签订编号为81×××106的个人担保借款合同。某某公司与金某分社于同日签订2份抵押合同。某某公司(甲方)并与明某荣(乙方)签订车辆挂靠合同一份。同日,某某公司向某广分社出具抵押承诺书,并向某广分社出具同意担保的函。明某荣、福缘运输公司、正顺汽车公司、某某公司向某广分社出具关于发生诉讼纠纷后借款人及担保人法律文书

送达地址确认书。

2020年12月2日，就某某公司名下的解放牌重型半挂牵引车及冀广牌重型仓栅式半挂车在绥化市××队办理了抵押登记，金某分社为抵押权人。

2020年8月20日，甲方金某分社与乙方正顺汽车公司、远景运输公司、侯某军、于某涛签订汽车贷款业务合作协议。

2020年12月4日，金某分社将41.1万元划入明某荣指定的某某公司名下的账户（开户行：金某分社）。根据黑龙江省农村信用社借款凭证及放款通知书记载，借款起息日期为2020年12月4日，到期日期为2023年12月3日，后因疫情原因，金某分社将部分借款展期到2024年7月4日。

截至2023年12月21日，明某荣已偿还借款本金278,200.93元，利息、罚息、复利小计33,459.39元。

本案的基本事实关系见图54：

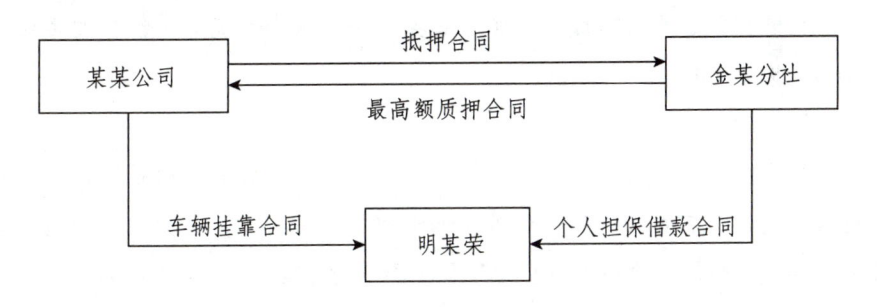

图54 案例5-6的基本事实关系

争议焦点

本案中，主要争议焦点是金某分社能否要求明某荣偿还逾期未还及提前到期的借款本金、利息、罚息的请求；金某分社能否要求行使对某某公司名下抵押车辆的抵押担保权。

裁判结果

法院认为，根据明某荣与某某公司签订的车辆挂靠合同能够确认：（1）明某荣将其购买的案涉车辆（机动车登记编号：黑MN××××、黑M××××挂）挂靠在某某公司名下，并以该公司名义对外经营，明某荣与某某公司存在挂靠经营关系；（2）明某荣实际拥有案涉车辆的所有权，为实际车主，某某公司名义上是案涉车辆的所有人，为名义车主；（3）明某荣与某某公司同意将案涉挂靠车辆抵押给金某分社。因该份合同中关于明某荣挂靠某某公司经营的约定条款系明某荣与某某公司的真实意思表示，也未违反法律、行政法规的强制性规定，不存在无效的法定情形，故合法有效。法院认为，基于挂靠车辆的实际所有权人明某荣同意将挂靠车辆抵押给金某分社、抵押合同的签订及抵押车辆即挂靠车辆在相关管理部门已办理抵押登记等事实，表明金某分社对前述车辆的抵押权已依法设立。个人担保借款合同约定，借款人、任一担保人违反本合同项下义务，贷款人有权提前收回已发放借款，有权要求担保人承担担保责任。因该份合同项下的剩余借款于2023年12月21日全部到期，现尚在金某分社应对前述车辆行使抵押权的期间内，金某分社现就前述车辆行使抵押权符合合同约定和法律规定，故对金某分社提出的对前述抵押车辆的拍卖、变卖或折价处理、变现所得价款享有优先受偿权的诉讼请求，法院应予支持。

案例解读

本案主要涉及特殊动产融资担保。本案中的一个关键问题是挂靠车辆的所有权认定。法院确认明某荣为案涉车辆的实际所有人，虽然该车辆名义上挂靠在某某公司名下进行经营，但这并不影响明某荣作为实际车主的权利。因此，明某荣有权将该车辆抵押给金某分社，且其与某某公司之间的挂靠经营关系不影响抵押权的设立和生效。在特殊动产担保中，只要实际车主明确同意抵押，并且办理了抵押登记手续，抵押权即具备合法性和优先受偿性。案件的裁决为融资租赁和金融借款合同纠纷中涉及动产抵押的审查提供了有力的参考。

案例5-7 重庆盛某胜贸易有限责任公司与四川铄某纸业有限公司、重庆润某纸业有限公司确认合同无效纠纷案

[案号：重庆市第一中级人民法院（2023）渝01民终13013号]

案件事实

重庆润某纸业有限公司（以下简称润某公司）系从事高强度瓦楞纸生

产、销售及废旧纸业收购的有限责任公司。四川铄某纸业有限公司（以下简称铄某公司）系从事纸制品、包装材料销售等的有限责任公司。2021年10月17日，重庆盛某胜贸易有限责任公司（以下简称盛某胜公司）（乙方）与润某公司（甲方）签订重启生产合作合同及重启生产合作补充协议。之后双方按协议履行，盛某胜公司代偿了润某公司积欠的燃气费、员工工资等债务，支付了投资款800万元，并采购原材料进行生产、销售，生产的成品瓦楞纸存放于盛某胜公司租赁润某公司的库房内，产品外包装上贴有"重庆润某纸业有限公司、高强度瓦楞纸、盛某胜贸易有限责任公司"的标签。2022年4月24日，润某公司（甲方）与铄某公司（乙方）签订合作协议。同日，润某公司、铄某公司签订库存成品纸抵押协议，约定润某公司自愿将现有的库存成品纸约600吨抵押给铄某公司，综合作价3000元/吨，抵押期限为2个月，在抵押期间，合同双方均可销售该库存产品，协议签订后将润某公司库存产品移至铄某公司库房存放。2022年4月26日至8月4日，铄某公司将盛某胜公司租赁库房内的成品纸及润某公司生产的其他成品纸搬运至铄某公司，润某公司制作了成品纸发货单，载明发货产品名称、规格、重量等，总计数量为1055.368吨，由盛某胜公司工作人员陈某全、陈某1及润某公司工作人员签字确认。铄某公司将案涉成品纸及润某公司生产的其他成品纸陆续出售，因润某公司银行账户被冻结，铄某公司在与润某公司合作协议期间所售成品纸的价款均按润某公司与盛某胜公司的协议约定，汇入盛某胜公司账户，盛某胜公司在每次收款后向铄某公司出具了收据，载明入账时间及金额，并在"收款事由"一栏备注：代收货款。

  诉讼中，铄某公司举示了网上银行电子回单、商业承兑汇票等证据，拟证明2022年4月至6月，铄某公司汇入盛某胜公司账户的货款总计7,748,771.18元。盛某胜公司另举示《关于支持重庆润某纸业有限公司复工复产工作会议纪要》，其中载明因润某公司经营困难陷入停产状态，潼南区政府于2021年10月20日出具该纪要，对于润某公司用电用气问题、拖欠工资问题及拖欠税费问题作出了处理方案，并帮助企业复工复产，保证企业在正常运转下逐步偿还欠款。

本案的基本事实关系见图55：

```
                    重启生产合作合同
                  重启生产合作补充协议
  ┌─────────┐ ←──────────────────────── ┌─────────┐
  │ 润某公司 │                            │盛某胜公司│
  │         │ ──────────────────────→   │         │
  └─────────┘      《最高额质押合同》      └─────────┘
       │
       │            ┌─────────┐
       └──────────→ │ 铄某公司 │
         合作协议   └─────────┘
    库存成品纸抵押协议
```

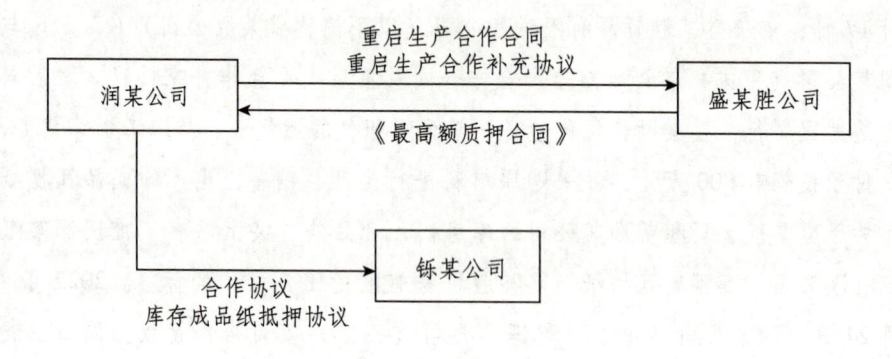

图55 案例 5-7 的基本事实关系

争议焦点

本案中，主要争议焦点为400.53吨瓦楞纸所有权归属；润某公司与铄某公司签订的库存成品纸抵押协议的效力以及铄某公司能否善意取得400.53吨瓦楞纸所有权。

裁判结果

法院认为，润某公司的无权处分行为不影响其与铄某公司之间所签的库存成品纸抵押协议的效力，此时，铄某公司主张对400.53吨瓦楞纸享有抵押权，需审查铄某公司是否存在善意。首先，根据《民法典》第311条的规定，铄某公司存在善意取得动产浮动抵押权的可能性。其次，根据《最高人民法院关于适用〈中华人民共和国民法典〉物权编的解释（一）》第14条"受让人受让不动产或者动产时，不知道转让人无处分权，且无重大过失的，应当认定受让人为善意。真实权利人主张受让人不构成善意的，应当承担举证证明责任"之规定，盛某胜公司应承担铄某公司非善意的举证责任。盛某胜公司在二审中举示的专有广告制作费用凭证、办公室转让说明等证据，与润某公司和铄某公司签订的库存成品纸抵押协议无关联性，且盛某胜公司的工作人员已在成品纸发货单上签字确认，证明盛某胜公司并不禁止润某公司处分案涉库存成品纸的行为，以上表明，铄某公司存在善意。最后，根据

《民法典》第 403 条"以动产抵押的,抵押权自抵押合同生效时设立;未经登记,不得对抗善意第三人"、第 404 条"以动产抵押的,不得对抗正常经营活动中已经支付合理价款并取得抵押财产的买受人"之规定,润某公司与盛某胜公司未就重启生产合作合同约定的成品纸办理抵押登记,且润某公司和铄某公司将前述成品纸搬走销售,该销售行为属于润某公司、铄某公司营业执照明确记载的经营范围,属于正常经营活动,现买卖合同已经履行完毕,盛某胜公司的抵押权不再具有追及效力。

案例解读

本案阐明了在无权处分的情形下,抵押权的设立效力与善意取得的适用问题。即使存在无权处分行为,只要抵押权人是善意且无重大过失,抵押合同仍具有效力,抵押权人可以依法主张其权利。此外,动产抵押的登记是抵押权对抗善意第三人的关键要素,而正常经营活动中的买卖行为具有较高的法律保护优先性。此判决为动产抵押中的权利主张和交易安全提供了清晰的司法指导。

第四节 仓单融资

一、概述

关于什么是仓单,在立法层面上,《民法典》第 910 条沿用了原《合同法》第 387 条"仓单是提取仓储物的凭证"的简单规定,除此之外在立法上并没有仓单的直观定义。在国家标准层面上,根据全国物流标准化技术委员会提出并归口的《仓单要素与格式规范》(GB/T 30332—2013,2023 年 12 月 31 日发布)第 3.1 条的规定,仓单是:"仓储保管人在与存货人签订仓储保管合同的基础上,按照行业惯例,以表面审查、外观查验为一般原则,对存货人所交付的仓储物品进行验收后出具的权利凭证。"但随着《民法典》的施行以及行业的发展变化,上述标准中的定义逐渐无法满足法规及实践的要求。对此，全国物流标准技术委员会提出并归口的《仓单要素与格式要求》（GB/T 30332—2024，2024年8月23日发布）第3.1条进一步明确仓单的定义为："保管人在与存货人签订仓储合同的基础上，对存货人所交付的仓储物出具的，经背书可转让的，据以提取仓储物的权利凭证。"该定义将仓单与入库单、存货清单等其他单据进行区分，明确了仓单的三个主要内涵：（1）以签订仓储合同为基础；（2）仓单经背书可转让；（3）仓单是提取仓储物的权利凭证。同时，《仓单要素与格式要求》第4条明确了仓单的类型，将仓单分为纸质仓单和电子仓单，增加了对电子仓单的要素与格式要求，并强调电子仓单与纸质仓单要素的一致性。[1] 从上述仓单的法律规定及定义来看，通常认为仓单兼具债权凭证和物权凭证的法律属性，既是仓储合同的证明、保管人收到仓储物的凭证、提取仓储物的凭证，又可表彰仓储存货的所有权。

仓单融资中最为常见的融资类型为仓单质押。《民法典》第440条规定："债务人或者第三人有权处分的下列权利可以出质：……（三）仓单、提单……"仓单质押作为《民法典》明确列明的权利质权之一，足可见其在现代融资实践中占有的重要席位。一方面，仓单质押能够像存货质押一样，帮助中小企业供应商利用库存商品进行融资，解决资金周转问题，但相较存货质押其质权设立的方式更为便捷明确；另一方面，相较传统的静态质押，仓单质押通过"拟制交付"的法律技术手段，避免了现实货物的运输流转、仓储保管带来的融资成本，可以"使商品之担保利用与标的物本身之利用得以并行"[2]。

二、仓单质押的设立要件

《民法典》第441条规定："以汇票、本票、支票、债券、存款单、仓

---

[1] 参见《〈仓单要素与格式要求〉（GB/T 30332—2024）国家标准解读》，载全国物流标准化技术委员会中国物流与采购联合会标准化工作部官网2024年9月5日，http://wlbz.chinawuliu.com.cn/bzxgpx/202409/05/637663.shtml。

[2] 郑玉波：《民法物权论文选辑》（下册），台北，五南图书出版公司1984年版，第882页。

单、提单出质的，质权自权利凭证交付质权人时设立；没有权利凭证的，质权自办理出质登记时设立。法律另有规定的，依照其规定。"《担保制度司法解释》第 59 条第 1 款规定："存货人或者仓单持有人在仓单上以背书记载'质押'字样，并经保管人签章，仓单已经交付质权人的，人民法院应当认定质权自仓单交付质权人时设立。没有权利凭证的仓单，依法可以办理出质登记的，仓单质权自办理出质登记时设立。"根据上述法律规定，除需具备一般质押设立要件（如签订书面质押合同）外，仓单质押以仓单是否具有权利凭证，另区分相应的设立要件，具体而言：

（一）有权利凭证的仓单质押设立要件

对于有权利凭证的仓单，除质押合同外，其设立质押需满足以下要件：

一是在仓单上以背书记载"质押"字样。该项生效要件实际参考来源于票据法中的规定，《票据法司法解释》第 54 条规定："……出质人未在汇票、粘单上记载'质押'字样而另行签订质押合同、质押条款的，不构成票据质押。"仓单同样作为可流通的有价证券，《担保制度司法解释》参考适用了票据质押，规定背书记载"质押"字样构成仓单质押的生效要件，以保护仓单质权人的利益，避免造成"一单多押"情形。

二是仓单质押需经保管人签章。该要件在实践中存有争议，有学者认为，仓单为物权证券，可以自由流通，那么除法律另有限制外，仓单持有人可以自由处分其合法持有的仓单，无须经任何人同意；若仓单质押必须经由保管人同意，这与仓单作为物权证券的本质属性相背离，同时也阻滞了仓单的流通能力。[1] 考虑到实践中仓单质押存在大量不规范的乱象（如以虚假仓单出质等），《担保制度司法解释》最终将保管人签章作为仓单质押的生效要件，因为保管人对仓单所代表的具体货物信息最为了解，其签章确认既有利于保障仓单质押的真实交易，也有利于保护保管人自身的利益。

---

[1] 参见刘平：《企业存货动态质押制度研究》，武汉大学 2020 年博士学位论文。

三是仓单必须交付质权人。该项要件与质权设立以交付为公示原则一致。

（二）没有权利凭证的仓单质押设立要件

《担保制度司法解释》第59条第1款规定，没有权利凭证的仓单，依法可以办理出质登记的，仓单质权自办理出质登记时设立，即以登记作为质权设立的生效要件。

然而，《民法典》第910条明确规定："仓单是提取仓储物的凭证……"从《民法典》第441条的规定也可以看出仓单就是一种权利凭证。因此，《担保制度司法解释》第59条第1款中规定"没有权利凭证的仓单"的表述实际上与仓单固有的权利凭证属性相悖，由于立法上并没有进一步明确何为"有权利凭证"何为"没有权利凭证"，该等表述在一定程度上造成了法律适用的不明确。

实践中有观点认为，"没有权利凭证的仓单"是指电子仓单。对此，《最高人民法院民法典担保制度司法解释理解与适用》一书中认为，电子仓单从理论上说只不过是仓单的书面形式，仓单进入债权人指定的特定系统即为交付，因而其完全可以将交付作为公示方法。但考虑到仓单乱象在很大程度上就是因缺乏公示方法尤其是登记制度所致，在《国务院关于实施动产和权利担保统一登记的决定》第2条明确将仓单纳入动产和权利担保统一登记的范围的情况下，可以将电子仓单例外地视为没有权利凭证的仓单，从而以登记作为仓单质押设立的公示方法。该书在提出可以将电子仓单例外地视为没有权利凭证的仓单的同时，亦认为电子仓单只是仓单的另一种形式，也可以将交付作为公示方法。由此可见，实践中对于电子仓单质押的设立标准并不统一，能否将其视为"没有权利凭证"进而适用登记为质权设立要件尚存在争议。

三、仓单质押存在的主要法律风险问题

（一）仓单质押中的空单质押

案例 5-8 江苏海外集团国际技术工程有限公司、德正资源控股有限公司等进出口代理合同纠纷案

［案号：湖北省高级人民法院（2020）鄂民终 544 号］

案件事实

2014 年 3 月 11 日，德正资源控股有限公司（以下简称德正公司）作为委托方，江苏海外集团国际技术工程有限公司（以下简称海外公司）作为受托方，签订了 045 号代理合同，德正公司委托海外公司进口，向金属地带有限公司（METALPLACECONPANYLIMITED，以下简称金属公司）购买电解铜。签订合同后，海外公司申请银行开立了不可撤销跟单信用证，受益人为金属公司。德正公司向海外公司支付了开证保证金 427 万元，并交付了青岛港（集团）有限公司大港分公司（以下简称大港公司）开具的 11001 号仓单作为质押。11001 号仓单载明：持有人为海外公司，货物名称为未锻轧纯铝，净重 3140.403 吨，毛重 3144.395 吨，通关状况为已入保税仓库；上述货物已卸船，并在我大港公司仓库仓储，凭此仓单正本办理出库手续。

后海外公司将信用证项下购买货物对应的仓单交付给德正公司，但德正公司未按照合同约定向海外公司支付货款、代理费等费用。海外公司遂持 11001 号仓单，要求大港公司交付仓单项下货物，但大港公司告知海外公司持有的仓单为虚假仓单，未予交付。故海外公司提起本案诉讼。

另查明，德正公司及相关工作人员已被判决构成合同诈骗罪，信用证诈骗罪，骗取票据承兑、金融票证罪等犯罪，德正公司质押给海外公司的 11001 号仓单系伪造，实际没有对应仓储物。

本案的基本事实关系见图 56：

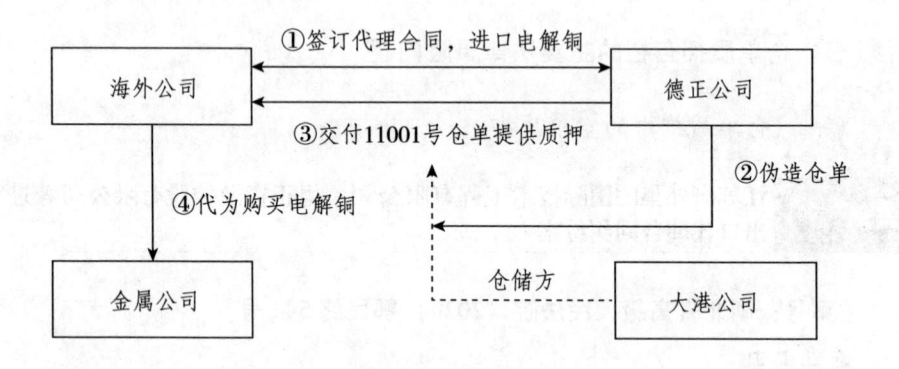

图56　案例5-8的基本事实关系

争议焦点

本案中，主要争议焦点是：(1) 德正公司应当向海外公司承担的付款义务；(2) 海外公司主张的仓单质权能否成立；(3) 大港公司应否向海外公司承担交货或赔偿责任。

裁判结果

法院认为，海外公司主张的仓单质权不能成立，理由如下：根据《物权法》第223条的规定，仓单属于可以出质的权利范围，出质人可以将其有权处分的仓单出质。有关刑事判决认定，德正公司在045号代理合同项下交付给海外公司的仓单，系德正公司员工伪造的仓单，即涉案11001号仓单虽然在形式上属于仓单，但该仓单记载的信息是虚假的，德正公司的处分权不存在事实基础。因此，虽然德正公司向海外公司交付了11001号仓单，在形式上符合《物权法》第224条的规定，但并不能产生相应的出质和设立质权的法律效力。

根据045号代理合同的约定，德正公司应向海外公司支付的款项包括代理进口货物的货款、代理手续费及银行费用。另由于本案所涉11001号仓单系德正公司员工伪造的仓单，并非大港公司签发的仓单，大港公司无须就此虚假仓单向海外公司承担交付货物的义务或不能交付货物情况下的赔偿责任。

案例解读

空单质押，是指融资方自身或串通仓储方在没有对应仓储物的情况下伪造仓单进行质押。本案实际是2014年爆发的"青岛港事件"波及案件,"青岛港事件"中,德正公司通过出具虚假或超出库存数量的仓单,进行空单质押或者一单多押,骗取多家银行及公司贷款、信用证等数十亿元,造成大宗商品交易市场的重大舆情和仓单质押的信任危机。空单质押实质反映的法律问题是仓单项下的货物必须真实存在,仓单应当是仓储方基于融资方真实存放货物情况而开具,是一种权利凭证,若融资方伪造仓单,意味着权利凭证对应的标的物根本就不存在,那么即使仓单质押符合形式要件,仓单质权也不能成立,就如同本案判决所称"并不能产生相应的出质和设立质权的法律效力"。

原《物权法》第224条和《民法典》第441条仅规定仓单质权自权利凭证交付质权人时设立。针对仓单行业乱象,《担保制度司法解释》在此基础上进一步规定:一是明确仓单质押的条件,如参照汇票质押的规定,明确需要背书、签章加交付;二是鼓励通过登记确定清偿顺序;三是加重出质人与保管人的责任,以期从源头上规范仓单融资市场。

(二) 仓单质押中的单货同押与重复质押

案例5-9 中国银行股份有限公司烟台分行与比利时联合银行股份有限公司上海分行案外人执行异议之诉案

[案号:上海市高级人民法院(2017)沪民终288号]

案件事实

2011年11月8日,比利时联合银行股份有限公司上海分行(以下简称比利时银行上海分行)与烟台鹏晖钢业有限公司(以下简称烟台鹏晖公司)签署信贷函,提供循环信贷额度,并签订仓储物及仓单质押协议。2012年6月26日,比利时银行上海分行、烟台鹏晖公司与案外人理某某(上海)物流有限公司(以下简称理某某公司)签署协议,由理某某公司提供担保物监管服务。2014年12月23日,烟台鹏晖公司与理某某公司共同向比利时银行上海分行出具每日库存报表,明确质物具体内容并进行交付。后因烟台鹏晖公司违约，比利时银行上海分行向法院起诉并申请执行。

2011年12月15日，中国银行股份有限公司烟台分行（以下简称中行烟台分行）与烟台鹏晖公司签订最高额动产抵押合同并于2011年12月19日办理动产抵押登记。2014年7月7日，中行烟台分行与烟台鹏晖公司再次签订最高额动产抵押合同，以烟台鹏晖公司现有及将有的存货作为抵押财产并于2014年7月10日完成动产抵押登记。2016年，中行烟台分行起诉烟台鹏晖公司，山东省烟台市中级人民法院轮候查封系争财产，判决中行烟台分行在最高额7亿元内优先受偿。

因上述质押和抵押的系同一批货物，2016年12月6日，中行烟台分行向法院提起执行异议之诉，请求确认对烟台鹏晖公司名下财产变价款优先于比利时银行上海分行受偿。

本案的基本事实关系见图57：

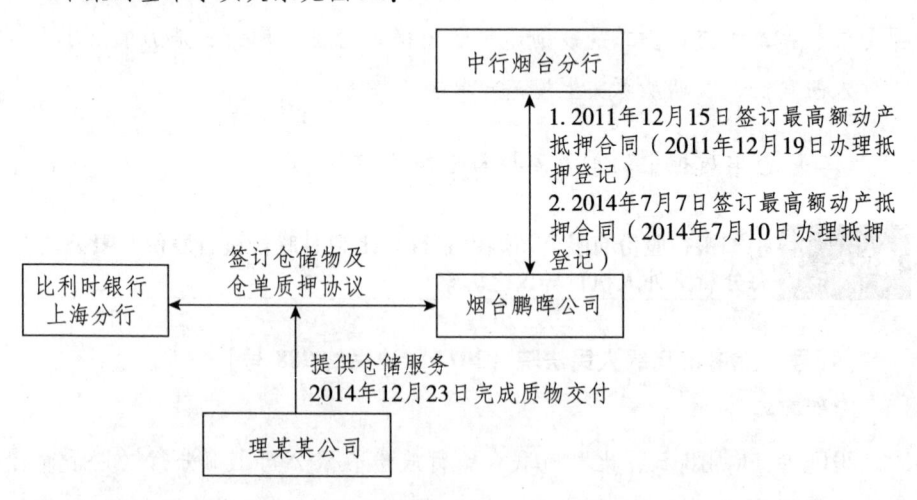

图57 案例5-9的基本事实关系

争议焦点

本案中，主要争议焦点是就涉案担保物，中行烟台分行的动产浮动抵押权是否优先于比利时银行上海分行的质权受偿。

裁判结果

法院认为，就本案所涉的同一担保物，既设立了浮动抵押权，又设立了质权，其担保物的价款优先受偿孰先问题，应当根据担保物权设立及其产生效力的先后顺序等情况判断。质押物的转移占有与动产抵押登记均为法定物权公示方法，在动产上既设立经登记的抵押权，又设立质权的，应按照两者设立并公示的先后顺序确定受偿顺序。中行烟台分行与烟台鹏晖公司于2011年12月15日、2014年7月7日设立浮动抵押权，且于2011年12月19日、2014年7月10日完成动产抵押登记，则其最晚于2014年7月10日已产生对第三人的对抗效力，何况根据已生效判决，这个时间点应该是在更早的完成第一次动产抵押登记的2011年12月19日。比利时银行上海分行的质押物在2014年12月23日实现交付，则其质权也应是在此时得以设立。故法院最终判决确认中行烟台分行对烟台鹏晖公司名下财产变价款优先于比利时银行上海分行受偿。

案例解读

单货同押，是指融资方既对仓单设立仓单质押，又对仓单项下的货物设立动产质押或者动产抵押等在内的担保。《民法典》第415条规定："同一财产既设立抵押权又设立质权的，拍卖、变卖该财产所得的价款按照登记、交付的时间先后确定清偿顺序。"《担保制度司法解释》第59条第2款规定："出质人既以仓单出质，又以仓储物设立担保，按照公示的先后确定清偿顺序；难以确定先后的，按照债权比例清偿。"以公示先后（既包括交付也包括登记）确定清偿顺序，符合物权公示效力原则的要求，能够有效避免仓单单货同押的乱象，维护担保体系的安定性。

本案中，烟台鹏晖公司既对相同货物设置了仓单质押，又设置了动产浮动抵押。法院认定完成登记的浮动抵押与质押的优先受偿顺位时，应当按照登记（或完成质物的转移占有等其他物权公示方式）在先原则确定。本案虽生效于《民法典》颁布之前，但与最高人民法院有关担保的最新法律适用意见相符，依法正确把握了浮动抵押与浮动质押竞存受偿顺位规则，保护了当事人的权益,具有较强的示范价值。

与单货同押类似的还有仓单重复质押,是指融资方与仓储方恶意串通,对同一批货物重复开具多张仓单,然后向多家融资方提供仓单质押的情形。对此《担保制度司法解释》第59条第3款规定:"保管人为同一货物签发多份仓单,出质人在多份仓单上设立多个质权,按照公示的先后确定清偿顺序;难以确定先后的,按照债权比例受偿。"与单货同押同样采取公示优先原则。

此外,需要注意的是,出现单货同押和仓单重复质押现象,往往是因为融资方(出质人)与仓储方(保管人)串通伪造仓单,为规范上述行业乱象,《担保制度司法解释》第59条第4款特别对出质人与保管人的责任进行了规定:"存在第二款、第三款规定的情形,债权人举证证明其损失系由出质人与保管人的共同行为所致,请求出质人与保管人承担连带赔偿责任的,人民法院应予支持。"

第六章　供应链金融平台电子债权凭证纠纷

◎ **本章索引**

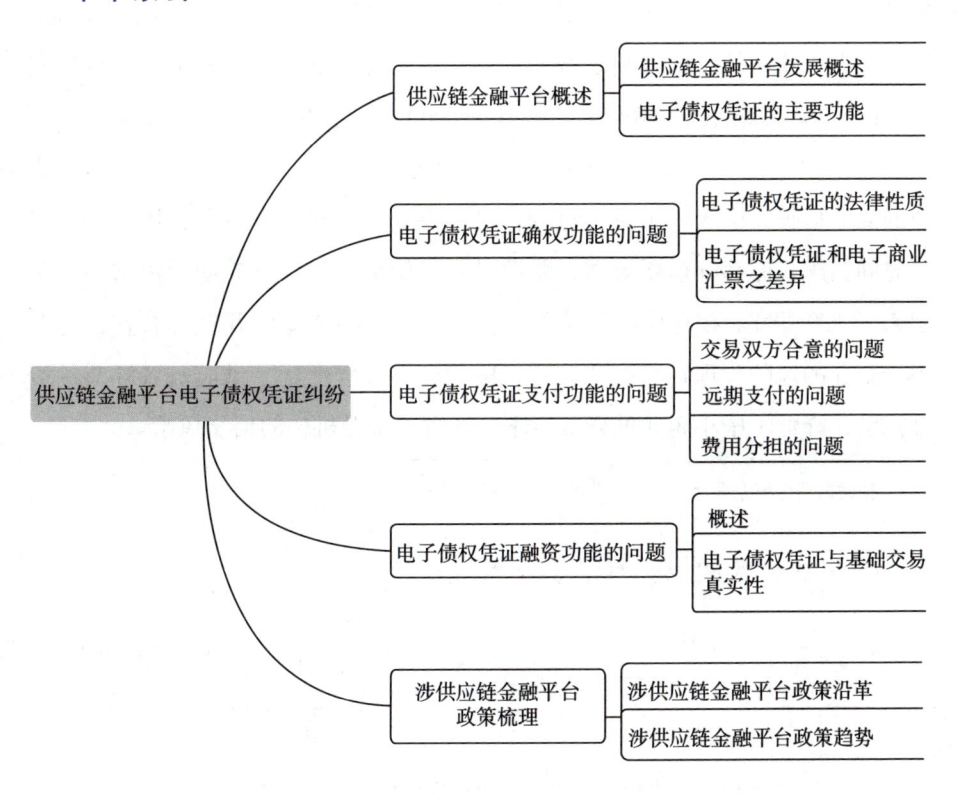

```
                                        ┌─ 供应链金融平台发展概述
                    ┌─ 供应链金融平台概述 ─┤
                    │                    └─ 电子债权凭证的主要功能
                    │
                    │                       ┌─ 电子债权凭证的法律性质
                    ├─ 电子债权凭证确权功能的问题 ─┤
                    │                       └─ 电子债权凭证和电子商业
                    │                          汇票之差异
                    │
                    │                       ┌─ 交易双方合意的问题
供应链金融平台电子债权凭证纠纷 ─┼─ 电子债权凭证支付功能的问题 ─┼─ 远期支付的问题
                    │                       └─ 费用分担的问题
                    │
                    │                       ┌─ 概述
                    ├─ 电子债权凭证融资功能的问题 ─┤
                    │                       └─ 电子债权凭证与基础交易
                    │                          真实性
                    │
                    │                       ┌─ 涉供应链金融平台政策沿革
                    └─ 涉供应链金融平台政策梳理 ─┤
                                            └─ 涉供应链金融平台政策趋势
```

第一节 供应链金融平台概述

一、供应链金融平台发展概述

中小企业融资难、融资成本高客观上已成为制约中小企业发展的关键因素。问题的核心在于，传统银行的授信逻辑依托于借款主体的信用及其所能提供的实体抵押物，而对于缺乏足够商业信誉及实体资产的中小企业而言，以传统方式获得信贷融资则是难上加难。在此背景下，供应链金融却将供应链上的"应收账款"（Receivables Finance）、"订单"（Pre‑shipment Finance）、"库存"（Inventory Finance）视为无形抵押物，通过依托上游核心企业的商业信誉，引入基于交易过程信息的综合授信逻辑，将原先因生产、销售时间错配、库存管理要求高、账期时间长所引发的资金流动性需求利用了起来（见图58）。在这样的框架下，供应链上下游企业展开充分合作，针对单个企业的风险管理转变为产业链风险管理，有效优化了供应链各环节的资金流动，降低了中小企业的融资成本，纾解了金融机构的信贷风险。

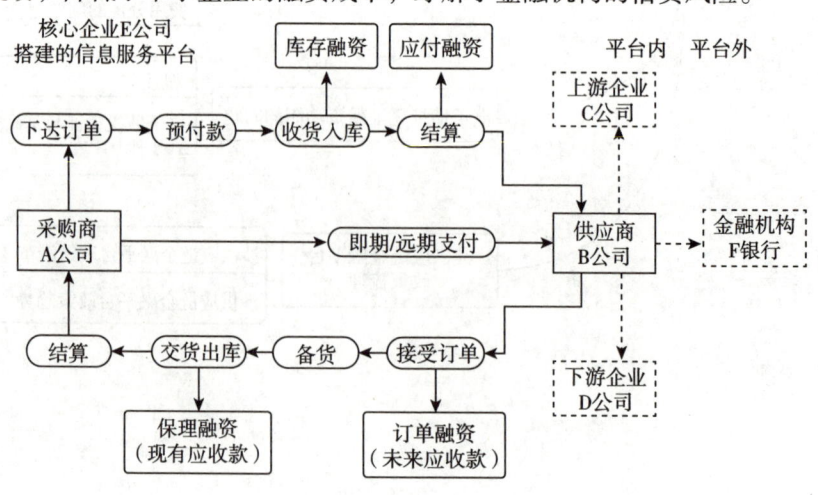

图58 供应链金融平台融资方式

然而，传统模式下的供应链融资存在供应链信息割裂、核心企业信用无法穿透到供应链条尾端中小供应商、缺乏可信真实的业务场景、履约风险难以有效控制等限制。[1]为解决该等融资难点，让中小企业同样可以参与供应链金融，依托于互联网的供应链金融平台应势而生。在互联网技术、大数据、云计算及区块链等现代信息技术的加持下，核心企业、互联网金融服务商或其他金融机构通过构建供应链金融平台为其上用户提供了一站式的供应链金融与供应链管理服务。与传统供应链金融最大的不同之处在于，供应链金融平台利用互联网和区块链技术为核心企业与上下游企业提供应收账款确权及相关融资服务，即围绕"电子债权凭证"将核心企业的企业信用传递至链上中小企业，大幅降低了供应链融资成本，有效提升了供应链金融运转的效率，降低了信贷风险。[2]

2015年，中企云链（北京）金融信息服务股份有限公司（现更名为中企云链股份有限公司，以下简称中企云链）在全国率先推出了名为"云信"的电子债权凭证业务，根据中企云链公司网站上的介绍，"云信是中企云链创新的数字化应收账款债权凭证。通过云信在云链平台上的确权、流转、融资，可将核心企业在金融机构的闲置授信，普惠给链属中小企业，实现零成本清理企业三角债，大幅降低供应链融资成本，推动实体产业转型升级"[3]。根据广东省供应链金融创新合规实验室的统计结果，截至2024年4月30日，该类提供电子债权凭证确权服务的供应链金融平台已有290个，由288家企

---

[1]参见谢泗薪、胡伟：《基于区块链技术的供应链融资服务平台构建研究》，载《金融与经济》2020年第1期。

[2]参见王莉、王晨宇、潘秀芹：《供应链金融下云信会计处理的思考》，载《财务与会计》2021年第11期。

[3]《云信介绍》，载中企云链网，https：//www.yljr.com/cloud.xhtml，2024年8月11日访问。

业运营293个电子债权凭证产品。[1]

二、电子债权凭证的主要功能

经过数年的发展，供应链金融平台提供电子债权凭证业务逐渐被供应链中核心企业、上下游供应商及银行等金融机构广泛接受，各种开展以"信单链"为代表的电子债权凭证业务供应链金融平台形成了第三方平台、核心企业自建平台和银行金融机构平台三种模式。尽管目前存在不同搭建结构的供应链金融平台，但是各平台模式提供的电子债权凭证业务的基本功能大致相同，主要是围绕解决核心企业、上下游供应商作为应收账款债权人确权、结算和融资等基本需求开展。[2] 就具体功能而言，各类电子债权凭证产品主要具备持有到期、可拆分的多级流转和融资功能，以及电子债权凭证本身的确权功能，这些功能赋予电子债权凭证可拆分、可转让、可融资等特点。[3]

第一，持有到期，即确权功能。电子债权凭证持有人待应收账款到期后即可向债务人主张其到期债权。比如，根据简单汇平台下金单的介绍资料："金单是核心企业通过简单汇系统，以电子签名的方式，承诺在指定日期支

---

[1] 参见《全国电子债权凭证平台监测报告》，载微信公众号"深圳市商业保理协会"2024年5月16日，https://mp.weixin.qq.com/s?__biz=MzI1MTE2MjI5OA==&mid=2655615796&idx=2&sn=7ee0570b7b3c3307a4a51e3e277349da8&chksm=f3fd6ff23d680950f66da2fd4db22b2664619c74a00156f270a564bf686b3ccd047465e593e7&scene=27&poc_token=HOC9R2ej_S7aZvT6lgs1DwAuHNA_GMdkmaKRV_dM。需要特别说明的是，供应链金融平台企业现阶段尚不需要进行特别的行政许可或者登记备案，对供应链金融平台未有明确定义，电子债权凭证产品亦未有清晰划分。因此，在不同统计口径下，统计结果存在较大差异，此处所引内容仅作参考。

[2] 供应链金融平台形成了第三方平台、核心企业自建平台和银行金融机构平台三种模式，参见肖小和、胡晓：《电子债权凭证发展机理与监管的比较研究》，载《河北金融》2023年第3期。

[3] 例如，《全国法院金融审判工作会议纪要（征求意见稿）》中对电子债权凭证产品的描述及定义："保理人或核心企业自建供应链金融服务平台开展业务，已经成为保理业务的新型业态。供应链平台参与方包括核心企业及其关联企业（应收账款债务人）、保理人、再保理人和产业链上下游供应商（应收账款债权人）。供应商履行了基础交易合同后，应收账款债务人在供应链平台线上向其签发可在平台内进行结算、拆分、流转、融资或持有到期的电子债权凭证。平台具有基础交易的审核、电子合约的签署、电子债权凭证的交付和流转、资金清算等主要功能。应收账款债权人收到电子债权凭证后，可以持有凭证直至约定的还款日由应收账款债务人履行债务，也可以作为平台注册用户间的结算工具支付给平台上其他注册用户，还可以将电子债权凭证转让给平台内保理人获得保理融资。"

付确定金额货款给供应商的，易流转、可拆分、秒融资、可追溯的应收账款债权凭证。"[1] 中企云链的《云信使用协议》第3.5条亦明确："云信持有方可以持有云信直至到期兑付。"持有到期功能为电子债权凭证作为应收账款确权凭证的最基本功能。

第二，可拆分的多级流转功能，即支付功能，也即应收账款的转让。例如，中企云链《云信使用协议》第3.2条规定，"云信的开立方、债权出让方、接收方及相应保荐商均同意云信及其对应债权可以转让，各方同时认可云信持有人可将其持有的云信拆分使用。拆分后的云信金额之和等于拆分前的云信金额。云信的流转使用不限次数，各次流转分别独立、不可追索"。与之类似，《迪链操作手册：转单、收回、退回操作流程图》中规定："转单是指迪链持单人（基础合同债权人）基于基础交易将迪链凭证对应的部分或全部应收账款根据平台规则转让给与其签署基础交易合同的下级供应商（基础合同债务人），转出的应收账款将生成新的迪链凭证，下级供应商成功签收后即成为该新迪链的持有人，迪链转单后下级供应商签收即视为转单成功。"根据上述内容，云信流程、迪链转单的本质即为债权转让，即债权人将其持有债务人（迪链签发人/付款人）的债权转让给与其签署基础交易合同的下级供应商，用于支付基础交易合同项下款项。

第三，保理融资，即融资功能。保理融资是电子债权凭证业务最常见的融资方式。2023年，最高人民法院发布的《全国法院金融审判工作会议纪要（征求意见稿）》第23条规定："保理人或核心企业自建供应链金融服务平台开展业务，已经成为保理业务的新型业态……"以工银e信为例，工商银行受让供应商的应收账款债权时，工行GCMS系统将接到工银e信平台提供的供应商保理融资申请，再由系统内预置参数对数字信用凭据及相关信息进行校验，校验通过后由系统预先扣除利息，即可在线发放融资。[2] 需要补充的

---

[1] 载简单汇官网，https：//www.jdh.com.cn。
[2] 参见《工行南通分行大力发展工银e信融资业务》，载微信公众号"南通银保"2021年1月13日，https：//mp.weixin.qq.com/s/mBc1ReYsvG1wuOAEcSgl2Q。

是，各平台根据不同的合作金融机构可以提供包括直连出资、应收款保理、供应链资产证券化（ABS）储架模式等多种融资方式。[1]

第二节　电子债权凭证确权功能的问题

一、电子债权凭证的法律性质

电子债权凭证是供应链金融平台业务开展的核心，但其法律性质属于商业汇票还是应收账款债权在司法实践中仍存在一定争议。部分法院认为电子债权凭证仅为"债权凭证"，本质上仍属应收账款；部分法院则认为电子债权凭证与商业汇票具有同种特征与作用，故而将其等同为商业汇票。出现这种情况的部分原因在于，供应链金融应收账款传统的融资渠道如保理、质押融资问题有较为丰富的研究成果，而对电子债权凭证业务的研究相对较少，尤其是法律专业视野下对电子债权凭证的研究较为薄弱。虽然已有研究就关于电子债权凭证的发展动因、特点与法律本质进行了分析讨论，[2] 但是就相关法律政策和司法实践中的研究和讨论仍然存在一定空白。以第三方平台模式、核心企业自建平台模式、银行金融机构平台模式三种模式中最主流的中企云链、迪链及工银e信为例，在威科先行·法律信息库的裁判文书库、裁判文书网上分别以"云信流转单""迪链""工银e信"为关键词进行检索，可以看到，2020—2023年案例情况如下（见图59）：

---

[1] 需要进一步说明的是，反向保理融资是目前供应链金融融资的主要方式。例如，尽管供应链ABS可以分为应收账款ABS、票据收益权ABS以及保理ABS，但是以反向保理ABS为主流。
[2] 参见肖小和、胡晓：《电子债权凭证发展机理与监管的比较研究》，载《河北金融》2023年第3期；孔燕：《电子债权凭证的发展机理与监管路径》，载《金融市场研究》2023年第3期。

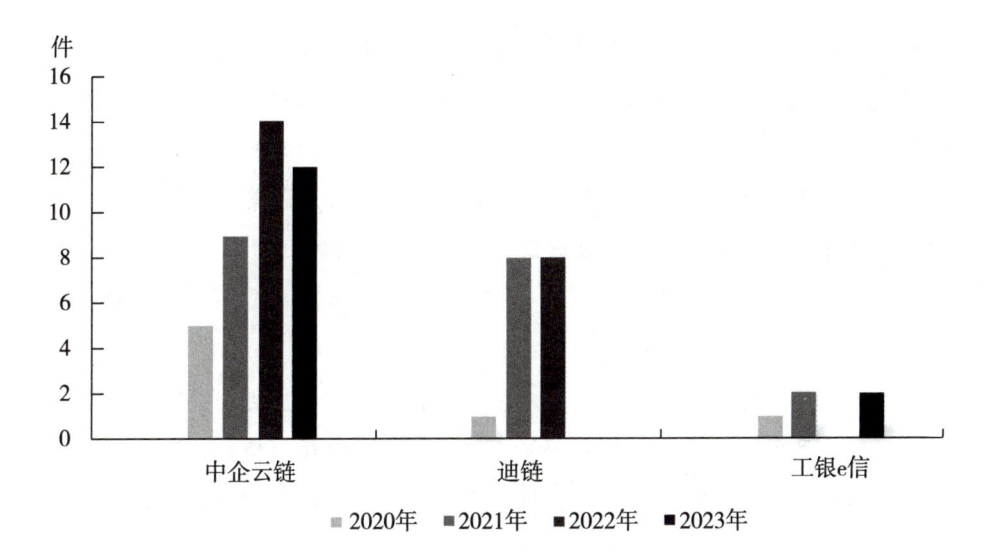

图 59　2020—2023 年各平台电子债权凭证案件数量统计

由图 59 可以看出，对于平台自建模式，由于客户群体仅限于与搭建平台的核心企业合作的供应商，体量较小，因此判例数据并不能看出明显有参考意义的趋势；"工银 e 信"这类由金融机构搭建的平台较为稳定，涉诉较少；第三方平台，尤其是目前最主流的中企云链平台，客户体量大，范围广，涉诉较多，且数量在 2020 年后有明显上升。即便如此，涉及电子债权凭证的案件在总数上仍非常有限，且因电子债权凭证的法律性质没有法律法规的明确规定，也无较高级别法院作出的具有指导性的判例，因此在为数不多的案件中也存在不同性质的认定。

案例 6-1　重庆跃龙杭萧钢构有限公司与重庆热锟物资有限公司债权转让合同纠纷案

[案号：重庆市大渡口区人民法院（2022）渝 0104 民初 7672 号]

案件事实

2022 年 4 月 24 日，重庆跃龙杭萧钢构有限公司（以下简称跃龙杭萧公司）向重庆热锟物资有限公司（以下简称热锟公司）出具委托收款说明，载明：我公司于 2022 年 4 月 22 日背书给贵司的 200 万元云信汇票是我司委托贵司收取的款项，在该票据兑付后，由贵司返还我司 177 万元，其中扣除的 13 万元是我司承担的贴息费用，另外 10 万元是我司代幸某偿还给王某个人的借款，我司收到 177 万元后，王某个人和幸某的债权债务结清。

同日，跃龙杭萧公司（作为云信支付方）将云信流转单（云信开立方为中交瑞通建筑工程有限公司，金额 200 万元，承诺付款日期为 2023 年 4 月 21 日）流转给热锟公司（作为云信接收方）。同日，热锟公司向跃龙杭萧公司支付了 100 万元。

跃龙杭萧公司现主张热锟公司未按时支付款项，不应再向热锟公司支付贴现费用，且主张根据《九民纪要》第 101 条[1]的裁判精神，双方的贴现行为应属无效。鉴于热锟公司无法退还汇票，则应向跃龙杭萧公司退还汇票对应的现金。

本案的基本事实关系见图 60：

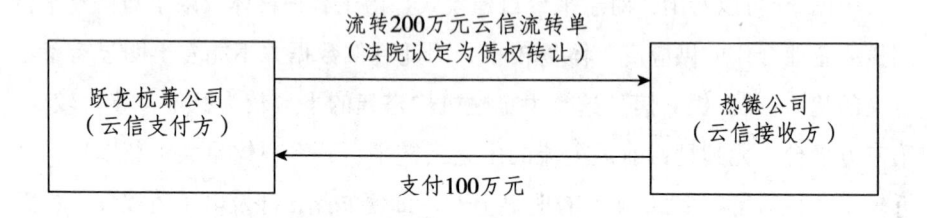

图 60　案例 6-1 的基本事实关系

争议焦点

本案中，主要争议焦点是本案是否适用涉票据相关法律规定，以及跃龙杭萧公司将案涉云信流转单流转给热锟公司行为的法律性质为何。

裁判结果

法院认为，云信流转单虽然具有付款义务人（云信开立方）在指定日期支付确定金额给持票人（云信接收方）的功能，但因云信流转单并不具备

---

[1]《九民纪要》第 101 条规定："票据贴现属于国家特许经营业务，合法持票人向不具有法定贴现资质的当事人进行'贴现'的，该行为应当认定无效，贴现款和票据应当相互返还。当事人不能返还票据的，原合法持票人可以拒绝返还贴现款……"

《票据法》所规定的汇票必须记载事项,故不应将云信流转单认定为汇票,而只能被认定为系债权凭证。故云信流转适用涉票据相关法律规定的主张没有法律依据,跃龙杭萧公司将案涉云信流转单流转给热锻公司应属于债权转让行为。

案例解读

在本案中,法院对云信产品的法律性质进行了分析,并进一步指出云信的流转属于债权转让行为,适用《民法典》中关于债权转让的规定。与之相对,在广东省广州市中级人民法院(2022)粤01民终6542号民事判决书中,法院直接认定迪链支付方式为"远期汇票";在河北省邢台市中级人民法院(2021)冀05民终730号民事判决书中,法院直接使用了"开出了800,100元的工银e信用承兑汇票"的表述;在天津市津南区人民法院(2020)津0112民初8318号民事判决书中,法院认为"云信的性质为商业承兑汇票",也并未就定性的理由作详细说明。

笔者认为,之所以电子债权凭证的法律性质在司法实践中出现"类案不同判"的情况,是因为在缺乏高级别法院指导性案例的情况下,法院对电子债权凭证法律性质的认定与案件的具体情况和审理思路高度关联。例如,在其法律性质未被作为争议焦点时,法官在裁判时往往忽略对电子债权凭证进行说理分析,导致电子债权凭证的法律性质判断受法官个人的倾向影响。但是近年来的判例,大多认为电子债权凭证属于债权凭证而非票据,这与目前大多供应链金融平台的操作手册或介绍说明中明确标注该平台下电子债权凭证的性质为应收账款凭证的行业共识一致。[1]

如上文提到的《云信使用协议》第1.1条中规定:"云信:指应付账款债务人通过平台以核验电子签名的方式签署的电子《付款承诺函》项下债

---

[1] 例如,简单汇平台明确"金单"是核心企业通过简单汇系统,以电子签名的方式,承诺在指定日期支付确定金额货款给供应商的,易流转、可拆分、秒融资、可追溯的应收账款债权凭证。又如,"迪链"在介绍中将产品描述为对应收账款的一种确权,即核心企业以真实的贸易背景为基础,整合供应链产业,通过核心企业或其成员企业对供应商应付账款进行债权的确权。

权，该债权可按照持有人意愿全部或部分转让。云信由《付款承诺函》、《云信流转单》及《最终还款明细表》组成，其中《付款承诺函》为云信债权凭证、《云信流转单》为云信流转记录、《最终还款明细表》为实时更新的云信债权人清单。"根据上述平台自身规定，云信产品的自身定位即为债权凭证而非商业票据。

二、电子债权凭证和电子商业汇票之差异

笔者注意到，越来越多的法院意识到电子债权凭证即便与商业汇票存在诸多相似之处，但法律性质仍存在本质差异，不应当混淆。事实上，电子债权凭证与商业汇票在适用法律、构成要件等方面均存在一系列区别，笔者就案例6-1中所提及的两者之间的差异对比如下（见表5）。

表5 电子债权凭证与电子商业汇票对比

	电子债权凭证	电子商业汇票
适用法律	《民法典》	《票据法》
构成要件	表现形式相对自由，不具有票据特征	要式性、无因性、文义性、独立性
使用特性	债权转让，可拆分	背书转让，不可拆分
监管主体	无明确监管主体	中国人民银行
开立方式	供应链平台	电子商业汇票系统
付款期限	仅国资委对中央企业所签发的凭证有不得超过6个月的限制	商业汇票的付款期限应当与真实交易的履行期限相匹配，自出票日起至到期日止，最长不得超过6个月
付款主体	债权凭证到期的付款主体为凭证开具人，即作出付款承诺的核心企业	基于票据的特征以及背书、质押等票据行为，付款主体可以为票据的承兑人和所有票据的前手
信披要求	无明确信披要求	上海票据交易所《商业汇票信息披露操作细则》

第一，适用法律不同。电子债权凭证本质上属于对于应收账款数字化的确权文件，是基于基础交易合同产生的债权债务法律关系，根据不同融资方

式对应适用《民法典》关于应收账款、保理或质押的相关规定。票据是独立于债权存在的财产性权利，适用《票据法》等票据相关法律法规、部门规章，这就导致了法律法规对于票据有一系列相较于普通债权更严格的特殊规定。

第二，构成要件不同。汇票作为一类法定票据必须具有法律法规要求的构成要件。《票据法》第22条第1款就汇票形式要件作出规定，即汇票内容必须包括：（1）表明"汇票"的字样；（2）无条件支付的委托；（3）确定的金额；（4）付款人名称；（5）收款人名称；（6）出票日期；（7）出票人签章。电子债权凭证没有相关法律法规要求，表现形式相对自由。虽然目前的电子债权凭证在形式上与汇票上的要素类似，但并没有明确法定的形式要求，具体形式实质上还是由各平台自行确定。此外，票据的开具和转让也受明确限制，以电子商业汇票为例，《电子商业汇票系统管理办法》第3条第1款规定："电子商业汇票系统是指经中国人民银行批准建立，依托网络和计算机技术，接收、存储、发送电子商业汇票数据电文，提供与电子商业汇票货币给付、资金清算行为等相关服务的业务处理平台。"《电子商业汇票业务管理办法》第5条规定："电子商业汇票的出票、承兑、背书、保证、提示付款和追索等业务，必须通过电子商业汇票系统办理。"可见，电子商业汇票必须在中国人民银行建立的电子商业汇票系统依法进行各项票据行为。

第三，使用特性不同。商业汇票具有不可拆分性，《票据法》第33条第2款明确，将汇票金额的一部分转让的背书或者将汇票金额分别转让给二人以上的背书无效，即商业汇票不可拆分，只能基于真实、合法的交易关系和债权债务关系，通过背书方式将完整的票据权利进行转让。电子债权凭证在各供应链平台均可开具，作为普通债权可以选择全部或部分转让。

第四，监管主体不同。《票据管理实施办法》第3条第1款明确，中国人民银行是票据的管理部门；第5条规定，票据当事人应当使用中国人民银行规定的统一格式的票据。对于违反规定擅自印制票据的行为，或票据的付款人对见票即付或者到期的票据故意压票、拖延支付的行为，中国人民银行有权责令改正并罚款。但对于电子债权凭证,目前并没有明确的监管主体。

第五,开立方式不同。电子债权凭证是由核心企业在各供应链平台上开立的"电子流转单",开具的同时出具电子"付款承诺函",或通过协议方式明确凭证的开立基于供应链上真实、合法、有效的交易,或声明放弃因商业纠纷而可能产生的付款抗辩权,到期无条件向电子债权凭证的最终持有人履行清偿义务等。[1] 电子商业汇票必须在中国人民银行建立的电子商业汇票系统上开立,一经开立,收票人即取得相应票据权利。

第六,付款期限不同。中国人民银行、原中国银行保险监督管理委员会发布的《商业汇票承兑、贴现与再贴现管理办法》第25条规定:"商业汇票的付款期限应当与真实交易的履行期限相匹配,自出票日起至到期日止,最长不得超过6个月。"对于电子债权凭证的付款期限则完全依赖交易双方的约定,仅对于央企签发的债权凭证,国资委在《关于中央企业助力中小企业纾困解难促进协同发展有关事项的通知》中明确了付款期限不得超过6个月的限制。[2]

第七,付款主体不同。票据的付款人并不局限于票据开立人(出票人),持票人可依据票据向承兑人和所有前手主张票据权利。持有债权凭证的债权人仅能向凭证上表明的凭证开具人(作出付款承诺的核心企业)主张该笔应收账款。

第八,信披要求不同。上海票据交易所发布的《商业汇票信息披露操作细则》第1条规定:"为加强商业汇票信用体系建设,完善市场化约束机制,保障持票人合法权益,根据中国人民银行《商业汇票承兑、贴现与再贴现管理办法》《关于规范商业承兑汇票信息披露的公告》及相关法律制度,制定

---

[1] 参见肖小和、胡晓:《电子债权凭证发展机理与监管的比较研究》,载《河北金融》2023年第3期。
[2] 参见《关于中央企业助力中小企业纾困解难促进协同发展有关事项的通知》第1条第4款规定:"严格票据等非现金支付管理,现金流较为充裕的企业要优先使用现金支付中小企业账款。未事先明示、书面约定非现金支付的,原则上不得使用非现金支付。开具的商业承兑汇票和供应链债务凭证期限原则上不得超过6个月。"

本细则。"第 2 条规定："上海票据交易所（以下简称票交所）建设运营的票据信息披露平台（https：//disclosure.shcpe.com.cn）是中国人民银行认可的票据信息披露平台。"第 5 条规定："商业承兑汇票和财务公司承兑汇票承兑人应当披露其承兑商业汇票主要要素及信用信息。银行承兑汇票承兑人应当披露承兑人信用信息。承兑人应当对其披露信息的真实性、准确性、及时性和完整性负责。"据此，商业汇票承兑人对于自身信用信息有定期披露的义务。对于电子债权凭证，暂时没有关于信息披露的明确要求。

第三节　电子债权凭证支付功能的问题

事实上，目前司法实践中涉"云信""金单""迪链"等电子债权凭证案件中案件的直接争议焦点并非该等产品的法律性质，亦非对该等产品本身是否可以作为一种合法支付工具的判断。常见的情景是，由于对电子债权凭证的法律性质存在一定的争议，商事交易双方可能因对电子债权凭证的法律性质存在不同的理解导致电子债权凭证支付无法成为符合合同约定的适格履行付款义务方式。

这里需要特别强调的是，很多判例将债权凭证作为适格支付方式的理由本质上与确认电子债权凭证的法律性质本身没有直接关联。换句话说，法院对电子债权凭证法律性质的确认是为了确定该电子债权凭证是否为符合合同约定的支付方式。在双方的基础交易合同中约定了以电子债权凭证作为双方认可的支付方式，或是一方开具了凭证另一方接收，双方没有异议的情况下，法院一般视为双方认可以债权凭证为支付方式。因此，尽管实践中电子债权凭证有类似票据的支付作用，但本质上法院将电子债权凭证作为适格支付方式还是基于一般的债权债务关系，而并非票据行为。

一、交易双方合意的问题

案例 6-2 广东申鹏电气实业有限公司、广东柏力机电工程有限公司买卖合同纠纷案

[案号：广东省广州市黄埔区人民法院（2021）粤 0112 民初 1946 号]

案件事实

2017 年、2018 年，广东申鹏电气实业有限公司（以下简称申鹏公司）与广东柏力机电工程有限公司（以下简称柏力公司）先后签订了两份五金交电、工具材料供货合同，用于顺德顺控项目工程。两份合同均约定，供方责任：供方每月 20 日前必须将销售发票开具给需方入账；按需方提供的采办人员或签字有效人名单办理货物配送或交接，否则需方有权拒付或暂缓支付该笔货款。需方责任：提供经办物资业务计划人员或签字有效人名单办理采购及验收；按供需双方已验收确认的数量及价格及时办理发票验收和货款入账手续；需方每月 25 日前后及时与供方结算上月实际发生的货款。结算期限、结算方式：以双方确认验收的每宗货物的数量及价款作为月度结算依据进行结算；货到现场及发票验收入账无误后，下月起按需方资金情况排期付款；所有货款均通过银行电汇或承兑汇票支付，结算货币采用人民币。

此后，申鹏公司按合同约定交付货物并开具了发票，但柏力公司未支付全部货款。

2020 年 11 月 20 日，申鹏公司委托律师向柏力公司发送律师函一份，内容包括催收柏力公司在顺控环投项目下拖欠的货款 21,504.7 元。但经申鹏公司多次催告，柏力公司仍拒不付款，申鹏公司遂请求判令柏力公司支付货款与逾期付款违约金。

2021 年 1 月 27 日，柏力公司开立了付款承诺函及其附件云信，申鹏公司确认已收到柏力公司开具并交付的该云信单据。该付款承诺函载明，因申鹏公司向柏力公司提供货物、服务或设施，柏力公司承担相应付款责任，柏力公司保证将总计人民币 193,234.7 元的应付账款（包括案涉货款 21,504.7

元）在2021年8月19日（承诺付款日）前，按照柏力公司在中企云链接收到的最终还款明细表所列明的收款方的收款信息付款。柏力公司确认并同意基于本承诺函开立云信，保证在接到本承诺函（含代表本承诺函的全部和部分流转的云信）时，即无条件按照最终还款明细表的信息付款；如因柏力公司未按最终还款明细表所列明的信息，在上述约定的承诺付款日前付款而给收款方造成损失，柏力公司愿就相关方损失承担全部赔偿责任。本承诺函经签章后生效，生效后所附云信自动生效，不得撤销或更改。作为该函附件的云信载明，云信开立方为柏力公司，接收方为申鹏公司，云信金额为193,234.7元；本云信已经柏力公司承诺，到期无条件依据最终还款明细表付款；本云信可以全部或者部分流转支付，流转过程见云信流转记录；云信经支付方签章后即完成流转，该流转不可撤销和更改。附言为：柏力付萝岗、顺控项目材料款。

本案的基本事实关系见图61：

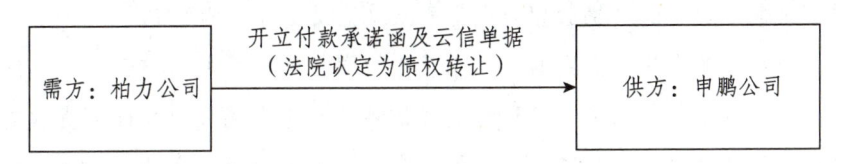

图61　案例6-2的基本事实关系

争议焦点

本案中，主要争议焦点是柏力公司是否已履行剩余21,504.7元货款的支付义务。

裁判结果

法院认为，第一，云信性质上并不属于汇票，柏力公司开具云信的付款行为不属于涉案五金交电、工具材料供货合同所约定的"通过银行电汇或承兑汇票支付"的结算方式。第二，在承诺付款日，即2021年8月19日到来之前，柏力公司并未实际支付该金额货款。故法院判决柏力公司应向申鹏公司支付货款本金21,504.7元及逾期付款违约金。

案例解读

本案事实清楚，交易法律关系明确。柏力公司对于欠付货款的本金没有异议，争议焦点仍在于柏力公司是否已经履行了案涉 21,504.7 元货款的支付义务，这就要求对本案柏力公司出具的付款承诺函及其附件云信的法律性质进行界定。对此，柏力公司主张云信"相当于远期承兑汇票"，申鹏公司在收到这份票据后，可以背书转让、贴现。基于付款承诺函及云信，柏力公司主张其已完成付款义务。但是，申鹏公司对此并不认可。

因此，在本案中云信的法律性质与其是否符合案涉合同约定的支付方式直接挂钩。从判决结果来看，法院并未支持柏力公司的主张。与案例 6-1 类似，本案中法院首先将云信与汇票进行了区分，认为柏力公司通过网络平台开具的云信单据不满足《票据法》第 22 条有关汇票必须表明"汇票"字样的规定，故云信在性质上不属于汇票。由此，即便云信在一定程度上具有远期承兑汇票的作用与特征，法院依然认为柏力公司基于云信的付款行为不属于涉案合同所约定的"通过银行电汇或承兑汇票支付"的结算方式。

值得关注的是法院提到的第二个理由，即柏力公司采用该云信方式结算仅构成一种电子付款承诺，起到的作用是赋予其与申鹏公司之间的货款支付之债一种可通过电子平台流转的属性，直至柏力公司所承诺的付款日。换句话说，柏力公司在 2021 年 8 月 19 日到来之前实际上并未支付该笔金额货款。该理由实际上是以电子债权凭证属于远期支付在到期日前未实际付款为由而否定了支付义务的履行，对于该问题将在后文中进一步讨论。

案例 6-3 广州市正点未来营销策划股份有限公司、深圳汇智众悦广告有限公司服务合同纠纷案

[案号：广东省广州市中级人民法院（2022）粤 01 民终 6542 号]

案件事实

2020 年 5 月 10 日，广州市正点未来营销策划股份有限公司（以下简称正点公司）与深圳汇智众悦广告有限公司（以下简称汇智公司）签订了《2019 年南昌双十二狂欢购车节代理协议》（以下简称《代理协议》），约定

汇智公司为正点公司提供 2019 年南昌双十二狂欢购车节活动的整体运营管理，合同价款为 200,000 元。《代理协议》第 5 条第 2 点约定：甲方（正点公司）收到乙方（汇智公司）发票并在比亚迪公司支付给甲方款项后 5 日内支付全部款项给乙方。

其后，汇智公司履行了上述《代理协议》约定的运营管理，并已开具了以正点公司为购买方的增值税专用发票，且正点公司已于 2020 年 11 月 9 日获得比亚迪公司的回款，但正点公司始终未将服务费支付给汇智公司。汇智公司遂诉请正点公司支付服务费 200,000 元及相应逾期利息。

对此，正点公司自认为比亚迪公司的服务提供商，承认对账单金额属实，但其主张涉案项目为案外人济南广维广告传媒有限公司（以下简称广维公司）借用正点公司名义签订系争合同，故应由广维公司支付服务费。

此外，正点公司主张涉案项目额支付均是通过迪链方式进行，业主方支付的款项、各方之间的款项流转均是按照迪链方式，即便法院判决支付，也应当判决以迪链方式支付。同时，由于各方是因为具体对账结算未达成一致而产生的争议，并非正点公司有意拖延支付，故不应当以此为由计算支付逾期利息等费用。

本案的基本事实关系见图 62：

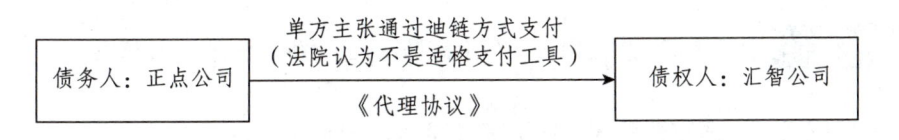

图 62　案例 6-3 的基本事实关系

争议焦点

在本案中，主要争议焦点是在双方未明确约定以电子债权凭证作为支付方式时，仅根据交易习惯是否足以主张以电子债权凭证作为适格的支付工具。

裁判结果

法院认为，汇智公司提供了《代理协议》等证据，证实与正点公司订立了合同并履行了合同义务，正点公司自认为比亚迪公司的服务供应商，也承认对账单金额属实，根据合同的相对性，正点公司应当承担付款责任。此外，正点公司上诉还要求以迪链方式（经二审核实，迪链方式即远期汇票方式，非即时支付）付款，且不计算逾期付款利息，理由不足，法院不予采纳。

案例解读

本案的基础事实及法律关系较为简单，值得关注的是上诉人（一审被告）在诉讼中提出的相关款项的支付应以迪链方式进行的主张。显然，电子债权凭证可以作为支付方式的前提在于交易双方就采用该支付工具达成合意。本案中，仅就在案证据无法证明正点公司、汇智公司达成了以迪链方式支付的合意，因此迪链当然也就无法作为适格的支付工具。尤其是考虑到迪链作为新出现的一种支付工具，相较于票据在承兑、追索等方面都有更大的不确定性，法院可能更加倾向于传统的支付工具，而非直接以迪链方式偿还相关费用。

另外，本案也显示出法官似乎并不熟悉电子债权凭证这一类延期支付工具，直接将迪链界定为远期汇票，定性为"非即时支付"。本案是一种较为典型的法院将电子债权凭证认定为汇票的情况，即电子债权凭证的法律性质并未作为争议焦点，法院也未就将电子债权凭证认定为汇票进行详细说明，而是仅根据电子债权凭证的非即时支付特性进行"类比"。

案例6-4 合肥永健工贸有限公司与上海鼎钛化工有限公司执行异议案

[案号：上海市普陀区人民法院（2018）沪0107执异5号]

案件事实

在上海鼎钛化工有限公司（以下简称鼎钛化工）诉合肥永健工贸有限公司（以下简称合肥永健）买卖合同纠纷案中，法院作出（2017）沪0107民初20476号民事调解书。该民事调解书规定，合肥永健支付鼎钛化工货款，于2017年9月30日之前支付60万元，于2017年10月31日之前支付50万元，于2017年11月30日之前支付10万元，于2017年12月31日之前支付252,437.42元；若合肥永健有一期未按约足额履行，鼎钛化工有权就剩余款项一并申请执行，并要求合肥永健支付违约金（以剩余未支付货款为本金，自 2017 年 5 月 15 日起至实际付清之日止，按照年利率 24% 计算）。

上述调解书生效后，鼎钛化工于 2017 年 11 月 29 日申请执行，要求合肥永健支付货款及逾期支付的违约金，法院通过总对总网络查控平台对异议人（被执行人）开立在中国工商银行安徽合肥和平路支行银行账户进行冻结。

被执行人合肥永健于上述调解书规定的履行期限之前，向鼎钛化工出具出票日为 2017 年 9 月 12 日、到期日为 2018 年 3 月 12 日、金额为 10 万元的电子银行承兑汇票和出票日为 2017 年 9 月 26 日、到期日为 2018 年 3 月 26 日、金额为 25 万元的电子银行承兑汇票；合肥永健又通过 TCL 集团股份有限公司所设立的简单汇交易平台，于 2017 年 9 月 29 日向鼎钛化工出具到期日为 2018 年 3 月 29 日的汇票金单，票面金额 25 万元；于同年 10 月 31 日向鼎钛化工出具到期日为 2018 年 4 月 30 日的汇票金单，票面金额 50 万元；于同年 11 月 30 日向鼎钛化工出具到期日为 2018 年 5 月 31 日的汇票金单，票面金额 10 万元。

在上述调解书规定的 2017 年 12 月 31 日前，合肥永健向鼎钛化工出具了出票日为 2017 年 12 月 21 日、到期日为 2018 年 6 月 21 日的电子银行承兑汇票，票面金额 252,437.42 元，上述电子银行承兑汇票全部交易成功，上述汇票金单鼎钛化工也已全部签收。

本案的基本事实关系见图 63：

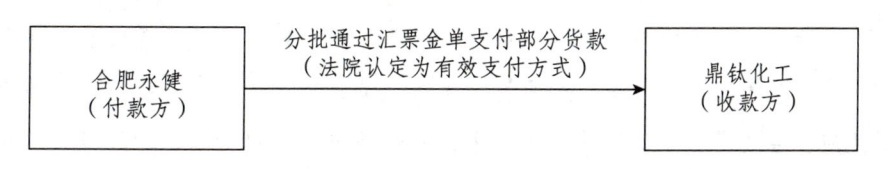

图 63　案例 6-4 的基本事实关系

争议焦点

本案中，主要争议焦点是合肥永健以金单的形式履行债务时，是否可以认定其已履行了相应货款的给付义务。

裁判结果

从异议人（被执行人）提供的证据材料看，异议人（被执行人）所提供的证据符合《最高人民法院关于适用〈中华人民共和国民事诉讼法〉的解释》第116条第2款规定的电子数据的形式，其内容显示，异议人（被执行人）通过TCL集团股份有限公司所设立的简单汇交易平台，在上述调解书规定的期限内，支付了总金额为85万元的汇票金单，申请执行人全部签收。虽然该金单实际兑现的期限延后，但在《简单汇平台金单转让协议》中规定，收单人有权签收或驳回金单转让，收单人签收转让金单，即视为双方同意协议条款，共同签署了上述协议，转单人应付收单人的债务与金单金额相抵销，收单人不得向转单人追索已抵销的债务。由此可见，申请执行人对异议人（被执行人）采用上述汇票金单的履行方式有权签收或驳回，其签收上述汇票金单的行为，系认可了异议人（被执行人）变更上述民事调解书所确定的债务的履行方式，属于对自己的民事权利的处分。尽管申请执行人在第二次签收金单后向异议人（被执行人）发出律师函，表达了不同意见，但其不仅未退回金单，且在异议人（被执行人）第三次以金单的形式履行债务时，申请执行人又再次签收，表明其事实上认可了异议人（被执行人）的履行方式，故应认定异议人（被执行人）已履行了双方争议的85万元给付义务。

案例解读

本案的基础事实及法律关系较为简单，涉案的货款金额已通过民事调解书予以确认。双方的争议在于被执行人合肥永健向申请执行人鼎钛化工出具金单后，是否可以视为其已经履行了民事调解书项下的支付义务，相应货款是否应当在债务中予以抵销。本案中，法院并未对简单汇平台中开具的金单的法律性质作任何定义或讨论，仅以收单人鼎钛化工在享有驳回金单的权利的前提下，仍连续签收了被执行人向其出具的金单的事实认定，收单人鼎钛化工以自身行为默示认可了被执行人以金单为履行方式，即金单在本案中应被视为有效的支付方式。

从本案中可以看出，供应链金融平台上开具的电子债权凭证是否可以作为适格的支付工具,关键在于交易双方是否以明示或默示的形式就支付方式达成合意。电子债权凭证的法律性质并不影响法院对于其作为支付工具是否适格的判断。

此外,虽然本案中法院并未将金单的法律性质作为争议焦点,但在本案事实部分中提及的简单汇平台协议——《简单汇平台金单转让协议》中,从对于金单转让后"转单人应付收单人的债务与金单金额相抵销,收单人不得向转单人追索已抵销的债务"的表述可以看出,供应链金融平台本身对于所开具的电子债权凭证的流转的定义也更符合普通的债权转让模式,而非类似汇票的背书转让。

二、远期支付的问题

案例 6-5　邢台市政建设集团股份有限公司、邢台筹蓝商贸有限公司买卖合同纠纷案

[案号:河北省邢台市中级人民法院(2021)冀 05 民终 730 号]

案件事实

2019 年 8 月至 9 月,邢台筹蓝商贸有限公司(以下简称筹蓝公司)向邢台市政建设集团股份有限公司南和分公司(以下简称市政南和分公司)供应水泥、矿粉、粉煤灰、沙等建筑材料,市政南和分公司收到材料后出具原材料收据。但是,后双方对材料单价、货款金额发生争议,故筹蓝公司起诉邢台市政建设集团股份有限公司(以下简称市政公司)、市政南和分公司,要求足额支付货款(市政南和分公司系市政公司设立的分支机构,不具备独立企业法人资格,依法由市政公司承担付款的民事责任)。

根据法院认定的事实,筹蓝公司向市政南和分公司供货的总货款共计 2,224,140.35 元。

另查明,2020 年 7 月 3 日,市政公司向筹蓝公司提供了凭证金额为 800,100 元的工银 e 信,承诺付款日为 2021 年 7 月 2 日。对此,工商银行工作人员答复称,在市政公司账户余额充足的情况下,该款项会在承诺付款日由市政公司支付给筹蓝公司。

本案的基本事实关系见图64：

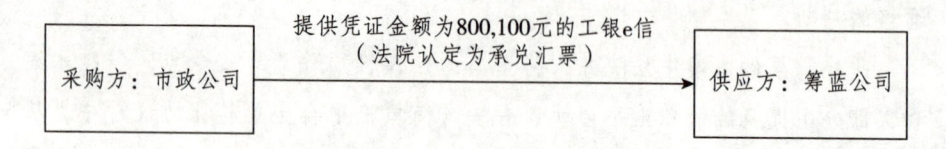

```
┌──────────────┐   提供凭证金额为800,100元的工银e信    ┌──────────────┐
│ 采购方：市政公司 │ ──────────────────────────────→ │ 供应方：筹蓝公司 │
│              │      （法院认定为承兑汇票）          │              │
└──────────────┘                                   └──────────────┘
```

图64　案例6-5的基本事实关系

争议焦点

本案中，主要争议焦点是市政公司支付的800,100元的工银e信应否从总货款中扣除，即通过工银e信支付货款是否可以视为履行了支付义务。

裁判结果

一审法院（河北省邢台市南和区人民法院）认为：工银e信对应的800,100元尚未实际支付，且承诺付款日后仍需要在市政公司账户余额充足的情况下才能支付给筹蓝公司，故对市政公司辩称800,100元已经完成支付，一审法院不予支持。

二审法院（河北省邢台市中级人民法院）认为：市政公司已向筹蓝公司开出了800,100元的工银e信信用承兑汇票，筹蓝公司作为受让人已在银行系统完成了电子签章，根据承兑汇票的规定以及汇票上特别备注的事项，该流转不可撤销和更改。同时筹蓝公司已向市政公司出具了收款收据，应认定市政公司已支付了货款800,100元，该款应从欠款中扣除。故市政公司应向筹蓝公司支付的货款数额为1,424,040.35（2,224,140.35元-800,100元）元，原审以该款项目前未支付为由不予扣除没有依据，二审法院予以纠正。

案例解读

在本案中，一审法院和二审法院对总货款当中是否可以扣除800,100元的工银e信存在不同判断，也即对800,100元的工银e信是否可以被视为市政公司适格履行了支付义务存在争议。需要注意的是，在本案中筹蓝公司与市政南和分公司未签订书面买卖合同，法院根据筹蓝公司已实际向市政南和分公司提供了建筑材料，市政南和分公司亦接收了建筑材料并在收据上签章，并且结合当事人之间的交易方式、交易习惯认定双方之间存在建材买卖合同关系。

第一，就法律性质而言。在本案中，虽然一审法院和二审法院就远期支付是否可以视为已经履行支付义务存在不同认定，但是考虑到无论将工银e信认定为电子债权凭证还是承兑汇票均属于远期支付，工银e信的法律性质或许并不重要。也就是说，在双方未就支付方式进行约定的情况下，电子债权凭证、电子汇票均可被认为是适格的支付方式，判断的核心在于交易双方是否接受、认可该支付方式。

在本案中，经过二审法院直接将工银e信认定为信用承兑汇票，并认为工银e信的流转可适用《票据法》以及相关法律法规中关于承兑汇票的规定，但是这并非裁判800,100元的工银e信属于适格履行的原因。因为，更为重要的事实在于"筹蓝公司已向市政公司出具了收款收据"，这意味着筹蓝公司认可了工银e信作为本次交易的支付方式，此时无论工银e信的法律性质为何都应构成适格履行。

第二，就流转方式而言。在本案中，虽然工银e信的法律性质不会影响其作为适格支付方式的潜在可能，但是不同的法律性质对应不同的流转方式。本案中，二审法院将工银e信作为汇票，认为"筹蓝公司作为受让人已在银行系统完成了电子签章，根据承兑汇票的规定以及汇票上特别备注的事项，该流转不可撤销和更改"，显然应该适用《票据法》等票据相关法律法规、部门规章。按照通常的票据行为基本理论，票据行为主要具备要式性、文义性、独立性和无因性四种特性。[1] 但是，若将工银e信认定为电子债权凭证，则筹蓝公司的受让动作应理解为债权的受让，对于该债权转让法律行为的效力之判断应适用《民法典》下债权转让的相关规定。

---

[1] 参见钱斐、孙静：《有关票据行为的基本理论分析》，载《法治论丛》2004年第3期。

案例 6-6　亳州市谯城区立德王晓燕五金建材销售有限公司与中铁十八局集团第四工程有限公司买卖合同纠纷案

[案号：天津市津南区人民法院（2020）津 0112 民初 8318 号]

案件事实

2018 年 12 月 21 日，亳州市谯城区立德王晓燕五金建材销售有限公司（以下简称立德建材）、中铁十八局集团第四工程有限公司（以下简称十八局四公司）签订碎石、河砂买卖合同，约定：立德建材为十八局四公司商合杭铁路项目经理部供应碎石、河砂；结算时间为每月 20 日，双方相关人员配合办理当月结算手续；货款的支付时间为十八局四公司在收到发票 30 日内支付供应期所供合格物资 70% 的货款，5% 的货款作为质量保证金，在该批物资质保期满后 30 日内支付，但质量保证金的支付并不免除立德建材对交付物资质量的保证责任，剩余 25% 的货款在季度末建设单位资金拨付到位后支付；货款的支付方式为银行转账。

2018 年 11 月至 2019 年 6 月，立德建材依约向十八局四公司供应碎石、河砂等货物，双方每月进行对账，十八局四公司为立德建材出具对账单。立德建材为十八局四公司供应货物总价值为 4,888,439.99 元。2019 年 1 月 2 日至 2019 年 6 月 24 日，立德建材已为十八局四公司开具金额共计 4,888,439.99 元的增值税普通发票。十八局四公司已以转账方式给付立德建材货款 3,600,000 元。

2020 年 8 月 7 日，十八局四公司开立金额为 500,000 元的云信并流转至立德建材，并出具付款承诺函，承诺：将 500,000 元应付账款在 2021 年 8 月 3 日（承诺付款日）前，按照该公司在中企云链运营的互联网平台接收到的最终还款明细表中所列明的收款方的收款信息付款。

本案的基本事实关系见图 65：

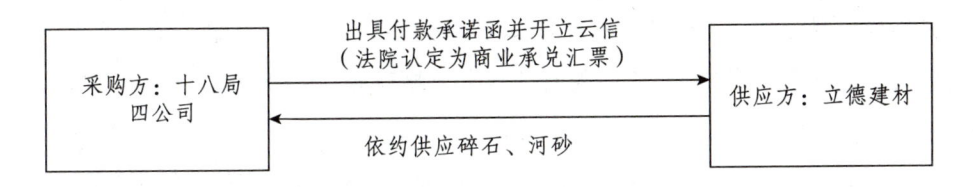

```
┌─────────┐   出具付款承诺函并开立云信    ┌─────────┐
│采购方:十八局│ ─────────────────────→  │供应方:立德建材│
│  四公司  │  (法院认定为商业承兑汇票)   │         │
│         │ ←─────────────────────  │         │
└─────────┘    依约供应碎石、河砂        └─────────┘
```

图 65　案例 6-6 的基本事实关系

争议焦点

本案中，主要争议焦点是十八局四公司开立金额为 500,000 元的云信是否可以视为完成付款义务。

裁判结果

法院认为云信的性质为商业承兑汇票，十八局四公司为立德建材开具云信，立德建材接收，应视为双方对 500,000 元货款的支付达成合意，可以被认定为十八局四公司支付的货款。

案例解读

本案中，尽管双方约定支付方式为银行转账，但是法院基于立德建材已经接受云信这一事实认为双方已经就云信作为支付方式达成合意。与案例 6-5 类似，在本案中，法院同样直接认为云信为商业承兑汇票，并认定"立德建材依据云信取得相关票据权利"，不得再重复主张货款，如果云信兑付出现问题，可以另案主张。

需要注意的是，由于票据法律关系的特殊性，原因关系和票据关系的二分，有观点认为票据的交付不等于交易合同下交易款项的支付。如最高人民法院在指导案例 117 号"中建三局第一建设工程有限责任公司与澳中财富（合肥）投资置业有限公司、安徽文峰置业有限公司执行复议案"中即认为，"文峰公司如期开具真实、足额、合法的商业承兑汇票，仅是履行了其票据预约关系层面的义务，而对于其债务承担义务，因其票据付款账户余额不足、被冻结而不能兑付案涉汇票，其并未实际履行，中建三局一公司申请法院对文峰公司强制执行，并无不当"。一种可能的解读是，《票据法》第 60 条规定，"付款人依法足额付款后，全体汇票债务人的责任解除"。这意味着，只有票据权利的实现才能起到原因关系或票据关系所基于的基础法律关系消灭的效果，也即交易对价的实质履行。这也是导致案例6-5中，一审与二审法院存在不同认定的根本原因。

但是，司法实践中对此并未达成统一做法。例如，本案中法院即认为，如果汇票到期不能兑付，则不能认定需方已经实际履行债务；如果汇票尚未到期，则供方不得重复主张货款，在汇票到期兑付出现问题时，可以另案主张。值得进一步追问的是，上述远期支付问题是在票据语境下原因关系和票据关系二分所产生的，而在电子债权凭证产品作为"债权凭证"法律性质日益明确的当下，电子债权凭证产品是否也存在法院基于远期支付而否定支付义务履行的法律或理论基础。

三、费用分担的问题

随着供应链金融平台的迅速发展，迪链、云信等电子债权凭证产品以其灵活性逐渐成为企业间货款支付的优选，这些工具通过数字化和自动化流程，显著提升了资金流转的速度和效率，为企业提供了一个更为灵活的资金融通渠道。[1] 然而，正如任何金融工具一样，该等产品在提供便利的同时，也带来了一系列潜在成本，如保理费、贴息费、服务费及手续费等。相关费用的产生不仅增加了交易的复杂性，更引发了费用分担的法律与实务争议。

因此，值得进一步分析讨论的是，在采用电子债权凭证进行支付时，相关费用究竟应由交易的哪一方承担？这一问题的答案不仅影响双方的经济利益，更关系到合同义务的履行与风险的合理分配。费用分担的不明确或不公平，可能损害交易双方的权益，甚至引发法律纠纷，影响电子债权凭证的稳定性和商业效率。在本节中，笔者将结合司法实践与行业惯例，探讨费用分担的合法性与合理性。

然而，值得注意的是，在本节中许多关于因电子债权凭证兑现产生的费

---

[1] 参见胡跃飞、黄少卿：《供应链金融：背景、创新与概念界定》，载《金融研究》2009年第8期。

用的相关判例中，法院对于电子债权凭证的性质的认定并不明晰，有的法院将电子债权凭证直接认定为汇票。[1] 同时，法院对于电子债权凭证持票人要求开具人付款而产生的费用也大多使用了票据交易场景下的"贴现""支取"等表述。

实践中，核心企业通过电子债权凭证方式向供应商付款，若供应商选择到期持票兑付，不会产生额外费用；但若供应商为资金流转，有提前变现的需求，就需要向平台提出申请，由平台经审核后放款。在此过程中，平台会收取一定的费用。对于因供应商在电子债权凭证未届到期时间的情况下要求付款方提前支付而导致的费用承担问题，司法实践中，法院一般会结合双方合同约定、合同履行情况、双方交易习惯等进行审查。总体来说，法院审查的关键同样在于使用电子债权凭证是否属于双方合意达成的适格支付方式。

（一）无明确约定费用承担方的情形

在交易双方在合同中明确约定，或交易双方以自身行为默示接受以电子债权凭证方式支付货款的情形下，法院一般认为，该行为可以视为接收方自愿承担远期支付的不利后果。如前文所述，在供应商接收电子债权凭证后，若选择到期兑付，将不会产生额外费用，只有在接收方出于自身原因考虑选择提前兑付的情况下，才会产生相应费用。因此，在合同并未明确贴现费用的承担方的情况下，司法实践中，多数判例认为，额外的手续费或其他利息费用系由收款方提前兑付造成，应当由收款方自行承担。

案例6-7 某建筑公司与某建材公司买卖合同纠纷案

［案号：北京市第一中级人民法院（2023）京01民终12191号］
案件事实
2020年8月24日，某建筑公司与某建材公司就案涉项目签订砂浆采购

---
[1] 参见北京市丰台区人民法院民事判决书，(2021) 京0106民初27730号，案例6-10。

合同。双方对物资名称、规格型号、数量、单价及总价、结算和付款方式、违约责任等内容进行了约定。合同约定为固定单价合同，总价为3,457,657.51元。根据合同约定，付款方式为分阶段支付：某建筑公司在第4个月支付第1个月结算额的60%，第5个月支付第2个月结算额的60%，依次类推，二次结构完工支付至审定完成产值的80%，余款在整体工程竣工验收合格后一年内付清，所以货款均不计取任何利息。每次付款之前，某建材公司向某建筑公司补齐所欠发票，否则某建筑公司有权不予付款。某建材公司承诺所开具发票具有真实性、合法性，否则将放弃对相应款项的追索权。合同同时约定，以信用证、银行或商业承兑汇票、e信通及现款等方式作为货款支付方式。

2021年2月7日，某建筑公司作为承诺付款方，通过建信融通向某建材公司支付货款43万元。融信签收凭证载明融信金额为43万元，承诺付款日期为2021年8月9日。某建材公司向建信融通申请于2021年2月8日放款，并支付了融资服务费369.56元。

2022年5月31日，某建筑公司向某建材公司出具付款承诺函，其上载明：某建筑公司保证将50万元的应付账款在2023年2月6日（承诺付款日）前，按照某建筑公司在中企云链接收到的最终还款明细表所列明的收款方的收款信息付款。付款承诺函落款处有某建筑公司的电子签章。

2022年6月22日，某建材公司向中企云链申请放款。中企云链云信融资单载明：资金方为中信银行股份有限公司北京分行，开立方为某建筑公司，融资金额为50万元，融资付息模式为融资人付息，承诺付款日为2023年2月6日，放款日期为2022年6月24日。某建材公司支付了融资利息、手续费等共计11,822.22元。

本案的基本事实关系见图66：

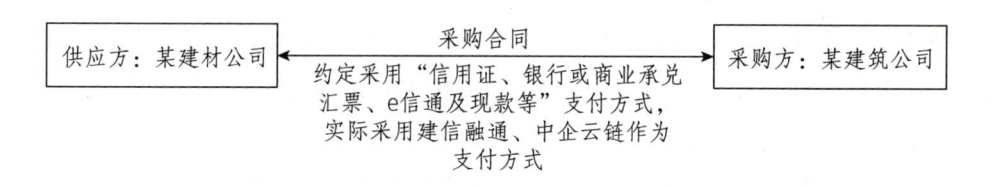

```
供应方：某建材公司  ←——采购合同——→  采购方：某建筑公司
                  约定采用"信用证、银行或商业承兑
                  汇票、e信通及现款等"支付方式，
                  实际采用建信融通、中企云链作为
                          支付方式
```

图 66　案例 6-7 的基本事实关系

争议焦点

本案中，主要争议焦点是因某建材公司提前支取款项所产生的利息费、服务费是否应由其自行承担。

裁判结果

法院认为，建信融通融信签收凭证上载明承诺付款日期为 2021 年 8 月 9 日，中企云链云信融资单上亦载明承诺付款日为 2023 年 2 月 6 日，某建材公司依约按期接收款项不会产生额外费用，因此某建材公司在到期付款日前支取款项所产生的利息、服务费系其自身原因造成，应由其自行承担。某建材公司主张利息、服务费等应由某建筑公司负担，无事实和法律依据，法院不予支持。

案例解读

本案一审中，双方当事人仅就未支付货款的金额存在争议，某建筑公司主张未付金额为 1,533,063.77 元，某建材公司主张为 1,552,929.38 元，相差 19,865.61 元，此系某建筑公司通过建信融通和中企云链向某建材公司支付货款，某建材公司在到期付款日之前取款而产生的利息、服务费。由于本案中双方当事人之间的合同已明确约定以"信用证、银行或商业承兑汇票、e 信通及现款等"为支付方式，法院并未对案涉的建信融通、中企云链支付工具的法律性质进行讨论。尽管某建材公司主张，建信融通和中企云链是银行为某建筑公司提供的融通项目，某建材公司作为收款方无法拒绝付款方某建筑公司采用融通方式付款，但法院认为，某建材公司与某建筑公司签订的砂浆采购合同系双方真实意思表示，且不违反法律、行政法规的强制性规定，应属合法有效，对合同签订方具有约束力。在双方当事人同意采用相关融通方式作为货款支付方式的情况下,供方应当遵循合同约定,按照需方承诺的付款日期接收款项。某建材公司在到期付款日前支取款项所产生的利息、服务费系其自身提前支取款项造成的,应由其自行承担。

本案二审中,上诉人未对利息、服务费的承担提出异议。

这一判决为电子债权凭证在支付过程中的费用分担问题提供了参考,强调了合同约定的重要性,并明确在没有特别约定的情况下,维持了违约方、过错方自行承担因提前支取款项而产生费用的一般性原则,这有助于维护交易的稳定性和可预测性。因此,在采用电子债权凭证作为支付工具时,接收方应当特别关注电子债权凭证的承诺付款日期,在签订合同时进行充分的审慎考虑,充分评估自身的资金需求和流动性状况,合理安排资金使用计划,避免因提前支取款项而产生不必要的额外费用。同时,交易双方也应就支付方式和相关费用的承担进行充分沟通,确保双方对合同条款以及费用承担有清晰的理解和共识。

案例6-8 江苏中源钢业有限公司、中国能源建设集团广东火电工程有限公司买卖合同纠纷案

[案号:广东省广州市黄埔区人民法院(2021)粤0112民初41224号]

案件事实

2020年5月,江苏中源钢业有限公司(以下简称中源公司)与中国能源建设集团广东火电工程有限公司(以下简称火电公司)签订了关于深能河源项目和宝安项目的采购合同,约定在合同有效期内,合同标的物中的货物,火电公司以订单的形式向中源公司发出采购信息,订单作为该合同的组成部分。订单中应明确支付方式,火电公司按以下方式支付货款(支付方式应与约定的浮动率支付方式一致):(1)银行电汇;(2)银行承兑汇票(3个月);(3)银行承兑汇票(6个月);(4)供应链融资;(5)信用证融资。火电公司如未按期向中源公司支付货款,每逾期一日,按逾期付款金额的0.03%计算日违约金。

合同签订后,火电公司向中源公司发出多份采购订单,其中2020年5月

28日至29日的9份订单中载明采用银行电汇方式支付。2020年9月27日，中源公司出具关于同意接受云信支付方式的函，表明其同意火电公司以云信方式支付系争合同项下2,000,000元款项。火电公司于2020年9月28日开立2,000,000元云信（编号：YX20200928-000019），该云信到期日为2021年9月24日。

中源公司后又将前述云信在到期日前贴现，支付了贴现费、平台费、手续费、提现费共计110,016.08元。中源公司主张，火电公司改变付款方式，导致中源公司产生云信贴息及保理服务费损失共计110,016.08元，请求火电公司承担云信贴息及保理服务费损失。

本案的基本事实关系见图67：

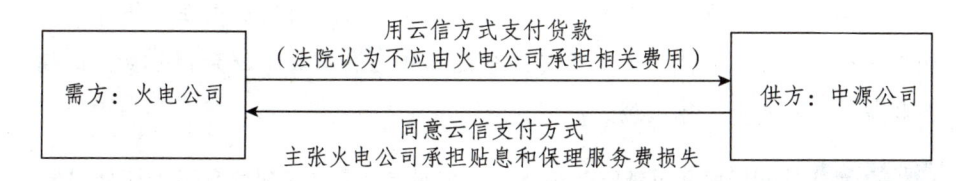

图67 案例6-8的基本事实关系

争议焦点

本案中，主要争议焦点是火电公司是否以及应当承担云信贴息及保理服务费。

裁判结果

法院认为，中源公司对火电公司使用云信方式支付货款并未提出异议且实际接受了编号为YX20200928-000019的云信，该云信付款承诺函中已明确了付款时间为2021年9月24日，中源公司因提前取现而产生的利息、保理费用等不应由火电公司承担，对该项请求法院不予支持。

案例解读

本案中，中源公司的诉讼请求之一为请求法院判决火电公司承担因其自身提前取现而产生的利息、保理费用，原因在于云信为火电公司变更付款方式而采用的支付工具。然而，本案中法院认为，中源公司对火电公司使用云信方式支付货款并未提出异议，且实际通过关于同意接受云信支付方式的函接受了以云信为支付方式；同时，由火电公司开立的云信付款承诺函中已明确付款时间为 2021 年 9 月 24 日，中源公司因提前取现而产生的利息、保理费用等不应由火电公司承担。

简言之，虽然系争款项的付款方式发生了变更，以致使账期延长一年，但中源公司并未提出异议且实际接受了云信的付款方式，故应当认为中源公司主动放弃了期限利益。此后，中源公司将系争云信取现提前获取部分资金，而在此过程中产生的费用与火电公司变更付款方式之间没有法律上的因果关系，且通过关于同意接受云信支付方式的函即表明中源公司知晓此种费用损失风险，故无权请求火电公司承担相关费用。前述案例中也提到，相关企业在接受电子债权凭证作为支付工具时，应当与相对方明确后续在利用相关金融工具提升资金流动性时产生费用的分配方式，表明其不放弃相关资金的期限利益，以此避免法律风险。

案例 6-9　株洲星辰金属科技有限公司、株洲市金卓机车配件有限责任公司加工合同纠纷案

［案号：湖南省株洲市中级人民法院（2021）湘 02 民终 932 号］

案件事实

自 2009 年开始，株洲星辰金属科技有限公司（原株洲金成热处理厂，以下简称星辰金属科技公司）法定代表人胡某，便以其经营的株洲金成热处理厂承接株洲市金卓机车配件有限责任公司（以下简称金卓机车配件公司）的热处理加工业务。2019 年 4 月，星辰金属科技公司成立后，即改由星辰金属科技公司承接金卓机车配件公司的热处理加工业务。多年来，双方形成并沿用的交易习惯为：金卓机车配件公司将需要热处理加工的机械零件交由星辰金属科技公司热处理加工，加工完毕后，由金卓机车配件公司核对数量、价格，计算加工费金额，此后补签书面合同，星辰金属科技公司按书面合同确定的金额，开具税额为 13% 的增值税发票，后由金卓机车配件公司支付加工费。同时，双方确定的价格多年未变，付款方式多为云信支付。

2019年9月至11月，星辰金属科技公司为金卓机车配件公司加工一批零件，按双方以前沿用的价格计算，加工费金额为418,724.07元。金卓机车配件公司核对数量、价格，计算加工费金额后，于2020年3月11日与星辰金属科技公司补签书面合同，约定加工费金额为418,724.07元，凭税额为13%的增值税发票办理付款。星辰金属科技公司依约开票后，金卓机车配件公司尚未支付该笔加工费。

2019年10月至2020年12月，星辰金属科技公司为金卓机车配件公司加工四批零件，按双方以前沿用的价格计算，加工费金额合计为1,119,013.6元。金卓机车配件公司核对数量后，双方没有补签书面合同，星辰金属科技公司亦未开具增值税发票。

现星辰金属科技公司因金卓机车配件公司拖欠加工费，云信支付造成贴现损失，故星辰金属科技公司诉请金卓机车配件公司支付拖欠的加工费用、逾期付款违约金和云信贴现费用等损失，以及相应的逾期付款利息。

本案的基本事实关系见图68：

```
┌──────────────────┐   无书面合同，通过云信支付    ┌──────────────────┐
│                  │   （法院认为存在交易惯例，    │                  │
│ 需方：金卓机车配件公司 │──不应由需方赔偿贴现损失）──▶│ 供方：星辰金属科技公司 │
└──────────────────┘                              └──────────────────┘
```

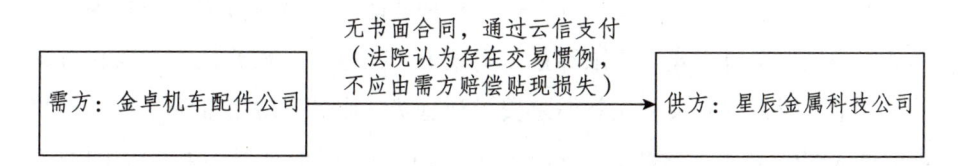

图68 案例6-9的基本事实关系

争议焦点

本案中，主要争议焦点是在双方无书面合同约定支付方式的情况下，如何确定因云信支付兑现产生的损失的承担。

裁判结果

法院认为，星辰金属科技公司已经以自身行为实际上接受了金卓机车配件公司以云信支付方式支付加工费，并已形成交易习惯。因此，对于星辰金属科技公司主张由金卓机车配件公司赔偿云信支付贴现损失，法院不予支持。

案例解读

在本案中，法院综合考量了双方的交易习惯。在双方当事人未书面约定支付方式的情况下，基于客观上多年来金卓机车配件公司采取云信支付的方式支付加工费居多，且星辰金属科技公司始终未对此提出异议，法院认为，星辰金属科技公司系以自己的行为接受金卓机车配件公司对大部分加工费采取云信支付。故星辰金属科技公司要求金卓机车配件公司赔偿因提前兑现而支付的相应费用不符合双方的交易习惯，兑现而产生的损失应当由其自己承担。

本案表明，在供应链上下游企业的合同中对支付条款没有明确约定的情况下，若一方当事人长期采取云信支付的方式，且另一方未提出异议，则此时将视为另一方默认接受此种支付方式，表明其自愿放弃期限利益。因而，如前文案例所述，因在付款到期日之前提现所产生的费用，应当由云信接收方自行承担。

（二）合同约定由付款方承担的情形

由于电子债权凭证实质上具有远期支付功能，交易双方都应慎重考虑采用其作为远期支付方式的期限利益。实践中，在电子债权凭证作为支付方式的情况下，双方有时会事先就贴息费、利息费、服务费等潜在成本的承担尽可能达成明确约定。例如，就电子债权凭证接收方提前兑现产生的费用损失、保理费用由哪一方承担，若双方就费用分担已经达成共识，则严格依照约定执行，确保交易的透明度和公平性；但是，若双方未就费用分担进行约定，则存在争议。司法实践中，在有明确约定由付款方承担因兑现产生的费用的情况下，法院一般以双方当事人的约定为准。

案例 6-10 中国铁路物资工业（集团）有限公司与中国建筑一局（集团）有限公司买卖合同纠纷案

[案号：北京市丰台区人民法院（2021）京 0106 民初 27730 号]

案件事实

2020 年 6 月 16 日，中国铁路物资工业（集团）有限公司（以下简称铁

第六章 供应链金融平台电子债权凭证纠纷 | 323

路物资公司)(供应方)与中国建筑一局(集团)有限公司(以下简称中建一局公司)(采购方)就黄石下陆万达广场项目所需钢筋的买卖事宜签订钢筋采购供应合同,约定:交货时间:供方于2020年6月15日之前运至送货地或具备交货条件。付款及结算:双方每月15日将当月(上月16日至本月15日)所供产品及时办理结算。以采购方实际签收数量为准,核对无误后双方在"结算单"上签字确认。本工程无预付款,双方每月15日对账结算,次月20日前支付双方确认的本期全部货款。采购方未按期支付的货款部分按照超期资金占用费计算。采购方收到供方最后一笔款项所对应的增值税专用发票时,须待采购方确认供方已全额缴税,且到双方合同约定的最终付款时间后1个月内,方可支付尾款。采购方支付6个月电子银行承兑汇票贴息费用为开具承兑汇票当日中国人民银行基准利率(公布的6个月内贷款年利率)的100%/2由采购方承担,承担比例100%;采购方支付6个月电子商业汇票贴息费用为开具承兑汇票当日中国人民银行基准利率(公布的6个月内贷款年利率)×172%/2,由采购方承担,承担比例100%。

合同签订后,铁路物资公司于2020年7月15日至2020年11月15日,陆续将案涉货物送至中建一局公司指定地点,送货义务已履行完毕。双方进行了月度对账,总结算金额为25,116,101.63元,铁路物资公司陆续开具增值税发票,并给付中建一局公司。

中建一局公司分别于2020年8月28日通过云信方式付款1,839,587.85元,于2020年9月23日通过云信方式付款3,901,594.31元,于2020年11月10日通过云信方式付款3,000,000元,于2020年12月4日通过中国农业银行转账付款1,000,000元,于2021年8月6日通过云信方式付款15,374,919.47元。中建一局公司开具付款承诺函。

本案的基本事实关系见图69:

```
┌─────────────────┐    采购供应合同      ┌─────────────────┐
│ 供应方:铁路物资公司 │ ─────────────────→ │ 采购方:中建一局公司 │
└─────────────────┘ 约定可以采用电子汇票作为支付方式, └─────────────────┘
                    实际采用云信作为支付方式
```

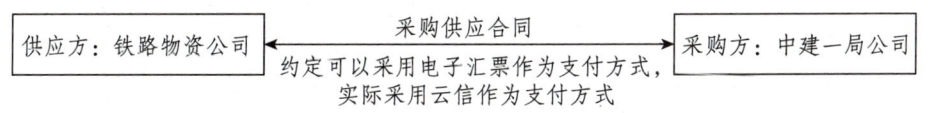

图69 案例6-10的基本事实关系

争议焦点

本案中，主要争议焦点是云信支付是否可等同于电子汇票支付，以及因此产生的贴息费用是否由中建一局公司承担。

裁判结果

云信的支付方式符合商业承兑汇票的支付模式，故应作为商业承兑汇票支付的一种方式；铁路物资公司因无法即时收到相应款项，故要求中建一局公司给付贴息费用，双方亦有合同约定，故法院予以支持。

案例解读

本案中，双方在合同中明确约定，"六个月电子商业汇票贴息费用由采购方承担，承担比例100%"。但本案中，中建一局公司实际是以云信支付而非电子商业汇票方式支付货款。因此，法院首先对云信是否属于双方约定的支付方式进行了判断。法院认为，中建一局公司通过云信方式支付货款，承诺的付款时间为2022年8月，铁路物资公司并未能即时收到所付款项，云信的支付方式符合商业承兑汇票的支付模式，故"应作为商业承兑汇票支付的一种方式"。据此，法院进一步认定，根据当事人双方的合同约定，应由中建一局公司支付6个月电子商业汇票应给付贴息费用，该费用由中建一局公司按100%的比例承担。暂且不论云信或其他电子债权凭证的法律性质，本案例表明在实践中，当事人应尽可能在合同中明确贴息费用的承担方，减少后续产生纠纷时的法律风险。

（三）因付款方迟延支付造成提前贴现的情形

虽然前述案例中认为，在合同无明确约定贴现费用承担方的情形下，收款方选择提前贴现所产生的费用应当由收款方自行承担，但司法实践中，对于完全因付款方原因造成的贴现费用，法院认为应当由付款方承担。

案例 6-11　中铁广州工程局集团有限公司、中铁广州工程局集团第三工程有限公司等买卖合同纠纷案

[案号：江苏省盐城市中级人民法院（2022）苏 09 民终 971 号]

案件事实

2018 年 7 月 3 日，中铁广州局盐通指挥部（甲方）与黄海集团（乙方）签订钢材买卖合同，约定乙方根据甲方签认的送货单计算当月实际供货数量，除此之外任何证明、收条、欠条、信函等文件，都不得作为结算、支付依据；每期结算完成后，甲方在收到乙方开具的增值税专用发票 15 日内，支付当期结算总额的 70%，另 25% 转入下个结算期支付，余 5% 作为质保金；甲方对逾期付款部分从宽限期满的次日起向乙方支付违约金，违约金按中国人民银行一年期贷款利率计算。

上述合同签订后，黄海集团按约向中铁广州局盐通指挥部供应钢材。2018 年 11 月 26 日，中铁广州局盐通指挥部向黄海集团出具承诺函，承诺逾期付款利息为年利率 10%，同时确认了 2018 年 11 月 5 日之前的相关逾期情况及还款计划。

黄海集团分别于 2019 年 4 月 16 日、2019 年 5 月 14 日向中铁广州局盐通指挥部发函催要货款。2019 年 7 月 9 日，中铁广州局盐通指挥部（甲方）与黄海集团（乙方）签订钢材买卖合同补充协议，约定由乙方继续向甲方供应工程所需钢材，履行期限从 2019 年 6 月 21 日至 2019 年 12 月 31 日。

2019 年 11 月 29 日，中铁广州局盐通指挥部向黄海集团出具还款计划，载明：2019 年 12 月 25 日前、2020 年 1 月 25 日前各付 800 万元，2020 年 2 月 25 日前、2020 年 3 月 25 日前、2020 年 4 月 25 日前、2020 年 5 月 25 日前各付 500 万元，2020 年 6 月 25 日前结清钢材尾款；若因上述任一期未能按约足额支付而引起诉讼，黄海集团为实现债权由此产生的全部费用（包括但不限于律师代理费、案件受理费、保全费、执行费、保全保险费等由第三方收取的费用）均由中铁广州局盐通指挥部承担。该还款计划有冯某签字并加盖中铁广州局盐通指挥部印章。

2020年12月25日，中铁广州局盐通指挥部向黄海集团出具900万元的融信签收凭证，承兑日期为2021年6月15日，黄海集团为此支付贴现费用142,162.5元。

本案的基本事实关系见图70：

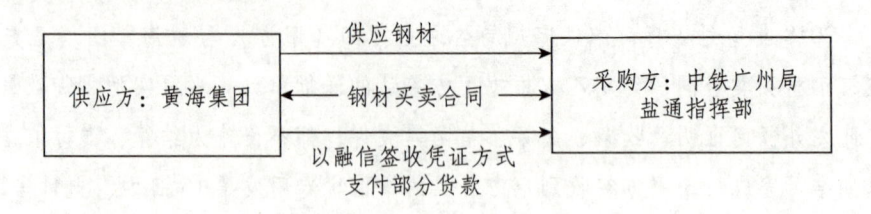

```
                      供应钢材
   供应方：黄海集团  ─────────→   采购方：中铁广州局
                    ←─钢材买卖合同─        盐通指挥部
                    以融信签收凭证方式
                    支付部分货款
```

图70 案例6-11的基本事实关系

争议焦点

本案中，主要争议焦点是融信贴现费是否应由中铁广州局盐通指挥部承担。

裁判结果

双方还款协议已经约定了2020年6月25日前结清钢材尾款，但中铁广州局盐通指挥部仍以2021年6月15日到期的融信支付货款，导致黄海集团不能在约定的时间实际收到该款项，只能支付贴现利息及服务费，才能取得融信的款项，故贴现费用142,162.5元应由中铁广州局盐通指挥部承担。

案例解读

本案二审中，法院认为，中铁广州局在2021年1月8日给付黄海集团900万元融信签收凭证时，已经违反约定逾期付款，而该900万元融信签收凭证的承兑日期为2021年6月15日，黄海集团为了及时取得款项只能将该900万元融信签收凭证贴现，因此，实际发生的贴现费用142,162.5元系由付款人迟延付款造成，理应由付款人中铁广州局盐通指挥部承担。

电子债权凭证的出现，本质上是为了实现货物流动和款项结算在时间上的分离，为采购方取得资金流转的缓释余地，但同时，电子债权凭证的出现也是为了缓解中小企业融资困难的问题，为供应方提供融资便利。从本案中可以看出，司法实践中，在采购方通过以远期兑付方式逃避债务，致使供应方不得不通过提前贴现的方式保护自身利益，实现自身债权的情形下，法院认为，提前贴现是因采购方原因造成，所产生的费用不应由供应方承担。

从本案引申开来，由于电子债权凭证不存在法律规定的付款期限限制，完全依赖交易双方约定，若出具电子债权凭证的时间在合同约定的支付日期前，但付款方以自身核心企业的优势地位，约定了较长的支付期限，导致签发的电子债权凭证显示的到期日在合同约定的支付日期之后，此时能否认定付款方已履行合同约定的支付义务，还是应当视为付款方违约，因此造成提前兑现的费用是否也应当由付款方承担。这一点，还有待未来司法判例予以明晰。

第四节　电子债权凭证融资功能的问题

一、概述

目前，供应链金融平台可以提供包括涉电子债权凭证类业务、供应链票据业务以及微贷业务在内的多种金融服务。如上文所述，保理融资是电子债权凭证的基本功能，也是涉电子债权凭证类业务最常见的融资模式之一。《民法典》第763条规定："应收账款债权人与债务人虚构应收账款作为转让标的，与保理人订立保理合同的，应收账款债务人不得以应收账款不存在为由对抗保理人，但是保理人明知虚构的除外。"由此可见，在保理法律关系中，应收账款债权人与应收账款债务人之间的基础交易合同是成立保理的前提，而应收账款债权人与保理人之间的应收账款转让是保理关系的核心。[1]

通常的保理法律关系如图71所示。

---

[1] 参见黄薇主编：《中华人民共和国民法典释义》（中），法律出版社2020年版，第1402页。

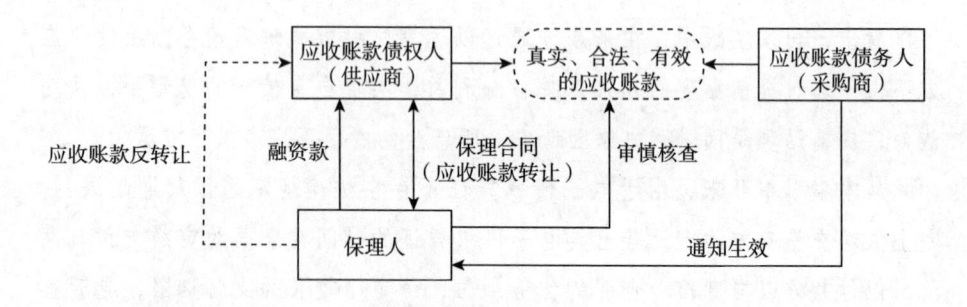

图 71　保理流程

首先,应收账款债权人(往往是供应商)与应收账款债务人(往往是采购人)之间存在一份基础商业合同,确认了债权人与债务人之间的应收账款。其次,应收账款债权人基于融资需求,希望与保理人缔结保理合同(应收账款转让)以取得融资款或享受其他保理服务,由于应收账款债权人拟转让的应收账款通常是保理融资的第一还款来源,出于风险防控的基础业务要求,保理人理应对应收账款债权予以审慎核查。[1] 同时,基于原中国银行业监督管理委员会发布的《商业银行保理业务管理暂行办法》第 7 条的规定,商业银行应当按照"权属确定,转让明责"的原则,严格审核并确认债权的真实性,确保应收账款初始权属清晰确定、历次转让凭证完整、权责无争议。最后,保理人基于对应收账款真实存在的合理信赖与应收账款债权人缔结保理合同,同时向应收账款债务人发出通知,以保证应收账款转让生效。在商业实践中,保理人还可以与应收账款债权人约定"有追索权保理",要求应收账款债权人在特定情形发生时,履行回购义务。根据《商业银行保理业务管理暂行办法》第 35 条的规定,其他银行业金融机构开展保理业务时,须参照执行上述规定。

然而,应收账款虚假是保理实践中的突出问题,在供应链金融平台背景下也是如此。2019 年 2 月,中共中央办公厅、国务院办公厅联合发布的《关于加强金融服务民营企业的若干意见》强调了供应链金融业务中应收账款的

---

[1] 参见黄和新:《保理合同:混合合同的首个立法样本》,载《清华法学》2020 年第 3 期。

真实性问题；中国银保监会办公厅 2019 年 7 月发布的《关于推动供应链金融服务实体经济的指导意见》及中国人民银行、工业和信息化部等 8 部门 2020 年 9 月发布的《关于规范发展供应链金融的意见》等多个政策性文件亦相继强调了需要严格防控供应链金融中虚假交易及重复融资的风险。例如，《关于规范发展供应链金融的意见》明确要求，"银行等金融机构对供应链融资要严格交易真实性审核，警惕虚增、虚构应收账款、存货及重复抵押质押行为"。

二、电子债权凭证与基础交易真实性

传统的应收账款融资模式存在诸多限制，以线下方式进行应收账款真实性确认存在客观障碍。采用区块链技术和电子签名技术的供应链金融平台可以有效解决上述应收账款确权的难点和需求。司法实践中，也存在法院依据电子债权凭证的真实性认定交易双方基础交易真实性的判例。

案例 6-12 利辛县有粮农业开发有限责任公司、河南谷安粮贸有限公司买卖合同纠纷案

[案号：河南省南阳市中级人民法院（2020）豫 13 民终 5470 号]

案件事实

2020 年 4 月 28 日，河南谷安粮贸有限公司（以下简称谷安公司）作为卖方（甲方）与利辛县有粮农业开发有限责任公司（以下简称有粮公司）作为买方（乙方）签订了三份玉米采购合同，其中约定结算方式为："三、结算方式：1. 自本合同签订生效之日起 30 日内，乙方应向甲方支付合同款总额的 100% 作为预付款。最终结算货款待乙方将本合同项下所涉全部货物验收合格、入库完毕并收到甲方提供的结算货款全额合法有效增值税专用发票和付款资料之日起确认具体数额，上述预付款冲抵最终结算货款，多退少补。但甲方未依约提供发票或存在其他未依约全面履行合同约定义务情形的即为违约，乙方有权追究甲方违约及损害赔偿责任。本合同所涉全部款项均应支付至甲方指定结算账户……"

同日，有粮公司作为卖方与第三人蒙城牧原农牧有限公司（以下简称牧原公司）作为买方也分别签订了三份玉米采购合同，条款内容除出库价格及收款账户外同谷安公司与有粮公司的合同内容基本一致。

2020年4月29日，买方牧原公司（乙方）和卖方有粮公司（甲方）就上述三份合同分别又签订了补充协议，协议就结算方式等相关内容进行变更，将原合同第3条"结算方式"变更为："甲方依约分批交付货物的，本合同项下所涉全部货物的最终结算货款待乙方将全部货物验收合格，入库完毕之日起15日内以电子债券凭证（期限为一年期）的方式向甲方付清。乙方付款前，甲方应向乙方提供最终结算货款的全部合法有效增值税专用发票和付款资料。但甲方未依约提供发票或存在其他未依约全面履行合同约定义务的情形的即为违约，乙方有权视情况拒付或延付货款并追究甲方违约及损害赔偿责任。"

2020年5月6日，牧原公司与徽商银行股份有限公司亳州分行（以下简称徽商银行）及牧原食品股份有限公司签订融链通业务合作协议，三方约定由牧原食品股份有限公司为第三人牧原公司提供担保，由第三人在徽商银行开立基本账户或一般账户，并通过在徽商银行融易享平台开立融易享资金账户开展融资业务。谷安公司、有粮公司及牧原公司买卖合同分别签订后，谷安公司依据合同约定将所售货物过磅称重后，交付由牧原公司指定的租赁车辆将合同约定货物运输至牧原公司检验签收。

2020年5月7日，谷安公司已按指示交付方式履行了向有粮公司交付全部约定数量临储玉米的义务，经结算货款总金额为9,352,189.35元。

2020年5月18日，谷安公司将9张全额合法有效增值税发票交付有粮公司。有粮公司在收到谷安公司的发票后，依据其与牧原公司的合同约定，于2020年5月27日经税务抵扣后向牧原公司出具了合法有效的增值税专用发票95张，总金额为10,008,312.97元。

牧原公司于2020年6月9日向有粮公司出具了1000万元的电子债权凭证，有粮公司于2020年6月10日与徽商银行蒙城支行签订了国内保理业务合同（有追索权），有粮公司以牧原公司向其出具的电子债权凭证转让给徽商银行蒙城支行的方式，在该行办理保理融资款人民币 1000 万元。合同签订后，有粮公司支取了其中的 400 万元。有粮公司在收到谷安公司的货物后，未向谷安公司支付任何货款，双方产生诉争，谷安公司诉至法院。

本案的基本事实关系见图 72：

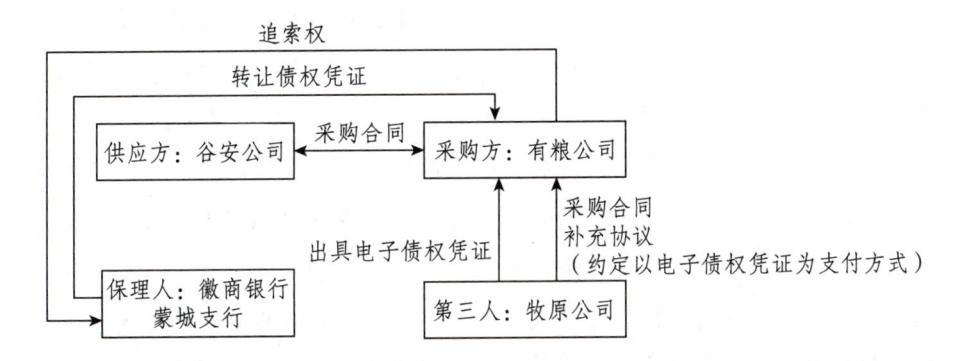

图 72 案例 6-12 的基本事实关系

争议焦点

本案中，主要争议焦点是有粮公司于 2020 年 6 月 10 日与徽商银行蒙城支行签订的国内保理业务合同（有追索权）所基于的玉米采购合同是否真实存在。

裁判结果

法院认为，根据庭审查明的情况，并结合有粮公司通过牧原公司向其出具的电子债权凭证办理了保理合同，获得了银行借款的事实，可以认定，谷安公司、有粮公司及牧原公司之间的买卖合同真实存在，且已切实履行。

案例解读

本案涉及电子债权凭证能否作为认定基础交易关系真实存在的重要依据的问题。银行受让电子债权凭证，开展保理融资业务，应当遵循《商业银行保理业务管理暂行办法》的规定，其中第 7 条规定："商业银行应当按照'权属确定，转让明责'的原则，严格审核并确认债权的真实性，确保应收账款初始权属清晰确定、历次转让凭证完整、权责无争议。" 2019 年 10 月，中国银行保险监督管理委员会办公厅发布《关于加强商业保理企业监督管理的通知》，成为监管职责划转后主管部门出台的首份针对商业保理业务的监管文件，其中强调商业保理企业对于应收账款及真实贸易背景的审核，是商业保理展业和长期发展的基础。本案中，法院认为债权出让方通过电子债权凭证办理了保理合同，获得银行借款，并使用了部分款项，足以证明存在真实的基础交易关系。尽管在本案中，法院并未直接基于电子债权凭证的区块链技术对基础交易的真实性进行判断，但是也认可了银行基于电子债权凭证签订的保理合同作为证据用于证明基础交易关系真实存在的做法。

当前，随着供应链金融的发展，电子债权凭证的应用越发广泛，其法律关系遵循《民法典》关于债权转让的规定。在企业票据融资需求大、政策不明朗、直接监管不严格的背景下，电子债权凭证市场加速发展，但其高度依赖核心企业信用的运作模式存在较高的风险隐患，一旦核心企业产生信用风险，将可能对供应链中的其他企业造成不良影响，产生连锁反应。因此，参与电子债权凭证相关保理业务的商业银行应当审慎审查基础交易的真实性，降低电子债权凭证的风险性，发挥数字科技为企业融资带来的便利效果，促进新型支付工具、金融产品走向规范、成熟发展。

第五节　涉供应链金融平台政策梳理

一、涉供应链金融平台政策沿革

2016年2月，中国人民银行、国家发展和改革委员会、工业和信息化部等8部门联合发布的《关于金融支持工业稳增长调结构增效益的若干意见》首次明确提出"供应链加入应收账款质押融资服务平台"。由此，作为万众创新和供给侧结构性改革宏观政策下扶持中小企业的金融创新政策的一环，供应链金融平台在众多政策的支持下得以快速发展。有关政策文件梳理可以将供应链金融分为以下三个阶段。

(一) 2016 年至 2018 年供应链金融平台政策

继上文提到的《关于金融支持工业稳增长调结构增效益的若干意见》之后，于 2017 年 4 月，中国人民银行、工业和信息化部、财政部等 7 部门联合发布的《小微企业应收账款融资专项行动工作方案（2017—2019 年）》进一步提出"充分发挥应收账款融资服务平台等金融基础设施作用，推动供应链核心企业支持小微企业应收账款融资"，供应链服务平台的发展进入"快车道"。

表 6 2016—2018 年政策文件整理

发布时间	文件名称	发文机构	主要内容
2016 年 2 月 14 日	《关于金融支持工业稳增长调结构增效益的若干意见》	中国人民银行、国家发展和改革委员会、工业和信息化部、财政部、商务部、中国银行业监督管理委员会（已撤销）、中国证券监督管理委员会、中国保险监督管理委员会（已撤销）	**推动更多供应链加入应收账款质押融资服务平台**，支持商业银行进一步扩大应收账款质押融资规模。建立应收账款交易机制，解决大企业拖欠中小微企业资金问题
2017 年 4 月 25 日	《小微企业应收账款融资专项行动工作方案（2017—2019 年）》	中国人民银行、工业和信息化部、财政部、商务部、国务院国有资产监督管理委员会、中国银行业监督管理委员会（已撤销）、国家外汇管理局	推动**供应链核心企业**支持小微企业应收账款融资，引导金融机构和其他融资服务机构扩大应收账款融资业务规模……
2017 年 10 月 5 日	《关于积极推进供应链创新与应用的指导意见》	国务院办公厅	鼓励商业银行、**供应链核心企业**等建立供应链金融服务平台，为供应链上下游中小微企业提供高效便捷的融资渠道。鼓励**供应链核心企业、金融机构与人民银行征信中心建设的应收账款融资服务平台对接**，发展线上应收账款融资等供应链金融模式

续表

发布时间	文件名称	发文机构	主要内容
2018年4月10日	《关于开展供应链创新与应用试点的通知》	商务部、工业和信息化部、生态环境部、农业农村部、中国人民银行、国家市场监督管理总局、中国银行保险监督管理委员会（已撤销）、中国物流与采购联合会	推动**供应链核心企业**与商业银行、相关企业等开展合作，创新供应链金融服务模式，发挥**上海票据交易所**、**中征应收账款融资服务平台**和动产融资统一登记公示系统等金融基础设施作用，在有效防范风险的基础上，积极稳妥开展供应链金融业务

在这一阶段，供应链金融平台的政策定位在于解决小微企业的资金问题，以推进供给侧结构性改革的政策目标，且应收账款融资首次作为供应链金融的政策要点被明确提出。

（二）2019年至2020年供应链金融平台政策

2019年2月，中共中央办公厅、国务院办公厅联合发布的《关于加强金融服务民营企业的若干意见》首次强调了供应链金融融资中链上应收账款的真实性，要求银行等金融机构在参与供应链金融业务时关注应收账款的真实交易背景，但是未明确供应链金融平台本身是否就应收账款真实性负有核实责任。

2020年9月，中国人民银行、工业和信息化部、司法部等8部门联合发布的《关于规范发展供应链金融的意见》就供应链金融中应收账款的风险提出了较为系统的指导意见，并首次涉及应收账款的确权问题。《关于规范发展供应链金融的意见》提出，"鼓励核心企业通过应收账款融资服务平台进行确权，为中小微企业应收账款融资提供便利，降低中小微企业成本"，应当"强化支付纪律和账款确权。供应链大型企业应当按照《保障中小企业款项支付条例》要求，将逾期尚未支付中小微企业款项的合同数量、金额等信息纳入企业年度报告，通过国家企业信用信息公示系统向社会公示"。

表7 2019年至2020年政策文件整理

发布时间	文件名称	发文机构	主要内容
2019年2月14日	《关于加强金融服务民营企业的若干意见》	中共中央办公厅、国务院办公厅	商业银行要依托产业链核心企业信用、**真实交易背景**和物流、信息流、资金流闭环，为上下游企业提供无须抵押担保的订单融资、应收应付账款融资
2019年7月9日	《关于推动供应链金融服务实体经济的指导意见》	中国银行保险监督管理委员会办公厅（已撤销）	银行保险机构应依托供应链核心企业，基于核心企业与上下游链条企业之间的**真实交易**，整合物流、信息流、资金流等各类信息，为供应链上下游链条企业提供融资、结算、现金管理等一揽子综合金融服务
2020年9月18日	《关于规范发展供应链金融的意见》	中国人民银行、工业和信息化部、司法部、商务部、国务院国有资产监督管理委员会、国家市场监督管理总局、中国银行保险监督管理委员会（已撤销）、国家外汇管理局	银行等金融机构对供应链融资要严格交易**真实性审核**，警惕虚增、虚构应收账款、存货及重复抵押质押行为

这一时期的政策特点在于从政策设计和实施层面加强了对供应链金融的监管，要求银行等金融机构注重交易的真实性审核，以保障中小微企业的合法权益和融资便利，同时提升整个供应链金融的透明度和可信度。

(三) 2021年至今供应链金融平台政策

2021年3月11日，全国人民代表大会通过《中华人民共和国国民经济和社会发展第十四个五年规划和2035年远景目标纲要》，以全国人大及其常委会发布文件的形式确认了供应链金融作为生产性服务业融合化发展的发展方向之一。

表8 2021年至今主要支持政策文件整理

发布时间	文件名称	发文机构	主要内容
2021年3月11日	《中华人民共和国国民经济和社会发展第十四个五年规划和2035年远景目标纲要》	全国人民代表大会	聚焦提高要素配置效率,推动供应链金融、信息数据、人力资源等服务创新发展
2023年11月27日	《关于强化金融支持举措 助力民营经济发展壮大的通知》	中国人民银行、国家金融监督管理总局、中国证券监督管理委员会、国家外汇管理局、国家发展和改革委员会、工业和信息化部、财政部、中华全国工商业联合会	积极开展产业链供应链金融服务。银行业金融机构要积极探索供应链**脱核模式**,支持供应链上民营中小微企业开展订单贷款、仓单质押贷款等业务。进一步完善中征应收账款融资服务平台功能,加强服务平台应用
2024年4月3日	《关于深化制造业金融服务 助力推进新型工业化的通知》	国家金融监督管理总局、工业和信息化部、国家发展和改革委员会	规范发展供应链金融,强化对核心企业的融资服务,通过应收账款、票据、仓单和订单融资等方式促进产业链条上下游企业协同发展

目前的政策延续了国家对供应链金融系统性和创新性发展方面的支持,特别是强调数字化平台的应用和新型供应链金融模式的探索。值得注意的是,《关于强化金融支持举措助力民营经济发展壮大的通知》中表现出了供应链金融或将走向"脱核"的可能,即摆脱核心企业的信用支持,发展新型供应链金融模式。这也意味着供应链金融平台的主流搭建模式可能从核心企业搭建逐步转为第三方或金融机构搭建的业态。

二、涉供应链金融平台政策趋势

首先,通过以上各阶段有关政策文件梳理可以将供应链金融分为三个阶段。具体来说,供应链金融作为万众创新和供给侧结构性改革宏观政策下扶持中小企业的金融创新政策,其发展展现出了很强的政策性。这体现在供应链金融相关的政策往往把多部门联合发文的形式作为指导性、框架性意见提出，但是就具体操作并无明确指引。同时，供应链金融在2021年正式写入《中华人民共和国国民经济和社会发展第十四个五年规划和2035年远景目标纲要》，在一定程度上为供应链金融的发展提供了较为确定的支持政策预期。

其次，就应收账款融资而言，则可以发现其在2016年至2018年的政策中才正式作为供应链金融的政策要点，而电子债权凭证作为应收账款的确认载体并未在上述政策中被明确提及。事实上，应收债权的确权问题仅在《关于规范发展供应链金融的意见》中被强调，应"鼓励核心企业通过应收账款融资服务平台进行确权，为中小微企业应收账款融资提供便利，降低中小微企业成本"。因此，框架性政策下对确权问题的不重视势必导致电子债权凭证这一金融创新产物在法律性质上的争议。

最后，就供应链金融平台政策的未来发展趋势而言。基于上述归纳梳理，可以明确的是宏观层面上对供应链金融的政策支持在短期内不会发生改变，同时未来的供应链金融政策将加强对供应链金融业务的监管。这可能意味着，相关政策在未来将进一步细化，以落实供应链金融平台的责任，在全国政策而非地方政策层面就供应链金融平台专门制定更为具体的支持与监管细则，确保供应链金融业务下供应链金融平台以及应收账款融资业务的规范发展。[1]例如，进一步明确对应收账款交易真实性审核的责任主体，以及对核心企业在供应链金融中的责任进行明确规定，更好地保护中小企业在供应链中的合法权益以及供应链金融的平稳发展。

---

[1] 各地方性供应链金融政策中对供应链金融平台的模式发展表现出不同的支出倾向。例如，广东省工业和信息化厅发布的《关于做好2024年省级促进经济高质量发展专项资金（民营经济及中小微企业发展）项目入库工作的通知》"应收账款融资奖励"部分规定，"在2022年6月1日至2023年6月30日期间，通过人民银行征信中心应收账款融资服务平台在线确认，帮助广东省中小企业实现应收账款融资的，按年化金额不超过1%对核心企业给予奖励"。而中国（上海）自由贸易试验区临港新片区管理委员会发布的《临港新片区加快发展新兴金融业行动方案（2022—2025年）》则提出"推动核心企业对接上海票据交易所供应链票据平台，签发供应链票据，推动应收账款票据化……探索一体化信息平台接入上海票据交易所供应链票据平台，提供一站式信息通道"。但是，全国性的供应链金融政策目前并未就供应链金融平台模式发布相关支持政策。

附录　相关配套法律法规

中华人民共和国民法典（节录）

（2020年5月28日第十三届全国人民代表大会第三次会议通过　2020年5月28日中华人民共和国主席令第45号公布　自2021年1月1日起施行）

第二编　物　权

第四分编　担保物权

第十六章　一般规定

第三百八十六条　担保物权人在债务人不履行到期债务或者发生当事人约定的实现担保物权的情形，依法享有就担保财产优先受偿的权利，但是法律另有规定的除外。

第三百八十七条　债权人在借贷、买卖等民事活动中，为保障实现其债权，需要担保的，可以依照本法和其他法律的规定设立担保物权。

第三人为债务人向债权人提供担保的，可以要求债务人提供反担保。反担保适用本法和其他法律的规定。

第三百八十八条　设立担保物权，应当依照本法和其他法律的规定订立担保合同。担保合同包括抵押合同、质押合同和其他具有担保功能的合同。

担保合同是主债权债务合同的从合同。主债权债务合同无效的，担保合同无效，但是法律另有规定的除外。

担保合同被确认无效后，债务人、担保人、债权人有过错的，应当根据其过错各自承担相应的民事责任。

第三百八十九条 担保物权的担保范围包括主债权及其利息、违约金、损害赔偿金、保管担保财产和实现担保物权的费用。当事人另有约定的，按照其约定。

第三百九十条 担保期间，担保财产毁损、灭失或者被征收等，担保物权人可以就获得的保险金、赔偿金或者补偿金等优先受偿。被担保债权的履行期限未届满的，也可以提存该保险金、赔偿金或者补偿金等。

第三百九十一条 第三人提供担保，未经其书面同意，债权人允许债务人转移全部或者部分债务的，担保人不再承担相应的担保责任。

第三百九十二条 被担保的债权既有物的担保又有人的担保的，债务人不履行到期债务或者发生当事人约定的实现担保物权的情形，债权人应当按照约定实现债权；没有约定或者约定不明确，债务人自己提供物的担保的，债权人应当先就该物的担保实现债权；第三人提供物的担保的，债权人可以就物的担保实现债权，也可以请求保证人承担保证责任。提供担保的第三人承担担保责任后，有权向债务人追偿。

第三百九十三条 有下列情形之一的，担保物权消灭：

（一）主债权消灭；

（二）担保物权实现；

（三）债权人放弃担保物权；

（四）法律规定担保物权消灭的其他情形。

第十七章 抵 押 权

第一节 一般抵押权

第三百九十四条 为担保债务的履行，债务人或者第三人不转移财产的占有，将该财产抵押给债权人的，债务人不履行到期债务或者发生当事人约定的实现抵押权的情形，债权人有权就该财产优先受偿。

前款规定的债务人或者第三人为抵押人，债权人为抵押权人，提供担保的财产为抵押财产。

第三百九十五条 债务人或者第三人有权处分的下列财产可以抵押：

（一）建筑物和其他土地附着物；

（二）建设用地使用权；

（三）海域使用权；

（四）生产设备、原材料、半成品、产品；

（五）正在建造的建筑物、船舶、航空器；

（六）交通运输工具；

（七）法律、行政法规未禁止抵押的其他财产。

抵押人可以将前款所列财产一并抵押。

第三百九十六条 企业、个体工商户、农业生产经营者可以将现有的以及将有的生产设备、原材料、半成品、产品抵押，债务人不履行到期债务或者发生当事人约定的实现抵押权的情形，债权人有权就抵押财产确定时的动产优先受偿。

第三百九十七条 以建筑物抵押的，该建筑物占用范围内的建设用地使用权一并抵押。以建设用地使用权抵押的，该土地上的建筑物一并抵押。

抵押人未依据前款规定一并抵押的，未抵押的财产视为一并抵押。

第三百九十八条 乡镇、村企业的建设用地使用权不得单独抵押。以乡镇、村企业的厂房等建筑物抵押的，其占用范围内的建设用地使用权一并抵押。

第三百九十九条 下列财产不得抵押：

（一）土地所有权；

（二）宅基地、自留地、自留山等集体所有土地的使用权，但是法律规定可以抵押的除外；

（三）学校、幼儿园、医疗机构等为公益目的成立的非营利法人的教育设施、医疗卫生设施和其他公益设施；

（四）所有权、使用权不明或者有争议的财产；

（五）依法被查封、扣押、监管的财产；

（六）法律、行政法规规定不得抵押的其他财产。

第四百条 设立抵押权，当事人应当采用书面形式订立抵押合同。

抵押合同一般包括下列条款：

（一）被担保债权的种类和数额；

（二）债务人履行债务的期限；

（三）抵押财产的名称、数量等情况；

（四）担保的范围。

第四百零一条 抵押权人在债务履行期限届满前，与抵押人约定债务人不履行到期债务时抵押财产归债权人所有的，只能依法就抵押财产优先受偿。

第四百零二条 以本法第三百九十五条第一款第一项至第三项规定的财产或者第五项规定的正在建造的建筑物抵押的，应当办理抵押登记。抵押权自登记时设立。

第四百零三条 以动产抵押的，抵押权自抵押合同生效时设立；未经登记，不得对抗善意第三人。

第四百零四条 以动产抵押的，不得对抗正常经营活动中已经支付合理价款并取得抵押财产的买受人。

第四百零五条 抵押权设立前，抵押财产已经出租并转移占有的，原租赁关系不受该抵押权的影响。

第四百零六条 抵押期间，抵押人可以转让抵押财产。当事人另有约定的，按照其约定。抵押财产转让的，抵押权不受影响。

抵押人转让抵押财产的，应当及时通知抵押权人。抵押权人能够证明抵押财产转让可能损害抵押权的，可以请求抵押人将转让所得的价款向抵押权人提前清偿债务或者提存。转让的价款超过债权数额的部分归抵押人所有，不足部分由债务人清偿。

第四百零七条 抵押权不得与债权分离而单独转让或者作为其他债权的担保。债权转让的，担保该债权的抵押权一并转让，但是法律另有规定或者当事人另有约定的除外。

第四百零八条 抵押人的行为足以使抵押财产价值减少的，抵押权人有权请求抵押人停止其行为；抵押财产价值减少的，抵押权人有权请求恢复抵押财产的价值，或者提供与减少的价值相应的担保。抵押人不恢复抵押财产的价值，也不提供担保的，抵押权人有权请求债务人提前清偿债务。

第四百零九条 抵押权人可以放弃抵押权或者抵押权的顺位。抵押权人与抵押人可以协议变更抵押权顺位以及被担保的债权数额等内容。但是，抵押权的变更未经其他抵押权人书面同意的，不得对其他抵押权人产生不利影响。

债务人以自己的财产设定抵押，抵押权人放弃该抵押权、抵押权顺位或者变更抵押权的，其他担保人在抵押权人丧失优先受偿权益的范围内免除担保责任，但是其他担保人承诺仍然提供担保的除外。

第四百一十条 债务人不履行到期债务或者发生当事人约定的实现抵押权的情形，抵押权人可以与抵押人协议以抵押财产折价或者以拍卖、变卖该抵押财产所得的价款优先受偿。协议损害其他债权人利益的，其他债权人可以请求人民法院撤销该协议。

抵押权人与抵押人未就抵押权实现方式达成协议的，抵押权人可以请求人民法院拍卖、变卖抵押财产。

抵押财产折价或者变卖的，应当参照市场价格。

第四百一十一条 依据本法第三百九十六条规定设定抵押的，抵押财产自下列情形之一发生时确定：

（一）债务履行期限届满，债权未实现；

（二）抵押人被宣告破产或者解散；

（三）当事人约定的实现抵押权的情形；

（四）严重影响债权实现的其他情形。

第四百一十二条 债务人不履行到期债务或者发生当事人约定的实现抵押权的情形，致使抵押财产被人民法院依法扣押的，自扣押之日起，抵押权人有权收取该抵押财产的天然孳息或者法定孳息，但是抵押权人未通知应当清偿法定孳息义务人的除外。

前款规定的孳息应当先充抵收取孳息的费用。

第四百一十三条 抵押财产折价或者拍卖、变卖后，其价款超过债权数额的部分归抵押人所有，不足部分由债务人清偿。

第四百一十四条 同一财产向两个以上债权人抵押的，拍卖、变卖抵押财产所得的价款依照下列规定清偿：

（一）抵押权已经登记的，按照登记的时间先后确定清偿顺序；

（二）抵押权已经登记的先于未登记的受偿；

（三）抵押权未登记的，按照债权比例清偿。

其他可以登记的担保物权，清偿顺序参照适用前款规定。

第四百一十五条 同一财产既设立抵押权又设立质权的，拍卖、变卖该财产所得的价款按照登记、交付的时间先后确定清偿顺序。

第四百一十六条 动产抵押担保的主债权是抵押物的价款，标的物交付后十日内办理抵押登记的，该抵押权人优先于抵押物买受人的其他担保物权人受偿，但是留置权人除外。

第四百一十七条 建设用地使用权抵押后，该土地上新增的建筑物不属于抵押财产。该建设用地使用权实现抵押权时，应当将该土地上新增的建筑物与建设用地使用权一并处分。但是，新增建筑物所得的价款，抵押权人无权优先受偿。

第四百一十八条 以集体所有土地的使用权依法抵押的，实现抵押权后，未经法定程序，不得改变土地所有权的性质和土地用途。

第四百一十九条 抵押权人应当在主债权诉讼时效期间行使抵押权；未行使的，人民法院不予保护。

第二节 最高额抵押权

第四百二十条 为担保债务的履行，债务人或者第三人对一定期间内将要连续发生的债权提供担保财产的，债务人不履行到期债务或者发生当事人约定的实现抵押权的情形，抵押权人有权在最高债权额限度内就该担保财产优先受偿。

最高额抵押权设立前已经存在的债权，经当事人同意，可以转入最高额抵押担保的债权范围。

第四百二十一条 最高额抵押担保的债权确定前，部分债权转让的，最高额抵押权不得转让，但是当事人另有约定的除外。

第四百二十二条 最高额抵押担保的债权确定前，抵押权人与抵押人可以通过协议变更债权确定的期间、债权范围以及最高债权额。但是，变更的内容不得对其他抵押权人产生不利影响。

第四百二十三条 有下列情形之一的，抵押权人的债权确定：

（一）约定的债权确定期间届满；

（二）没有约定债权确定期间或者约定不明确，抵押权人或者抵押人自最高额抵押权设立之日起满二年后请求确定债权；

（三）新的债权不可能发生；

（四）抵押权人知道或者应当知道抵押财产被查封、扣押；

（五）债务人、抵押人被宣告破产或者解散；

（六）法律规定债权确定的其他情形。

第四百二十四条 最高额抵押权除适用本节规定外，适用本章第一节的有关规定。

第十八章 质　权

第一节 动 产 质 权

第四百二十五条 为担保债务的履行，债务人或者第三人将其动产出质给债权人占有的，债务人不履行到期债务或者发生当事人约定的实现质权的情形，债权人有权就该动产优先受偿。

前款规定的债务人或者第三人为出质人，债权人为质权人，交付的动产为质押财产。

第四百二十六条 法律、行政法规禁止转让的动产不得出质。

第四百二十七条 设立质权，当事人应当采用书面形式订立质押合同。

质押合同一般包括下列条款：

（一）被担保债权的种类和数额；

（二）债务人履行债务的期限；

（三）质押财产的名称、数量等情况；

（四）担保的范围；

（五）质押财产交付的时间、方式。

第四百二十八条 质权人在债务履行期限届满前，与出质人约定债务人不履行到期债务时质押财产归债权人所有的，只能依法就质押财产优先受偿。

第四百二十九条 质权自出质人交付质押财产时设立。

第四百三十条 质权人有权收取质押财产的孳息，但是合同另有约定的除外。

前款规定的孳息应当先充抵收取孳息的费用。

第四百三十一条 质权人在质权存续期间，未经出质人同意，擅自使用、处分质押财产，造成出质人损害的，应当承担赔偿责任。

第四百三十二条 质权人负有妥善保管质押财产的义务；因保管不善致使质押财产毁损、灭失的，应当承担赔偿责任。

质权人的行为可能使质押财产毁损、灭失的，出质人可以请求质权人将质押财产提存，或者请求提前清偿债务并返还质押财产。

第四百三十三条 因不可归责于质权人的事由可能使质押财产毁损或者价值明显减少，足以危害质权人权利的，质权人有权请求出质人提供相应的担保；出质人不提供的，质权人可以拍卖、变卖质押财产，并与出质人协议将拍卖、变卖所得的价款提前清偿债务或者提存。

第四百三十四条 质权人在质权存续期间，未经出质人同意转质，造成质押财产毁损、灭失的，应当承担赔偿责任。

第四百三十五条 质权人可以放弃质权。债务人以自己的财产出质，质权人放弃该质权的，其他担保人在质权人丧失优先受偿权益的范围内免除担保责任，但是其他担保人承诺仍然提供担保的除外。

第四百三十六条 债务人履行债务或者出质人提前清偿所担保的债权的，质权人应当返还质押财产。

债务人不履行到期债务或者发生当事人约定的实现质权的情形，质权人可以与出质人协议以质押财产折价，也可以就拍卖、变卖质押财产所得的价款优先受偿。

质押财产折价或者变卖的，应当参照市场价格。

第四百三十七条 出质人可以请求质权人在债务履行期限届满后及时行使质权；质权人不行使的，出质人可以请求人民法院拍卖、变卖质押财产。

出质人请求质权人及时行使质权，因质权人怠于行使权利造成出质人损害的，由质权人承担赔偿责任。

第四百三十八条 质押财产折价或者拍卖、变卖后，其价款超过债权数额的部分归出质人所有，不足部分由债务人清偿。

第四百三十九条 出质人与质权人可以协议设立最高额质权。

最高额质权除适用本节有关规定外，参照适用本编第十七章第二节的有关规定。

第二节 权利质权

第四百四十条 债务人或者第三人有权处分的下列权利可以出质：

（一）汇票、本票、支票；

（二）债券、存款单；

（三）仓单、提单；

（四）可以转让的基金份额、股权；

（五）可以转让的注册商标专用权、专利权、著作权等知识产权中的财产权；

（六）现有的以及将有的应收账款；

（七）法律、行政法规规定可以出质的其他财产权利。

第四百四十一条 以汇票、本票、支票、债券、存款单、仓单、提单出质的，质权自权利凭证交付质权人时设立；没有权利凭证的，质权自办理出质登记时设立。法律另有规定的，依照其规定。

第四百四十二条 汇票、本票、支票、债券、存款单、仓单、提单的兑现日期或者提货日期先于主债权到期的，质权人可以兑现或者提货，并与出质人协议将兑现的价款或者提取的货物提前清偿债务或者提存。

第四百四十三条 以基金份额、股权出质的，质权自办理出质登记时设立。

基金份额、股权出质后，不得转让，但是出质人与质权人协商同意的除外。出质人转让基金份额、股权所得的价款，应当向质权人提前清偿债务或者提存。

第四百四十四条 以注册商标专用权、专利权、著作权等知识产权中的财产权出质的，质权自办理出质登记时设立。

知识产权中的财产权出质后，出质人不得转让或者许可他人使用，但是出质人与质权人协商同意的除外。出质人转让或者许可他人使用出质的知识产权中的财产权所得的价款，应当向质权人提前清偿债务或者提存。

第四百四十五条 以应收账款出质的，质权自办理出质登记时设立。

应收账款出质后，不得转让，但是出质人与质权人协商同意的除外。出质人转让应收账款所得的价款，应当向质权人提前清偿债务或者提存。

第四百四十六条 权利质权除适用本节规定外，适用本章第一节的有关规定。

第十九章 留 置 权

第四百四十七条 债务人不履行到期债务，债权人可以留置已经合法占有的债务人的动产，并有权就该动产优先受偿。

前款规定的债权人为留置权人，占有的动产为留置财产。

第四百四十八条 债权人留置的动产，应当与债权属于同一法律关系，但是企业之间留置的除外。

第四百四十九条 法律规定或者当事人约定不得留置的动产，不得留置。

第四百五十条 留置财产为可分物的，留置财产的价值应当相当于债务的金额。

第四百五十一条 留置权人负有妥善保管留置财产的义务；因保管不善致使留置财产毁损、灭失的，应当承担赔偿责任。

第四百五十二条 留置权人有权收取留置财产的孳息。

前款规定的孳息应当先充抵收取孳息的费用。

第四百五十三条 留置权人与债务人应当约定留置财产后的债务履行期限；没有约定或者约定不明确的，留置权人应当给债务人六十日以上履行债务的期限，但是鲜活易腐等不易保管的动产除外。债务人逾期未履行的，留置权人可以与债务人协议以留置财产折价，也可以就拍卖、变卖留置财产所得的价款优先受偿。

留置财产折价或者变卖的，应当参照市场价格。

第四百五十四条 债务人可以请求留置权人在债务履行期限届满后行使留置权；留置权人不行使的，债务人可以请求人民法院拍卖、变卖留置财产。

第四百五十五条 留置财产折价或者拍卖、变卖后，其价款超过债权数额的部分归债务人所有，不足部分由债务人清偿。

第四百五十六条 同一动产上已经设立抵押权或者质权，该动产又被留置的，留置权人优先受偿。

第四百五十七条 留置权人对留置财产丧失占有或者留置权人接受债务人另行提供担保的，留置权消灭。

第三编 合 同

第二分编 典 型 合 同

第十六章 保 理 合 同

第七百六十一条 保理合同是应收账款债权人将现有的或者将有的应收账款转让给保理人，保理人提供资金融通、应收账款管理或者催收、应收账款债务人付款担保等服务的合同。

第七百六十二条 保理合同的内容一般包括业务类型、服务范围、服务期限、基础交易合同情况、应收账款信息、保理融资款或者服务报酬及其支付方式等条款。

保理合同应当采用书面形式。

第七百六十三条 应收账款债权人与债务人虚构应收账款作为转让标的，与保理人订立保理合同的，应收账款债务人不得以应收账款不存在为由对抗保理人，但是保理人明知虚构的除外。

第七百六十四条 保理人向应收账款债务人发出应收账款转让通知的，应当表明保理人身份并附有必要凭证。

第七百六十五条 应收账款债务人接到应收账款转让通知后，应收账款债权人与债务人无正当理由协商变更或者终止基础交易合同，对保理人产生不利影响的，对保理人不发生效力。

第七百六十六条 当事人约定有追索权保理的，保理人可以向应收账款债权人主张返还保理融资款本息或者回购应收账款债权，也可以向应收账款债务人主张应收账款债权。保理人向应收账款债务人主张应收账款债权，在扣除保理融资款本息和相关费用后有剩余的，剩余部分应当返还给应收账款债权人。

第七百六十七条　当事人约定无追索权保理的，保理人应当向应收账款债务人主张应收账款债权，保理人取得超过保理融资款本息和相关费用的部分，无需向应收账款债权人返还。

第七百六十八条　应收账款债权人就同一应收账款订立多个保理合同，致使多个保理人主张权利的，已经登记的先于未登记的取得应收账款；均已经登记的，按照登记时间的先后顺序取得应收账款；均未登记的，由最先到达应收账款债务人的转让通知中载明的保理人取得应收账款；既未登记也未通知的，按照保理融资款或者服务报酬的比例取得应收账款。

第七百六十九条　本章没有规定的，适用本编第六章债权转让的有关规定。

最高人民法院关于适用《中华人民共和国民法典》有关担保制度的解释

（2020年12月25日最高人民法院审判委员会第1824次会议通过　2020年12月31日公布　自2021年1月1日起施行　法释〔2020〕28号）

为正确适用《中华人民共和国民法典》有关担保制度的规定，结合民事审判实践，制定本解释。

一、关于一般规定

第一条　因抵押、质押、留置、保证等担保发生的纠纷，适用本解释。所有权保留买卖、融资租赁、保理等涉及担保功能发生的纠纷，适用本解释的有关规定。

第二条　当事人在担保合同中约定担保合同的效力独立于主合同，或者约定担保人对主合同无效的法律后果承担担保责任，该有关担保独立性的约定无效。主合同有效的，有关担保独立性的约定无效不影响担保合同的效力；主合同无效的，人民法院应当认定担保合同无效，但是法律另有规定的除外。

因金融机构开立的独立保函发生的纠纷，适用《最高人民法院关于审理独立保函纠纷案件若干问题的规定》。

第三条 当事人对担保责任的承担约定专门的违约责任，或者约定的担保责任范围超出债务人应当承担的责任范围，担保人主张仅在债务人应当承担的责任范围内承担责任的，人民法院应予支持。

担保人承担的责任超出债务人应当承担的责任范围，担保人向债务人追偿，债务人主张仅在其应当承担的责任范围内承担责任的，人民法院应予支持；担保人请求债权人返还超出部分的，人民法院依法予以支持。

第四条 有下列情形之一，当事人将担保物权登记在他人名下，债务人不履行到期债务或者发生当事人约定的实现担保物权的情形，债权人或其受托人主张就该财产优先受偿的，人民法院依法予以支持：

（一）为债券持有人提供的担保物权登记在债券受托管理人名下；

（二）为委托贷款人提供的担保物权登记在受托人名下；

（三）担保人知道债权人与他人之间存在委托关系的其他情形。

第五条 机关法人提供担保的，人民法院应当认定担保合同无效，但是经国务院批准为使用外国政府或者国际经济组织贷款进行转贷的除外。

居民委员会、村民委员会提供担保的，人民法院应当认定担保合同无效，但是依法代行村集体经济组织职能的村民委员会，依照村民委员会组织法规定的讨论决定程序对外提供担保的除外。

第六条 以公益为目的的非营利性学校、幼儿园、医疗机构、养老机构等提供担保的，人民法院应当认定担保合同无效，但是有下列情形之一的除外：

（一）在购入或者以融资租赁方式承租教育设施、医疗卫生设施、养老服务设施和其他公益设施时，出卖人、出租人为担保价款或者租金实现而在该公益设施上保留所有权；

（二）以教育设施、医疗卫生设施、养老服务设施和其他公益设施以外的不动产、动产或者财产权利设立担保物权。

登记为营利法人的学校、幼儿园、医疗机构、养老机构等提供担保，当事人以其不具有担保资格为由主张担保合同无效的，人民法院不予支持。

第七条　公司的法定代表人违反公司法关于公司对外担保决议程序的规定，超越权限代表公司与相对人订立担保合同，人民法院应当依照民法典第六十一条和第五百零四条等规定处理：

（一）相对人善意的，担保合同对公司发生效力；相对人请求公司承担担保责任的，人民法院应予支持。

（二）相对人非善意的，担保合同对公司不发生效力；相对人请求公司承担赔偿责任的，参照适用本解释第十七条的有关规定。

法定代表人超越权限提供担保造成公司损失，公司请求法定代表人承担赔偿责任的，人民法院应予支持。

第一款所称善意，是指相对人在订立担保合同时不知道且不应当知道法定代表人超越权限。相对人有证据证明已对公司决议进行了合理审查，人民法院应当认定其构成善意，但是公司有证据证明相对人知道或者应当知道决议系伪造、变造的除外。

第八条　有下列情形之一，公司以其未依照公司法关于公司对外担保的规定作出决议为由主张不承担担保责任的，人民法院不予支持：

（一）金融机构开立保函或者担保公司提供担保；

（二）公司为其全资子公司开展经营活动提供担保；

（三）担保合同系由单独或者共同持有公司三分之二以上对担保事项有表决权的股东签字同意。

上市公司对外提供担保，不适用前款第二项、第三项的规定。

第九条　相对人根据上市公司公开披露的关于担保事项已经董事会或者股东大会决议通过的信息，与上市公司订立担保合同，相对人主张担保合同对上市公司发生效力，并由上市公司承担担保责任的，人民法院应予支持。

相对人未根据上市公司公开披露的关于担保事项已经董事会或者股东大会决议通过的信息，与上市公司订立担保合同，上市公司主张担保合同对其不发生效力，且不承担担保责任或者赔偿责任的，人民法院应予支持。

相对人与上市公司已公开披露的控股子公司订立的担保合同，或者相对人与股票在国务院批准的其他全国性证券交易场所交易的公司订立的担保合同，适用前两款规定。

第十条 一人有限责任公司为其股东提供担保，公司以违反公司法关于公司对外担保决议程序的规定为由主张不承担担保责任的，人民法院不予支持。公司因承担担保责任导致无法清偿其他债务，提供担保时的股东不能证明公司财产独立于自己的财产，其他债权人请求该股东承担连带责任的，人民法院应予支持。

第十一条 公司的分支机构未经公司股东（大）会或者董事会决议以自己的名义对外提供担保，相对人请求公司或者其分支机构承担担保责任的，人民法院不予支持，但是相对人不知道且不应当知道分支机构对外提供担保未经公司决议程序的除外。

金融机构的分支机构在其营业执照记载的经营范围内开立保函，或者经有权从事担保业务的上级机构授权开立保函，金融机构或者其分支机构以违反公司法关于公司对外担保决议程序的规定为由主张不承担担保责任的，人民法院不予支持。金融机构的分支机构未经金融机构授权提供保函之外的担保，金融机构或者其分支机构主张不承担担保责任的，人民法院应予支持，但是相对人不知道且不应当知道分支机构对外提供担保未经金融机构授权的除外。

担保公司的分支机构未经担保公司授权对外提供担保，担保公司或者其分支机构主张不承担担保责任的，人民法院应予支持，但是相对人不知道且不应当知道分支机构对外提供担保未经担保公司授权的除外。

公司的分支机构对外提供担保，相对人非善意，请求公司承担赔偿责任的，参照本解释第十七条的有关规定处理。

第十二条 法定代表人依照民法典第五百五十二条的规定以公司名义加

人债务的，人民法院在认定该行为的效力时，可以参照本解释关于公司为他人提供担保的有关规则处理。

第十三条 同一债务有两个以上第三人提供担保，担保人之间约定相互追偿及分担份额，承担了担保责任的担保人请求其他担保人按照约定分担份额的，人民法院应予支持；担保人之间约定承担连带共同担保，或者约定相互追偿但是未约定分担份额的，各担保人按照比例分担向债务人不能追偿的部分。

同一债务有两个以上第三人提供担保，担保人之间未对相互追偿作出约定且未约定承担连带共同担保，但是各担保人在同一份合同书上签字、盖章或者按指印，承担了担保责任的担保人请求其他担保人按照比例分担向债务人不能追偿部分的，人民法院应予支持。

除前两款规定的情形外，承担了担保责任的担保人请求其他担保人分担向债务人不能追偿部分的，人民法院不予支持。

第十四条 同一债务有两个以上第三人提供担保，担保人受让债权的，人民法院应当认定该行为系承担担保责任。受让债权的担保人作为债权人请求其他担保人承担担保责任的，人民法院不予支持；该担保人请求其他担保人分担相应份额的，依照本解释第十三条的规定处理。

第十五条 最高额担保中的最高债权额，是指包括主债权及其利息、违约金、损害赔偿金、保管担保财产的费用、实现债权或者实现担保物权的费用等在内的全部债权，但是当事人另有约定的除外。

登记的最高债权额与当事人约定的最高债权额不一致的，人民法院应当依据登记的最高债权额确定债权人优先受偿的范围。

第十六条 主合同当事人协议以新贷偿还旧贷，债权人请求旧贷的担保人承担担保责任的，人民法院不予支持；债权人请求新贷的担保人承担担保责任的，按照下列情形处理：

（一）新贷与旧贷的担保人相同的，人民法院应予支持；

（二）新贷与旧贷的担保人不同，或者旧贷无担保新贷有担保的，人民法院不予支持，但是债权人有证据证明新贷的担保人提供担保时对以新贷偿还旧贷的事实知道或者应当知道的除外。

主合同当事人协议以新贷偿还旧贷，旧贷的物的担保人在登记尚未注销的情形下同意继续为新贷提供担保，在订立新的贷款合同前又以该担保财产为其他债权人设立担保物权，其他债权人主张其担保物权顺位优先于新贷债权人的，人民法院不予支持。

第十七条 主合同有效而第三人提供的担保合同无效，人民法院应当区分不同情形确定担保人的赔偿责任：

（一）债权人与担保人均有过错的，担保人承担的赔偿责任不应超过债务人不能清偿部分的二分之一；

（二）担保人有过错而债权人无过错的，担保人对债务人不能清偿的部分承担赔偿责任；

（三）债权人有过错而担保人无过错的，担保人不承担赔偿责任。

主合同无效导致第三人提供的担保合同无效，担保人无过错的，不承担赔偿责任；担保人有过错的，其承担的赔偿责任不应超过债务人不能清偿部分的三分之一。

第十八条 承担了担保责任或者赔偿责任的担保人，在其承担责任的范围内向债务人追偿的，人民法院应予支持。

同一债权既有债务人自己提供的物的担保，又有第三人提供的担保，承担了担保责任或者赔偿责任的第三人，主张行使债权人对债务人享有的担保物权的，人民法院应予支持。

第十九条 担保合同无效，承担了赔偿责任的担保人按照反担保合同的约定，在其承担赔偿责任的范围内请求反担保人承担担保责任的，人民法院应予支持。

反担保合同无效的，依照本解释第十七条的有关规定处理。当事人仅以担保合同无效为由主张反担保合同无效的，人民法院不予支持。

第二十条 人民法院在审理第三人提供的物的担保纠纷案件时，可以适用民法典第六百九十五条第一款、第六百九十六条第一款、第六百九十七条第二款、第六百九十九条、第七百条、第七百零一条、第七百零二条等关于保证合同的规定。

第二十一条 主合同或者担保合同约定了仲裁条款的，人民法院对约定仲裁条款的合同当事人之间的纠纷无管辖权。

债权人一并起诉债务人和担保人的，应当根据主合同确定管辖法院。

债权人依法可以单独起诉担保人且仅起诉担保人的，应当根据担保合同确定管辖法院。

第二十二条 人民法院受理债务人破产案件后，债权人请求担保人承担担保责任，担保人主张担保债务自人民法院受理破产申请之日起停止计息的，人民法院对担保人的主张应予支持。

第二十三条 人民法院受理债务人破产案件，债权人在破产程序中申报债权后又向人民法院提起诉讼，请求担保人承担担保责任的，人民法院依法予以支持。

担保人清偿债权人的全部债权后，可以代替债权人在破产程序中受偿；在债权人的债权未获全部清偿前，担保人不得代替债权人在破产程序中受偿，但是有权就债权人通过破产分配和实现担保债权等方式获得清偿总额中超出债权的部分，在其承担担保责任的范围内请求债权人返还。

债权人在债务人破产程序中未获全部清偿，请求担保人继续承担担保责任的，人民法院应予支持；担保人承担担保责任后，向和解协议或者重整计划执行完毕后的债务人追偿的，人民法院不予支持。

第二十四条 债权人知道或者应当知道债务人破产，既未申报债权也未通知担保人，致使担保人不能预先行使追偿权的，担保人就该债权在破产程序中可能受偿的范围内免除担保责任，但是担保人因自身过错未行使追偿权的除外。

二、关于保证合同

第二十五条 当事人在保证合同中约定了保证人在债务人不能履行债务

或者无力偿还债务时才承担保证责任等类似内容，具有债务人应当先承担责任的意思表示的，人民法院应当将其认定为一般保证。

当事人在保证合同中约定了保证人在债务人不履行债务或者未偿还债务时即承担保证责任、无条件承担保证责任等类似内容，不具有债务人应当先承担责任的意思表示的，人民法院应当将其认定为连带责任保证。

第二十六条　一般保证中，债权人以债务人为被告提起诉讼的，人民法院应予受理。债权人未就主合同纠纷提起诉讼或者申请仲裁，仅起诉一般保证人的，人民法院应当驳回起诉。

一般保证中，债权人一并起诉债务人和保证人的，人民法院可以受理，但是在作出判决时，除有民法典第六百八十七条第二款但书规定的情形外，应当在判决书主文中明确，保证人仅对债务人财产依法强制执行后仍不能履行的部分承担保证责任。

债权人未对债务人的财产申请保全，或者保全的债务人的财产足以清偿债务，债权人申请对一般保证人的财产进行保全的，人民法院不予准许。

第二十七条　一般保证的债权人取得对债务人赋予强制执行效力的公证债权文书后，在保证期间内向人民法院申请强制执行，保证人以债权人未在保证期间内对债务人提起诉讼或者申请仲裁为由主张不承担保证责任的，人民法院不予支持。

第二十八条　一般保证中，债权人依据生效法律文书对债务人的财产依法申请强制执行，保证债务诉讼时效的起算时间按照下列规则确定：

（一）人民法院作出终结本次执行程序裁定，或者依照民事诉讼法第二百五十七条第三项、第五项的规定作出终结执行裁定的，自裁定送达债权人之日起开始计算；

（二）人民法院自收到申请执行书之日起一年内未作出前项裁定的，自人民法院收到申请执行书满一年之日起开始计算，但是保证人有证据证明债务人仍有财产可供执行的除外。

一般保证的债权人在保证期间届满前对债务人提起诉讼或者申请仲裁，

债权人举证证明存在民法典第六百八十七条第二款但书规定情形的，保证债务的诉讼时效自债权人知道或者应当知道该情形之日起开始计算。

第二十九条 同一债务有两个以上保证人，债权人以其已经在保证期间内依法向部分保证人行使权利为由，主张已经在保证期间内向其他保证人行使权利的，人民法院不予支持。

同一债务有两个以上保证人，保证人之间相互有追偿权，债权人未在保证期间内依法向部分保证人行使权利，导致其他保证人在承担保证责任后丧失追偿权，其他保证人主张在其不能追偿的范围内免除保证责任的，人民法院应予支持。

第三十条 最高额保证合同对保证期间的计算方式、起算时间等有约定的，按照其约定。

最高额保证合同对保证期间的计算方式、起算时间等没有约定或者约定不明，被担保债权的履行期限均已届满的，保证期间自债权确定之日起开始计算；被担保债权的履行期限尚未届满的，保证期间自最后到期债权的履行期限届满之日起开始计算。

前款所称债权确定之日，依照民法典第四百二十三条的规定认定。

第三十一条 一般保证的债权人在保证期间内对债务人提起诉讼或者申请仲裁后，又撤回起诉或者仲裁申请，债权人在保证期间届满前未再行提起诉讼或者申请仲裁，保证人主张不再承担保证责任的，人民法院应予支持。

连带责任保证的债权人在保证期间内对保证人提起诉讼或者申请仲裁后，又撤回起诉或者仲裁申请，起诉状副本或者仲裁申请书副本已经送达保证人的，人民法院应当认定债权人已经在保证期间内向保证人行使了权利。

第三十二条 保证合同约定保证人承担保证责任直至主债务本息还清时为止等类似内容的，视为约定不明，保证期间为主债务履行期限届满之日起六个月。

第三十三条 保证合同无效，债权人未在约定或者法定的保证期间内依法行使权利，保证人主张不承担赔偿责任的，人民法院应予支持。

第三十四条 人民法院在审理保证合同纠纷案件时，应当将保证期间是否届满、债权人是否在保证期间内依法行使权利等事实作为案件基本事实予以查明。

债权人在保证期间内未依法行使权利的，保证责任消灭。保证责任消灭后，债权人书面通知保证人要求承担保证责任，保证人在通知书上签字、盖章或者按指印，债权人请求保证人继续承担保证责任的，人民法院不予支持，但是债权人有证据证明成立了新的保证合同的除外。

第三十五条 保证人知道或者应当知道主债权诉讼时效期间届满仍然提供保证或者承担保证责任，又以诉讼时效期间届满为由拒绝承担保证责任或者请求返还财产的，人民法院不予支持；保证人承担保证责任后向债务人追偿的，人民法院不予支持，但是债务人放弃诉讼时效抗辩的除外。

第三十六条 第三人向债权人提供差额补足、流动性支持等类似承诺文件作为增信措施，具有提供担保的意思表示，债权人请求第三人承担保证责任的，人民法院应当依照保证的有关规定处理。

第三人向债权人提供的承诺文件，具有加入债务或者与债务人共同承担债务等意思表示的，人民法院应当认定为民法典第五百五十二条规定的债务加入。

前两款中第三人提供的承诺文件难以确定是保证还是债务加入的，人民法院应当将其认定为保证。

第三人向债权人提供的承诺文件不符合前三款规定的情形，债权人请求第三人承担保证责任或者连带责任的，人民法院不予支持，但是不影响其依据承诺文件请求第三人履行约定的义务或者承担相应的民事责任。

三、关于担保物权

（一）担保合同与担保物权的效力

第三十七条 当事人以所有权、使用权不明或者有争议的财产抵押，经审查构成无权处分的，人民法院应当依照民法典第三百一十一条的规定处理。

当事人以依法被查封或者扣押的财产抵押，抵押权人请求行使抵押权，经审查查封或者扣押措施已经解除的，人民法院应予支持。抵押人以抵押权设立时财产被查封或者扣押为由主张抵押合同无效的，人民法院不予支持。

以依法被监管的财产抵押的，适用前款规定。

第三十八条 主债权未受全部清偿，担保物权人主张就担保财产的全部行使担保物权的，人民法院应予支持，但是留置权人行使留置权的，应当依照民法典第四百五十条的规定处理。

担保财产被分割或者部分转让，担保物权人主张就分割或者转让后的担保财产行使担保物权的，人民法院应予支持，但是法律或者司法解释另有规定的除外。

第三十九条 主债权被分割或者部分转让，各债权人主张就其享有的债权份额行使担保物权的，人民法院应予支持，但是法律另有规定或者当事人另有约定的除外。

主债务被分割或者部分转移，债务人自己提供物的担保，债权人请求以该担保财产担保全部债务履行的，人民法院应予支持；第三人提供物的担保，主张对未经其书面同意转移的债务不再承担担保责任的，人民法院应予支持。

第四十条 从物产生于抵押权依法设立前，抵押权人主张抵押权的效力及于从物的，人民法院应予支持，但是当事人另有约定的除外。

从物产生于抵押权依法设立后，抵押权人主张抵押权的效力及于从物的，人民法院不予支持，但是在抵押权实现时可以一并处分。

第四十一条 抵押权依法设立后，抵押财产被添附，添附物归第三人所有，抵押权人主张抵押权效力及于补偿金的，人民法院应予支持。

抵押权依法设立后，抵押财产被添附，抵押人对添附物享有所有权，抵押权人主张抵押权的效力及于添附物的，人民法院应予支持，但是添附导致抵押财产价值增加的，抵押权的效力不及于增加的价值部分。

抵押权依法设立后，抵押人与第三人因添附成为添附物的共有人，抵押权人主张抵押权的效力及于抵押人对共有物享有的份额的，人民法院应予支持。

本条所称添附,包括附合、混合与加工。

第四十二条　抵押权依法设立后,抵押财产毁损、灭失或者被征收等,抵押权人请求按照原抵押权的顺位就保险金、赔偿金或者补偿金等优先受偿的,人民法院应予支持。

给付义务人已经向抵押人给付了保险金、赔偿金或者补偿金,抵押权人请求给付义务人向其给付保险金、赔偿金或者补偿金的,人民法院不予支持,但是给付义务人接到抵押权人要求向其给付的通知后仍然向抵押人给付的除外。

抵押权人请求给付义务人向其给付保险金、赔偿金或者补偿金的,人民法院可以通知抵押人作为第三人参加诉讼。

第四十三条　当事人约定禁止或者限制转让抵押财产但是未将约定登记,抵押人违反约定转让抵押财产,抵押权人请求确认转让合同无效的,人民法院不予支持;抵押财产已经交付或者登记,抵押权人请求确认转让不发生物权效力的,人民法院不予支持,但是抵押权人有证据证明受让人知道的除外;抵押权人请求抵押人承担违约责任的,人民法院依法予以支持。

当事人约定禁止或者限制转让抵押财产且已经将约定登记,抵押人违反约定转让抵押财产,抵押权人请求确认转让合同无效的,人民法院不予支持;抵押财产已经交付或者登记,抵押权人主张转让不发生物权效力的,人民法院应予支持,但是因受让人代替债务人清偿债务导致抵押权消灭的除外。

第四十四条　主债权诉讼时效期间届满后,抵押权人主张行使抵押权的,人民法院不予支持;抵押人以主债权诉讼时效期间届满为由,主张不承担担保责任的,人民法院应予支持。主债权诉讼时效期间届满前,债权人仅对债务人提起诉讼,经人民法院判决或者调解后未在民事诉讼法规定的申请执行时效期间内对债务人申请强制执行,其向抵押人主张行使抵押权的,人民法院不予支持。

主债权诉讼时效期间届满后,财产被留置的债务人或者对留置财产享有所有权的第三人请求债权人返还留置财产的,人民法院不予支持;债务人或者第三人请求拍卖、变卖留置财产并以所得价款清偿债务的，人民法院应予支持。

主债权诉讼时效期间届满的法律后果，以登记作为公示方式的权利质权，参照适用第一款的规定；动产质权、以交付权利凭证作为公示方式的权利质权，参照适用第二款的规定。

第四十五条 当事人约定当债务人不履行到期债务或者发生当事人约定的实现担保物权的情形，担保物权人有权将担保财产自行拍卖、变卖并就所得的价款优先受偿的，该约定有效。因担保人的原因导致担保物权人无法自行对担保财产进行拍卖、变卖，担保物权人请求担保人承担因此增加的费用的，人民法院应予支持。

当事人依照民事诉讼法有关"实现担保物权案件"的规定，申请拍卖、变卖担保财产，被申请人以担保合同约定仲裁条款为由主张驳回申请的，人民法院经审查后，应当按照以下情形分别处理：

（一）当事人对担保物权无实质性争议且实现担保物权条件已经成就的，应当裁定准许拍卖、变卖担保财产；

（二）当事人对实现担保物权有部分实质性争议的，可以就无争议的部分裁定准许拍卖、变卖担保财产，并告知可以就有争议的部分申请仲裁；

（三）当事人对实现担保物权有实质性争议的，裁定驳回申请，并告知可以向仲裁机构申请仲裁。

债权人以诉讼方式行使担保物权的，应当以债务人和担保人作为共同被告。

（二）不动产抵押

第四十六条 不动产抵押合同生效后未办理抵押登记手续，债权人请求抵押人办理抵押登记手续的，人民法院应予支持。

抵押财产因不可归责于抵押人自身的原因灭失或者被征收等导致不能办理抵押登记，债权人请求抵押人在约定的担保范围内承担责任的，人民法院不予支持；但是抵押人已经获得保险金、赔偿金或者补偿金等，债权人请求抵押人在其所获金额范围内承担赔偿责任的，人民法院依法予以支持。

因抵押人转让抵押财产或者其他可归责于抵押人自身的原因导致不能办理抵押登记，债权人请求抵押人在约定的担保范围内承担责任的，人民法院依法予以支持，但是不得超过抵押权能够设立时抵押人应当承担的责任范围。

第四十七条 不动产登记簿就抵押财产、被担保的债权范围等所作的记载与抵押合同约定不一致的，人民法院应当根据登记簿的记载确定抵押财产、被担保的债权范围等事项。

第四十八条 当事人申请办理抵押登记手续时，因登记机构的过错致使其不能办理抵押登记，当事人请求登记机构承担赔偿责任的，人民法院依法予以支持。

第四十九条 以违法的建筑物抵押的，抵押合同无效，但是一审法庭辩论终结前已经办理合法手续的除外。抵押合同无效的法律后果，依照本解释第十七条的有关规定处理。

当事人以建设用地使用权依法设立抵押，抵押人以土地上存在违法的建筑物为由主张抵押合同无效的，人民法院不予支持。

第五十条 抵押人以划拨建设用地上的建筑物抵押，当事人以该建设用地使用权不能抵押或者未办理批准手续为由主张抵押合同无效或者不生效的，人民法院不予支持。抵押权依法实现时，拍卖、变卖建筑物所得的价款，应当优先用于补缴建设用地使用权出让金。

当事人以划拨方式取得的建设用地使用权抵押，抵押人以未办理批准手续为由主张抵押合同无效或者不生效的，人民法院不予支持。已经依法办理抵押登记，抵押权人主张行使抵押权的，人民法院应予支持。抵押权依法实现时所得的价款，参照前款有关规定处理。

第五十一条 当事人仅以建设用地使用权抵押，债权人主张抵押权的效力及于土地上已有的建筑物以及正在建造的建筑物已完成部分的，人民法院应予支持。债权人主张抵押权的效力及于正在建造的建筑物的续建部分以及新增建筑物的，人民法院不予支持。

当事人以正在建造的建筑物抵押，抵押权的效力范围限于已办理抵押登记的部分。当事人按照担保合同的约定，主张抵押权的效力及于续建部分、新增建筑物以及规划中尚未建造的建筑物的，人民法院不予支持。

抵押人将建设用地使用权、土地上的建筑物或者正在建造的建筑物分别抵押给不同债权人的，人民法院应当根据抵押登记的时间先后确定清偿顺序。

第五十二条 当事人办理抵押预告登记后，预告登记权利人请求就抵押财产优先受偿，经审查存在尚未办理建筑物所有权首次登记、预告登记的财产与办理建筑物所有权首次登记时的财产不一致、抵押预告登记已经失效等情形，导致不具备办理抵押登记条件的，人民法院不予支持；经审查已经办理建筑物所有权首次登记，且不存在预告登记失效等情形的，人民法院应予支持，并应当认定抵押权自预告登记之日起设立。

当事人办理了抵押预告登记，抵押人破产，经审查抵押财产属于破产财产，预告登记权利人主张就抵押财产优先受偿的，人民法院应当在受理破产申请时抵押财产的价值范围内予以支持，但是在人民法院受理破产申请前一年内，债务人对没有财产担保的债务设立抵押预告登记的除外。

（三）动产与权利担保

第五十三条 当事人在动产和权利担保合同中对担保财产进行概括描述，该描述能够合理识别担保财产的，人民法院应当认定担保成立。

第五十四条 动产抵押合同订立后未办理抵押登记，动产抵押权的效力按照下列情形分别处理：

（一）抵押人转让抵押财产，受让人占有抵押财产后，抵押权人向受让人请求行使抵押权的，人民法院不予支持，但是抵押权人能够举证证明受让人知道或者应当知道已经订立抵押合同的除外；

（二）抵押人将抵押财产出租给他人并移转占有，抵押权人行使抵押权的，租赁关系不受影响，但是抵押权人能够举证证明承租人知道或者应当知道已经订立抵押合同的除外；

（三）抵押人的其他债权人向人民法院申请保全或者执行抵押财产，人民法院已经作出财产保全裁定或者采取执行措施，抵押权人主张对抵押财产优先受偿的，人民法院不予支持；

（四）抵押人破产，抵押权人主张对抵押财产优先受偿的，人民法院不予支持。

第五十五条　债权人、出质人与监管人订立三方协议，出质人以通过一定数量、品种等概括描述能够确定范围的货物为债务的履行提供担保，当事人有证据证明监管人系受债权人的委托监管并实际控制该货物的，人民法院应当认定质权于监管人实际控制货物之日起设立。监管人违反约定向出质人或者其他人放货、因保管不善导致货物毁损灭失，债权人请求监管人承担违约责任的，人民法院依法予以支持。

在前款规定情形下，当事人有证据证明监管人系受出质人委托监管该货物，或者虽然受债权人委托但是未实际履行监管职责，导致货物仍由出质人实际控制的，人民法院应当认定质权未设立。债权人可以基于质押合同的约定请求出质人承担违约责任，但是不得超过质权有效设立时出质人应当承担的责任范围。监管人未履行监管职责，债权人请求监管人承担责任的，人民法院依法予以支持。

第五十六条　买受人在出卖人正常经营活动中通过支付合理对价取得已被设立担保物权的动产，担保物权人请求就该动产优先受偿的，人民法院不予支持，但是有下列情形之一的除外：

（一）购买商品的数量明显超过一般买受人；

（二）购买出卖人的生产设备；

（三）订立买卖合同的目的在于担保出卖人或者第三人履行债务；

（四）买受人与出卖人存在直接或者间接的控制关系；

（五）买受人应当查询抵押登记而未查询的其他情形。

前款所称出卖人正常经营活动，是指出卖人的经营活动属于其营业执照明确记载的经营范围，且出卖人持续销售同类商品。前款所称担保物权人，是指已经办理登记的抵押权人、所有权保留买卖的出卖人、融资租赁合同的出租人。

第五十七条 担保人在设立动产浮动抵押并办理抵押登记后又购入或者以融资租赁方式承租新的动产，下列权利人为担保价款债权或者租金的实现而订立担保合同，并在该动产交付后十日内办理登记，主张其权利优先于在先设立的浮动抵押权的，人民法院应予支持：

（一）在该动产上设立抵押权或者保留所有权的出卖人；

（二）为价款支付提供融资而在该动产上设立抵押权的债权人；

（三）以融资租赁方式出租该动产的出租人。

买受人取得动产但未付清价款或者承租人以融资租赁方式占有租赁物但是未付清全部租金，又以标的物为他人设立担保物权，前款所列权利人为担保价款债权或者租金的实现而订立担保合同，并在该动产交付后十日内办理登记，主张其权利优先于买受人为他人设立的担保物权的，人民法院应予支持。

同一动产上存在多个价款优先权的，人民法院应当按照登记的时间先后确定清偿顺序。

第五十八条 以汇票出质，当事人以背书记载"质押"字样并在汇票上签章，汇票已经交付质权人的，人民法院应当认定质权自汇票交付质权人时设立。

第五十九条 存货人或者仓单持有人在仓单上以背书记载"质押"字样，并经保管人签章，仓单已经交付质权人的，人民法院应当认定质权自仓单交付质权人时设立。没有权利凭证的仓单，依法可以办理出质登记的，仓单质权自办理出质登记时设立。

出质人既以仓单出质，又以仓储物设立担保，按照公示的先后确定清偿顺序；难以确定先后的，按照债权比例清偿。

保管人为同一货物签发多份仓单，出质人在多份仓单上设立多个质权，按照公示的先后确定清偿顺序；难以确定先后的，按照债权比例受偿。

存在第二款、第三款规定的情形，债权人举证证明其损失系由出质人与保管人的共同行为所致，请求出质人与保管人承担连带赔偿责任的，人民法院应予支持。

第六十条 在跟单信用证交易中，开证行与开证申请人之间约定以提单作为担保的，人民法院应当依照民法典关于质权的有关规定处理。

在跟单信用证交易中，开证行依据其与开证申请人之间的约定或者跟单信用证的惯例持有提单，开证申请人未按照约定付款赎单，开证行主张对提单项下货物优先受偿的，人民法院应予支持；开证行主张对提单项下货物享有所有权的，人民法院不予支持。

在跟单信用证交易中，开证行依据其与开证申请人之间的约定或者跟单信用证的惯例，通过转让提单或者提单项下货物取得价款，开证申请人请求返还超出债权部分的，人民法院应予支持。

前三款规定不影响合法持有提单的开证行以提单持有人身份主张运输合同项下的权利。

第六十一条 以现有的应收账款出质，应收账款债务人向质权人确认应收账款的真实性后，又以应收账款不存在或者已经消灭为由主张不承担责任的，人民法院不予支持。

以现有的应收账款出质，应收账款债务人未确认应收账款的真实性，质权人以应收账款债务人为被告，请求就应收账款优先受偿，能够举证证明办理出质登记时应收账款真实存在的，人民法院应予支持；质权人不能举证证明办理出质登记时应收账款真实存在，仅以已经办理出质登记为由，请求就应收账款优先受偿的，人民法院不予支持。

以现有的应收账款出质，应收账款债务人已经向应收账款债权人履行了债务，质权人请求应收账款债务人履行债务的，人民法院不予支持，但是应收账款债务人接到质权人要求向其履行的通知后，仍然向应收账款债权人履行的除外。

以基础设施和公用事业项目收益权、提供服务或者劳务产生的债权以及其他将有的应收账款出质，当事人为应收账款设立特定账户，发生法定或者约定的质权实现事由时，质权人请求就该特定账户内的款项优先受偿的，人民法院应予支持；特定账户内的款项不足以清偿债务或者未设立特定账户，质权人请求折价或者拍卖、变卖项目收益权等将有的应收账款，并以所得的价款优先受偿的，人民法院依法予以支持。

第六十二条 债务人不履行到期债务，债权人因同一法律关系留置合法占有的第三人的动产，并主张就该留置财产优先受偿的，人民法院应予支持。第三人以该留置财产并非债务人的财产为由请求返还的，人民法院不予支持。

企业之间留置的动产与债权并非同一法律关系，债务人以该债权不属于企业持续经营中发生的债权为由请求债权人返还留置财产的，人民法院应予支持。

企业之间留置的动产与债权并非同一法律关系，债权人留置第三人的财产，第三人请求债权人返还留置财产的，人民法院应予支持。

四、关于非典型担保

第六十三条 债权人与担保人订立担保合同，约定以法律、行政法规尚未规定可以担保的财产权利设立担保，当事人主张合同无效的，人民法院不予支持。当事人未在法定的登记机构依法进行登记，主张该担保具有物权效力的，人民法院不予支持。

第六十四条 在所有权保留买卖中，出卖人依法有权取回标的物，但是与买受人协商不成，当事人请求参照民事诉讼法"实现担保物权案件"的有关规定，拍卖、变卖标的物的，人民法院应予准许。

出卖人请求取回标的物，符合民法典第六百四十二条规定的，人民法院应予支持；买受人以抗辩或者反诉的方式主张拍卖、变卖标的物，并在扣除买受人未支付的价款以及必要费用后返还剩余款项的，人民法院应当一并处理。

第六十五条 在融资租赁合同中，承租人未按照约定支付租金，经催告后在合理期限内仍不支付，出租人请求承租人支付全部剩余租金，并以拍卖、变卖租赁物所得的价款受偿的，人民法院应予支持；当事人请求参照民事诉讼法"实现担保物权案件"的有关规定，以拍卖、变卖租赁物所得价款支付租金的，人民法院应予准许。

出租人请求解除融资租赁合同并收回租赁物，承租人以抗辩或者反诉的方式主张返还租赁物价值超过欠付租金以及其他费用的，人民法院应当一并处理。当事人对租赁物的价值有争议的，应当按照下列规则确定租赁物的价值：

（一）融资租赁合同有约定的，按照其约定；

（二）融资租赁合同未约定或者约定不明的，根据约定的租赁物折旧以及合同到期后租赁物的残值来确定；

（三）根据前两项规定的方法仍然难以确定，或者当事人认为根据前两项规定的方法确定的价值严重偏离租赁物实际价值的，根据当事人的申请委托有资质的机构评估。

第六十六条 同一应收账款同时存在保理、应收账款质押和债权转让，当事人主张参照民法典第七百六十八条的规定确定优先顺序的，人民法院应予支持。

在有追索权的保理中，保理人以应收账款债权人或者应收账款债务人为被告提起诉讼，人民法院应予受理；保理人一并起诉应收账款债权人和应收账款债务人的，人民法院可以受理。

应收账款债权人向保理人返还保理融资款本息或者回购应收账款债权后，请求应收账款债务人向其履行应收账款债务的，人民法院应予支持。

第六十七条 在所有权保留买卖、融资租赁等合同中，出卖人、出租人的所有权未经登记不得对抗的"善意第三人"的范围及其效力，参照本解释第五十四条的规定处理。

第六十八条 债务人或者第三人与债权人约定将财产形式上转移至债权人名下，债务人不履行到期债务，债权人有权对财产折价或者以拍卖、变卖该财产所得价款偿还债务的，人民法院应当认定该约定有效。当事人已经完成财产权利变动的公示，债务人不履行到期债务，债权人请求参照民法典关于担保物权的有关规定就该财产优先受偿的，人民法院应予支持。

债务人或者第三人与债权人约定将财产形式上转移至债权人名下，债务人不履行到期债务，财产归债权人所有的，人民法院应当认定该约定无效，但是不影响当事人有关提供担保的意思表示的效力。当事人已经完成财产权利变动的公示，债务人不履行到期债务，债权人请求对该财产享有所有权的，人民法院不予支持；债权人请求参照民法典关于担保物权的规定对财产折价或者以拍卖、变卖该财产所得的价款优先受偿的，人民法院应予支持；债务人履行债务后请求返还财产，或者请求对财产折价或者以拍卖、变卖所得的价款清偿债务的，人民法院应予支持。

债务人与债权人约定将财产转移至债权人名下，在一定期间后再由债务人或者其指定的第三人以交易本金加上溢价款回购，债务人到期不履行回购义务，财产归债权人所有的，人民法院应当参照第二款规定处理。回购对象自始不存在的，人民法院应当依照民法典第一百四十六条第二款的规定，按照其实际构成的法律关系处理。

第六十九条 股东以将其股权转移至债权人名下的方式为债务履行提供担保，公司或者公司的债权人以股东未履行或者未全面履行出资义务、抽逃出资等为由，请求作为名义股东的债权人与股东承担连带责任的，人民法院不予支持。

第七十条 债务人或者第三人为担保债务的履行，设立专门的保证金账户并由债权人实际控制，或者将其资金存入债权人设立的保证金账户，债权人主张就账户内的款项优先受偿的，人民法院应予支持。当事人以保证金账户内的款项浮动为由，主张实际控制该账户的债权人对账户内的款项不享有优先受偿权的，人民法院不予支持。

在银行账户下设立的保证金分户，参照前款规定处理。

当事人约定的保证金并非为担保债务的履行设立，或者不符合前两款规定的情形，债权人主张就保证金优先受偿的，人民法院不予支持，但是不影响当事人依照法律的规定或者按照当事人的约定主张权利。

五、附则

第七十一条 本解释自 2021 年 1 月 1 日起施行。

中华人民共和国票据法

（1995 年 5 月 10 日第八届全国人民代表大会常务委员会第十三次会议通过 根据 2004 年 8 月 28 日第十届全国人民代表大会常务委员会第十一次会议《关于修改〈中华人民共和国票据法〉的决定》修正）

第一章 总 则

第一条 为了规范票据行为，保障票据活动中当事人的合法权益，维护社会经济秩序，促进社会主义市场经济的发展，制定本法。

第二条 在中华人民共和国境内的票据活动，适用本法。

本法所称票据，是指汇票、本票和支票。

第三条 票据活动应当遵守法律、行政法规，不得损害社会公共利益。

第四条 票据出票人制作票据，应当按照法定条件在票据上签章，并按照所记载的事项承担票据责任。

持票人行使票据权利，应当按照法定程序在票据上签章，并出示票据。

其他票据债务人在票据上签章的，按照票据所记载的事项承担票据责任。

本法所称票据权利，是指持票人向票据债务人请求支付票据金额的权利，包括付款请求权和追索权。

本法所称票据责任，是指票据债务人向持票人支付票据金额的义务。

第五条 票据当事人可以委托其代理人在票据上签章，并应当在票据上表明其代理关系。

没有代理权而以代理人名义在票据上签章的，应当由签章人承担票据责任；代理人超越代理权限的，应当就其超越权限的部分承担票据责任。

第六条　无民事行为能力人或者限制民事行为能力人在票据上签章的，其签章无效，但是不影响其他签章的效力。

第七条　票据上的签章，为签名、盖章或者签名加盖章。

法人和其他使用票据的单位在票据上的签章，为该法人或者该单位的盖章加其法定代表人或者其授权的代理人的签章。

在票据上的签名，应当为该当事人的本名。

第八条　票据金额以中文大写和数码同时记载，二者必须一致，二者不一致的，票据无效。

第九条　票据上的记载事项必须符合本法的规定。

票据金额、日期、收款人名称不得更改，更改的票据无效。

对票据上的其他记载事项，原记载人可以更改，更改时应当由原记载人签章证明。

第十条　票据的签发、取得和转让，应当遵循诚实信用的原则，具有真实的交易关系和债权债务关系。

票据的取得，必须给付对价，即应当给付票据双方当事人认可的相对应的代价。

第十一条　因税收、继承、赠与可以依法无偿取得票据的，不受给付对价的限制。但是，所享有的票据权利不得优于其前手的权利。

前手是指在票据签章人或者持票人之前签章的其他票据债务人。

第十二条　以欺诈、偷盗或者胁迫等手段取得票据的，或者明知有前列情形，出于恶意取得票据的，不得享有票据权利。

持票人因重大过失取得不符合本法规定的票据的，也不得享有票据权利。

第十三条　票据债务人不得以自己与出票人或者与持票人的前手之间的抗辩事由，对抗持票人。但是，持票人明知存在抗辩事由而取得票据的除外。

票据债务人可以对不履行约定义务的与自己有直接债权债务关系的持票

人，进行抗辩。

本法所称抗辩，是指票据债务人根据本法规定对票据债权人拒绝履行义务的行为。

第十四条 票据上的记载事项应当真实，不得伪造、变造。伪造、变造票据上的签章和其他记载事项的，应当承担法律责任。

票据上有伪造、变造的签章的，不影响票据上其他真实签章的效力。

票据上其他记载事项被变造的，在变造之前签章的人，对原记载事项负责；在变造之后签章的人，对变造之后的记载事项负责；不能辨别是在票据被变造之前或者之后签章的，视同在变造之前签章。

第十五条 票据丧失，失票人可以及时通知票据的付款人挂失止付，但是，未记载付款人或者无法确定付款人及其代理付款人的票据除外。

收到挂失止付通知的付款人，应当暂停支付。

失票人应当在通知挂失止付后三日内，也可以在票据丧失后，依法向人民法院申请公示催告，或者向人民法院提起诉讼。

第十六条 持票人对票据债务人行使票据权利，或者保全票据权利，应当在票据当事人的营业场所和营业时间内进行，票据当事人无营业场所的，应当在其住所进行。

第十七条 票据权利在下列期限内不行使而消灭：

（一）持票人对票据的出票人和承兑人的权利，自票据到期日起二年。见票即付的汇票、本票，自出票日起二年；

（二）持票人对支票出票人的权利，自出票日起六个月；

（三）持票人对前手的追索权，自被拒绝承兑或者被拒绝付款之日起六个月；

（四）持票人对前手的再追索权，自清偿日或者被提起诉讼之日起三个月。

票据的出票日、到期日由票据当事人依法确定。

第十八条 持票人因超过票据权利时效或者因票据记载事项欠缺而丧失

票据权利的，仍享有民事权利，可以请求出票人或者承兑人返还其与未支付的票据金额相当的利益。

第二章 汇　　票

第一节 出　　票

第十九条　汇票是出票人签发的，委托付款人在见票时或者在指定日期无条件支付确定的金额给收款人或者持票人的票据。

汇票分为银行汇票和商业汇票。

第二十条　出票是指出票人签发票据并将其交付给收款人的票据行为。

第二十一条　汇票的出票人必须与付款人具有真实的委托付款关系，并且具有支付汇票金额的可靠资金来源。

不得签发无对价的汇票用以骗取银行或者其他票据当事人的资金。

第二十二条　汇票必须记载下列事项：

（一）表明"汇票"的字样；

（二）无条件支付的委托；

（三）确定的金额；

（四）付款人名称；

（五）收款人名称；

（六）出票日期；

（七）出票人签章。

汇票上未记载前款规定事项之一的，汇票无效。

第二十三条　汇票上记载付款日期、付款地、出票地等事项的，应当清楚、明确。

汇票上未记载付款日期的，为见票即付。

汇票上未记载付款地的，付款人的营业场所、住所或者经常居住地为付款地。

汇票上未记载出票地的，出票人的营业场所、住所或者经常居住地为出票地。

第二十四条　汇票上可以记载本法规定事项以外的其他出票事项，但是该记载事项不具有汇票上的效力。

第二十五条　付款日期可以按照下列形式之一记载：

（一）见票即付；

（二）定日付款；

（三）出票后定期付款；

（四）见票后定期付款。

前款规定的付款日期为汇票到期日。

第二十六条　出票人签发汇票后，即承担保证该汇票承兑和付款的责任。出票人在汇票得不到承兑或者付款时，应当向持票人清偿本法第七十条、第七十一条规定的金额和费用。

第二节　背　书

第二十七条　持票人可以将汇票权利转让给他人或者将一定的汇票权利授予他人行使。

出票人在汇票上记载"不得转让"字样的，汇票不得转让。

持票人行使第一款规定的权利时，应当背书并交付汇票。

背书是指在票据背面或者粘单上记载有关事项并签章的票据行为。

第二十八条　票据凭证不能满足背书人记载事项的需要，可以加附粘单，粘附于票据凭证上。

粘单上的第一记载人，应当在汇票和粘单的粘接处签章。

第二十九条　背书由背书人签章并记载背书日期。

背书未记载日期的，视为在汇票到期日前背书。

第三十条　汇票以背书转让或者以背书将一定的汇票权利授予他人行使时，必须记载被背书人名称。

第三十一条　以背书转让的汇票，背书应当连续。持票人以背书的连续，证明其汇票权利；非经背书转让，而以其他合法方式取得汇票的，依法举证，证明其汇票权利。

前款所称背书连续，是指在票据转让中，转让汇票的背书人与受让汇票的被背书人在汇票上的签章依次前后衔接。

第三十二条 以背书转让的汇票，后手应当对其直接前手背书的真实性负责。

后手是指在票据签章人之后签章的其他票据债务人。

第三十三条 背书不得附有条件。背书时附有条件的，所附条件不具有汇票上的效力。

将汇票金额的一部分转让的背书或者将汇票金额分别转让给二人以上的背书无效。

第三十四条 背书人在汇票上记载"不得转让"字样，其后手再背书转让的，原背书人对后手的被背书人不承担保证责任。

第三十五条 背书记载"委托收款"字样的，被背书人有权代背书人行使被委托的汇票权利。但是，被背书人不得再以背书转让汇票权利。

汇票可以设定质押；质押时应当以背书记载"质押"字样。被背书人依法实现其质权时，可以行使汇票权利。

第三十六条 汇票被拒绝承兑、被拒绝付款或者超过付款提示期限的，不得背书转让；背书转让的，背书人应当承担汇票责任。

第三十七条 背书人以背书转让汇票后，即承担保证其后手所持汇票承兑和付款的责任。背书人在汇票得不到承兑或者付款时，应当向持票人清偿本法第七十条、第七十一条规定的金额和费用。

第三节 承 兑

第三十八条 承兑是指汇票付款人承诺在汇票到期日支付汇票金额的票据行为。

第三十九条 定日付款或者出票后定期付款的汇票，持票人应当在汇票到期日前向付款人提示承兑。

提示承兑是指持票人向付款人出示汇票，并要求付款人承诺付款的行为。

第四十条 见票后定期付款的汇票，持票人应当自出票日起一个月内向付款人提示承兑。

汇票未按照规定期限提示承兑的，持票人丧失对其前手的追索权。

见票即付的汇票无需提示承兑。

第四十一条 付款人对向其提示承兑的汇票，应当自收到提示承兑的汇票之日起三日内承兑或者拒绝承兑。

付款人收到持票人提示承兑的汇票时，应当向持票人签发收到汇票的回单。回单上应当记明汇票提示承兑日期并签章。

第四十二条 付款人承兑汇票的，应当在汇票正面记载"承兑"字样和承兑日期并签章；见票后定期付款的汇票，应当在承兑时记载付款日期。

汇票上未记载承兑日期的，以前条第一款规定期限的最后一日为承兑日期。

第四十三条 付款人承兑汇票，不得附有条件；承兑附有条件的，视为拒绝承兑。

第四十四条 付款人承兑汇票后，应当承担到期付款的责任。

第四节 保　证

第四十五条 汇票的债务可以由保证人承担保证责任。

保证人由汇票债务人以外的他人担当。

第四十六条 保证人必须在汇票或者粘单上记载下列事项：

（一）表明"保证"的字样；

（二）保证人名称和住所；

（三）被保证人的名称；

（四）保证日期；

（五）保证人签章。

第四十七条 保证人在汇票或者粘单上未记载前条第（三）项的，已承兑的汇票，承兑人为被保证人；未承兑的汇票，出票人为被保证人。

保证人在汇票或者粘单上未记载前条第（四）项的，出票日期为保证日期。

第四十八条 保证不得附有条件；附有条件的，不影响对汇票的保证责任。

第四十九条 保证人对合法取得汇票的持票人所享有的汇票权利，承担保证责任。但是，被保证人的债务因汇票记载事项欠缺而无效的除外。

第五十条 被保证的汇票，保证人应当与被保证人对持票人承担连带责任。汇票到期后得不到付款的，持票人有权向保证人请求付款，保证人应当足额付款。

第五十一条 保证人为二人以上的，保证人之间承担连带责任。

第五十二条 保证人清偿汇票债务后，可以行使持票人对被保证人及其前手的追索权。

第五节 付 款

第五十三条 持票人应当按照下列期限提示付款：

（一）见票即付的汇票，自出票日起一个月内向付款人提示付款；

（二）定日付款、出票后定期付款或者见票后定期付款的汇票，自到期日起十日内向承兑人提示付款。

持票人未按照前款规定期限提示付款的，在作出说明后，承兑人或者付款人仍应当继续对持票人承担付款责任。

通过委托收款银行或者通过票据交换系统向付款人提示付款的，视同持票人提示付款。

第五十四条 持票人依照前条规定提示付款的，付款人必须在当日足额付款。

第五十五条 持票人获得付款的，应当在汇票上签收，并将汇票交给付款人。持票人委托银行收款的，受委托的银行将代收的汇票金额转账收入持票人账户，视同签收。

第五十六条 持票人委托的收款银行的责任，限于按照汇票上记载事项将汇票金额转入持票人账户。

付款人委托的付款银行的责任，限于按照汇票上记载事项从付款人账户支付汇票金额。

第五十七条 付款人及其代理付款人付款时，应当审查汇票背书的连续，并审查提示付款人的合法身份证明或者有效证件。

付款人及其代理付款人以恶意或者有重大过失付款的，应当自行承担责任。

第五十八条 对定日付款、出票后定期付款或者见票后定期付款的汇票，付款人在到期日前付款的，由付款人自行承担所产生的责任。

第五十九条 汇票金额为外币的，按照付款日的市场汇价，以人民币支付。

汇票当事人对汇票支付的货币种类另有约定的，从其约定。

第六十条 付款人依法足额付款后，全体汇票债务人的责任解除。

第六节 追索权

第六十一条 汇票到期被拒绝付款的，持票人可以对背书人、出票人以及汇票的其他债务人行使追索权。

汇票到期日前，有下列情形之一的，持票人也可以行使追索权：

（一）汇票被拒绝承兑的；

（二）承兑人或者付款人死亡、逃匿的；

（三）承兑人或者付款人被依法宣告破产的或者因违法被责令终止业务活动的。

第六十二条 持票人行使追索权时，应当提供被拒绝承兑或者被拒绝付款的有关证明。

持票人提示承兑或者提示付款被拒绝的，承兑人或者付款人必须出具拒绝证明，或者出具退票理由书。未出具拒绝证明或者退票理由书的，应当承担由此产生的民事责任。

第六十三条 持票人因承兑人或者付款人死亡、逃匿或者其他原因，不能取得拒绝证明的，可以依法取得其他有关证明。

第六十四条 承兑人或者付款人被人民法院依法宣告破产的，人民法院的有关司法文书具有拒绝证明的效力。

承兑人或者付款人因违法被责令终止业务活动的，有关行政主管部门的处罚决定具有拒绝证明的效力。

第六十五条 持票人不能出示拒绝证明、退票理由书或者未按照规定期限提供其他合法证明的，丧失对其前手的追索权。但是，承兑人或者付款人仍应当对持票人承担责任。

第六十六条 持票人应当自收到被拒绝承兑或者被拒绝付款的有关证明之日起三日内，将被拒绝事由书面通知其前手；其前手应当自收到通知之日起三日内书面通知其再前手。持票人也可以同时向各汇票债务人发出书面通知。

未按照前款规定期限通知的，持票人仍可以行使追索权。因延期通知给其前手或者出票人造成损失的，由没有按照规定期限通知的汇票当事人，承担对该损失的赔偿责任，但是所赔偿的金额以汇票金额为限。

在规定期限内将通知按照法定地址或者约定的地址邮寄的，视为已经发出通知。

第六十七条 依照前条第一款所作的书面通知，应当记明汇票的主要记载事项，并说明该汇票已被退票。

第六十八条 汇票的出票人、背书人、承兑人和保证人对持票人承担连带责任。

持票人可以不按照汇票债务人的先后顺序，对其中任何一人、数人或者全体行使追索权。

持票人对汇票债务人中的一人或者数人已经进行追索的，对其他汇票债务人仍可以行使追索权。被追索人清偿债务后，与持票人享有同一权利。

第六十九条 持票人为出票人的,对其前手无追索权。持票人为背书人的,对其后手无追索权。

第七十条 持票人行使追索权,可以请求被追索人支付下列金额和费用:

(一)被拒绝付款的汇票金额;

(二)汇票金额自到期日或者提示付款日起至清偿日止,按照中国人民银行规定的利率计算的利息;

(三)取得有关拒绝证明和发出通知书的费用。

被追索人清偿债务时,持票人应当交出汇票和有关拒绝证明,并出具所收到利息和费用的收据。

第七十一条 被追索人依照前条规定清偿后,可以向其他汇票债务人行使再追索权,请求其他汇票债务人支付下列金额和费用:

(一)已清偿的全部金额;

(二)前项金额自清偿日起至再追索清偿日止,按照中国人民银行规定的利率计算的利息;

(三)发出通知书的费用。

行使再追索权的被追索人获得清偿时,应当交出汇票和有关拒绝证明,并出具所收到利息和费用的收据。

第七十二条 被追索人依照前二条规定清偿债务后,其责任解除。

第三章 本 票

第七十三条 本票是出票人签发的,承诺自己在见票时无条件支付确定的金额给收款人或者持票人的票据。

本法所称本票,是指银行本票。

第七十四条 本票的出票人必须具有支付本票金额的可靠资金来源,并保证支付。

第七十五条 本票必须记载下列事项:

(一)表明"本票"的字样;

（二）无条件支付的承诺；

（三）确定的金额；

（四）收款人名称；

（五）出票日期；

（六）出票人签章。

本票上未记载前款规定事项之一的，本票无效。

第七十六条 本票上记载付款地、出票地等事项的，应当清楚、明确。

本票上未记载付款地的，出票人的营业场所为付款地。

本票上未记载出票地的，出票人的营业场所为出票地。

第七十七条 本票的出票人在持票人提示见票时，必须承担付款的责任。

第七十八条 本票自出票日起，付款期限最长不得超过二个月。

第七十九条 本票的持票人未按照规定期限提示见票的，丧失对出票人以外的前手的追索权。

第八十条 本票的背书、保证、付款行为和追索权的行使，除本章规定外，适用本法第二章有关汇票的规定。

本票的出票行为，除本章规定外，适用本法第二十四条关于汇票的规定。

第四章 支 票

第八十一条 支票是出票人签发的，委托办理支票存款业务的银行或者其他金融机构在见票时无条件支付确定的金额给收款人或者持票人的票据。

第八十二条 开立支票存款账户，申请人必须使用其本名，并提交证明其身份的合法证件。

开立支票存款账户和领用支票，应当有可靠的资信，并存入一定的资金。

开立支票存款账户，申请人应当预留其本名的签名式样和印鉴。

第八十三条 支票可以支取现金，也可以转账，用于转账时，应当在支票正面注明。

支票中专门用于支取现金的，可以另行制作现金支票，现金支票只能用于支取现金。

支票中专门用于转账的，可以另行制作转账支票，转账支票只能用于转账，不得支取现金。

第八十四条 支票必须记载下列事项：

（一）表明"支票"的字样；

（二）无条件支付的委托；

（三）确定的金额；

（四）付款人名称；

（五）出票日期；

（六）出票人签章。

支票上未记载前款规定事项之一的，支票无效。

第八十五条 支票上的金额可以由出票人授权补记，未补记前的支票，不得使用。

第八十六条 支票上未记载收款人名称的，经出票人授权，可以补记。

支票上未记载付款地的，付款人的营业场所为付款地。

支票上未记载出票地的，出票人的营业场所、住所或者经常居住地为出票地。

出票人可以在支票上记载自己为收款人。

第八十七条 支票的出票人所签发的支票金额不得超过其付款时在付款人处实有的存款金额。

出票人签发的支票金额超过其付款时在付款人处实有的存款金额的，为空头支票。禁止签发空头支票。

第八十八条 支票的出票人不得签发与其预留本名的签名式样或者印鉴不符的支票。

第八十九条 出票人必须按照签发的支票金额承担保证向该持票人付款的责任。

出票人在付款人处的存款足以支付支票金额时，付款人应当在当日足额付款。

第九十条 支票限于见票即付，不得另行记载付款日期。另行记载付款日期的，该记载无效。

第九十一条 支票的持票人应当自出票日起十日内提示付款；异地使用的支票，其提示付款的期限由中国人民银行另行规定。

超过提示付款期限的，付款人可以不予付款；付款人不予付款的，出票人仍应当对持票人承担票据责任。

第九十二条 付款人依法支付支票金额的，对出票人不再承担受委托付款的责任，对持票人不再承担付款的责任。但是，付款人以恶意或者有重大过失付款的除外。

第九十三条 支票的背书、付款行为和追索权的行使，除本章规定外，适用本法第二章有关汇票的规定。

支票的出票行为，除本章规定外，适用本法第二十四条、第二十六条关于汇票的规定。

第五章 涉外票据的法律适用

第九十四条 涉外票据的法律适用，依照本章的规定确定。

前款所称涉外票据，是指出票、背书、承兑、保证、付款等行为中，既有发生在中华人民共和国境内又有发生在中华人民共和国境外的票据。

第九十五条 中华人民共和国缔结或者参加的国际条约同本法有不同规定的，适用国际条约的规定。但是，中华人民共和国声明保留的条款除外。

本法和中华人民共和国缔结或者参加的国际条约没有规定的，可以适用国际惯例。

第九十六条 票据债务人的民事行为能力，适用其本国法律。

票据债务人的民事行为能力，依照其本国法律为无民事行为能力或者为限制民事行为能力而依照行为地法律为完全民事行为能力的，适用行为地法律。

第九十七条 汇票、本票出票时的记载事项，适用出票地法律。

支票出票时的记载事项，适用出票地法律，经当事人协议，也可以适用付款地法律。

第九十八条 票据的背书、承兑、付款和保证行为，适用行为地法律。

第九十九条 票据追索权的行使期限，适用出票地法律。

第一百条 票据的提示期限、有关拒绝证明的方式、出具拒绝证明的期限，适用付款地法律。

第一百零一条 票据丧失时，失票人请求保全票据权利的程序，适用付款地法律。

第六章　法　律　责　任

第一百零二条 有下列票据欺诈行为之一的，依法追究刑事责任：

（一）伪造、变造票据的；

（二）故意使用伪造、变造的票据的；

（三）签发空头支票或者故意签发与其预留的本名签名式样或者印鉴不符的支票，骗取财物的；

（四）签发无可靠资金来源的汇票、本票，骗取资金的；

（五）汇票、本票的出票人在出票时作虚假记载，骗取财物的；

（六）冒用他人的票据，或者故意使用过期或者作废的票据，骗取财物的；

（七）付款人同出票人、持票人恶意串通，实施前六项所列行为之一的。

第一百零三条 有前条所列行为之一，情节轻微，不构成犯罪的，依照国家有关规定给予行政处罚。

第一百零四条 金融机构工作人员在票据业务中玩忽职守，对违反本法规定的票据予以承兑、付款或者保证的，给予处分；造成重大损失，构成犯罪的，依法追究刑事责任。

由于金融机构工作人员因前款行为给当事人造成损失的，由该金融机构和直接责任人员依法承担赔偿责任。

第一百零五条 票据的付款人对见票即付或者到期的票据，故意压票，拖延支付的，由金融行政管理部门处以罚款，对直接责任人员给予处分。

票据的付款人故意压票，拖延支付，给持票人造成损失的，依法承担赔偿责任。

第一百零六条 依照本法规定承担赔偿责任以外的其他违反本法规定的行为，给他人造成损失的，应当依法承担民事责任。

第七章 附　　则

第一百零七条 本法规定的各项期限的计算，适用民法通则关于计算期间的规定。

按月计算期限的，按到期月的对日计算；无对日的，月末日为到期日。

第一百零八条 汇票、本票、支票的格式应当统一。

票据凭证的格式和印制管理办法，由中国人民银行规定。

第一百零九条 票据管理的具体实施办法，由中国人民银行依照本法制定，报国务院批准后施行。

第一百一十条 本法自 1996 年 1 月 1 日起施行。

最高人民法院关于审理票据纠纷案件若干问题的规定

（2000 年 2 月 24 日最高人民法院审判委员会第 1102 次会议通过　根据 2020 年 12 月 23 日最高人民法院审判委员会第 1823 次会议通过、2020 年 12 月 29 日公布的《最高人民法院关于修改〈最高人民法院关于破产企业国有划拨土地使用权应否列入破产财产等问题的批复〉等二十九件商事类司法解释的决定》（法释〔2020〕18 号）修正）

为了正确适用《中华人民共和国票据法》（以下简称票据法），公正、及时审理票据纠纷案件，保护票据当事人的合法权益，维护金融秩序和金融安全，根据票据法及其他有关法律的规定，结合审判实践，现对人民法院审理票据纠纷案件的若干问题规定如下：

一、受理和管辖

第一条 因行使票据权利或者票据法上的非票据权利而引起的纠纷，人民法院应当依法受理。

第二条 依照票据法第十条的规定，票据债务人（即出票人）以在票据未转让时的基础关系违法、双方不具有真实的交易关系和债权债务关系、持票人应付对价而未付对价为由，要求返还票据而提起诉讼的，人民法院应当依法受理。

第三条 依照票据法第三十六条的规定，票据被拒绝承兑、被拒绝付款或者汇票、支票超过提示付款期限后，票据持有人背书转让的，被背书人以背书人为被告行使追索权而提起诉讼的，人民法院应当依法受理。

第四条 持票人不先行使付款请求权而先行使追索权遭拒绝提起诉讼的，人民法院不予受理。除有票据法第六十一条第二款和本规定第三条所列情形外，持票人只能在首先向付款人行使付款请求权而得不到付款时，才可以行使追索权。

第五条 付款请求权是持票人享有的第一顺序权利，追索权是持票人享有的第二顺序权利，即汇票到期被拒绝付款或者具有票据法第六十一条第二款所列情形的，持票人请求背书人、出票人以及汇票的其他债务人支付票据法第七十条第一款所列金额和费用的权利。

第六条 因票据纠纷提起的诉讼，依法由票据支付地或者被告住所地人民法院管辖。

票据支付地是指票据上载明的付款地，票据上未载明付款地的，汇票付款人或者代理付款人的营业场所、住所或者经常居住地，本票出票人的营业场所，支票付款人或者代理付款人的营业场所所在地为票据付款地。代理付款人即付款人的委托代理人，是指根据付款人的委托代为支付票据金额的银行、信用合作社等金融机构。

二、票据保全

第七条 人民法院在审理、执行票据纠纷案件时，对具有下列情形之一的票据，经当事人申请并提供担保，可以依法采取保全措施或者执行措施：

（一）不履行约定义务，与票据债务人有直接债权债务关系的票据当事人所持有的票据；

（二）持票人恶意取得的票据；

（三）应付对价而未付对价的持票人持有的票据；

（四）记载有"不得转让"字样而用于贴现的票据；

（五）记载有"不得转让"字样而用于质押的票据；

（六）法律或者司法解释规定有其他情形的票据。

三、举证责任

第八条 票据诉讼的举证责任由提出主张的一方当事人承担。

依照票据法第四条第二款、第十条、第十二条、第二十一条的规定，向人民法院提起诉讼的持票人有责任提供诉争票据。该票据的出票、承兑、交付、背书转让涉嫌欺诈、偷盗、胁迫、恐吓、暴力等非法行为的，持票人对持票的合法性应当负责举证。

第九条 票据债务人依照票据法第十三条的规定，对与其有直接债权债务关系的持票人提出抗辩，人民法院合并审理票据关系和基础关系的，持票人应当提供相应的证据证明已经履行了约定义务。

第十条 付款人或者承兑人被人民法院依法宣告破产的，持票人因行使追索权而向人民法院提起诉讼时，应当向受理法院提供人民法院依法作出的宣告破产裁定书或者能够证明付款人或者承兑人破产的其他证据。

第十一条 在票据诉讼中，负有举证责任的票据当事人应当在一审人民法院法庭辩论结束以前提供证据。因客观原因不能在上述举证期限以内提供的，应当在举证期限届满以前向人民法院申请延期。延长的期限由人民法院根据案件的具体情况决定。

票据当事人在一审人民法院审理期间隐匿票据、故意有证不举,应当承担相应的诉讼后果。

四、票据权利及抗辩

第十二条　票据法第十七条第一款第(一)、(二)项规定的持票人对票据的出票人和承兑人的权利,包括付款请求权和追索权。

第十三条　票据债务人以票据法第十条、第二十一条的规定为由,对业经背书转让票据的持票人进行抗辩的,人民法院不予支持。

第十四条　票据债务人依照票据法第十二条、第十三条的规定,对持票人提出下列抗辩的,人民法院应予支持:

(一)与票据债务人有直接债权债务关系并且不履行约定义务的;

(二)以欺诈、偷盗或者胁迫等非法手段取得票据,或者明知有前列情形,出于恶意取得票据的;

(三)明知票据债务人与出票人或者与持票人的前手之间存在抗辩事由而取得票据的;

(四)因重大过失取得票据的;

(五)其他依法不得享有票据权利的。

第十五条　票据债务人依照票据法第九条、第十七条、第十八条、第二十二条和第三十一条的规定,对持票人提出下列抗辩的,人民法院应予支持:

(一)欠缺法定必要记载事项或者不符合法定格式的;

(二)超过票据权利时效的;

(三)人民法院作出的除权判决已经发生法律效力的;

(四)以背书方式取得但背书不连续的;

(五)其他依法不得享有票据权利的。

第十六条　票据出票人或者背书人被宣告破产的,而付款人或者承兑人不知其事实而付款或者承兑,因此所产生的追索权可以登记为破产债权,付款人或者承兑人为债权人。

第十七条　票据法第十七条第一款第(三)、(四)项规定的持票人对前手的追索权,不包括对票据出票人的追索权。

第十八条 票据法第四十条第二款和第六十五条规定的持票人丧失对其前手的追索权,不包括对票据出票人的追索权。

第十九条 票据法第十七条规定的票据权利时效发生中断的,只对发生时效中断事由的当事人有效。

第二十条 票据法第六十六条第一款规定的书面通知是否逾期,以持票人或者其前手发出书面通知之日为准;以信函通知的,以信函投寄邮戳记载之日为准。

第二十一条 票据法第七十条、第七十一条所称中国人民银行规定的利率,是指中国人民银行规定的企业同期流动资金贷款利率。

第二十二条 代理付款人在人民法院公示催告公告发布以前按照规定程序善意付款后,承兑人或者付款人以已经公示催告为由拒付代理付款人已经垫付的款项的,人民法院不予支持。

五、失票救济

第二十三条 票据丧失后,失票人直接向人民法院申请公示催告或者提起诉讼的,人民法院应当依法受理。

第二十四条 出票人已经签章的授权补记的支票丧失后,失票人依法向人民法院申请公示催告的,人民法院应当依法受理。

第二十五条 票据法第十五条第三款规定的可以申请公示催告的失票人,是指按照规定可以背书转让的票据在丧失票据占有以前的最后合法持票人。

第二十六条 出票人已经签章但未记载代理付款人的银行汇票丧失后,失票人依法向付款人即出票银行所在地人民法院申请公示催告的,人民法院应当依法受理。

第二十七条 超过付款提示期限的票据丧失以后,失票人申请公示催告的,人民法院应当依法受理。

第二十八条 失票人通知票据付款人挂失止付后三日内向人民法院申请公示催告的,公示催告申请书应当载明下列内容:

（一）票面金额；

（二）出票人、持票人、背书人；

（三）申请的理由、事实；

（四）通知票据付款人或者代理付款人挂失止付的时间；

（五）付款人或者代理付款人的名称、通信地址、电话号码等。

第二十九条 人民法院决定受理公示催告申请，应当同时通知付款人及代理付款人停止支付，并自立案之日起三日内发出公告。

第三十条 付款人或者代理付款人收到人民法院发出的止付通知，应当立即停止支付，直至公示催告程序终结。非经发出止付通知的人民法院许可擅自解付的，不得免除票据责任。

第三十一条 公告应当在全国性报纸或者其他媒体上刊登，并于同日公布于人民法院公告栏内。人民法院所在地有证券交易所的，还应当同日在该交易所公布。

第三十二条 依照《中华人民共和国民事诉讼法》（以下简称民事诉讼法）第二百一十九条的规定，公告期间不得少于六十日，且公示催告期间届满日不得早于票据付款日后十五日。

第三十三条 依照民事诉讼法第二百二十条第二款的规定，在公示催告期间，以公示催告的票据质押、贴现，因质押、贴现而接受该票据的持票人主张票据权利的，人民法院不予支持，但公示催告期间届满以后人民法院作出除权判决以前取得该票据的除外。

第三十四条 票据丧失后，失票人在票据权利时效届满以前请求出票人补发票据，或者请求债务人付款，在提供相应担保的情况下因债务人拒绝付款或者出票人拒绝补发票据提起诉讼的，由被告住所地或者票据支付地人民法院管辖。

第三十五条 失票人因请求出票人补发票据或者请求债务人付款遭到拒绝而向人民法院提起诉讼的，被告为与失票人具有票据债权债务关系的出票人、拒绝付款的票据付款人或者承兑人。

第三十六条 失票人为行使票据所有权，向非法持有票据人请求返还票据的，人民法院应当依法受理。

第三十七条 失票人向人民法院提起诉讼的，应向人民法院说明曾经持有票据及丧失票据的情形，人民法院应当根据案件的具体情况，决定当事人是否应当提供担保以及担保的数额。

第三十八条 对于伪报票据丧失的当事人，人民法院在查明事实，裁定终结公示催告或者诉讼程序后，可以参照民事诉讼法第一百一十一条的规定，追究伪报人的法律责任。

六、票据效力

第三十九条 依照票据法第一百零八条以及经国务院批准的《票据管理实施办法》的规定，票据当事人使用的不是中国人民银行规定的统一格式票据的，按照《票据管理实施办法》的规定认定，但在中国境外签发的票据除外。

第四十条 票据出票人在票据上的签章上不符合票据法以及下述规定的，该签章不具有票据法上的效力：

（一）商业汇票上的出票人的签章，为该法人或者该单位的财务专用章或者公章加其法定代表人、单位负责人或者其授权的代理人的签名或者盖章；

（二）银行汇票上的出票人的签章和银行承兑汇票的承兑人的签章，为该银行汇票专用章加其法定代表人或者其授权的代理人的签名或者盖章；

（三）银行本票上的出票人的签章，为该银行的本票专用章加其法定代表人或者其授权的代理人的签名或者盖章；

（四）支票上的出票人的签章，出票人为单位的，为与该单位在银行预留签章一致的财务专用章或者公章加其法定代表人或者其授权的代理人的签名或者盖章；出票人为个人的，为与该个人在银行预留签章一致的签名或者盖章。

第四十一条 银行汇票、银行本票的出票人以及银行承兑汇票的承兑人在票据上未加盖规定的专用章而加盖该银行的公章，支票的出票人在票据上未加盖与该单位在银行预留签章一致的财务专用章而加盖该出票人公章的，签章人应当承担票据责任。

第四十二条　依照票据法第九条以及《票据管理实施办法》的规定，票据金额的中文大写与数码不一致，或者票据载明的金额、出票日期或者签发日期、收款人名称更改，或者违反规定加盖银行部门印章代替专用章，付款人或者代理付款人对此类票据付款的，应当承担责任。

第四十三条　因更改银行汇票的实际结算金额引起纠纷而提起诉讼，当事人请求认定汇票效力的，人民法院应当认定该银行汇票无效。

第四十四条　空白授权票据的持票人行使票据权利时未对票据必须记载事项补充完全，因付款人或者代理付款人拒绝接收该票据而提起诉讼的，人民法院不予支持。

第四十五条　票据的背书人、承兑人、保证人在票据上的签章不符合票据法以及《票据管理实施办法》规定的，或者无民事行为能力人、限制民事行为能力人在票据上签章的，其签章无效，但不影响人民法院对票据上其他签章效力的认定。

七、票据背书

第四十六条　因票据质权人以质押票据再行背书质押或者背书转让引起纠纷而提起诉讼的，人民法院应当认定背书行为无效。

第四十七条　依照票据法第二十七条的规定，票据的出票人在票据上记载"不得转让"字样，票据持有人背书转让的，背书行为无效。背书转让后的受让人不得享有票据权利，票据的出票人、承兑人对受让人不承担票据责任。

第四十八条　依照票据法第二十七条和第三十条的规定，背书人未记载被背书人名称即将票据交付他人的，持票人在票据被背书人栏内记载自己的名称与背书人记载具有同等法律效力。

第四十九条　依照票据法第三十一条的规定，连续背书的第一背书人应当是在票据上记载的收款人，最后的票据持有人应当是最后一次背书的被背书人。

第五十条 依照票据法第三十四条和第三十五条的规定，背书人在票据上记载"不得转让""委托收款""质押"字样，其后手再背书转让、委托收款或者质押的，原背书人对后手的被背书人不承担票据责任，但不影响出票人、承兑人以及原背书人之前手的票据责任。

第五十一条 依照票据法第五十七条第二款的规定，贷款人恶意或者有重大过失从事票据质押贷款的，人民法院应当认定质押行为无效。

第五十二条 依照票据法第二十七条的规定，出票人在票据上记载"不得转让"字样，其后手以此票据进行贴现、质押的，通过贴现、质押取得票据的持票人主张票据权利的，人民法院不予支持。

第五十三条 依照票据法第三十四条和第三十五条的规定，背书人在票据上记载"不得转让"字样，其后手以此票据进行贴现、质押的，原背书人对后手的被背书人不承担票据责任。

第五十四条 依照票据法第三十五条第二款的规定，以汇票设定质押时，出质人在汇票上只记载了"质押"字样未在票据上签章的，或者出质人未在汇票、粘单上记载"质押"字样而另行签订质押合同、质押条款的，不构成票据质押。

第五十五条 商业汇票的持票人向其非开户银行申请贴现，与向自己开立存款账户的银行申请贴现具有同等法律效力。但是，持票人有恶意或者与贴现银行恶意串通的除外。

第五十六条 违反规定区域出票，背书转让银行汇票，或者违反票据管理规定跨越票据交换区域出票、背书转让银行本票、支票的，不影响出票人、背书人依法应当承担的票据责任。

第五十七条 依照票据法第三十六条的规定，票据被拒绝承兑、被拒绝付款或者超过提示付款期限，票据持有人背书转让的，背书人应当承担票据责任。

第五十八条 承兑人或者付款人依照票据法第五十三条第二款的规定对

逾期提示付款的持票人付款与按照规定的期限付款具有同等法律效力。

八、票据保证

第五十九条 国家机关、以公益为目的的事业单位、社会团体作为票据保证人的，票据保证无效，但经国务院批准为使用外国政府或者国际经济组织贷款进行转贷，国家机关提供票据保证的除外。

第六十条 票据保证无效的，票据的保证人应当承担与其过错相应的民事责任。

第六十一条 保证人未在票据或者粘单上记载"保证"字样而另行签订保证合同或者保证条款的，不属于票据保证，人民法院应当适用《中华人民共和国民法典》的有关规定。

九、法律适用

第六十二条 人民法院审理票据纠纷案件，适用票据法的规定；票据法没有规定的，适用《中华人民共和国民法典》等法律以及国务院制定的行政法规。

中国人民银行制定并公布施行的有关行政规章与法律、行政法规不抵触的，可以参照适用。

第六十三条 票据当事人因对金融行政管理部门的具体行政行为不服提起诉讼的，适用《中华人民共和国行政处罚法》、票据法以及《票据管理实施办法》等有关票据管理的规定。

中国人民银行制定并公布施行的有关行政规章与法律、行政法规不抵触的，可以参照适用。

第六十四条 人民法院对票据法施行以前已经作出终审裁决的票据纠纷案件进行再审，不适用票据法。

十、法律责任

第六十五条 具有下列情形之一的票据，未经背书转让的，票据债务人不承担票据责任；已经背书转让的，票据无效不影响其他真实签章的效力：

（一）出票人签章不真实的；

（二）出票人为无民事行为能力人的；

（三）出票人为限制民事行为能力人的。

第六十六条 依照票据法第十四条、第一百零二条、第一百零三条的规定，伪造、变造票据者除应当依法承担刑事、行政责任外，给他人造成损失的，还应当承担民事赔偿责任。被伪造签章者不承担票据责任。

第六十七条 对票据未记载事项或者未完全记载事项作补充记载，补充事项超出授权范围的，出票人对补充后的票据应当承担票据责任。给他人造成损失的，出票人还应当承担相应的民事责任。

第六十八条 付款人或者代理付款人未能识别出伪造、变造的票据或者身份证件而错误付款，属于票据法第五十七条规定的"重大过失"，给持票人造成损失的，应当依法承担民事责任。付款人或者代理付款人承担责任后有权向伪造者、变造者依法追偿。

持票人有过错的，也应当承担相应的民事责任。

第六十九条 付款人及其代理付款人有下列情形之一的，应当自行承担责任：

（一）未依照票据法第五十七条的规定对提示付款人的合法身份证明或者有效证件以及汇票背书的连续性履行审查义务而错误付款的；

（二）公示催告期间对公示催告的票据付款的；

（三）收到人民法院的止付通知后付款的；

（四）其他以恶意或者重大过失付款的。

第七十条 票据法第六十三条所称"其他有关证明"是指：

（一）人民法院出具的宣告承兑人、付款人失踪或者死亡的证明、法律文书；

（二）公安机关出具的承兑人、付款人逃匿或者下落不明的证明；

（三）医院或者有关单位出具的承兑人、付款人死亡的证明；

（四）公证机构出具的具有拒绝证明效力的文书。

承兑人自己作出并发布的表明其没有支付票款能力的公告，可以认定为拒绝证明。

第七十一条 当事人因申请票据保全错误而给他人造成损失的，应当依法承担民事责任。

第七十二条 因出票人签发空头支票、与其预留本名的签名式样或者印鉴不符的支票给他人造成损失的，支票的出票人和背书人应当依法承担民事责任。

第七十三条 人民法院在审理票据纠纷案件时，发现与本案有牵连但不属同一法律关系的票据欺诈犯罪嫌疑线索的，应当及时将犯罪嫌疑线索提供给有关公安机关，但票据纠纷案件不应因此而中止审理。

第七十四条 依据票据法第一百零四条的规定，由于金融机构工作人员在票据业务中玩忽职守，对违反票据法规定的票据予以承兑、付款、贴现或者保证，给当事人造成损失的，由该金融机构与直接责任人员依法承担连带责任。

第七十五条 依照票据法第一百零六条的规定，由于出票人制作票据，或者其他票据债务人未按照法定条件在票据上签章，给他人造成损失的，除应当按照所记载事项承担票据责任外，还应当承担相应的民事责任。

持票人明知或者应当知道前款情形而接受的，可以适当减轻出票人或者票据债务人的责任。

动产和权利担保统一登记办法

（2021年12月28日中国人民银行令〔2021〕第7号公布
自2022年2月1日起施行）

第一章 总 则

第一条 为规范动产和权利担保统一登记，保护担保当事人和利害关系人的合法权益，根据《中华人民共和国民法典》《优化营商环境条例》《国务院关于实施动产和权利担保统一登记的决定》（国发〔2020〕18号）等相关法律法规规定，制定本办法。

第二条 纳入动产和权利担保统一登记范围的担保类型包括：

（一）生产设备、原材料、半成品、产品抵押；

（二）应收账款质押；

（三）存款单、仓单、提单质押；

（四）融资租赁；

（五）保理；

（六）所有权保留；

（七）其他可以登记的动产和权利担保，但机动车抵押、船舶抵押、航空器抵押、债券质押、基金份额质押、股权质押、知识产权中的财产权质押除外。

第三条 本办法所称应收账款是指应收账款债权人因提供一定的货物、服务或设施而获得的要求应收账款债务人付款的权利以及依法享有的其他付款请求权，包括现有的以及将有的金钱债权，但不包括因票据或其他有价证券而产生的付款请求权，以及法律、行政法规禁止转让的付款请求权。

本办法所称的应收账款包括下列权利：

（一）销售、出租产生的债权，包括销售货物，供应水、电、气、暖，知识产权的许可使用，出租动产或不动产等；

（二）提供医疗、教育、旅游等服务或劳务产生的债权；

（三）能源、交通运输、水利、环境保护、市政工程等基础设施和公用事业项目收益权；

（四）提供贷款或其他信用活动产生的债权；

（五）其他以合同为基础的具有金钱给付内容的债权。

第四条 中国人民银行征信中心（以下简称征信中心）是动产和权利担保的登记机构，具体承担服务性登记工作，不开展事前审批性登记，不对登记内容进行实质审查。

征信中心建立基于互联网的动产融资统一登记公示系统（以下简称统一登记系统）为社会公众提供动产和权利担保登记和查询服务。

第五条 中国人民银行对征信中心登记和查询服务有关活动进行督促指导。

第二章 登记与查询

第六条 纳入统一登记范围的动产和权利担保登记通过统一登记系统办理。

第七条 担保权人办理登记。担保权人办理登记前，应当与担保人就登记内容达成一致。

担保权人也可以委托他人办理登记。委托他人办理登记的，适用本办法关于担保权人办理登记的规定。

第八条 担保权人办理登记时，应当注册为统一登记系统的用户。

第九条 登记内容包括担保权人和担保人的基本信息、担保财产的描述、登记期限。

担保权人或担保人为法人、非法人组织的，应当填写法人、非法人组织的法定注册名称、住所、法定代表人或负责人姓名、金融机构编码、统一社会信用代码、全球法人识别编码等机构代码或编码以及其他相关信息。

担保权人或担保人为自然人的，应当填写有效身份证件号码、有效身份证件载明的地址等信息。

担保权人可以与担保人约定将主债权金额、担保范围、禁止或限制转让的担保财产等项目作为登记内容。对担保财产进行概括性描述的，应当能够合理识别担保财产。

最高额担保应登记最高债权额。

第十条 担保权人应当将填写完毕的登记内容提交统一登记系统。统一登记系统记录提交时间并分配登记编号，生成初始登记证明和修改码提供给担保权人。

第十一条 担保权人应当根据主债权履行期限合理确定登记期限。登记期限最短 1 个月，最长不超过 30 年。

第十二条 在登记期限届满前，担保权人可以申请展期。

担保权人可以多次展期，每次展期期限最短 1 个月，最长不超过 30 年。

第十三条 登记内容存在遗漏、错误等情形或登记内容发生变化的，担保权人应当办理变更登记。

担保权人在原登记中增加新的担保财产的，新增加的部分视为新的登记。

第十四条 担保权人办理登记时所填写的担保人法定注册名称或有效身份证件号码变更的，担保权人应当自变更之日起 4 个月内办理变更登记。

第十五条 担保权人办理展期、变更登记的，应当与担保人就展期、变更事项达成一致。

第十六条 有下列情形之一的，担保权人应当自该情形发生之日起 10 个工作日内办理注销登记：

（一）主债权消灭；

（二）担保权利实现；

（三）担保权人放弃登记载明的担保财产之上的全部担保权；

（四）其他导致所登记权利消灭的情形。

担保权人迟延办理注销登记，给他人造成损害的，应当承担相应的法律责任。

第十七条 担保权人凭修改码办理展期、变更登记、注销登记。

第十八条 担保人或其他利害关系人认为登记内容错误的，可以要求担保权人办理变更登记或注销登记。担保权人不同意变更或注销的，担保人或其他利害关系人可以办理异议登记。

办理异议登记的担保人或其他利害关系人可以自行注销异议登记。

第十九条 担保人或其他利害关系人应当自异议登记办理完毕之日起 7 日内通知担保权人。

第二十条 担保人或其他利害关系人自异议登记之日起 30 日内，未就争议起诉或提请仲裁并在统一登记系统提交案件受理通知的，征信中心撤销异议登记。

第二十一条 应担保人或其他利害关系人、担保权人的申请，征信中心根据对担保人或其他利害关系人、担保权人生效的人民法院判决、裁定或仲裁机构裁决等法律文书撤销相关登记。

第二十二条 担保权人办理变更登记和注销登记、担保人或其他利害关系人办理异议登记后，统一登记系统记录登记时间、分配登记编号，并生成变更登记、注销登记或异议登记证明。

第二十三条 担保权人开展动产和权利担保融资业务时，应当严格审核确认担保财产的真实性，并在统一登记系统中查询担保财产的权利负担状况。

第二十四条 担保权人、担保人和其他利害关系人应当按照统一登记系统提示项目如实登记，并对登记内容的真实性、完整性和合法性负责。因担保权人或担保人名称填写错误，担保财产描述不能够合理识别担保财产等情形导致不能正确公示担保权利的，其法律后果由当事人自行承担。办理登记时，存在提供虚假材料等行为给他人造成损害的，应当承担相应的法律责任。

第二十五条 任何法人、非法人组织和自然人均可以在注册为统一登记系统的用户后，查询动产和权利担保登记信息。

第二十六条 担保人为法人、非法人组织的，查询人以担保人的法定注册名称进行查询。

担保人为自然人的，查询人以担保人的身份证件号码进行查询。

第二十七条 征信中心根据查询人的申请，提供查询证明。

第二十八条 担保权人、担保人或其他利害关系人、查询人可以通过证明编号在统一登记系统对登记证明和查询证明进行验证。

第三章 征信中心的职责

第二十九条 征信中心应当建立登记信息内部控制制度，采取技术措施和其他必要措施，做好统一登记系统建设和维护工作，保障系统安全、稳定运行，建立高效运转的服务体系，不断提高服务效率和质量，防止登记信息泄露、丢失，保护当事人合法权益。

第三十条 征信中心应当制定登记操作规则和内部管理制度，并报中国人民银行备案。

第三十一条 登记注销、登记期限届满或登记撤销后，征信中心应当对登记记录进行电子化离线保存，保存期限为15年。

第四章　附　　则

第三十二条 征信中心按照国务院价格主管部门批准的收费标准收取登记服务费用。

第三十三条 本办法由中国人民银行负责解释。

第三十四条 本办法自2022年2月1日起施行。《应收账款质押登记办法》（中国人民银行令〔2019〕第4号发布）同时废止。

全国法院民商事审判工作会议纪要（节录）

（2019年11月8日最高人民法院发布
法〔2019〕254号）

三、关于合同纠纷案件的审理

会议认为，合同是市场化配置资源的主要方式，合同纠纷也是民商事纠纷的主要类型。人民法院在审理合同纠纷案件时，要坚持鼓励交易原则，充分尊重当事人的意思自治。要依法审慎认定合同效力。要根据诚实信用原则，合理解释合同条款、确定履行内容，合理确定当事人的权利义务关系，审慎适用合同解除制度，依法调整过高的违约金，强化对守约者诚信行为的保护力度，提高违法违约成本，促进诚信社会构建。

(一) 关于合同效力

人民法院在审理合同纠纷案件过程中，要依职权审查合同是否存在无效的情形，注意无效与可撤销、未生效、效力待定等合同效力形态之间的区别，准确认定合同效力，并根据效力的不同情形，结合当事人的诉讼请求，确定相应的民事责任。

30.【强制性规定的识别】合同法施行后，针对一些人民法院动辄以违反法律、行政法规的强制性规定为由认定合同无效，不当扩大无效合同范围的情形，合同法司法解释（二）第14条将《合同法》第52条第5项规定的"强制性规定"明确限于"效力性强制性规定"。此后，《最高人民法院关于当前形势下审理民商事合同纠纷案件若干问题的指导意见》进一步提出了"管理性强制性规定"的概念，指出违反管理性强制性规定的，人民法院应当根据具体情形认定合同效力。随着这一概念的提出，审判实践中又出现了另一种倾向，有的人民法院认为凡是行政管理性质的强制性规定都属于"管理性强制性规定"，不影响合同效力。这种望文生义的认定方法，应予纠正。

人民法院在审理合同纠纷案件时，要依据《民法总则》第153条第1款和合同法司法解释（二）第14条的规定慎重判断"强制性规定"的性质，特别是要在考量强制性规定所保护的法益类型、违法行为的法律后果以及交易安全保护等因素的基础上认定其性质，并在裁判文书中充分说明理由。下列强制性规定，应当认定为"效力性强制性规定"：强制性规定涉及金融安全、市场秩序、国家宏观政策等公序良俗的；交易标的禁止买卖的，如禁止人体器官、毒品、枪支等买卖；违反特许经营规定的，如场外配资合同；交易方式严重违法的，如违反招投标等竞争性缔约方式订立的合同；交易场所违法的，如在批准的交易场所之外进行期货交易。关于经营范围、交易时间、交易数量等行政管理性质的强制性规定，一般应当认定为"管理性强制性规定"。

31.【违反规章的合同效力】违反规章一般情况下不影响合同效力，但该规章的内容涉及金融安全、市场秩序、国家宏观政策等公序良俗的，应当认定合同无效。人民法院在认定规章是否涉及公序良俗时，要在考察规范对象基础上，兼顾监管强度、交易安全保护以及社会影响等方面进行慎重考量，并在裁判文书中进行充分说理。

32.【合同不成立、无效或者被撤销的法律后果】《合同法》第58条就合同无效或者被撤销时的财产返还责任和损害赔偿责任作了规定，但未规定合同不成立的法律后果。考虑到合同不成立时也可能发生财产返还和损害赔偿责任问题，故应当参照适用该条的规定。

在确定合同不成立、无效或者被撤销后财产返还或者折价补偿范围时，要根据诚实信用原则的要求，在当事人之间合理分配，不能使不诚信的当事人因合同不成立、无效或者被撤销而获益。合同不成立、无效或者被撤销情况下，当事人所承担的缔约过失责任不应超过合同履行利益。比如，依据《最高人民法院关于审理建设工程施工合同纠纷案件适用法律问题的解释》第2条规定，建设工程施工合同无效，在建设工程经竣工验收合格情况下，可以参照合同约定支付工程款，但除非增加了合同约定之外新的工程项目，一般不应超出合同约定支付工程款。

33.【财产返还与折价补偿】合同不成立、无效或者被撤销后，在确定财产返还时，要充分考虑财产增值或者贬值的因素。双务合同不成立、无效或者被撤销后，双方因该合同取得财产的，应当相互返还。应予返还的股权、房屋等财产相对于合同约定价款出现增值或者贬值的，人民法院要综合考虑市场因素、受让人的经营或者添附等行为与财产增值或者贬值之间的关联性，在当事人之间合理分配或者分担，避免一方因合同不成立、无效或者被撤销而获益。在标的物已经灭失、转售他人或者其他无法返还的情况下，当事人主张返还原物的，人民法院不予支持，但其主张折价补偿的，人民法院依法予以支持。折价时，应当以当事人交易时约定的价款为基础，同时考虑当事人在标的物灭失或者转售时的获益情况综合确定补偿标准。标的物灭失时当事人获得的保险金或者其他赔偿金，转售时取得的对价，均属于当事人因标的物而获得的利益。对获益高于或者低于价款的部分，也应当在当事人之间合理分配或者分担。

34.【价款返还】双务合同不成立、无效或者被撤销时，标的物返还与价款返还互为对待给付，双方应当同时返还。关于应否支付利息问题，只要一方对标的物有使用情形的，一般应当支付使用费，该费用可与占有价款一方应当支付的资金占用费相互抵销，故在一方返还原物前，另一方仅须支付本金，而无须支付利息。

35.【损害赔偿】合同不成立、无效或者被撤销时，仅返还财产或者折价补偿不足以弥补损失，一方还可以向有过错的另一方请求损害赔偿。在确定损害赔偿范围时，既要根据当事人的过错程度合理确定责任，又要考虑在确定财产返还范围时已经考虑过的财产增值或者贬值因素，避免双重获利或者双重受损的现象发生。

36.【合同无效时的释明问题】在双务合同中，原告起诉请求确认合同有效并请求继续履行合同，被告主张合同无效的，或者原告起诉请求确认合同无效并返还财产，而被告主张合同有效的，都要防止机械适用"不告不理"原则，仅就当事人的诉讼请求进行审理，而应向原告释明变更或者增加诉讼请求，或者向被告释明提出同时履行抗辩，尽可能一次性解决纠纷。例如，基于合同有给付行为的原告请求确认合同无效，但并未提出返还原物或者折价补偿、赔偿损失等请求的，人民法院应当向其释明，告知其一并提出相应诉讼请求；原告请求确认合同无效并要求被告返还原物或者赔偿损失，被告基于合同也有给付行为的，人民法院同样应当向被告释明，告知其也可以提出返还请求；人民法院经审理认定合同无效的，除了要在判决书"本院认为"部分对同时返还作出认定外，还应当在判项中作出明确表述，避免因判令单方返还而出现不公平的结果。

第一审人民法院未予释明，第二审人民法院认为应当对合同不成立、无效或者被撤销的法律后果作出判决的，可以直接释明并改判。当然，如果返还财产或者赔偿损失的范围确实难以确定或者双方争议较大的，也可以告知当事人通过另行起诉等方式解决，并在裁判文书中予以明确。

当事人按照释明变更诉讼请求或者提出抗辩的，人民法院应当将其归纳为案件争议焦点，组织当事人充分举证、质证、辩论。

37.【未经批准合同的效力】法律、行政法规规定某类合同应当办理批准手续生效的，如商业银行法、证券法、保险法等法律规定购买商业银行、证券公司、保险公司5%以上股权须经相关主管部门批准，依据《合同法》第44条第2款的规定，批准是合同的法定生效条件，未经批准的合同因欠缺法律规定的特别生效条件而未生效。实践中的一个突出问题是，把未生效合同认定为无效合同，或者虽认定为未生效，却按无效合同处理。无效合同从本质上来说是欠缺合同的有效要件，或者具有合同无效的法定事由，自始不发生法律效力。而未生效合同已具备合同的有效要件，对双方具有一定的拘束力，任何一方不得擅自撤回、解除、变更，但因欠缺法律、行政法规规定或当事人约定的特别生效条件，在该生效条件成就前，不能产生请求对方履行合同主要权利义务的法律效力。

38.【报批义务及相关违约条款独立生效】须经行政机关批准生效的合同，对报批义务及未履行报批义务的违约责任等相关内容作出专门约定的，该约定独立生效。一方因另一方不履行报批义务，请求解除合同并请求其承担合同约定的相应违约责任的，人民法院依法予以支持。

39.【报批义务的释明】须经行政机关批准生效的合同，一方请求另一方履行合同主要权利义务的，人民法院应当向其释明，将诉讼请求变更为请求履行报批义务。一方变更诉讼请求的，人民法院依法予以支持；经释明后当事人拒绝变更的，应当驳回其诉讼请求，但不影响其另行提起诉讼。

40.【判决履行报批义务后的处理】人民法院判决一方履行报批义务后，该当事人拒绝履行，经人民法院强制执行仍未履行，对方请求其承担合同违约责任的，人民法院依法予以支持。一方依据判决履行报批义务，行政机关予以批准，合同发生完全的法律效力，其请求对方履行合同的，人民法院依法予以支持；行政机关没有批准，合同不具有法律上的可履行性，一方请求解除合同的，人民法院依法予以支持。

41.【盖章行为的法律效力】司法实践中，有些公司有意刻制两套甚至多套公章，有的法定代表人或者代理人甚至私刻公章，订立合同时恶意加盖非备案的公章或者假公章，发生纠纷后法人以加盖的是假公章为由否定合同效力的情形并不鲜见。人民法院在审理案件时，应当主要审查签约人于盖章之时有无代表权或者代理权，从而根据代表或者代理的相关规则来确定合同的效力。

法定代表人或者其授权之人在合同上加盖法人公章的行为，表明其是以法人名义签订合同，除《公司法》第16条等法律对其职权有特别规定的情形外，应当由法人承担相应的法律后果。法人以法定代表人事后已无代表权、加盖的是假章、所盖之章与备案公章不一致等为由否定合同效力的，人民法院不予支持。

代理人以被代理人名义签订合同，要取得合法授权。代理人取得合法授权后，以被代理人名义签订的合同，应当由被代理人承担责任。被代理人以代理人事后已无代理权、加盖的是假章、所盖之章与备案公章不一致等为由否定合同效力的，人民法院不予支持。

42.【撤销权的行使】撤销权应当由当事人行使。当事人未请求撤销的，人民法院不应当依职权撤销合同。一方请求另一方履行合同，另一方以合同具有可撤销事由提出抗辩的，人民法院应当在审查合同是否具有可撤销事由以及是否超过法定期间等事实的基础上，对合同是否可撤销作出判断，不能仅以当事人未提起诉讼或者反诉为由不予审查或者不予支持。一方主张合同无效，依据的却是可撤销事由，此时人民法院应当全面审查合同是否具有无效事由以及当事人主张的可撤销事由。当事人关于合同无效的事由成立的，人民法院应当认定合同无效。当事人主张合同无效的理由不成立，而可撤销的事由成立的，因合同无效和可撤销的后果相同，人民法院也可以结合当事人的诉讼请求，直接判决撤销合同。

（二）关于合同履行与救济

在认定以物抵债协议的性质和效力时，要根据订立协议时履行期限是否已经届满予以区别对待。合同解除、违约责任都是非违约方寻求救济的主要方式，人民法院在认定合同应否解除时，要根据当事人有无解除权、是约定解除还是法定解除等不同情形，分别予以处理。在确定违约责任时，尤其要注意依法适用违约金调整的相关规则，避免简单地以民间借贷利率的司法保护上限作为调整依据。

43.【抵销】抵销权既可以通知的方式行使，也可以提出抗辩或者提起反诉的方式行使。抵销的意思表示自到达对方时生效，抵销一经生效，其效力溯及自抵销条件成就之时，双方互负的债务在同等数额内消灭。双方互负的债务数额，是截至抵销条件成就之时各自负有的包括主债务、利息、违约金、赔偿金等在内的全部债务数额。行使抵销权一方享有的债权不足以抵销全部债务数额，当事人对抵销顺序又没有特别约定的，应当根据实现债权的费用、利息、主债务的顺序进行抵销。

44.【履行期届满后达成的以物抵债协议】当事人在债务履行期限届满后达成以物抵债协议，抵债物尚未交付债权人，债权人请求债务人交付的，人民法院要着重审查以物抵债协议是否存在恶意损害第三人合法权益等情形，避免虚假诉讼的发生。经审查，不存在以上情况，且无其他无效事由的，人民法院依法予以支持。

当事人在一审程序中因达成以物抵债协议申请撤回起诉的，人民法院可予准许。当事人在二审程序中申请撤回上诉的，人民法院应当告知其申请撤回起诉。当事人申请撤回起诉，经审查不损害国家利益、社会公共利益、他人合法权益的，人民法院可予准许。当事人不申请撤回起诉，请求人民法院出具调解书对以物抵债协议予以确认的，因债务人完全可以立即履行该协议，没有必要由人民法院出具调解书，故人民法院不应准许，同时应当继续对原债权债务关系进行审理。

45.【履行期届满前达成的以物抵债协议】当事人在债务履行期届满前

达成以物抵债协议，抵债物尚未交付债权人，债权人请求债务人交付的，因此种情况不同于本纪要第 71 条规定的让与担保，人民法院应当向其释明，其应当根据原债权债务关系提起诉讼。经释明后当事人仍拒绝变更诉讼请求的，应当驳回其诉讼请求，但不影响其根据原债权债务关系另行提起诉讼。

46.【通知解除的条件】审判实践中，部分人民法院对合同法司法解释（二）第 24 条的理解存在偏差，认为不论发出解除通知的一方有无解除权，只要另一方未在异议期限内以起诉方式提出异议，就判令解除合同，这不符合合同法关于合同解除权行使的有关规定。对该条的准确理解是，只有享有法定或者约定解除权的当事人才能以通知方式解除合同。不享有解除权的一方向另一方发出解除通知，另一方即便未在异议期限内提起诉讼，也不发生合同解除的效果。人民法院在审理案件时，应当审查发出解除通知的一方是否享有约定或者法定的解除权来决定合同应否解除，不能仅以受通知一方在约定或者法定的异议期限届满内未起诉这一事实就认定合同已经解除。

47.【约定解除条件】合同约定的解除条件成就时，守约方以此为由请求解除合同的，人民法院应当审查违约方的违约程度是否显著轻微，是否影响守约方合同目的实现，根据诚实信用原则，确定合同应否解除。违约方的违约程度显著轻微，不影响守约方合同目的实现，守约方请求解除合同的，人民法院不予支持；反之，则依法予以支持。

48.【违约方起诉解除】违约方不享有单方解除合同的权利。但是，在一些长期性合同如房屋租赁合同履行过程中，双方形成合同僵局，一概不允许违约方通过起诉的方式解除合同，有时对双方都不利。在此前提下，符合下列条件，违约方起诉请求解除合同的，人民法院依法予以支持：

（1）违约方不存在恶意违约的情形；

（2）违约方继续履行合同，对其显失公平；

（3）守约方拒绝解除合同，违反诚实信用原则。

人民法院判决解除合同的，违约方本应当承担的违约责任不能因解除合同而减少或者免除。

49.【合同解除的法律后果】合同解除时，一方依据合同中有关违约金、约定损害赔偿的计算方法、定金责任等违约责任条款的约定，请求另一方承担违约责任的，人民法院依法予以支持。

双务合同解除时人民法院的释明问题，参照本纪要第 36 条的相关规定处理。

50.【违约金过高标准及举证责任】认定约定违约金是否过高，一般应当以《合同法》第 113 条规定的损失为基础进行判断，这里的损失包括合同履行后可以获得的利益。除借款合同外的双务合同，作为对价的价款或者报酬给付之债，并非借款合同项下的还款义务，不能以受法律保护的民间借贷利率上限作为判断违约金是否过高的标准，而应当兼顾合同履行情况、当事人过错程度以及预期利益等因素综合确定。主张违约金过高的违约方应当对违约金是否过高承担举证责任。

（三）关于借款合同

人民法院在审理借款合同纠纷案件过程中，要根据防范化解重大金融风险、金融服务实体经济、降低融资成本的精神，区别对待金融借贷与民间借贷，并适用不同规则与利率标准。要依法否定高利转贷行为、职业放贷行为的效力，充分发挥司法的示范、引导作用，促进金融服务实体经济。要注意到，为深化利率市场化改革，推动降低实体利率水平，自 2019 年 8 月 20 日起，中国人民银行已经授权全国银行间同业拆借中心于每月 20 日（遇节假日顺延）9 时 30 分公布贷款市场报价利率（LPR），中国人民银行贷款基准利率这一标准已经取消。因此，自此之后人民法院裁判贷款利息的基本标准应改为全国银行间同业拆借中心公布的贷款市场报价利率。应予注意的是，贷款利率标准尽管发生了变化，但存款基准利率并未发生相应变化，相关标准仍可适用。

51.【变相利息的认定】金融借款合同纠纷中，借款人认为金融机构以服务费、咨询费、顾问费、管理费等为名变相收取利息，金融机构或者由其指定的人收取的相关费用不合理的，人民法院可以根据提供服务的实际情况确定借款人应否支付或者酌减相关费用。

52.【高利转贷】民间借贷中，出借人的资金必须是自有资金。出借人套取金融机构信贷资金又高利转贷给借款人的民间借贷行为，既增加了融资成本，又扰乱了信贷秩序，根据民间借贷司法解释第 14 条第 1 项的规定，应当认定此类民间借贷行为无效。人民法院在适用该条规定时，应当注意把握以下几点：一是要审查出借人的资金来源。借款人能够举证证明在签订借款合同时出借人尚欠银行贷款未还的，一般可以推定为出借人套取信贷资金，但出借人能够举反证予以推翻的除外；二是从宽认定"高利"转贷行为的标准，只要出借人通过转贷行为牟利的，就可以认定为是"高利"转贷行为；三是对该条规定的"借款人事先知道或者应当知道"要件，不宜把握过苛。实践中，只要出借人在签订借款合同时存在尚欠银行贷款未还事实的，一般可以认为满足了该条规定的"借款人事先知道或者应当知道"这一要件。

53.【职业放贷人】未依法取得放贷资格的以民间借贷为业的法人，以及以民间借贷为业的非法人组织或者自然人从事的民间借贷行为，应当依法认定无效。同一出借人在一定期间内多次反复从事有偿民间借贷行为的，一般可以认定为是职业放贷人。民间借贷比较活跃的地方的高级人民法院或者经其授权的中级人民法院，可以根据本地区的实际情况制定具体的认定标准。

四、关于担保纠纷案件的审理

会议认为，要注意担保法及其司法解释与物权法对独立担保、混合担保、担保期间等有关制度的不同规定，根据新的规定优于旧的规定的法律适用规则，优先适用物权法的规定。从属性是担保的基本属性，要慎重认定独立担保行为的效力，将其严格限定在法律或者司法解释明确规定的情形。要根据区分原则，准确认定担保合同效力。要坚持物权法定、公示公信原则，区分不动产与动产担保物权在物权变动、效力规则等方面的异同，准确适用法律。要充分发挥担保对缓解融资难融资贵问题的积极作用，不轻易否定新类型担保、非典型担保的合同效力及担保功能。

（一）关于担保的一般规则

54.【独立担保】从属性是担保的基本属性，但由银行或者非银行金融机构开立的独立保函除外。独立保函纠纷案件依据《最高人民法院关于审理独立保函纠纷案件若干问题的规定》处理。需要进一步明确的是：凡是由银行或者非银行金融机构开立的符合该司法解释第 1 条、第 3 条规定情形的保函，无论是用于国际商事交易还是用于国内商事交易，均不影响保函的效力。银行或者非银行金融机构之外的当事人开立的独立保函，以及当事人有关排除担保从属性的约定，应当认定无效。但是，根据"无效法律行为的转换"原理，在否定其独立担保效力的同时，应当将其认定为从属性担保。此时，如果主合同有效，则担保合同有效，担保人与主债务人承担连带保证责任。主合同无效，则该所谓的独立担保也随之无效，担保人无过错的，不承担责任；担保人有过错的，其承担民事责任的部分，不应超过债务人不能清偿部分的三分之一。

55.【担保责任的范围】担保人承担的担保责任范围不应当大于主债务，是担保从属性的必然要求。当事人约定的担保责任的范围大于主债务的，如针对担保责任约定专门的违约责任、担保责任的数额高于主债务、担保责任约定的利息高于主债务利息、担保责任的履行期先于主债务履行期届满，等等，均应当认定大于主债务部分的约定无效，从而使担保责任缩减至主债务的范围。

56.【混合担保中担保人之间的追偿问题】被担保的债权既有保证又有第三人提供的物的担保的，担保法司法解释第 38 条明确规定，承担了担保责任的担保人可以要求其他担保人清偿其应当分担的份额。但《物权法》第 176 条并未作出类似规定，根据《物权法》第 178 条关于"担保法与本法的规定不一致的，适用本法"的规定，承担了担保责任的担保人向其他担保人追偿的，人民法院不予支持，但担保人在担保合同中约定可以相互追偿的除外。

57.【借新还旧的担保物权】贷款到期后，借款人与贷款人订立新的借款合同，将新贷用于归还旧贷，旧贷因清偿而消灭，为旧贷设立的担保物权也随之消灭。贷款人以旧贷上的担保物权尚未进行涂销登记为由，主张对新贷行使担保物权的，人民法院不予支持，但当事人约定继续为新贷提供担保的除外。

58.【担保债权的范围】以登记作为公示方式的不动产担保物权的担保范围，一般应当以登记的范围为准。但是，我国目前不动产担保物权登记，不同地区的系统设置及登记规则并不一致，人民法院在审理案件时应当充分注意制度设计上的差别，作出符合实际的判断：一是多数省区市的登记系统未设置"担保范围"栏目，仅有"被担保主债权数额（最高债权数额）"的表述，且只能填写固定数字。而当事人在合同中又往往约定担保物权的担保范围包括主债权及其利息、违约金等附属债权，致使合同约定的担保范围与登记不一致。显然，这种不一致是由于该地区登记系统设置及登记规则造成的该地区的普遍现象。人民法院以合同约定认定担保物权的担保范围，是符合实际的妥当选择。二是一些省区市不动产登记系统设置与登记规则比较规范，担保物权登记范围与合同约定一致在该地区是常态或者普遍现象，人民法院在审理案件时，应当以登记的担保范围为准。

59.【主债权诉讼时效届满的法律后果】抵押权人应当在主债权的诉讼时效期间内行使抵押权。抵押权人在主债权诉讼时效届满前未行使抵押权，抵押人在主债权诉讼时效届满后请求涂销抵押权登记的，人民法院依法予以支持。

以登记作为公示方法的权利质权，参照适用前款规定。

（二）关于不动产担保物权

60.【未办理登记的不动产抵押合同的效力】不动产抵押合同依法成立，但未办理抵押登记手续，债权人请求抵押人办理抵押登记手续的，人民法院依法予以支持。因抵押物灭失以及抵押物转让他人等原因不能办理抵押登记，债权人请求抵押人以抵押物的价值为限承担责任的，人民法院依法予以支持，但其范围不得超过抵押权有效设立时抵押人所应当承担的责任。

61.【房地分别抵押】根据《物权法》第182条之规定，仅以建筑物设定抵押的，抵押权的效力及于占用范围内的土地；仅以建设用地使用权抵押的，抵押权的效力亦及于其上的建筑物。在房地分别抵押，即建设用地使用权抵押给一个债权人，而其上的建筑物又抵押给另一个人的情况下，可能产生两个抵押权的冲突问题。基于"房地一体"规则，此时应当将建筑物和建设用地使用权视为同一财产，从而依照《物权法》第199条的规定确定清偿顺序：登记在先的先清偿；同时登记的，按照债权比例清偿。同一天登记的，视为同时登记。应予注意的是，根据《物权法》第200条的规定，建设用地使用权抵押后，该土地上新增的建筑物不属于抵押财产。

62.【抵押权随主债权转让】抵押权是从属于主合同的从权利，根据"从随主"规则，债权转让的，除法律另有规定或者当事人另有约定外，担保该债权的抵押权一并转让。受让人向抵押人主张行使抵押权，抵押人以受让人不是抵押合同的当事人、未办理变更登记等为由提出抗辩的，人民法院不予支持。

（三）关于动产担保物权

63.【流动质押的设立与监管人的责任】在流动质押中，经常由债权人、出质人与监管人订立三方监管协议，此时应当查明监管人究竟是受债权人的委托还是受出质人的委托监管质物，确定质物是否已经交付债权人，从而判断质权是否有效设立。如果监管人系受债权人的委托监管质物，则其是债权人的直接占有人，应当认定完成了质物交付，质权有效设立。监管人违反监管协议约定，违规向出质人放货、因保管不善导致质物毁损灭失，债权人请求监管人承担违约责任的，人民法院依法予以支持。

如果监管人系受出质人委托监管质物，表明质物并未交付债权人，应当认定质权未有效设立。尽管监管协议约定监管人系受债权人的委托监管质物，但有证据证明其并未履行监管职责，质物实际上仍由出质人管领控制的，也应当认定质物并未实际交付，质权未有效设立。此时，债权人可以基于质押合同的约定请求质押人承担违约责任，但其范围不得超过质权有效设立时质押人所应当承担的责任。监管人未履行监管职责的，债权人也可以请求监管人承担违约责任。

64.【浮动抵押的效力】企业将其现有的以及将有的生产设备、原材料、半成品及产品等财产设定浮动抵押后，又将其中的生产设备等部分财产设定了动产抵押，并都办理了抵押登记的，根据《物权法》第199条的规定，登记在先的浮动抵押优先于登记在后的动产抵押。

65.【动产抵押权与质权竞存】同一动产上同时设立质权和抵押权的，应当参照适用《物权法》第199条的规定，根据是否完成公示以及公示先后情况来确定清偿顺序：质权有效设立、抵押权办理了抵押登记的，按照公示先后确定清偿顺序；顺序相同的，按照债权比例清偿；质权有效设立，抵押权未办理抵押登记的，质权优先于抵押权；质权未有效设立，抵押权未办理抵押登记的，因此时抵押权已经有效设立，故抵押权优先受偿。

根据《物权法》第178条规定的精神，担保法司法解释第79条第1款不再适用。

（四）关于非典型担保

66.【担保关系的认定】当事人订立的具有担保功能的合同，不存在法定无效情形的，应当认定有效。虽然合同约定的权利义务关系不属于物权法规定的典型担保类型，但是其担保功能应予肯定。

67.【约定担保物权的效力】债权人与担保人订立担保合同，约定以法律、行政法规未禁止抵押或者质押的财产设定以登记作为公示方法的担保，因无法定的登记机构而未能进行登记的，不具有物权效力。当事人请求按照担保合同的约定就该财产折价、变卖或者拍卖所得价款等方式清偿债务的，人民法院依法予以支持，但对其他权利人不具有对抗效力和优先性。

68.【保兑仓交易】保兑仓交易作为一种新类型融资担保方式，其基本交易模式是，以银行信用为载体、以银行承兑汇票为结算工具、由银行控制货权、卖方（或者仓储方）受托保管货物并以承兑汇票与保证金之间的差额作为担保。其基本的交易流程是：卖方、买方和银行订立三方合作协议，其中买方向银行缴存一定比例的承兑保证金，银行向买方签发以卖方为收款人的银行承兑汇票，买方将银行承兑汇票交付卖方作为货款，银行根据买方缴纳的保证金的一定比例向卖方签发提货单，卖方根据提货单向买方交付对应金额的货物，买方销售货物后，将货款再缴存为保证金。

在三方协议中，一般来说，银行的主要义务是及时签发承兑汇票并按约定方式将其交给卖方，卖方的主要义务是根据银行签发的提货单发货，并在买方未及时销售或者回赎货物时，就保证金与承兑汇票之间的差额部分承担责任。银行为保障自身利益，往往还会约定卖方要将货物交给由其指定的当事人监管，并设定质押，从而涉及监管协议以及流动质押等问题。实践中，当事人还可能在前述基本交易模式基础上另行作出其他约定，只要不违反法律、行政法规的效力性强制性规定，这些约定应当认定有效。

一方当事人因保兑仓交易纠纷提起诉讼的，人民法院应当以保兑仓交易合同作为审理案件的基本依据，但买卖双方没有真实买卖关系的除外。

69.【无真实贸易背景的保兑仓交易】保兑仓交易以买卖双方有真实买卖关系为前提。双方无真实买卖关系的，该交易属于名为保兑仓交易实为借款合同，保兑仓交易因构成虚伪意思表示而无效，被隐藏的借款合同是当事人的真实意思表示，如不存在其他合同无效情形，应当认定有效。保兑仓交易认定为借款合同关系的，不影响卖方和银行之间担保关系的效力，卖方仍应当承担担保责任。

70.【保兑仓交易的合并审理】当事人就保兑仓交易中的不同法律关系的相对方分别或者同时向同一人民法院起诉的，人民法院可以根据民事诉讼法司法解释第221条的规定，合并审理。当事人未起诉某一方当事人的，人民法院可以依职权追加未参加诉讼的当事人为第三人，以便查明相关事实，正确认定责任。

71.【让与担保】债务人或者第三人与债权人订立合同，约定将财产形式上转让至债权人名下，债务人到期清偿债务，债权人将该财产返还给债务人或第三人，债务人到期没有清偿债务，债权人可以对财产拍卖、变卖、折价偿还债权的，人民法院应当认定合同有效。合同如果约定债务人到期没有清偿债务，财产归债权人所有的，人民法院应当认定该部分约定无效，但不影响合同其他部分的效力。

　　当事人根据上述合同约定，已经完成财产权利变动的公示方式转让至债权人名下，债务人到期没有清偿债务，债权人请求确认财产归其所有的，人民法院不予支持，但债权人请求参照法律关于担保物权的规定对财产拍卖、变卖、折价优先偿还其债权的，人民法院依法予以支持。债务人因到期没有清偿债务，请求对该财产拍卖、变卖、折价偿还所欠债权人合同项下债务的，人民法院亦应依法予以支持。

后 记

本书成书得到了编委会全体编委的大力支持，是编委们的共同努力使本书得以顺利出版。编委成员主要是来自上海段和段律师事务所银行金融业务部的律师及上海交通大学凯原法学院的在读研究生。每一章从初稿到定稿都经历了三次完整修改，每一次修改都注入了相应章节编者的心血。本书主编戚诚伟和沈伟就本书各章节进行了统稿和修改，韩雨诺、陈依尔和丁妮对本书进行了校对和编辑。本书各章节具体编写分工为：第一章由戚诚伟、陆云婷、程全亮和蕾娜共同编写；第二章由戚诚伟、王仡然、范文菁、狄桢妮和蒋雨晨共同编写；第三章由宋一楠、朱颖、陈彦文和钟汝江共同编写；第四章由陈佳维、陆燕军、凌可欣和陆弘毅共同编写；第五章由薛呈旸、宋一楠、戚诚伟、金毅成和唐宗星共同编写；第六章由张逸涵、章依汇、戚诚伟、张恺和王是琦共同编写。

本书的出版得到了上海段和段律师事务所副主任朱颖律师以及上海段和段律师事务所银行金融业务部律师的资助、帮助和支持，特此致谢！法律出版社陶玉霞、张红蕊编辑精心编辑全书，感谢编辑、排版、美工老师们的付出！本书是国家社科基金项目"私募融资和商事法契合问题研究"（15BFX100）的后续性成果。

是为后记！

戚诚伟　沈　伟
2025 年 2 月 1 日